高等职业教育示范专业系列教材
（热能动力类专业）

热力设备检修

主　编　胡月红
副主编　孙　冰　王玉召
参　编　张建生

机械工业出版社

本书是针对我国电厂和电力企业的锅炉、汽轮机等热力设备检修岗位需求，从专业职业岗位分析入手，以职业能力培养为目标，基于生产工作过程，通过校企合作开发的教材。

本书主要内容包括管道检修、阀门检修、锅炉本体检修、汽轮机本体检修、汽轮机调速系统检修五大情境，每个情境的内容分别由职业能力特征、情境描述、检修项目、注意事项、检修工艺、基础知识、知识拓展、常见故障及案例分析、课外作业九大知识板块组成。本书内容详实、图文并茂、层次分明、重点突出，便于实施行动导向教学模式；附录提供了锅炉、汽轮机大小修标准项目，检修常用工具及量具等内容；本书还为重要的专业词语提供了电厂常用英语附录，帮助提高学生适应现场的应用能力。

本书内容融入国家职业技能鉴定考核标准，电业安全工作规程等各种作业标准，适合作为培训考证参考资料。也可以供从事热力设备检修的工作人员作为培训教材以及在此领域内工作的工程技术人员进修自学参考。

本书配有电子课件，凡使用本书作为教材的教师可登录机械工业出版社教材服务网 www.cmpedu.com 下载。咨询邮箱：cmpgaozhi@sina.com。咨询电话：010-88379375。

图书在版编目（CIP）数据

热力设备检修/胡月红主编. —北京：机械工业出版社，2014.1
（2025.8 重印）

高等职业教育示范专业系列教材. 热能动力类专业
ISBN 978-7-111-44752-8

Ⅰ.①热… Ⅱ.①胡… Ⅲ.①火电厂-热力系统-检修-高等职业教育-教材 Ⅳ.①TM621.4

中国版本图书馆 CIP 数据核字（2013）第 269294 号

机械工业出版社（北京市百万庄大街22号　邮政编码100037）
策划编辑：王海峰　责任编辑：薛　礼　王海峰
版式设计：常天培　责任校对：杜雨霏
封面设计：鞠　杨　责任印制：单爱军
中煤（北京）印务有限公司印刷
2025年8月第1版第4次印刷
184mm×260mm · 19.25 印张 · 477 千字
标准书号：ISBN 978-7-111- 44752-8
定价：49.00 元

电话服务　　　　　　　　网络服务
客服电话：010-88361066　机 工 官 网：www.cmpbook.com
　　　　　010-88379833　机 工 官 博：weibo.com/cmp1952
　　　　　010-68326294　金 书 网：www.golden-book.com
封底无防伪标均为盗版　　机工教育服务网：www.cmpedu.com

前　　言

当前我国正在大力发展职业教育，课程改革与创新成为建设中国特色职业教育的主要任务，工作过程导向的职业教育课程开发方法代表着世界职业教育课程发展的方向，比较成功地解决了职业教育课程改革中的难题。

本书内容根据专业岗位需求选定，主要由管道检修、阀门检修、锅炉本体检修、汽轮机本体检修、汽轮机调速系统检修五大情境组成。结合职业能力培养目标，每个情境分别由9大版块构成：①职业能力特征：帮助学生明确本情境的学习目标；②情境描述：详细分析了本情境各部分内容的知识概要和有机联系；③检修项目：给出了本情境实际生产过程的主要检修工作任务；④安全注意事项：结合现场实际描述了安全文明施工的注意事项；⑤检修工艺：是每个情境的核心内容，主要描述工艺操作流程、方法步骤、注意事项、工具或量器具的规范使用，学生可以从这部分内容学到职业能力特征要求的专业技能；⑥基础知识：提供了学生必要的基础理论知识，主要是针对学生遇到不明确的基础知识问题时，可以由此查阅找到答案，提高学生自主学习的能力；⑦知识拓展：这部分内容难度较大或综合性较强，帮助提高学生的综合应用能力；⑧常见故障及案例分析：结合生产实际描述了与本情境对应的事故现象、原因分析、方案措施，帮助提高学生分析问题、解决问题的能力；⑨课外作业：作业题由浅入深，理论联系实际，帮助学生自我检查本情境内容的学习情况，同时也为学生提供了到现场取得资讯的基本问题。此外，为了让学生更系统地掌握本门课程的知识，附录中提供了锅炉、汽轮机大小修标准项目，检修常用工具及量具，热力机械工作票等内容；在书中还为重要的专业词语提供了电厂常用英语附录，帮助提高学生现场的应用能力。

本书打破了传统的以理论教学为主的知识模块，大胆地尝试工学结合，注重实践操作技能，同时通过基于工作过程系统化的学习情境的设计与实施，也有助于培养和锻炼学生的实际动手能力，非常适用于行动导向教学模式的教学一体化的课程。

本书情境1、4、5由胡月红编写，情境2由王玉召编写，情境3由孙冰编写。另外，承德环能热电厂的张建生提供了现场部分故障及事故案例，并对本书内容的编写进行了悉心指导。

由于编者经验和水平有限，加之时间仓促，疏漏和不当之处在所难免，恳请读者批评指正。

编　者

目 录

前言
绪论 ·· 1
情境1　管道检修 ·· 4
　1.1　职业能力特征 ·· 4
　1.2　情境描述 ··· 4
　1.3　检修项目 ··· 4
　　1.3.1　管道的日常维护 ······································ 4
　　1.3.2　管道的检修 ··· 5
　1.4　注意事项 ··· 5
　1.5　检修工艺 ··· 5
　　1.5.1　管道检验 ·· 5
　　1.5.2　弯制管道 ·· 6
　　1.5.3　管道的切割、坡口加工与焊接 ····················· 12
　　1.5.4　管道的连接 ··· 14
　　1.5.5　管道水压试验和清洗 ································ 20
　　1.5.6　管道金属监督 ·· 20
　1.6　基础知识 ··· 22
　　1.6.1　管道的规范 ··· 22
　　1.6.2　管道的材料 ··· 23
　　1.6.3　管道的种类 ··· 24
　　1.6.4　管道的主要附件 ····································· 24
　1.7　知识拓展 ··· 26
　　1.7.1　管道缺陷处理 ·· 26
　　1.7.2　大修时中低压汽水管道的检查内容 ················ 27
　　1.7.3　高压管道的检查方法 ································ 27
　　1.7.4　主要汽水管道系统的检修项目、工艺要点和质量要求 ································ 27
　1.8　常见故障及案例分析 ······································ 29
　　1.8.1　常见故障 ·· 29
　　1.8.2　案例分析 ·· 29
　1.9　课外作业 ··· 31
情境2　阀门检修 ·· 32
　2.1　职业能力特征 ·· 32
　2.2　情境描述 ··· 32
　2.3　检修项目 ··· 33
　　2.3.1　阀门的要求 ··· 33
　　2.3.2　大小修检修项目 ····································· 33
　2.4　注意事项 ··· 33
　2.5　检修工艺 ··· 34
　　2.5.1　阀门检修准备 ·· 34
　　2.5.2　解体检查 ·· 34
　　2.5.3　质量标准 ·· 35
　　2.5.4　研磨工艺 ·· 36
　　2.5.5　填料和垫料更换 ····································· 41
　　2.5.6　阀门组装 ·· 45
　　2.5.7　水压试验 ·· 45
　2.6　基础知识 ··· 46
　　2.6.1　阀门的规格 ··· 46
　　2.6.2　阀门的分类 ··· 47
　　2.6.3　阀门的型号 ··· 48
　　2.6.4　阀门的用材 ··· 51
　　2.6.5　阀门涂漆和标志识别 ································ 51
　　2.6.6　阀门的结构形式和用途 ····························· 52
　　2.6.7　阀门主要零件材料 ·································· 59
　2.7　知识拓展 ··· 61
　　2.7.1　阀门与管道的连接 ·································· 61
　　2.7.2　管道系统阀门设备布置 ····························· 61
　2.8　常见故障及案例分析 ······································ 63
　　2.8.1　常见故障 ·· 63
　　2.8.2　案例分析 ·· 64
　2.9　课外作业 ··· 67
情境3　锅炉本体检修 ·· 68
　3.1　职业能力特征 ·· 68
　3.2　情境描述 ··· 68
　3.3　检修项目 ··· 68
　3.4　注意事项 ··· 69
　3.5　检修工艺 ··· 69
　　3.5.1　锅炉受热面清扫 ····································· 69
　　3.5.2　锅炉受热面的检查 ·································· 70
　　3.5.3　锅炉受热面检修 ····································· 74
　　3.5.4　锅炉管式空气预热器检修 ·························· 82
　　3.5.5　汽包、扩容器的检修 ······························· 86
　3.6　基础知识 ··· 90

    3.6.1 锅炉的类型及规范 …………… 90
    3.6.2 锅炉布置形式 ………………… 92
    3.6.3 锅炉受热面结构 ……………… 94
    3.6.4 汽包的作用与结构 …………… 106
    3.6.5 锅炉的工作过程 ……………… 107
  3.7 知识拓展 …………………………… 108
    3.7.1 本体受热面常用钢材 ………… 108
    3.7.2 典型锅炉简介 ………………… 109
  3.8 常见故障及案例分析 ……………… 115
    3.8.1 锅炉受热面常见的缺陷及分布
          范围 …………………………… 115
    3.8.2 锅炉受热面管子常见事故分析 … 119
    3.8.3 案例分析 ……………………… 120
  3.9 课外作业 …………………………… 123
情境 4 汽轮机本体检修 ………………… 124
  4.1 职业能力特征 ……………………… 124
  4.2 情境描述 …………………………… 124
  4.3 检修管理 …………………………… 125
    4.3.1 准备计划阶段 ………………… 125
    4.3.2 开工解体阶段 ………………… 126
    4.3.3 修理、装复阶段 ……………… 128
    4.3.4 验收、试转、评价阶段 ……… 128
    4.3.5 总结、提高阶段 ……………… 129
  4.4 注意事项 …………………………… 129
  4.5 检修工艺 …………………………… 130
    4.5.1 汽缸检修工艺 ………………… 130
    4.5.2 隔板套、隔板（静叶环）检修
          工艺 …………………………… 142
    4.5.3 汽封的检修 …………………… 149
    4.5.4 转子的检修工艺 ……………… 154
    4.5.5 轴承的检修 …………………… 165
  4.6 基础知识 …………………………… 173
    4.6.1 汽轮机的分类及型号 ………… 173
    4.6.2 多级汽轮机的结构特点 ……… 174
    4.6.3 汽缸的作用和构造 …………… 174
    4.6.4 喷嘴和隔板的作用和构造 …… 176
    4.6.5 叶片的结构 …………………… 179
    4.6.6 汽封的作用和结构 …………… 181
    4.6.7 转子的结构 …………………… 184
    4.6.8 轴承的种类及结构 …………… 185
  4.7 知识拓展 …………………………… 194
    4.7.1 国产典型中、小功率汽轮机
          介绍 …………………………… 194

    4.7.2 汽轮机主要零部件用钢及事
          故分析 ………………………… 197
  4.8 常见故障及案例分析 ……………… 202
    4.8.1 汽轮机的热变形 ……………… 202
    4.8.2 通流部分积垢及损伤 ………… 205
    4.8.3 轴封损坏 ……………………… 207
    4.8.4 转子大轴弯曲 ………………… 208
    4.8.5 主轴承和推力轴承故障 ……… 209
    4.8.6 案例分析 ……………………… 210
  4.9 课外作业 …………………………… 212
情境 5 汽轮机调速系统检修 …………… 213
  5.1 职业能力特征 ……………………… 213
  5.2 情境描述 …………………………… 213
  5.3 检修项目及要求 …………………… 214
    5.3.1 调速系统的要求 ……………… 214
    5.3.2 调速系统的检修要求 ………… 214
    5.3.3 调速系统大、小修检修项目 … 214
    5.3.4 液动元件检修特点 …………… 215
  5.4 注意事项 …………………………… 215
  5.5 检修工艺 …………………………… 216
    5.5.1 调节部件检修 ………………… 216
    5.5.2 配汽执行机构检修 …………… 224
    5.5.3 汽轮机保护装置检修 ………… 228
    5.5.4 油系统检修 …………………… 233
  5.6 基础知识 …………………………… 237
    5.6.1 汽轮机调节、保安系统功能 … 237
    5.6.2 调速系统的组成部分 ………… 238
    5.6.3 典型的液压调速系统 ………… 239
    5.6.4 液压调节系统的特性 ………… 241
    5.6.5 同步器 ………………………… 242
    5.6.6 汽轮机的保护系统及主要装置 … 243
  5.7 知识拓展 …………………………… 252
    5.7.1 汽轮机的供油系统 …………… 252
    5.7.2 数字式电液调节系统 DEH
          简介 …………………………… 254
    5.7.3 200MW 机组 DEH 调节系统 … 256
  5.8 常见故障及案例分析 ……………… 259
    5.8.1 常见故障 ……………………… 259
    5.8.2 案例分析 ……………………… 260
  5.9 课外作业 …………………………… 261
附录 …………………………………………… 262
  附录 A 锅炉、汽轮机大小修标准项目 …… 262
  附录 B 检修常用工具及量具 …………… 270

附录C 阀门检修项目、工艺要点、质量
        标准 ………………………………… 285
附录D 电厂常用英语对照表 ……………… 294
附录E 热力机械工作票 ……………………… 300
参考文献 ……………………………………… 302

绪 论

一、热力设备检修的意义

在火力发电厂中，将煤或其他燃料的化学能转变成电能是个复杂的生产过程。由于电能的特性、生产特点以及电能在国民经济各个领域中的重要作用，要求电能的生产过程必须安全可靠，实现能量转换的各类关键热力设备，如锅炉、汽轮机、发电机等，必须能够连续不断地运行。在现代化火力发电厂中，热力设备体积庞大、系统复杂、结构精密，各主要部件要在高温、高压、高速的条件下长期工作，为了保证热力设备连续不断的安全运行，电厂热力设备的维护与检修就成为火电生产中必不可少的环节。

二、热力设备检修制度

设备有了故障之后，一般都是通过检修方法加以排除，以恢复其正常功能。但检修时机究竟选在故障发生之前还是故障出现以后，这是应该区别对待的。对于火电厂中像锅炉、汽轮发电机组等重大的关键设备，是不允许发生破坏性事故的，如果发生破坏性事故，将会造成电厂停产，给国民经济带来损失和人民生活带来极大的不便，因此必须防患于未然，把故障消灭在萌芽之中。在这种情况下进行的检修，称之为预防性（计划）检修。另外，对于一些复杂的设备，若内部零件达到失效程度需要修理时，会带来一系列的附加拆装工作。尤其当这种情况频繁出现时，将要耗费大量的检修时间，增加检修成本，降低设备的可用率，对于这种情况，也宜采用预防性检修。事实上，在一般机械设备的检修中，这种预防性检修制度已被普遍采用；只有对那些简单机械的对生产影响不大的外部零件，才在故障发生以后进行检修，这种情况称为事后检修。

预防性检修的优点是：可以做到防患于未然，保证设备使用的可靠性；节省检修时间，有利于提高设备的可用率和经济效益。预防性检修制度对于重要设备和复杂设备系统尤为必要。

对设备进行预防性检修，应恰当地选择检修时机。较为传统的选择原则是以设备的有效运行时间作为指标，当设备达到规定的运行期限时，即对其进行预防性检修。在检修中对那些技术参数达不到规定指标的零件，均需进行修理或更换。这种以设备运行期限作为检修时机选择标准的检修制度，通常称为定期预防性检修制度。

状态检修或预知维修是从预防性检修发展而来的更高层次的检修制度，是从单纯的以时间周期为基础的检修制度发展到以设备的实际状态为基础的检修制度，即通过采用一系列先进的仪表仪器来连续监测或定期诊断，当设备的某些参数或性能指标已确认下降到允许限度以下时才进行检修。目前，电力系统已建立电气绝缘、热工仪表、化学、金属、压力容器、汽轮机等设备技术监控体系，并已将状态检修作为预防性计划检修的一种辅助手段加以实现。

目前，我国火电厂的热力设备，普遍采用定期预防性检修制度。设备从投入运行到经过若干次技术保养和局部小修，直到最后恢复性大修，即为设备使用和检修的一个周期。设备最佳检修周期的确定，是一个较为复杂且需慎重对待的问题。因为它不仅受设备的技术状态、零部件的磨损、腐蚀、劣化等因素影响，还受运行维护和检修工艺水平以及设备经济效益等因素的影响。现在各电厂主要是根据长期运行积累的经验来确定设备的检修周期。国产单元制机组的检修停运月数可参照表0-1执行。

表0-1　单元制机、炉检修停运月数　　　　　　　　（单位：月数）

容量/MW	100~125		200~300		>300	
检修类型	大修	小修	大修	小修	大修	小修
中间再热	25~32	7~9	35~42	12~14	40~50	15~18
非中间再热	21~27	7~9				

注：大容量锅炉采用中间再热的单元机组，机、炉同时检修。

三、检修的分类、主要检修项目和检修岗位

根据热力设备检修制度，检修一般可以分为以下几类：

1）运行中的检修：机组在运行中随时处理临时发生的各种问题，以维持设备的安全运行和减少损失。

2）临时检修：为了防止事故和设备遭受破坏而将机组负荷降低或停止运行，以便消除设备存在的严重问题，但应符合《电业生产事故调查规程》中的有关规定。

3）小修：按预定计划对设备进行局部的预防性检修；中小型机组锅炉、汽轮机小修的主要检修项目参考附录A。与大修相比，小修的项目少、工期短，只进行一般性的清扫、检查和有重点的修复工作。大修前的一次小修，应为大修做好准备，进行较细致的检查和记录，并作为确定大修项目的依据。

4）大修：按预定计划对设备进行全面的恢复性的检修。中小型机组锅炉、汽轮机大修的主要检修项目参考附录A。

5）有的电厂采用检修等级制，即按检修性质不同分为A、B、C、D四级，其中A为最大级，D为最小级。大机组检修工期一般为15天（D级）~60天（A级）。

目前，大部分热电厂的热动检修部门分为锅炉检修车间和汽轮机检修车间。根据检修设备的特点，检修车间又分设不同的检修班组。锅炉检修车间的班组有锅炉本体班、锅炉辅机班、锅炉管阀班、锅炉粉尘班、锅炉综合班；汽轮机检修车间的班组有汽轮机本体班、汽轮机辅机班、汽轮机调速班、汽轮机管阀班、汽轮机综合班。不同的班组代表不同的检修岗位。

四、检修工作的组织与管理

设备检修绝非单纯的技术性工作，它涉及多方面的内容。为了保证设备的检修质量，降低检修费用和缩短检修工期，就必须加强检修的组织与管理工作。

检修的管理工作主要包括：设备管理、技术资料管理、定期检修以及施工管理。

为了能使设备长期安全经济地运行，首先应该管好设备，加强日常对设备的技术维护与保养。这是一项经常性的工作，须认真对待。为此，应充分发挥工人及技术人员的积极性和主人翁责任感，建立健全岗位责任制，把设备落实到人，做到人人有专责，件件设备有人

管。运行和检修人员应建立好技术档案，随时掌握设备的技术状态，发现问题及时处理，以确保设备良好地运行。

其次，按照检修制度的规定，对设备做好定期检修，即小修或大修。

热电厂检修人员根据设备检修计划和车间临时下达的检修任务书，在现场或维修车间，在规定的时间内以经济的方式按照专业要求完成待维修设备的维护、小修或大修工作。日常技术维护与保养是检修人员的经常性工作，在设备运行过程中，检修人员应随时掌握设备的技术状态，发现问题及时处理，操作前必须填写操作票并严格执行。小修每年两次或三次，对个别零部件进行检修；大修二年或三年一次，对设备进行功能性修复。

在设备大修时，检修人员需要对设备进行拆装，对大多数零部件进行检查、测量、修理或更换，要求进行严密的组织与管理，各项工作必须按计划进行。在对设备实施大修前，首先做好各项准备工作，包括编制详细的检修项目表、网络图或项目进度表、检修人员的组织与调配计划；准备检修工具、仪表及图纸；布置并清理工作现场，保证检修人员作业安全等。在各项准备完成后，检修人员依据检修规程以班组的形式对检修项目中的设备实施检修。为保证检修有条不紊地进行，检修期间要坚持必要的会议制度。通过召开班组会、检修汇报会、技术研究会等，掌握检修进度、交流经验、推广先进方法，解决检修中出现的问题。为了及时地掌握设备的技术状态，在检修中必须做好各项记录，以作为下一次检修的参考依据。这些记录包括：设备拆卸记录、安装记录、各种试验记录、技术改进记录、拆装前后情况记录以及检修后尚存缺陷记录等。各项记录工作须确定专人负责，各项记录结果应当妥善保管。

五、检修质量要求

1）应严格执行对设备检修的质量要求。

2）主要材料及备品备件应进行检验，达到技术标准规定后方可使用。

3）设备解体后应进行全面检查和必要的测量工作，与以前的记录加以比较，掌握设备的技术状况。

4）按标准规定对设备进行检修，经检修符合标准后方可回装。

5）质量检查、验收与分部试运应按要求进行。

检修工作能否保质保量地完成，在很大程度上取决于检修人员的素质，检修人员的素质是技术水平的高低、解决问题的能力、工作的责任心、工艺风格、文明生产等方面的总和。

情境 1　管　道　检　修
(Situation 1 Pipeline Maintenance)

火电厂的热力系统是由热力设备、管道及各种附件按热力循环的顺序和要求连接而成的。生产过程的进行及工质的输送都要通过管道来完成。火电厂主要的管道系统有：主蒸汽管道系统、除氧给水系统、再热蒸汽系统、旁路系统、给水回热加热系统、疏放水系统、循环冷却水系统、工业水系统等，管道系统是由管子及管道附件所组成的。锅炉管道还包括过热器、再热器、水冷壁管、联箱、省煤器等受热面管子。它们的状况会影响电厂的安全性和经济性，在生产系统中的地位十分重要。

1.1　职业能力特征

本职业应能利用眼看、耳听、触觉分析判断管阀设备在运行过程中的异常情况，并能正确制订及执行安全措施和技术措施，对设备进行拆装、检修、调整，使其达到技术质量要求；有领会、理解和应用技术文件的能力，用精练语言进行联系、交流工作的能力；能准确而有目的地运用数字进行计算；具有凭思维想象几何形体的能力，并能够利用三维物体进行二维表现，还需具备一定的识绘图能力；具有针对生产实际进行技术改造、创新的能力。

1.2　情境描述

在职业能力特征的指导下，检修项目和注意事项让学生先明确管道检修的主要内容和注意事项；检修工艺要求学生掌握管道检验，管道的弯制、管道切割、坡口加工，管道焊接、螺栓联接，水压试验及清洗的基本检修工艺；基础知识帮助学生认识公称压力、公称直径等管道规范、管道材料、管道种类、管道主要附件；知识拓展结合热电厂生产实际帮助学生学会进行管道缺陷的分析处理方法，了解主要汽水管道的检修项目、工艺要点和质量要求；常见故障及案例分析从系统内管道和蒸汽输送管网两方面分析了可能存在的故障，并结合工程实例分析如何制订管网故障检修方案及结合某厂 200MW 机组锅炉主蒸汽、再热蒸汽管道三通的更换实例来帮助学生掌握管道更换的检修工艺；课外作业要求学生能够分析现场的管道系统特点及流程，并能根据要求设计出一个简单的供热管路系统。

1.3　检修项目

1.3.1　管道的日常维护

管道的维护是一项重要的工作，正确地进行维护不仅能延长管道的运行寿命，而且对热力设备的经济性也有很大影响。在日常维护工作中，检修人员应与运行人员及时交流管道运行情况，定期检查各种管道状况。管道的日常维护工作主要包括以下内容：

1）检查各系统管道是否有外部损伤或腐蚀，观察管道是否有振动或晃动现象。

2）检查蒸汽管道的保温状况，若有保温层脱落现象应及时修补。保温层上的油渍应随时清除。

3）检查管道的膨胀情况，查找管道是否有膨胀受阻的地方。

4）检查管道上的法兰螺栓，观察是否有漏气、漏水现象。

5）检查管道支吊架的受力情况。

1.3.2 管道的检修

管道的检修一般都与机组的大修同时进行。检修的主要内容有：

1）修补好损坏的蒸汽管道保温层。

2）对管道粉刷油漆，并做好防腐保护工作。

3）对高温高压管道的部分焊口进行外观检查，缺陷修复。

4）检查修理管道支吊架及管道法兰。

5）更换因腐蚀或冲刷损坏的管道。

6）对高温高压蒸汽管道按规定项目进行金属监督。

7）对高压和低压疏水管道进行检查，并进行测厚检查，发现减薄时要及时更换。检修后要分项进行质量检查与验收，整理好各种记录，做好检修总结。

1.4 注意事项

1）在拆卸管道前，要检查管道与运行中的管道系统是否断开，并将管道上的疏水、排污阀门打开，排除管内汽水。在确认排污完成后，方可拆卸管道。

2）在割管或拆法兰前必须将管子拟分开的两端临时固定牢，以保证管道分开后不发生过多的位移。

3）在拆卸有保温层的管道时，应尽量不损坏保温层。

4）在改装管道时，管子之间不得接触，也不得触及到设备及建筑物。管道之间的距离应保证不影响管子的膨胀及敷设保温层。在改装管道的同时应将支吊架装好，在管道上两个固定支架之间，必须安置供膨胀用的 U 形弯或伸缩节。

5）在组装管道时，应认真冲洗管子内壁，并仔细检查在未检修的管子内是否有异物。

1.5 检修工艺

1.5.1 管道检验

出厂的管子及管道附件都已经过详细地检验，并有合格的证件，但在运输和保管过程中可能发生损坏或变形，也可能发生材质腐蚀或不同材质的管件相混淆等情况。机组经过长年运行后，有些管道系统中的部分管段将出现减薄、腐蚀、裂纹等现象，为了使机组能够安全稳定地运行，就必须把已超标的管段进行更换。若更换时误将一般的碳素钢管当做合金钢管使用，则会造成严重的爆管事故，因此，在使用管子及管道附件之前除对其表面缺陷、几何尺寸、材质等应进行严格地检验外，还必须作一些必要的性能试验。

管子的检验包括以下内容：

1）用肉眼检查管子表面是否有裂纹、划痕、锈坑、凹陷及重皮等缺陷。

2）用卡尺或千分尺检查管径和管壁厚度，具体可沿管子全长取 3~4 点测量管子外径；在管子端头上取 3~4 点测量管壁厚度，确认其尺寸偏差符合标准规定的要求。

3）检查管子的弯曲和圆度均应在合格范围内。圆度有两种表示方式，被测截面上最大直径与最小直径之差称绝对圆度，绝对圆度同管子公称直径之比称相对圆度。通常要求相对圆度不超过 0.05。

4）对有焊缝的管子应进行通球试验，选取测量球的直径应为管子公称直径的 80%~85%。

5）各类管子在使用前应按设计要求核对其规格，查明其钢号，并根据管子的出厂证明检查其化学成分、力学性能指标；对于合金钢管子必须抽样进行光谱分析，检查其化学成分是否与钢号吻合；对于高温、高压管子还应进行压扁和水压试验。

1.5.2 弯制管道（Bending Pipe）

发电厂的热力汽水管道，根据设计的要求，往往需要改变自己的走向和位置，因此就要使管道转弯，也就是说要使用各种不同角度的弯管，所以管子的弯制是管道检修的一项重要内容。

弯管的工艺大致可以分为加热弯制与常温下弯制两种。无论采用哪种弯管工艺，管子在弯曲处的壁厚及形状均会发生变化，这种变化不仅影响管子的强度，而且影响介质在管内的流动，因此，对管子的弯制，应了解管子在弯曲时的截面变化。

1. 弯管截面变化

管子弯曲时的变化如图 1-1 所示，在中心线以外的各层线段都不同程度地变长，中心线以内的各层线段都不同程度地缩短。这种变化表示了材料受力后的变形，外层受拉力，内层受压力。在接近中心线的一层，在弯曲时长度没有变化，即这一层没有受拉，也没有受压，称为中性层。

实际上管子在弯曲时，中性层以外的金属不仅受拉变长，管壁变薄，而且外弧被拉平，中性层以内的金属受挤压变厚，挤压变形达到一定极限后，管壁就出现突肋、折皱，中性层向内移，使横截面变成图 1-2 所示的形状。这样的断面不仅使管子的断面积减少，而且由于外层的管壁拉薄使管子强度直接受影响。为了防止管子在弯曲时产生缺陷，要求管子的弯曲半径不能太小，弯曲半径越小上述的缺陷就越严重。弯曲半径大，对材料的强度及减少流体在弯道处的阻力是有利的。但弯曲半径也不能太大，否则，弯管和装配的工作量及管道所占的空间也将增大，管道的总体布置也困难。

2. 弯曲半径的规定

根据实际经验和考虑上述各种因素的利弊，确定管子的弯曲半径，采取以管子弯曲后最外层壁厚的减薄量不超过原管壁厚的 15% 为准。同时弯管的方法不同，管子在受力变形等方面有较大的差别，因而最小弯曲半径也各异。其最小弯曲半径分别为：

1）冷弯管时（不装砂、不加热），弯曲半径不小于管子外径的 4 倍。用弯管机冷弯管时，其弯曲半径不小于管子外径的 2 倍。热弯管时（装砂、加热），弯曲半径不小于管子外径的 3.5 倍。

2) 高压汽、水管道的弯头均采用加厚管弯制，弯头的外层最薄处不得小于直管的理论计算壁厚。

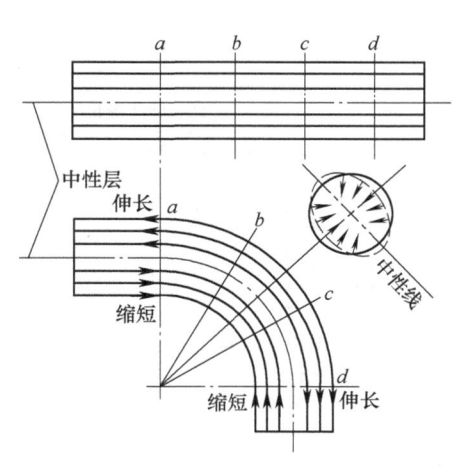

图 1-1　管子弯曲时的变化

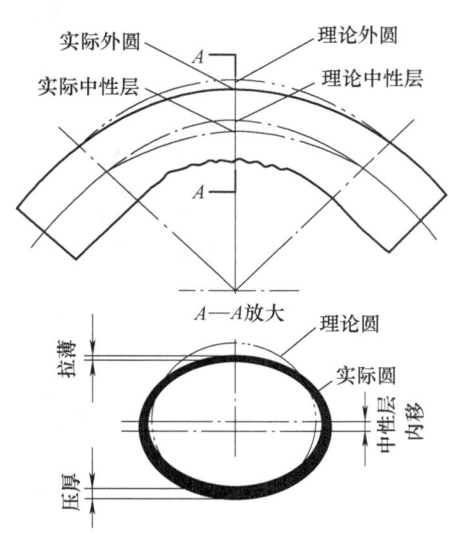

图 1-2　管子弯曲后断面形状

3. 弯曲弧长的计算

弧长 L（见图 1-3）可用下式求出：

$$L = \pi R \alpha / 180°$$

式中　R——弯曲半径（mm）；
　　　α——弯曲角度（°）。

4. 制作弯曲样板

为了使管子弯得正确，需要制作一弯曲形状的样板。其制作方法是：按图样尺寸，以 1:1 的比例放实样图（或照实物），用细圆钢按照实样图的中心线弯好，如弯径较大，可用细钢管作样板，并焊上拉筋，防止样板变形，如图 1-4 所示。由于热弯管在冷却时会产生伸直的变化，故热弯样板要多弯 3°~5°。

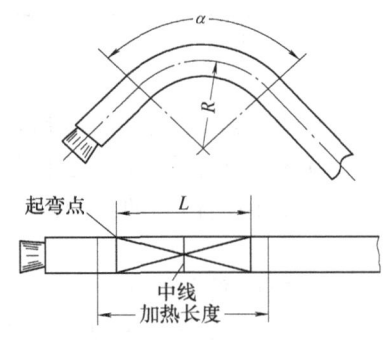

图 1-3　弯曲部位的标记图

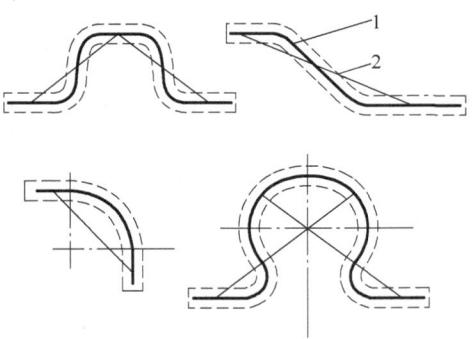

图 1-4　弯管的样板
1—样板　2—拉筋

5. 热弯管工艺

钢管经加热后再进行弯制的方法称为热弯管。热弯管的加热方法有：焦炭加热、石油和天然气加热、乙炔焰加热和电加热法四种。在施工现场常用的方法是充砂加热弯管法，如图 1-5 所示，步骤可分为七步：①管子装砂；②画线；③加热；④弯制；⑤热处理；⑥质量检查；⑦除砂。

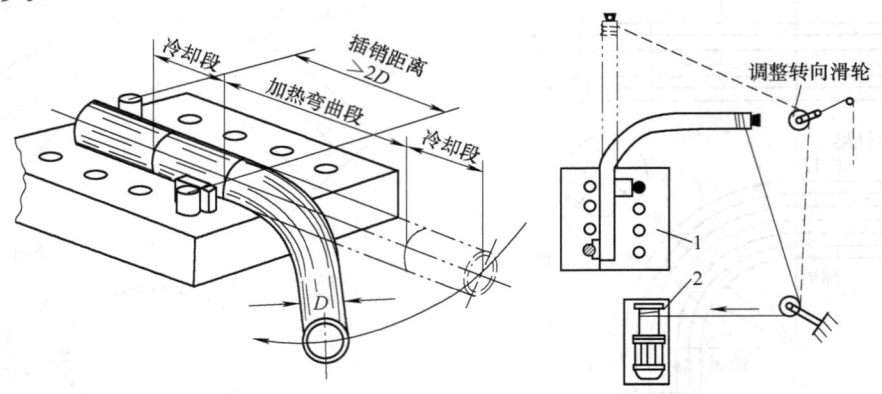

图 1-5　热弯管工艺示意图
1—平台　2—卷扬机

（1）管子装砂　管子装砂的目的是为了将管子空心弯曲变为实心弯曲。实心弯曲可改善管子在热弯时出现的折皱、鼓包等不良现象，并在可弯管过程中吸收热量和保存热量。另外，因砂子耐高温、易装、易取，故采用砂子作填充物。弯管用砂要经过筛选、清除杂物（如树叶、泥土、木块等有机物）。砂粒的大小要根据管径来决定，见表 1-1。筛选后的砂粒必须经烘干，不许有水分，以免加热后产生蒸汽而发生伤人、跑砂事故。砂粒烘干后，要用木箱或铁箱装好放在干燥处，防止回潮。灌砂前先将管子的一端用木质或铁质堵头堵住。

灌砂时，管子应直立，边灌砂边震实，直至灌满震实为止。震实砂粒的方法，通常用锤子敲打或用机械振砂。机械振砂是将砂舂或电锤固定在与管子连在一起的卡具上，用锤头冲击管壁。无论用哪种方法都不要损伤管子表面。砂粒不再下降，没有空响声方可封口。封口的堵头必须紧靠砂面，这点在用木塞封口时更应注意。封口后的管子掂起自由落下时声音发"闷"，只有"咚咚"声，没有其他杂声，则为装实。

表 1-1　钢管充填砂子的粒度

钢管公称直径/mm	<80	80~150	>150
砂子粒度/mm	1~2	3~4	5~6

（2）画线　在拟弯制的管子的合适位置用白铅油画出弯曲弧线 L，如图 1-3 所示。L 的两端线要沿管子的圆周画出。合适位置是指火炉加热时烧不到木塞，同时又便于弯制的位置，一般是离一头的管子端面 400mm 后，开始画弯曲弧长线，用白铅油的目的是不容易被抹，仍有画线的痕迹。

（3）加热　画完线便可进行加热，火炉加热时，用焦炭或优质煤生火。将管子待弯曲段置于充满火焰的炉膛中间，上面盖好罩火铁板，慢慢地转动管子使其受热均匀。加热温度碳钢为 950~1000℃，合金钢为 1000~1050℃，可用热电偶温度计或光学高温计来测量温度。在要求不高的情况下，亦可按照管壁颜色的变化来判断大致的温度。表 1-2 列出了钢的加热温度与颜色对照表，950~1000℃时，管子呈现出橙黄色（红黄色）；1000~1050℃时，管子呈现出深黄色。为了使管内的砂粒热透，应将鼓风机风门调小或停止送风，加热的管子在炉中停留稳定几分钟。加热的要点是：勤翻动管子，勤观察加热温度的变化，并使弯曲线不被抹掉。

表1-2　钢的加热温度与颜色对照表

温度/℃	500~580	580~650	650~730	730~770	770~800	800~830	830~900
颜色	深棕	红棕	深红	深鲜色	鲜红	淡鲜红	浅红

（4）弯制　将加热好的管子迅速、准确、安全地放置在弯管平台上。如果是有缝管，其管缝应放置在正上方。用水冷却加热段的两端非弯曲部分，以提高此部分的刚性（仅限于碳素钢管，对合金钢管不能浇水，以免产生裂纹）；再将弯曲样板放在加热段管子的上方中心线上。均匀施力，使弯曲段沿着弯曲样板的弧线弯曲，如图1-5所示，弯曲到适当的角度后，应停止用力。若弯曲角度稍大时，应用冷水浇加热段的外弧，使其自然回弹；反之亦然。

当管子温度低于700℃，呈深红色时（仅限于碳素钢管，合金钢管是800℃，呈鲜红色），就应停止弯曲，重新回炉进行加热，进行第二次弯制。

（5）热处理　碳素钢管弯好后，放在地上自然冷却即可。而合金钢管的弯曲部位应进行正火与回火热处理。正火：将管子加热到930℃，管壁厚度每1mm要保持此温度45s，然后在静止空气中冷却到650℃；回火：在650℃温度下，每1mm厚要保温2.5min，然后以每分钟不超过5℃的速度冷却到300℃。对于管径为42mm以下的管子，可将弯好后尚保持在750℃以上的弯管埋入干燥的石棉粉中让其自冷，即可达到热处理的目的。

（6）质量检查

1）检查圆度。汽水管道的弯头圆度，一般不超过6%~9%。锅炉受热面管子断面的圆度许可值见表1-3。

表1-3　锅炉受热面管子断面的圆度许可值

管子弯曲半径/mm		75	100	125	160	200	300	400	500	600	800
管子外径/mm	许可值单位	许可值（最大）									
38	%	9	8	6.5	5.5	4.5	4.0	—	—	—	—
	mm	3.42	3.04	2.47	2.09	1.67	1.52				
60	%	—	—	—	7	6	5	4	3	2.5	2
	mm				4.2	3.6	3.0	2.4	1.8	0.5	1.2
83	%	—						6	5	4	3
	mm							4.98	4.15	3.32	2.49
108	%	—						7.5	6.5	5.5	4
	mm							8.1	7.02	5.94	4.32

2）弯曲段没有裂纹，折皱及鼓包等缺陷。热弯弯头最大允许凹凸不平度见表1-4。

3）弯曲弧形与弯曲半径符合图样要求。热弯弯头弯曲半径的最大允许偏差见表1-5。

4）检查弯曲部分的外侧壁厚，当弯管批量多时，要抽样锯管检查，有条件的可用测厚仪探测。合金钢管还要做金相和硬度检查。

表1-4 热弯弯头最大允许凹凸不平度

公称直径/mm	≤50	65、80、100	125	150、200	250、300	350、400
凹凸不平度	±5	4	5	6	7	8

表1-5 热弯弯头弯曲半径的最大允许偏差

公称通径/mm	≤50	65、80	100、135	150	200	250	300	350	400
R 的偏差	±5	±8	±10	±15	±20	±40	±50	±60	±80

(7) 除砂 待管子稍冷后,即可除砂。除砂工作必须认真进行,特别是加热段,在高温作用下,砂粒与管内壁常常烧结在一起,很难清理干净。除砂时,一般用锤子敲打管壁,必要时可用电动钢丝刷进行绞洗或用喷砂工具冲刷。管子的喷砂冲刷工作,要从两头反复进行,待管壁出现金属光泽时方可停止。

6. 冷弯管方法

冷弯管的方法一般都是用薄壁管在现场进行,多用于低压管道上。冷弯弯制比较简便,不需要充砂加热等步骤,冷弯管大都采用弯管机或模具弯制,下面介绍几种常用的冷弯管机及其弯管方法。

(1) 手动弯管机 图1-6 所示为手动弯管机,这种弯管机通常固定在工作台上,弯管时把管子卡在管夹中固定牢。用手扳动把手,使小滚轮围绕大轮(一般作成扇形)滚动,即可将管子弯成需要的弯管。手动弯管机只适用于弯制 $\phi 38 mm$ 以下的少量管子。

(2) 电动弯管机 电动弯管机是大轮转动,小滚轮定位。大轮由电动机通过减速箱带动旋转,旋转转速很低,一般只有 1~2r/min,其结构如图1-7 所示。

从上述两种冷弯管机的结构中看出,一副大小轮(相当于模具)只能弯制同一管径和相等弯曲半径的管子。

(3) 手动液压弯管机 图1-8 所示为手动液压弯管机,弯管时管子被两个导向块支顶着,用手连续摇动手压油泵的压杆,手压油泵出口的高压

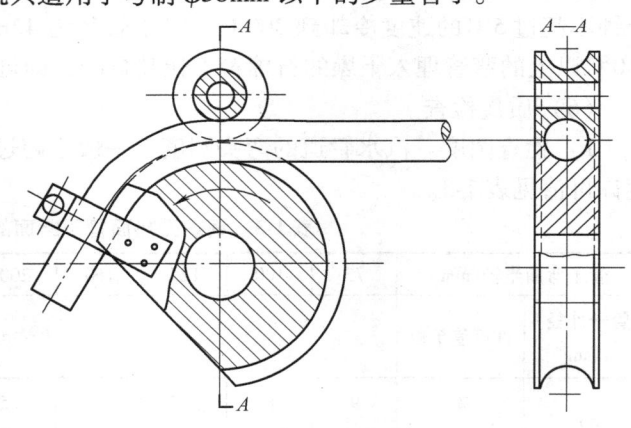

图1-6 手动弯管机

油,将工作活塞推向前,工作活塞顶着管型模具移动迫使管子弯曲,两个导向块用穿销固定在孔板上,导向块之间的距离可根据管径的大小进行调整。管形模具是管子成形的工具,它用来控制管子弯曲时的圆度。该机配有用于不同管径的成形模具。

(4) 可控硅中频弯管机 可控硅中频弯管机是利用中频电源感应加热管子,使其温度达到弯管温度并通过弯管机而达到弯管的目的。图1-9 是可控硅中频弯管机的示意图。

该机的关键设备是可控硅中频加热装置。这套装置由一套可控硅串联逆变发生器作为加热电源,以三相380V 交流电整流为500V 直流电,再逆变成 400~1200Hz 的中频交流,通过水内冷中频变压器和加热圈(中频感应圈)加热待弯的碳钢或合金钢管。

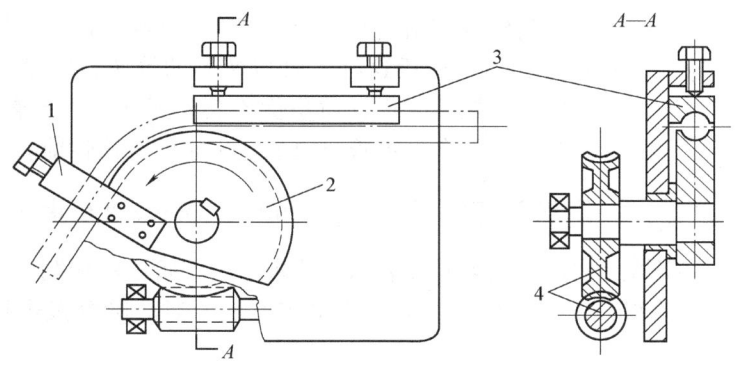

图 1-7 电动弯管机
1—管卡 2—大轮 3—外侧成形模具 4—减速机构

弯管的过程是先把钢管穿过中频感应圈 2，再把管子放置在弯管机的导向滚筒 3 之间，用管卡将钢管的端部固定在可调转臂 7 上，随后起动中频电源，使在感应圈内部宽约 20~30mm 的一圈钢管受感应发热。当钢管的受感应部位温度升到近 1000℃ 时，起动弯管机电动机，减速轴带动转臂旋转，拖动钢管前移，同时使已红热的钢管产生弯曲变形。管子前移、加热、弯曲是一个连续的同步过程，直到弯到所需的角度为止。

这种弯管机由于只加热一小段管子，因而加热快，散热也快，弯管是

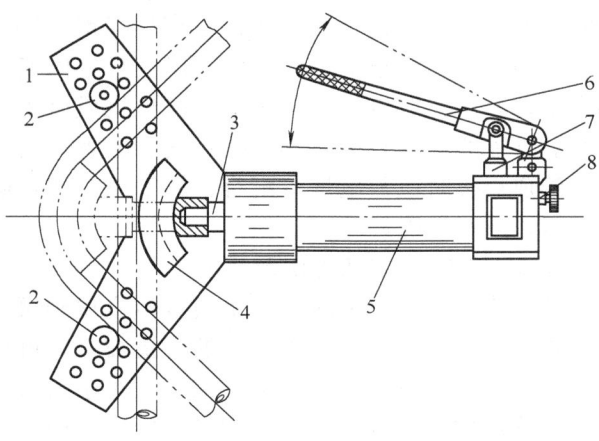

图 1-8 手动液压弯管机
1—孔板 2—导向板 3—活塞杆 4—管形模具 5—工作缸
6—压杆 7—手压油泵 8—放油阀

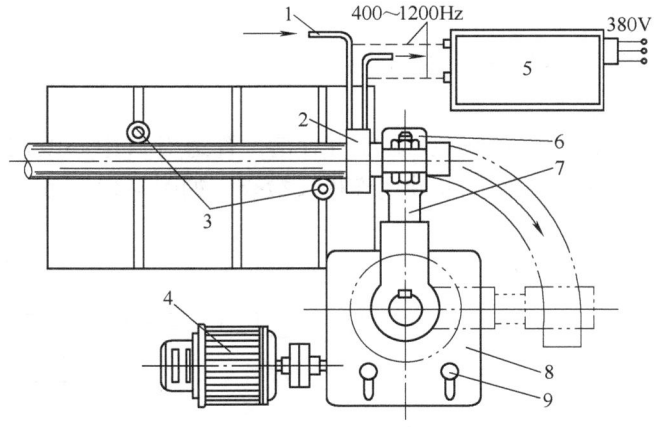

图 1-9 可控硅中频弯管机的示意图
1—冷却水进口管 2—中频感应圈 3—导向滚筒 4—调速电动机
5—可控硅中频发生器 6—管卡 7—可调转臂 8—变速箱 9—弯速手柄

逐步在加热段形成的,故无需任何模具、胎具及样板。改变弯曲半径时,只需调整可调转臂的长度、导向和滚轮的相对位置即可。使用这种弯管机弯制的管子,其弯管尺寸的误差很小,也不会产生折皱、鼓包、扁平等缺陷,弯管质量优于其他任何一种弯管机弯制的管子,尤其是弯制大直径、厚壁管及各类型的合金钢管时更显示出它的突出性能。

1.5.3 管道的切割、坡口加工与焊接(Pipe cutting, Groove making and Welding)

管道安装时应根据施工测量的结果和安装图的要求来进行管段的切割、坡口加工和对口焊接(或法兰连接)等组合工作;管道故障检修也有可能要对故障管段进行切割、坡口加工和焊接等工作。

管道切割可用手锯、气焊割管工具(见图1-10)、无齿锯、电动锯管机等工具进行。用气焊切割工具可在切割管子的同时把坡口加工出来,管道坡口形式很多,它主要是根据对口管道的管径、壁厚以及管道内使用介质参数来选取的。坡口加工可用手动坡口机或电动坡口机进行。管道的焊接是由电焊工执行的。电焊工是专业工种,管道焊接时应与电焊工配合,加工坡口和正确的接头对口,方能焊接。

1. 管道坡口的加工方法及要求

焊接接头坡口加工的目的是使基本金属焊透,保证接头强度。对于小管径或管壁薄的管道坡口,可以用机械加工,也可以用锉刀、錾子等加工;对于大管径、管壁厚的管道坡口,可以用机械加工,也可以用火焊粗割后,用角向磨光机磨制,并用事前制作的坡口样板校核,以达到要求。在管道坡口开成后,应检查管子的对口端面,用直角尺检查,管口端面偏斜值 δ 应小于1mm,最大不许超过1.5mm,如图1-11所示。

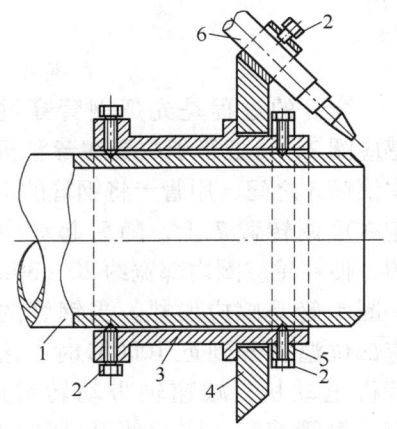

图1-10 气焊割管工具
1—被割管子 2—顶丝 3—管套 4—可转动的火嘴环 5—挡环 6—气焊嘴

2. 管道对口的工艺方法

管道的坡口制成后,便可以进行对口焊接。

(1)管道对口注意事项

1)在两管进行对口时,两管中心线必须对正,管道对口中心线的允许偏差值不大于3mm。测量方法距焊缝中心线200mm处用样板尺检查,如图1-12所示。

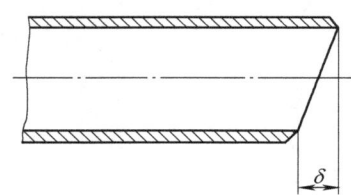

图1-11 管口端面偏斜值

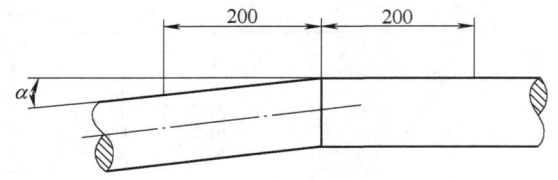

图1-12 管道对口中心线偏差值的允许限度

2)两管对口时,应保证两管口内径相等不许错口。但实际工作中,高压管道的对口内径错口及对口间隙偏差不许超过如下规定:管内径错口偏差不许大于1mm,对口间隙偏差不许大于2mm。

3)修整、调整好两管口,必须保证两管中心线对正、不错口,可用拉板沿圆周布置4~6块,点焊固定。

4)管道对口完成后,测量对口是否符合要求,有无变化,如发生变化,应修正或重新对口。

(2)相同壁厚管子对口加工方法 高压管道的焊接坡口应采用焊接方法加工,当管壁厚小于16mm时,采用V形坡口;管壁厚度为17~34mm时,可采用双V形坡口。

(3)不同厚度的管子对口加工方法 对不同厚度的管子对口加工,可以按图1-13所示的方法进行,内壁尺寸不相等而外壁平齐时,可加工成图1-13a的形式;外壁尺寸不相等,而内壁齐平时,可加工成图1-13b的形式;内外壁尺寸均不相等,厚度差不大于5mm时,在不影响焊件强度的条件下,可加工成图1-13c的形式。

不同厚度的管子对口加工时,总的原则是尽量保证焊口处的壁厚一致,并有一个过渡区,以免形成应力集中。

(4)高压管道的对口要求 高压管道的焊缝不允许布置在管道的弯曲部位。在对接焊口时,应达到以下标准:

1)对接焊缝的中心线,距离管子的支吊架边缘至少应在70mm以上。

2)管道上对接焊缝中心线距离管子的弯曲起点不得小于管子外径,且不得小于100mm。

3)两道对接焊缝中心线之间的距离不得小于150mm,且不得小于管子的直径。

4)对于合金钢管子,其钢号在组合前均需经光谱测定或滴定分析检验进行鉴定。

5)除设计规定的冷拉焊口外,组合焊接时不得强力对正,以免引起管道的附加应力。

6)管子对口的加工必须符合设计图样或有关技术要求,管口平面应垂直于管子中心线,其偏差值不应超过1mm。

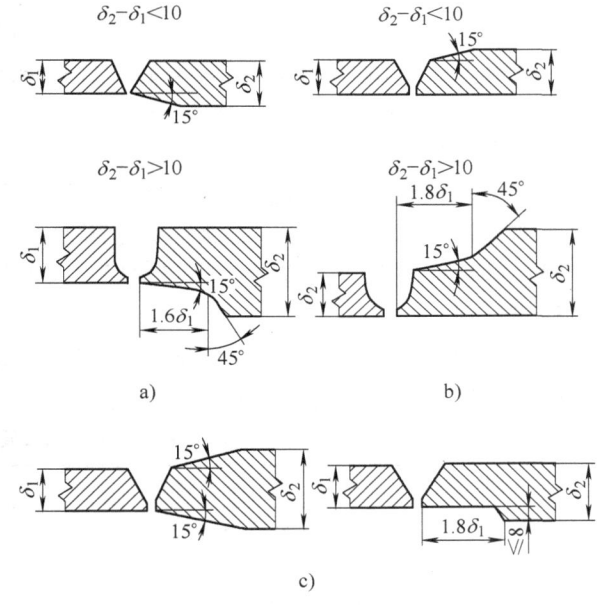

图1-13 不同厚度的管子对口加工
a)内壁尺寸不相等而外壁平齐的情况 b)外壁尺寸不相等,而内壁齐平的情况 c)内外壁尺寸均不相等,厚度差不大于5mm时,在不影响焊件强度的情况

7)管子端面及坡口的加工,采用机械加工为宜。如果使用气割法经粗割后,还必须进行机械加工。

8)管子对口端面、坡口面及管子内、外壁20mm内应进行除油、除漆、除锈、除垢等工作,直至其发出金属光泽。

9)对口中心线的偏差不应超过1mm/200mm的标准。

10)管子对口找正以后应点焊固定,根据管径的大小可对称地点焊2~4处,焊接长度为 10~20mm。

11）在高处作业时，对口两侧各在 1m 处应设支架，且焊接过程中应把管子两端堵死，以防止在管内产生串堂风而影响焊接质量。

1.5.4 管道的连接（Pipe Connection）

1. 管道连接的种类和应用范围

发电厂的热力管道系统种类有很多，如蒸汽、给水、凝结水、循环水、疏水、排污、送风、引风等管道系统。按照连接的方法分为焊接、法兰连接和螺纹联接三种。在高压管道系统中大都采用焊接，除了与设备的连接外，很少采用法兰连接，以减少泄漏。在其他管道系统上，在不影响设备检修和管道组装的前提下，也应少用法兰连接而用焊接。螺纹联接主要应用于工业水管道系统及其他低温低压的管道系统。

用螺纹联接的管道，其管径一般不超过 76mm，其管件如弯头、接头、等三通等均为通用标准件，通常用可锻铸铁（马铁）或钢件制作；管端螺纹用管牙丝板（管螺纹铰板）制作。板好的外螺纹有一定的锥度，这种锥形螺纹拧紧后不易泄漏，因而在装配时不需拧入过多，一般有 3~4 扣即可。同时也不宜将管件拧得过紧，过紧会使其胀裂。这些是管螺纹联接管道的特点，在应用和检修时要注意。

2. 螺纹联接管道的检修

（1）管子的识别与管螺纹规范　螺纹联接管道所使用的管子，一般为有缝管，为防生锈，管壁镀锌，通称为镀锌管。镀锌管有两种：一种管壁为标准厚度，专供螺纹联接管道用；另一种管壁较薄，不能套丝（套丝后，强度极低），是电气导线穿墙保护管，在使用时，注意识别。

套丝用的镀锌管及管螺纹，至今还沿用英制标准。管子规格及管螺纹规范见表 1-6。从表 1-6 中可看出，管子的公称直径接近于管内径。

表 1-6　管子规格及管螺纹规范

公称直径		管子		管螺纹（55°）		
mm	in	外径/mm	壁厚/mm	基面处外径/mm	螺距/mm	牙数/in
15	1/2	21.25	2.75	20.956		
20	3/4	26.75	2.75	26.442	1.814	14
25	1	33.50	3.25	33.250		
32	5/4	42.25	3.25	41.912		
40	3/2	48.00	3.50	47.805		
50	2	60.00	3.50	59.616	2.309	11
70	5/2	75.50	3.75	75.187		
80	3	88.50	4.00	87.887		

（2）管子台虎钳　管子台虎钳是专门用来夹持住管子，进行割断管子和管子套丝以及装配管件的工具。管子台虎钳的结构如图 1-14。

1）形式和结构。管子台虎钳又分座式（固定于工作台上使用）和脚架式两种。座式用得较多，脚架式适用于野外工作用。

2）规格。管子台虎钳规格以号数区分，一般是 1 号、2 号、3 号、4 号等，每种规格所能夹持的管子直径范围不同。

（3）管子割刀。管子割刀是专门用来割断管子的手用工具，其切割效率比锯切割效率高，断面较整齐、光洁。

1）管子割刀的形式和结构如图 1-15 所示。

2）规格。管子割刀规格以型号（#2、#3、#4）表示，各型号能切割管子的公称直径范围分别是：#2—15～50mm（1/2″～2″）；#3—25～80mm（1″～3″）；#4—50～100mm（2″～4″）。

3）割管刀的使用工艺（见图 1-16）如下：

① 将割管刀套在管子上，用两滚轮压住管子，滚刀刃口对准割线，如图 1-16a 所示。

② 拧紧进刀手柄，每次旋进 180°左右，进刀后，握住进刀手柄，将割管刀体旋转一圈（大于 360°），如图 1-16b 所示。

③ 进刀旋转，直至管子割断，如图 1-16c 所示。

④ 割断后的管口形状（收口、快边），如图 1-16d 所示。

⑤ 割管至管末端的长度 l 不足管段长度 L 的一半时，不宜用割管刀切割。如图 1-16e 所示。

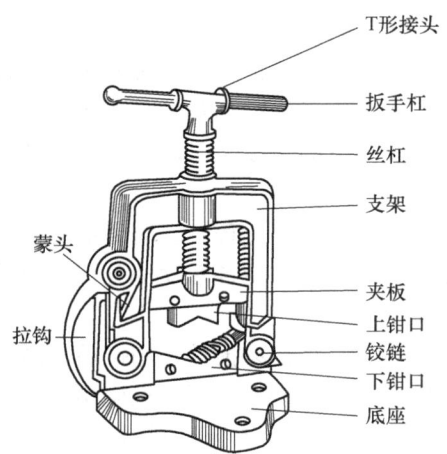

图 1-14 管子台虎钳的结构

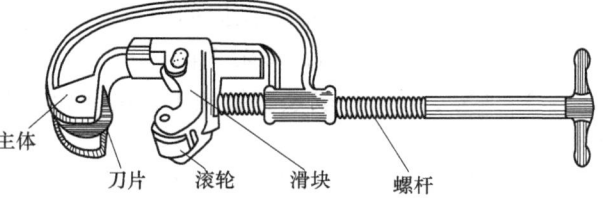

图 1-15 管子割刀的形式和结构

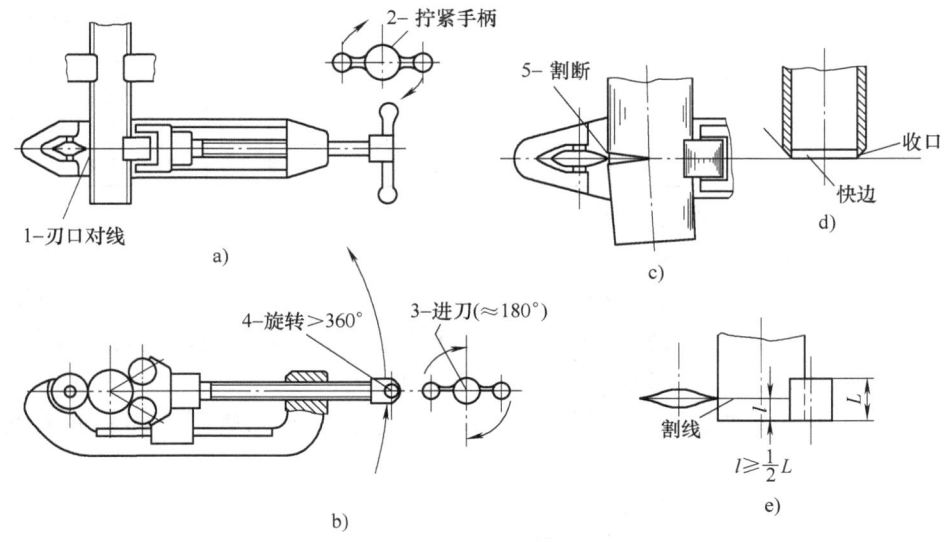

图 1-16 割管刀的使用工艺

4）使用割管刀的注意事项：

① 割管时应在直管段上进行，不能在焊缝处、弯管处及不圆的管段上割管。

② 割管时，应在滚刀刃口处加润滑油进行润滑冷却。

③ 切割管子时，刀片应与管子中心线垂直，螺杆轴向进给量（刀片进刀量）不能过大，当扳动主体很吃力时表明进刀量过大，可适当旋松螺杆再扳旋，以防刀片脆裂缺口。

④ 管子将要割断时，应用手稳住刀架和被割下的管段，以防损坏滚刀片及管段落下将脚砸伤。

⑤ 在使用过程中，对各活动部分要经常加润滑油，使各活动部分保持灵活动作。

⑥ 刀片是易损件，用钝后可适当刃磨后再用，若缺损可以配换同型号刀片。

（4）管螺纹铰扳（管子丝扳） 管子丝扳是专门用来套丝的工具，如图1-17所示。

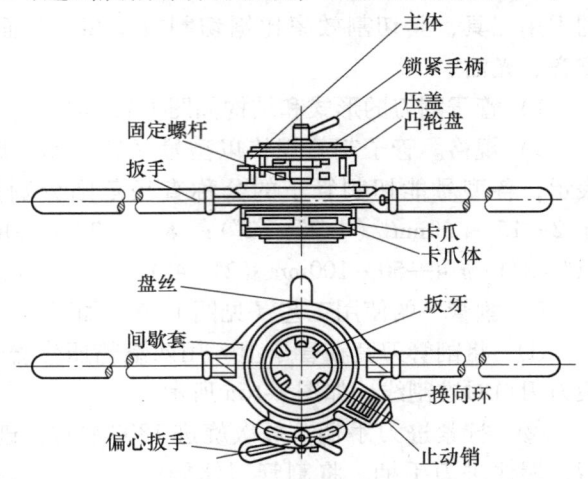

图 1-17 管螺纹铰扳

1）形式和构造。管螺纹铰扳如图1-17所示。扳牙有2～3副，每副4块，分1、2、3、4号，按顺序安装于铰架上，由凸轮盘调节、定位，以适合于需要铰制的螺纹公称直径。

2）规格。管螺纹铰扳规格以型号表示，见表1-7。

表1-7 管螺纹铰扳规格

型式	型号	铰制管螺纹公称直径/in	扳牙副数	扳牙规格/in
普通式	GJB—60（无间歇机构） GJB—60W	1/2～2	3	1/2～3/4，1～5/4，3/2～2
	GJB—114W	9/4～4	2	9/4～3，7/2～4
轻便式	Q74—1	1/4～1	5	1/4，3/8，1/2，3/4，1
	SH—76	1/2～3/2	5	1/2，3/4，1，5/4，3/2

3）用可调式管螺纹铰扳的套丝工艺。

① 选择与管径相对应的扳牙，并按编号装到铰扳上。

② 将铰扳套在已夹紧的管子端口上，调整后挡，使定心三爪卡住管子（不可过紧）。

③ 对正前挡扳的刻度，使其与管子计算直径相吻合，然后紧住凸轮固定螺栓。

④ 起扣时，应用力推住管子扳牙，以利于起扣。

⑤ 扳动铰板把要平稳协调，不得骤然用力。避免丝扣与管子不同心而偏丝，烂牙（丝）。

⑥ 用油壶或油刷向套丝的扳牙进行润滑、冷却。

⑦ 套丝长度不宜过长，只要管端露出1～2牙即可，如图1-19a所示。

⑧ 在即将达到套丝长度时要稍松开凸轮固定螺栓，并继续套丝，待切断铁屑后，松开凸轮固定螺栓。将铰扳从管子上退出。不得倒转回来，以免损坏扳牙。

⑨ 套丝部位应无烂牙，无未切断的铁屑，并且光洁。

4）套丝注意事项：

① 吃刀不宜太深，套一遍后，调整标盘增加进刀量，再套一遍，目的是防止吃刀量过大，而发生烂牙。一般要求：1″以下可以一次套成；1″～3/2″宜两次套成；2″分三次套成。尤其是丝板不太锋利时，尤其要注意。

② 管螺纹套好后，要与管件试配，检查是否合格。

（5）手工固定式铰丝扳和电动套丝机的特点　手工固定式丝扳只适用于1″以下的管子，其工效高，方便，但切削深度不能调，容易造成烂牙。电动套丝机快捷、省力、已被广泛采用。

套丝机结构如图1-18所示。它主要由电动机、变速器、工作头、支架等部分组成。电动机为自行通风防护式交直流两用电动机，变速器采用五级减速装置，1″/2″、3″/4″只需一次切削即可，其余规格螺纹需二次切削。

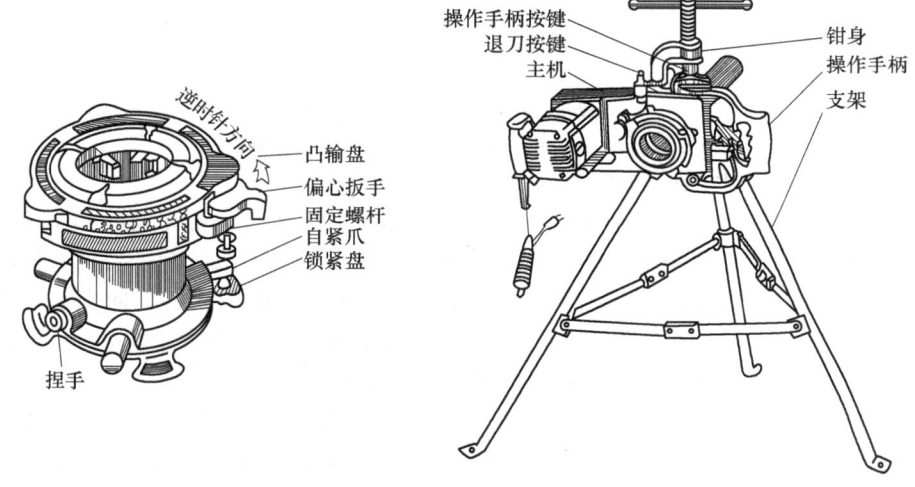

图1-18　套丝机

（6）组装工艺及注意事项　组装时，管端螺纹可用涂漆缠麻丝或用聚四氟乙烯脱脂带作密封材料，现今多采用生料带。缠生料带时，只需在螺纹上顺时针缠绕两层即可，如图1-19b所示。装管件时，管件内螺纹不加任何密封材料，用手将管件拧到管子上，再用管子钳拧紧。若同一直线上有数节管段及管件组合，则没有必要装一个，拧紧一个，可将同直线上的管件全部用手拧上，然后用管子钳紧最后一个管件，这样可以保证全部管件的接头紧度一致，同时省工、省事。

螺纹联接管道所用的管件，如弯头、接头、三通、油任等均为通用标准件，具有极高的互换性。管件通常用铸铁制造，热处理后经机加工而成，其力学性能略高于铸件，不可焊接。管端螺纹用管子板牙套制，套制后的螺纹有一定锥度，因而在装配时，螺纹不需要拧入太多，即可有良好的紧度及密封性能，一般有3~4扣即可。若螺纹拧入过多，则会将管件胀裂，凡胀裂及滑丝的管件，必须更换。

在拧紧管件时，对有方向性的管件，如三通、弯头、阀门，拧到接近拧紧状态时，就应注意其方向。若拧紧后距对位的方位只差一个较小的角度（小于45°），则可适当加力多拧一点，或在拧紧前少拧一点。如果相差角度太大，则应将管件拆下，适当增加密封材料厚度，再重新拧紧。一般不允许将紧好的管件倒回。

油任是管道上的活接头（见图1-19c），其组装工艺要求较高。在组装油任时，油任的两密封面应平行接触，不得错位，不允许强行对口。密封面间的垫子应选用密封性较强、材质较软的橡胶垫或石棉垫。

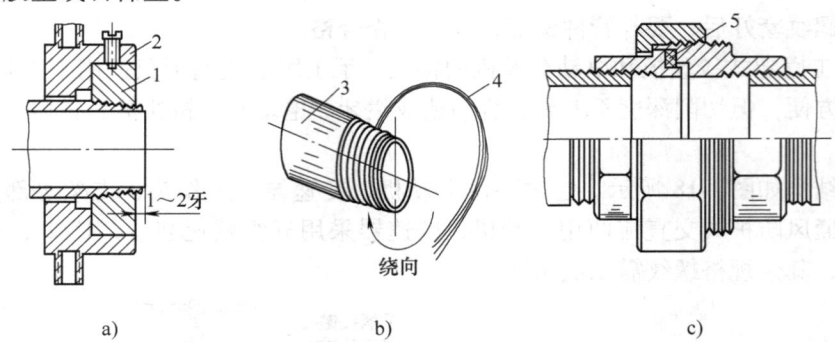

图1-19 螺纹管道的装配
a) 扳丝 b) 涂漆缠麻 c) 活接头
1—扳牙 2—扳丝架 3—管子 4—麻丝 5—石棉胶垫

3. 管道与设备连接时的一般要求

对不允许承受附加外力的转动设备，在用法兰与管道连接时，若无设计和制造厂的特殊规定，则在连接前的自由状态下，必须检查设备上的法兰与管道法兰的平行度、同轴度，其允许偏差不得超过以下数值：对设备转速在 3000～6000r/min 范围内的，应保证两个法兰平行度小于或等于 0.15mm，同轴度小于或等于 0.50mm；对设备转速大于 6000r/min 的，应保证两个法兰的平行度小于或等于 0.10mm，同轴度小于或等于 0.20mm。

在管道系统与设备进行最终封闭连接时，应在设备联轴器上架设百分表监视设备的位移。对于转速大于 6000r/min 的设备，其位移值应小于 0.02mm；对于转速小于或等于 6000r/min 范围内的设备，其位移值应小于 0.05mm；对于需要预拉伸（或压缩）的管道与设备完成最终连接时，设备则不应产生任何位移。

管道经过试压、吹扫合格后，应再次对管道与设备的接口进行复位检查，其偏差值不得超过上述规定标准；如果出现偏差现象，则应重新进行调整直至合格。

4. 对中、低压管道安装质量要求

1) 组装前，必须将法兰结合面刮净，但应保护法兰表面不得刮伤，并检查法兰的内外焊缝锈蚀程度。

2) 法兰密封面应平整，无伤痕。若法兰厚度不符合要求（非标准法兰）或施焊不当致使法兰成凸形，则应进行更换。

3) 组装时，两法兰面在未紧螺栓的情况下不得歪斜，其平行差不大于法兰外径的 0.15%，且不大于 2mm。如因管道变形或因原安装不合格致使两法兰错位、歪斜或螺孔不同心，不允许强行对口或用螺栓别靠，应采用校正管子的方法或对管道的支撑进行调整，使法兰与螺栓联接不承受因管道不对口而产生的附加应力。两法兰与螺栓中心偏差不得超过孔径的 5%，保证螺栓能自由穿入。

4) 正确选用、制作和安放垫片。对大口径法兰垫片的制作应采用斜口、燕尾槽等形式，不得采用平口对接。垫片周边应整齐，垫片尺寸不得超出密封面尺寸 ±1.5mm 以上；采用软钢、铜、铝等金属垫片时，安装前必须进行退火软化处理。

5）法兰螺栓对称拧紧后，要求两法兰应平行。低压法兰用钢直尺检查，目视合格即可；高压法兰应用游标卡尺进行检查测量，高压法兰螺栓的紧度，应达到设计的转矩值。

6）法兰螺栓若采用不锈钢或合金钢材质，管道设计工作温度大于100℃或低于0℃，应将螺栓和螺母涂以二硫化钼油脂或石墨粉。

7）管子对口时应检查其平行度，在距离接口中心200mm处，测量出的偏差不得超过1mm/m，且全长允许最大偏差不得超过10mm。管子对口后应垫牢固，防止焊接或热处理过程中产生变形。

8）中、低压管道，在安装或检修的过程中，可参照管道安装的允许偏差范围进行施工，见表1-8。

表1-8 管道安装的允许偏差值

项目			允许偏差/mm
坐标及标高	室外	架空	15
		地沟	15
		埋地	25
	室内	架空	10
		地沟	15
项目			允许偏差/mm
水平管弯曲	DN<100mm	1/1000	最大20
	DN≥100mm	1.5/1000	
立管垂直度		2/1000	最大15
成排管束	在同一平面上		5
	间距		+5
交叉管道	管外壁或保温层间距		+10

5. 汽、水管道的安装要点

1）对于管道的垂直段，应使用吊线锤法或水平尺检查的方法进行垂直度的检查。

2）对管道的水平段，应保证管道具有一定的坡度，一般汽水管道的坡度为0.2%。

3）对法兰连接或焊接的对口，不得采用强制的手段进行连接，但冷拉接口除外。

4）在蒸汽管道的最低点应装设疏水排除阀，在水管的最高点设置空气排除阀。

5）对于蒸汽温度超过300℃，管径大于200mm的管道，应装设膨胀指示仪，以监视管道伸缩情况。

6. 高压管道安装的一般要求

高压管道的安装除应满足中、低压管道安装的要求外，还应达到以下标准：

1）安装前应将管子内部清理干净，用白布串管检查，应达到无铁锈、污垢、水分等。

2）经过加工的管端密封面及密封垫，表面粗糙度必须合格，不能有影响密封性能的划痕、斑点等缺陷。

3）管道的支吊架应按设计规定或工作温度的要求，加装木块、软金属片、橡胶石棉板、绝热垫等垫层，并对支吊架进行涂漆防腐。

4）对合金钢管进行局部弯度校正时，加热温度应控制在临界温度以下。

5）对设置膨胀指示器的管道应按规定进行装设，并在管道吹扫前将指针调至零位。

6）对于监视蠕胀测点的管段，其安装位置应符合设计规定，应尽量布置在便于观察的地方。

7）在合金管道系统安装完毕之后，应复查管子的材质标记；若发现有的管段无材质标记时，应立即检测其钢号并重新在明显处标记。

1.5.5 管道水压试验和清洗

1. 管道的水压试验（Pipeline Hydrostatic Test）

管道安装后应进行严密性试验，一般采用水压试验。试验压力为设计压力的1.25倍，介质温度不应高于100℃。充水水质必须纯净，应采用除盐水或凝结水，同时应加入一定量的联氨和氨水（一般每升水中放入200mg联氨、10mg氨）。

水压试验时要把系统内的空气排尽。试验时压力升降的速度要均匀，一般为每分钟0.2~0.5MPa。试验应分阶段升压和检查，以确保安全。升压至试验压力保持一定时间后降压至工作压力进行全面检查。确认管道无破裂、无变形、无漏水现象，则管道水压试验合格。试验完毕立即排尽全部存水。

2. 管道的清洗（Pipeline Cleansing）

管道安装完毕后管内常存有焊渣、金属熔渣、氧化皮、金属腐蚀物和一些杂物，应及时清除，否则会给安全和经济运行带来极大危害。因此，在严密性试验后要进行管道清洗。水管道要用水冲洗；蒸汽管道则以蒸汽为动力吹扫管内杂物。

水冲洗时的压力和流量，应取系统内可能达到的最大压力和最大流量。水质要清洁、无杂物，冲洗要连续。待目测检查排水水质的洁净度与入口水一致时，即可停止。

1.5.6 管道金属监督（Pipeline Metal Supervision）

管道金属监督一种是指工作温度大于或等于450℃的高温管道和部件，如主蒸汽管道、高温再热器管道、阀门、三通、螺栓等。另一种是工作压力大于或等于6MPa的承压管道和部件，如给水管道、100MW以上机组低温再热蒸汽管道。

蒸汽管道在高温和应力下长期运行，会产生两种变化过程：一是在高温和应力作用下，管道截面圆周方向上发生变形，也就是管道逐渐增大；二是钢的组织性质发生变化，使钢的强度和高温性能降低。如果不对高温管道采取一定的监控措施，及时发现问题，有可能造成管道的爆裂、折断等严重事故。所以要采取先进的诊断或监测技术，以便及时、准确地掌握和判断管道寿命损耗程度和损伤状况，建立健全管道金属监督档案。

蒸汽管道在高温下，在一定的应力（未超过该温度下的屈服强度）作用下，会发生缓慢的、连续不断的塑性变形，这种变形称为蠕变变形。

1. 蒸汽管道蠕变变形测量的常用方法

（1）蠕变测量方法 在管道固定位置的外表面焊上蠕变测点，用千分尺测量截面的直径，通过直径的变化，监测其蠕变变形情况，蠕变测点一般选用球头蠕变测点或自动对心蠕变测点，如图1-20所示。

（2）蠕变测量标记法 在管道固定位置的外表面打上两排互相平行的球面压痕标记，如图1-21所示，用特制的钢带缠绕在钢管测量截面的外表面，测量该表面的周长。通过周长的变化，监测其蠕变变形情况。

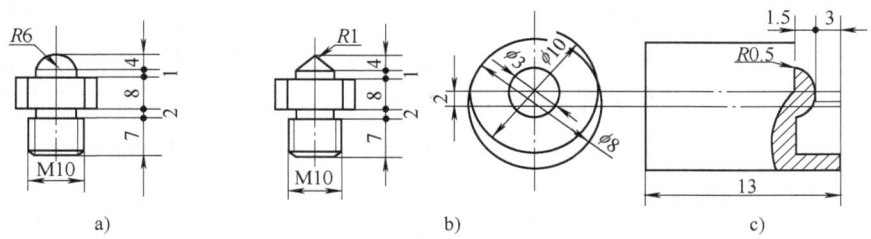

图 1-20　蠕变测点的形状
a) 球头蠕变测点头　b) 尖头蠕变测点头　c) 自动对心蠕变测点头

2. 蠕变监督标准

1) 蠕变恒速阶段蠕变速度应不大于 1×10^{-7} mm/(m·h)。

2) 总的相对蠕变变形量 ε 达 1% 时进行试验鉴定。

3) 总的相对蠕变变形量 ε 达 2% 时更换管子。

3. 蠕变测量时间间隔

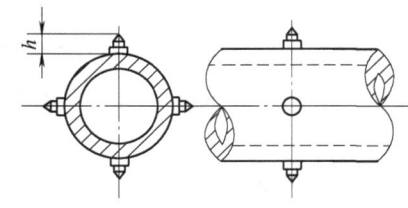

图 1-21　测量标记

在设计期限内或经鉴定已处于超期运行状态，当 ε 小于 0.75% 或管道各测量截面间的最大蠕变速度 v_{max} 小于 0.75×10^{-7} mm/(m·h) 时，监督段的蠕变测量时间以 15000h 左右为宜；对其他蠕变测量截面，可采用轮流测量的方法，但测量时间间隔不超过 30000h。

4. 蠕变测量的注意事项

1) 蠕变测量的结果和计算的结果均需详细地登记在专用表格上。

2) 蒸汽管道的蠕变测量工作要做到"三及时"，即"及时测、及时算、及时复测"。

3) 要精心保护蠕变测点，不能出现磨损、敲击或其他的损伤。

当不知道千分尺弓身钢号时，可根据制造厂的介绍确定。

5. 主蒸汽管道、高温再热蒸汽管道检修工作中的监督

1) 测量人员应保持相对稳定，并按蠕变监督的要求测量蠕变变形，以保证蠕变测量结果的准确性和可比性。

2) 检修人员在机组启停前后，检查管道支吊架和位移指示器的工作状况，发现松脱、偏斜、卡死或损坏等现象时，应及时修复，并做好记录。

3) 对主蒸汽管道可能积水的部位，如压力表管、疏水管道附近、喷水减温器下部、较长的死管及不经常使用的连接管，应加强内壁裂纹的检查。

4) 工作温度大于或等于 450℃ 的碳钢、钼钢蒸汽管道，当运行时间达到或超过 10 万 h，应进行石墨化检查，以后的检查周期约 5 万 h。

5) 高合金钢主蒸汽管异种钢焊接接头（包括焊接管座焊接接头）运行 5 万 h 时应进行无损探伤，以后检查周期为 2 万~4 万 h。

6) 200MW 以上机组主蒸汽管道，再热蒸汽管道冷、热段，运行 10 万 h 后，应对管系及支吊架进行全面检查和调整。

7) 主蒸汽管道、高温再热蒸汽管道要保温良好，严禁裸露运行。保温材料应符合技术要求，运行中严防水、油渗入管道保温层。保温层破裂或脱落时，应及时修补。管道上不允许焊接保温拉钩,不得借助管道起吊重物。

8)对于工作温度大于450℃的主蒸汽管道、高温再热蒸汽管道及其部件(如三通、弯头、焊缝、钢管等)的质量情况,要注意掌握其运行状况,对其进行全面外观和无损探伤检查。对直管、弯管进行壁厚测量、金相检验、弯管不圆度测量,对监测段进行硬度、金相、碳化物检查。所有更换的部件应确保质量,做好记录,存档备案。

6. 给水管道的监督

工作压力大于或等于10MPa的主给水管道投产运行达到5万h,应做如下检查:

1)对三通、阀门进行宏观检查。
2)对弯头进行宏观和厚度检查。
3)对焊缝和应力集中部位进行宏观和无损探伤检查。
4)对阀门后部管段进行壁厚测量,以后检查周期为3万~5万h。

200MW以上机组的给水管道运行10万h时,应对管系及支吊架进行检查和调整。

1.6 基础知识

1.6.1 管道的规范(Piping Code)

1. 公称压力(Nominal Pressure)

公称压力是管子、管件、阀门等在规定温度下允许承受的用压力等级表示的工作压力。公称压力的符号为PN,其单位为MPa。公称压力一般表示管道法兰或法兰连接的其他管道组成件在某一基准温度下的最大许用工作压力,这一基准温度对碳素钢为200℃;对耐热合金钢为350℃。

管道的最大许用工作压力随管道材质和使用温度的高低而变化。对同一材料而言,工作压力一般均随温度的升高而降低。对碳素钢,在介质温度低于200℃时,公称压力等于最大许用工作压力;对耐热合金钢,在介质温度低于350℃时,公称压力等于最大许用工作压力。碳素钢、耐热合金钢制成的管子及管件的最大许用工作压力都随介质温度的升高而逐渐降低。

2. 公称直径(Nominal Diameter)

为简化管道组成件的连接尺寸,便于生产和选用,工程上对管道直径进行了标准化分级,以"公称直径"表示。以往也称为公称通径或名义直径,用符号DN表示,其后附加公称直径的尺寸。例如,公称直径为100mm,用DN100表示。公称直径主要是指管子的内径,但不一定等于管子的实际内径。介质压力不同,管壁厚度一般也不同,从而出现了不同内径,特别是高压管道公称直径与管子的内径往往相差较大。如DN25的管子,其真正内径为27mm;DN50的管子,其真正内径为53mm;而壁厚变化不大,一个是3.25mm,另一个是3.5mm。同一公称直径的管子,它们的外径尺寸是一样的,这样便于管子连接时能有统一标准的管件接头。

除公称直径外,在产品目录中也可标出管子的外径DW和壁厚S,表示方法为DW×S。如外径为108mm,壁厚为4mm,则表示为ϕ(108×4)。

焊缝管常用英寸表示,1ft = 12in,1in = 8分,折合成公制单位表示:1in ≈ 25.4mm,

1分≈3.175mm,所以DN25的管子也叫1寸管,DN50的管子叫2寸管。

无缝钢管用外径×壁厚表示。因为同一外径的无缝钢管,它的壁厚变化太大,有十几种规格。例如,外径为108mm的无缝钢管,壁厚从3mm一直到9mm,真正内径在90~102mm范围内变化,不能用内径表示。

3. 试验压力(Test Pressure)

试验压力是检验管道附件强度及管系严密性时的压力。对管系进行严密性检验,一般采用水压试验(hydraulic test)。水压试验的压力(表压),应不小于1.25倍的设计压力,且不得小于0.2MPa,一般保压时间为10min。水压试验用水温度应不低于5℃,且不高于70℃。试验环境温度不得低于5℃,否则必须采取防止冻结和冷脆破裂的措施。

1.6.2 管道的材料(Pipeline Materials)

火电厂汽水管道的管子主要是碳钢管和合金钢管。我国常用的管材有普通碳素钢、优质碳素钢、普通低合金钢及耐热钢。常用管材的钢号及推荐使用温度见表1-9。

表1-9 常用管材的钢号及其推荐使用温度

钢种	钢号	推荐使用温度/℃	允许的上限温度/℃	用途
普通碳素钢	Q235 AF	0~200	250	水冷壁管、省煤器管等
	Q235 A Q235 Ag	-20~300	350	
优质碳素钢	10	-20~440	450	壁温≤450℃的导管、联箱
	20	-20~450	450	壁温≤500℃的受热面管子
普通低合金钢	Q345	-40~450	475	壁温≤510℃的导管、联箱
	Q390(12CrMo的代用钢)	-20~450	500	壁温≤540℃的受热面管子
耐热钢	15CrMoG	510	540	壁温≤510℃的导管、联箱 壁温≤550℃的受热面管子
	12Cr1MoV 10CrMo910(德国钢号)	540~555	570	壁温≤540℃的导管、联箱 壁温≤580℃的过热器、再热器
	12MoVWBSiRe (无铬8号)	540~555	580	壁温≤580℃的过热器、再热器
	12Cr2MoWVB (钢102)	540~555	600	壁温为600~620℃的超高参数锅炉过热器、导管
	12Cr3MoVSiTiB	540~555	600	壁温为600~620℃的超高参数锅炉过热器、导管,及600~650℃的再热管
奥氏体钢	Mn17Cr7MoVNbBZr			壁温为620~680℃的过热器、再热管、导管和联箱

20钢主要用于高压锅炉,如水冷壁管、省煤器管和低温段过热器管。这种管有较好的工艺性能:焊接性好,容易弯管,不易裂。

合金钢管主要用于高压锅炉蒸汽温度超过450℃的过热器管和再热器管。12Cr2MoWVB

钢是我国自行研制的珠光体耐热钢，具有较好的综合力学性能、工艺性能及抗氧化性能。合金钢管焊接时需要进行焊前预热和焊后热处理，热弯后也需进行热处理。

1.6.3 管道的种类（Type of Pipeline）

1. 按管子的制造工艺分类

无缝钢管（Seamless Steel Tube）是在专用钢坯的中心冲孔后冷拔或热滚轧而制成的管子，常用在中、高压管道上；焊缝钢管（Weld steel pipe）是用扁钢（钢带）卷制，并将缝隙焊接而成，常用在低压管道上。

2. 按管材承受的压力分

低压管的工作压力≤1.6MPa，工作温度≤300℃；中压管的工作压力在1.6~9MPa，工作温度≤450℃；高压管的工作压力>9MPa，工作温度>500℃。

3. 按管材的化学成分分

碳素钢管（Carbon Steel Pipe）：热力设备一般用含碳量 $w_C = 0.1\% \sim 0.3\%$ 的低碳钢管，因为低碳钢管的焊接性能和冷变形的加工性能好。如常用的10、20钢。

合金钢管（Alloy Steel Pipe）是在碳素钢的基础上，为了达到某些特定性能，而在冶炼时有目的地加入一些合金化学元素的钢材。铬——耐热钢的主要合金元素，淬透性、耐磨性好，并且抗氧化、耐腐蚀，加入后能提高强度和蠕变抗力；钒——细化金属晶粒，提高热稳定性；钼——提高金属强度，降低热脆性；钨——增加硬度，提高强度，降低热脆性；锰——增加耐磨性，抗磁性。

4. 按管道内的介质分类

主蒸汽管道——保温外层涂红颜色；风烟管道——保温外层涂白色；油管道——保温外层涂黄颜色；凝结水和化学补充水管道——保温外层涂绿色。

5. 按管道的连接方式分类

主要有焊接、法兰、螺纹联接三种管道，另外还有承插连接管道。承插连接管道用插口连接，插口间隙用石棉塞紧，水泥密封，一般作为回水管，属于低压管道。

1.6.4 管道的主要附件（Pipe Attachment）

1. 法兰组件

（1）法兰 法兰连接是中、低压管道连接中普遍采用的一种连接形式。在一些高压管与设备连接处或检修时需要拆卸的地方，也采用法兰连接。

常用的法兰形式有平焊法兰和对焊法兰。平焊法兰用于设计温度小于300℃，公称压力小于或等于2.45MPa的管道；对焊法兰用于设计温度大于300℃，公称压力大于或等于3.92MPa的管道。在高压蒸汽管道上有时采用活动式法兰。

法兰密封面不允许损坏，安装前应对此面进行检查。接触不好的要进行刮研，选配法兰不但要注意接口尺寸，还应保证法兰的厚度符合管道公称压力的要求。

（2）法兰垫片 在法兰接合面之间须置有垫片以使接合面密封。垫片种类有橡胶石棉板垫片、橡胶垫片、金属石棉缠绕片和金属齿形垫片。橡胶石棉板垫片广泛用于空气、蒸汽等介质的管路中。对于光滑面法兰，使用压力不超过2.45MPa；对于凹凸面和榫槽面法兰，使用压力可达到9.81MPa，但温度不高于450℃。橡胶垫片因有弹性，密封性能较好，用于介质温度低于60℃、公称压力小于0.98MPa的管路法兰上。金属石棉缠绕片的密封性能好，广泛用于温度低于450℃、公称压力小于9.8MPa的蒸汽管路。金属齿形垫片用于公称压力为3.92MPa、6.3MPa、9.8MPa、5.7MPa、19.6MPa的管道法兰上。

(3) 螺栓　螺栓在法兰连接中起着重要作用，对法兰接合的严密性和管道运行的安全性有很大的影响。常用的是六角头螺栓和双头螺柱。六角头螺栓多用于低压管道的法兰连接；双头螺柱则用于高压管道的法兰连接。紧固螺栓时必须注意保持两个法兰面平行。为此，应注意紧固螺栓的次序，要对称紧固，并使每个螺栓的载荷大致相同。

2. 弯头和三通

(1) 弯头　弯头是管道中常用的管件，用于改变管道的走向和位置。弯头一般都由工厂制作，在现场也常有一些弯头就地制作。根据制造方法的不同，可分为冷弯、热弯、热压弯头、电加热弯头和焊接弯头等。

(2) 三通　当管道有分支管时，需要安装三通。三通有等径三通、异径三通等。按其制造方法不同，又可分铸造三通、锻造三通和焊接三通。

3. 测量流量装置

中低压汽水管道的流量测量装置采用法兰连接的流量孔板；高压汽水管道的流量测量装置多为短管焊接式，内装标准流量喷嘴。文丘里管和长颈喷嘴也可用于流量测定。

4. 堵头、封头、管座、异径管

堵头又称闷头，用于管道各部位的封堵。具有平滑曲线或锥形的称为封头。封头的造型特征改善了应力条件，因此多用于压力容器、联箱及高压管道的封堵。

管座用于疏水、放水、放空气及旁路小管等与主管的连接。由于接管座部位的应力特点，其厚度比连接小管的壁厚大，并有各种过渡到小管等径的造型。接管座易于产生焊接应力，粗糙割口焊渣易引起腐蚀，所以高压管道的接管座孔洞必须采用机械钻孔。对于较大的接管座孔，可在割孔后用角磨机磨削出光滑的孔壁。在小管常处于关闭状态时，接管座部位存在温差应力。由于主管带动接管座热位移，当小管的支架安装不当时，将使接管座受到交变低周疲劳损伤，为此不应在靠近管座部位设小管固定支架。

异径管俗称大小头，是管道连接中的一段变换流通直径的管件，它以一定的直线锥度或以弧形曲线从某一规格的管径过渡到另一规格的管径，高、中压异径管由锻造或热挤压成型。

5. 各种专用补偿器

金属管道受热后会膨胀伸长。钢管的膨胀系数约为 $(1.2 \sim 1.8) \times 10^{-7}$ m/(m·℃)，即每米长的管子，当温度升高100℃时，其热膨胀值为1.2~1.8mm。

现代电厂的主蒸汽温度一般为435~570℃，冷热温差可达400~520℃，则每米长的主蒸汽管道的伸缩量可达5~9mm。若将1m长的主蒸汽管子两端固定，运行与停机状态，管子两端的固定点受热膨胀应力可高达几兆牛顿。若两个固定点间的管段距离更长一些，则两个固定点的受力将更大，这样大的热胀应力足以使管道破坏。所以，管道设计时，必须考虑它的热膨胀和热补偿。

管道热补偿的方法很多，有的采用管道本身的自然变形进行补偿，称为自然补偿，如图1-22、图1-23所示的L形、Z形补偿器，一般，压力高于1.6MPa的热力管道在有条件的情况下都尽可能采用自然补偿的方式。有的采用各种形式的热膨胀补偿器进行补偿，包括：Π

形补偿器（Ω形补偿器）（见图1-24）、波形补偿器（见图1-25）、填料套筒式补偿器（见图1-26）、柔性接头补偿器。

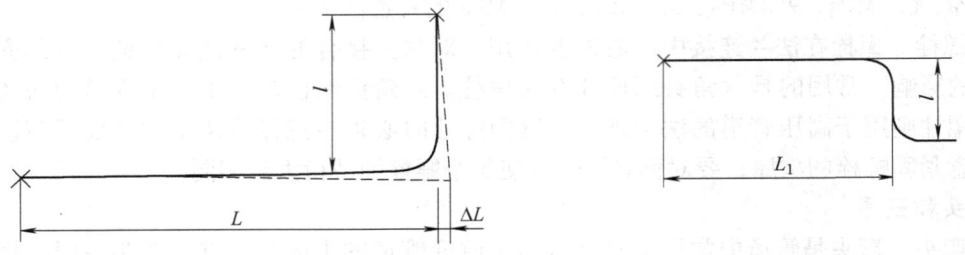

图1-22　L形补偿器　　　　　　　图1-23　Z形补偿器

Π形补偿器补偿能力大，最为常用。波形补偿器多用于烟风道或压力小于0.6MPa的汽水管道。填料套筒式补偿器构造简单，制造容易，尺寸小，流体阻力小，只能用于一般公称压力不

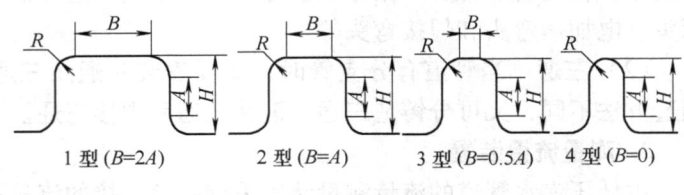

图1-24　Π形补偿器

大于1.3MPa的低压管道上，且需要注意经常维护和更换填料，否则容易产生泄露现象。柔性接头补偿器相当于一种以弹性橡胶密封圈作为填料的自紧密封装置，是一种无直接性连接的管接头，可以在低温条件下和众多连续性安装实现热胀补偿性能。由于柔性接头补偿器具有自紧性能，故极少有泄露发生，广泛用于厂外冲灰管。

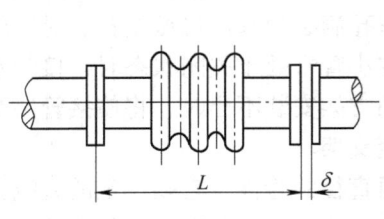

图1-25　波形补偿器
L—额定长度　δ—冷拉间隙

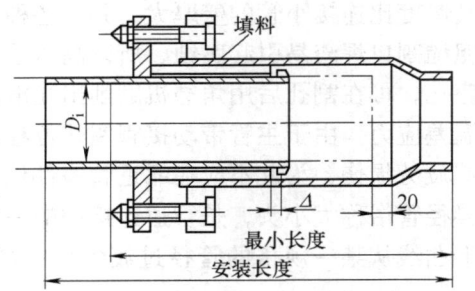

图1-26　焊接填料套筒式补偿器

1.7　知识拓展

1.7.1　管道缺陷处理

1. 划痕和凹坑

管道表面有尖锐的划痕，其处理方式是用角向磨光机把划痕圆滑过渡，棱角磨平。如果划痕很深，应进行补焊处理，然后磨平。

2. 裂纹

管道表面出现裂纹，应与负责金属的工程技术人员进行分析，查找出现裂纹的原因并制定处理方案。

通过应力分析可知：如果裂纹不深，打磨掉以后的剩余壁厚还可保证继续使用的强度，则只采用打磨补焊的措施即可；如果裂纹较深，则必须更换一段新管。

管道对接焊口出现裂纹时，应与负责金属的有关技术人员分析并制定处理方法。如果出现的裂纹较短，首先用火焊挖补的方式把裂纹部分挖掉，然后用角向磨光机把挖补部分打磨光亮，最后用电焊焊满。注意合金管焊后必须进行热处理。

如果裂纹在整圆周的二分之一以上，只能把焊口切割开。先用起重工具把焊口两端拽开，然后重新片口、打磨，直至对口、焊接。如果是合金管，焊接完后须进行热处理，消除应力。

1.7.2 大修时中低压汽水管道的检查内容

对有法兰连接的管道可将法兰螺栓拆开，检查管道内部的腐蚀、结垢情况；对无法兰连接的管道应根据检修经验选择腐蚀磨损严重的管段钻孔割管检查。如果腐蚀厚度超过原壁厚的1/3，疏水阀门后腐蚀厚度超过原壁厚的1/2，应及时更换。此外汽水管道的检查还包括保温有无脱落、裂缝，石棉是否完整，最外层的铁皮有无开裂和损坏。

1.7.3 高压管道的检查方法

1）表面裂纹的检验应由检修人员配合金属监督人员利用着色探伤、磁粉探伤对管道、阀门以及其他附件、焊缝进行检验。

2）内部检查用来确定内壁上存在的缺陷，判断内壁上有无沉积物或异物附着，检查内壁的冲蚀或腐蚀。可通过打开专用的封头、附件上的盖子，或拆除阀门附件等办法进行检查。

3）外部目检是先用目检法检查焊缝以外区域氧化层的外部形态，检查有无疲劳裂纹。

4）超声波探伤既可检验出部件表面的缺陷，又可探测出部件内部深处的缺陷。

5）壁厚测量是用测厚仪测量管子的壁厚，从而准确地掌握管子的壁厚状况。

6）检查时还可采用X射线或γ射线进行透视检验。

1.7.4 主要汽水管道系统的检修项目、工艺要点和质量要求（见表1-10）

表1-10 主要汽水管道系统的检修项目、工艺要点和质量要求

设备名称	检修项目	工艺要点	质量要求
1 过热蒸汽管道、再热蒸汽管道、给水管道	1.1 宏观和无损探伤检查	1）对焊缝、弯头、弯管、三通、大小头、阀门、阀体和其他应力集中部位的管道进行宏观和无损探伤检查 2）管道的检修应按火力发电厂金属技术监督规程的规定进行检查和处理，焊缝、弯头、三通检查抽查比例为10%。蒸汽管道运行超过20万h必须进行寿命评估。给水管道的弯头应重点检查其冲刷减薄和中性面的腐蚀裂纹 3）切割管子后，要安装适当的堵板，勿使异物进入管内	1）汽水管道的技术状况应符合火力发电厂金属技术监督规程和电力工业锅炉压力容器监察规程的规定 2）无损探伤检查合格

（续）

设备名称	检修项目	工艺要点	质量要求
1 过热蒸汽管道、再热蒸汽管道、给水管道	1.2 温度计座	取出温度计、检查温度计插座	温度计插座无损伤
	1.3 管道膨胀指示器检查调整	1）检查膨胀指示器有无变形、破损 2）调整管道膨胀指示器	1）膨胀指示器应齐全、完好 2）管道膨胀指示器指针位于指示器中心
	1.4 高温高压蒸汽管道蠕变测量	1）过热蒸汽管、高温再热蒸汽管的蠕变测量按火力发电厂高温高压蒸汽管道蠕变监督导则规定进行 2）过热蒸汽管道、高温再热蒸汽管道弯头运行 5 万 h 后应进行第一次检查，以后检查周期为 3 万 h	1）高温高压蒸汽管道应无蠕变裂纹、无严重蠕变损伤、无明显圆度复原等缺陷，其表面无划痕 2）高温高压蒸汽管道须按规定时间定期进行检查
	1.5 消声器及其管道检修	检查消声器及其管道，确保无裂纹及其他超标缺陷	消声器及其管道无裂纹和其他超标缺陷
	1.6 管道检查和壁厚测量	按规定测量管道弯头（尤其给水管道）、阀门两侧管道冲蚀减薄情况和壁厚，并做好记录	管道壁厚应符合强度要求
	1.7 管道更换	1）管道更换时，应验证其钢管、管道的制作及安装，按电力建设施工及验收技术规范（火力发电厂管道篇）的规定执行 2）更换合金钢管前应检查材质证明，并进行光谱复查	1）更换新管道时，其材质和规格要符合原设计要求。没有材质证明的管道在使用前应做材质鉴定，有重皮、裂纹的管道不得使用 2）管道的质量要求应符合电力建设施工及验收技术规范（火力发电厂管道篇）和电力建设施工及验收技术规范（火力发电厂焊接篇）的规定
	1.8 管系严密性试验	管系试验压力为锅炉本体水压试验压力。试验时，对焊缝及其他应进行检验的部位不应保温	进行管系严密性试验时，阀门及焊缝等无渗水、漏水现象。试验合格后应完善保温
	1.9 修复管道保温	更换大面积保温材料时，如果其松密度发生变化，则须进行支吊架的计算和调整，禁止在管道上焊接保温拉钩	管道保温完好，保温质量符合要求

（续）

设备名称	检修项目	工艺要点	质量要求
2 下降管、导汽管、再循环管、减温水管	2.1 宏观检查和无损探伤	对焊缝和应力集中部位进行宏观检查和无损探伤，并按火力发电厂金属技术监督规程的规定进行检查和处理	汽水管道的技术状况应符合火力发电厂金属技术监督规程的规定
	2.2 检查下降管	检查下降管管口部位及弯管内壁有无裂纹	下降管管口部位及弯管内壁无裂纹
	2.3 检查导汽管	1）检查导汽管外表腐蚀情况，并进行管座焊缝无损探伤 2）检查导汽管变形、损伤、蠕变及裂纹等情况 3）检查导汽管圆度、硬度，进行弯管壁厚测量 4）导汽管球化检查	1）导汽管表面无严重腐蚀，无损探伤符合要求 2）导汽管无裂纹、无变形、无损伤，蠕变不超标 3）导汽管圆度、硬度不超标 4）导汽管石墨化达到四级时应更换
	2.4 管道更换	根据检查情况，对有超标缺陷的部位或管子进行适当的处理或更换	管道更换的质量要求应符合电力建设施工及验收技术规范（火力发电厂焊接篇）的规定
	2.5 检查三通、弯头、阀门后管道	检查三通、弯头、阀门后管道有无裂纹，管道内壁有无冲蚀减薄情况	管子无裂纹、冲蚀及其他超标缺陷
	2.6 管系严密性试验	同 1.8	同 1.8
	2.7 修复管道保温	同 1.9	同 1.9

1.8 常见故障及案例分析（Common Faults and Case Studies）

1.8.1 常见故障

1. 蒸汽输送管网

补偿器故障易造成管道压力损失（阻力损失）增加，漏汽；管道保温层被浸泡、损坏，易造成蒸汽凝结线损增加；管道阀门故障；管道砂眼、开焊、裂纹易造成漏汽或漏水；管道支架损坏；特殊故障易造成管道断裂。

2. 电厂系统内管道

管道砂眼、重皮、焊缝、裂纹易造成漏水或漏汽；管道阀门故障；管道保温破损；管道支吊架损坏；管道腐蚀磨损（如锅炉风粉管道磨损后漏风漏粉）；管道破裂。

1.8.2 案例分析

案例1：承德热电厂为开发区供工业蒸汽，管道通过开发区桥时由于橡胶坝蓄水淹没了一半管道，造成管道浸泡，保温层破损，管道周围水冒热汽，管网线损增加。

案例2：承德热电厂北线为附属医院供工业蒸汽，管道与市政管网设在同一个井室，市政污水泄漏浸泡蒸汽管道，造成附属医院井室冒带异味蒸汽。

检修方案：

1）工作票（参见附录E）安全措施：

① 关闭工业蒸汽出口总门、电动门，关闭后断电，并悬挂"有人工作，禁止操作"警示牌。

② 关闭与蒸汽管网连接无故障管段隔断门，管网保压。

③ 开启故障管段沿线疏水门，泄压。

2）确定所有安全措施已经全部执行。

3）准备好检修工具，主要是套筒扳手（根据阀门螺钉规格确定）、撬棍、千斤顶、活扳手、钢丝绳、电焊机、氧气乙炔、手动葫芦、盒尺。

4）确认系统无压后，根据故障进行检修。

5）检修完毕，恢复系统运行。

案例3：某厂200MW机组锅炉主蒸汽、再热蒸汽管道三通的更换实例。原三通为铸造三通，存在较大的安全隐患，全部更换为热压三通。主蒸汽管道三通：$\phi 325mm \times \phi 273mm \times 40mm$ 两件；$\phi 273mm \times \phi 219mm \times 32mm$ 四件；$\phi 273mm \times \phi 133mm \times 32mm$ 一件；再热蒸汽管道三通 $\phi 426mm \times \phi 273mm \times 40mm$ 两件，材质均为耐热钢12CrlMoV。

更换步骤和技术要求：

1）开工前制订好安全和技术措施，办理好热力机械工作票。

2）项目负责人向本工作组成员分析作业技术，落实检修技术要求和质量标准。

3）准备检修工、器具：角向磨光机、起吊工具、电焊机等。

4）将需要更换的所有三通的保温材料拆掉。

5）用手拉葫芦固定好管道和支吊架，并用钢筋把弹簧吊架的弹簧焊死，防止管道下沉或位移。

6）记录三通、管道和吊架的原始位置尺寸，做好标记，以便下料和对口焊接。

7）切割部位按量好的尺寸划线，用气割切割下旧三通。

8）对切割下旧三通的管道用气割加工焊接坡口，并按焊接坡口形式进行坡口打磨。

9）新三通在使用前应进行外观检查，其表面要求为：无裂纹、缩孔、夹渣、折叠、重皮等缺陷，并进行100%光谱分析复查，确定材质是否正确。

10）三通表面光滑，凹陷深度不超过1.5mm，长度不大于40mm。

11）按实际所量尺寸，对新三通长度和坡口进行机加工。

12）管道与三通坡口制成后，应在对口的端头内外壁15~25mm范围内打磨出金属光泽。

13）将新三通吊装就位并进行对口焊接。

14）对接管口端面应与管子中心线垂直，其偏斜度不得大于2mm。

15）要尽量做到内壁平齐，如有错口，其错口不大于1mm。

16）三通、短管在焊接前应将内部清理干净，不得遗留任何杂物，必要时应装设临时封堵。

17）焊口进行热处理。
18）坡口热处理完成后进行金属检验，检查焊口质量和硬度是否符合标准，如不合格，重新焊接。
19）恢复管道支吊架原始位置，并对其校正和调整。
20）经工程技术人员整体验收合格后，恢复三通所有保温。

1.9 课外作业

1. 管道如何分类？
2. 分析管道的连接方式及其特点。
3. 管道水压试验的压力如何确定？
4. 画出异径管、三通、伸缩节的示意图。如何在管道上安装逆止阀、节流孔板等附件？
5. 管道系统金属监督的范围、任务是什么？
6. 管道的弯制有几种方法，对弯曲半径有何规定？
7. 坡口的形状有哪些？
8. 套丝的注意事项有哪些？
9. 分析主要汽水管道的使用材料和质量要求。如果管件出现裂纹如何处理？
10. 画出某校外实训基地的主蒸汽管路系统和主给水管路系统，并简述其工作流程。
11. 设计一个供热管路系统，系统中应有弯头、弯管、法兰、三通、异径接头、螺栓、螺塞等附件。（提供：水箱、散热器、管材、水泵附件）

情境 2 阀门检修
(Situation 2　Valve Maintenance)

阀门是管道系统的控制装置。它的作用是切断和接通管道介质、调节介质的压力和流量，以及保护管道系统和设备的安全运行。

在热力设备的安装与检修工作中，阀门检修的工作量很大。这从一台汽轮发电机组配有的阀门数量就能得知。如 300MW 的机组配有各种阀门近 3000 个，其中 1000t/h 的锅炉汽水系统中约有阀门 550 个；一个现代化的石油化工装置就需要上万只各式各样的阀门。可见阀门在热力系统中起着重要的作用，对安全、经济运行影响甚大，是不可缺少的主要附件。因此人们希望获得高质量的阀门，同时对阀门的使用、维修水平提高了要求，这也对从事阀门操作人员，维修人员以及工程技术人员提出了新的要求，不仅要精心设计、合理选用、正确操作阀门，而且要及时维护、修理阀门，使阀门的"跑、冒、滴、漏"及各类事故降到最低限度。

2.1　职业能力特征

本职业应能利用眼看、耳听、触觉分析和判断管阀设备在运行过程中的异常情况，并能正确制订及执行安全措施和技术措施，对设备进行拆装、检修、调整，使其达到技术质量要求；有领会、理解和应用技术文件的能力，用精练语言进行联系、交流工作的能力；能准确而有目的地运用数字进行计算；具有凭思维想象几何形体的能力，并能够对三维物体进行二维表现，还需具备一定的识绘图能力；具有针对生产实际进行技术改造、创新的能力。

2.2　情境描述

在职业能力特征的指导下，检修项目和注意事项让学生先明确阀门检修的主要内容、大小修项目和注意事项；检修工艺要求学生会阀门检修准备工作、解体检查、质量标准、研磨技术、盘根垫料更换、水压试验的基本检修工艺；基础知识帮助学生认识阀门规格、型号、分类、标识、材料、结构形式及用途等相关的知识；知识拓展结合情境一分析阀门作为管道的附件与管道的连接方式，并结合热电厂生产实际帮助学生分析管道系统阀门设备的布置情况，加深对工作票作用的认识。常见故障及案例分析通过表格综合性地列举了阀门的主要故障和产生原因，并给出了消除故障的方法，另外以"锅炉主蒸汽一道门盘根漏汽"这一案例重点说明检修中如何制订安全措施和检修方案，而案例"圆筒形弹簧式安全阀的检修"则帮助学生进一步熟悉阀门检修的基本工艺流程；课外作业要求学生了解阀门的分类、型号、标识，通过观察现场管道系统的阀门类型熟悉阀门的作用，并通过动手解体检查进一步掌握阀门的结构组成和解体检查检修工艺。

2.3 检修项目

2.3.1 阀门的要求

随着压力温度等参数的提高，热力设备对阀门的要求也随之提高。对各种阀门的共同要求是：①有足够的强度；②关闭严密；③流动阻力小；④阀门零件具有互换性；⑤结构简单、质量轻、体积小、操作方便、检修维护容易等。

对不同用途的阀门，还有一些特殊的要求，例如：对截止阀、闸阀和安全阀等要求关闭严密；对调节阀要求介质流量和阀门的开度呈线性关系；对快速关闭阀门要求动作迅速和关闭严密等。

2.3.2 大小修检修项目

1. 常修项目

检修常用阀门和易于损坏、已有缺陷的阀门，如调整门、排污门、加药门、隔离汽门及旁路门、主蒸汽系统各门、抽汽系统各门及疏水门等，检查有无裂纹、腐蚀、松动、脱落、内漏等缺陷，根据情况进行研磨，更换零件并进行水压试验。

2. 不常修项目

1）检修不常修和不经常操作，不容易漏泄的阀门。
2）检修电动汽水门的传动装置。
3）检修调整电动闸阀装置。

3. 特殊项目

1）更换隔离汽门，加装主要汽水门。
2）更换直径在 150mm 以上的高中压阀门。
3）处理支、吊架的严重缺陷。

4. 小修检修项目

1）消除运行中发生的设备缺陷故障。
2）重点检查易损零件，如止回阀，安全阀。
3）根据需要检查隔离汽门，旁路门及抽汽门盘根。
4）各小修解决不了的重点项目，应认真检查和记录，准备大修处理。

2.4 注意事项

1）开工前应办理工作票（Work Ticket，见附录 E），经许可后方可开工。
2）确认管道内压力降到零，汽水完全放尽，与其他系统已经可靠地隔绝方可进行阀门解体检修。
3）所用的起吊工具，例如倒链、千斤顶等，经过试验合格方可使用。
4）使用的行灯电压不应超过 36V。
5）所用的电动工具经试验人员试验合格后，方可使用，在使用中应戴绝缘手套，接地线。

6) 阀门解体后要加好盖顶，贴上封条。

7) 拆下的零部件须由专人保管以防丢失。

2.5 检修工艺

阀门检修可分为解体检查、缺陷处理、阀门组装及严密性检验四个环节。

阀门拆除时，用钢字在阀门及与阀门相连的法兰上，打好检修编号，并记录该阀门的工作介质、工作压力和工作温度，以便修理时选用相应的材料。

检修阀门时，要求在干净的环境中进行。首先清理阀门外表面，用压缩空气吹或用煤油清洗，记清铭牌及其他标识，检查外表损坏情况，并作记录。接着拆卸阀门各零部件，用煤油清洗（不要用汽油清洗，以免引起火灾），检查零部件损坏情况，并作记录。除此之外还要对阀体阀盖进行强度试验，如果是高压阀门，还要进行无损探伤，如超声波探伤，X光探伤。可用红丹粉检查阀座与阀体及关闭件与密封圈的配合情况。检查阀杆是否弯曲，有无腐蚀，螺纹磨损如何。检查阀杆螺母磨损程度。

阀门解体经认真检查后，即可确定检修内容。若在阀体或阀盖上发现裂纹或砂眼，应及时补焊。合金钢制成的阀体与阀盖，在补焊前应进行250~300℃的预热，补焊后应使其缓慢冷却。用于动、静件间密封的填料（俗称盘根）破裂或太干时应更换。更换新填料时，填料接口处应切成45°斜坡，相邻两层填料的接口应错开90°~180°。阀门经长期使用后，阀瓣和阀座的密封面会发生磨损，严密性降低，修复的主要方法是研磨。对磨损严重的密封面，要先堆焊经车削加工后再研磨、校直或更换阀杆。修理一切需要修理的零部件，不能修复的需进行更换。

重新组装阀门。组装时，垫片、填料要求全部更换。

最后进行强度试验和密封性试验。

2.5.1 阀门检修准备 (Valve Repair Preparation)

1) 根据检修项目安排检修进度。

2) 检修人员应查清所要检修设备的缺陷记录，做到工作底数清楚。

3) 准备好检修阀门所用的专用工具，例如千斤顶、研磨胎、研磨手枪钻等。

4) 准备好检修阀门所用的一般工具，包括扳手、锤子、錾子、锉刀、撬棍、24~36V行灯、各种研磨工具、螺钉旋具、套管、大锤、工具袋、换盘根工具等；

5) 准备材料，包括研磨料砂布、盘根、螺钉、各种衬垫，润滑油、煤油及其他备品备件等材料。

6) 对于高处不便于检修的阀门，要提前搭设脚手架。

7) 将所要检修的阀门及周围场地清扫干净。阀门各处螺栓需加少量螺栓松动剂浸透，以便于拆卸。

2.5.2 解体检查 (Disassembly Inspection)

阀门检修前应先进行解体，对各零件进行全面检查，以便针对检查出来的缺陷进行修理。解体的大致顺序是：拆下传动装置，卸下填料压盖，清除旧填料，卸下阀盖、铲除垫料，旋出阀杆，取下阀瓣。解体时应注意在连接件上打记号，防止装配时错位。

1. 阀门的一般解体步骤

1）办理好检修工作票，确认系统隔绝措施做好后，将排汽的疏水门或空气门开放检查，无排汽门的可将就近的疏水门或空气门门盖拆开检查（拆开门盖时应采取不拿掉门盖螺母的措施，防止漏气将门盖顶出伤到人）。确认内部无压力、无余汽余水时方可工作。

2）准备好工、器具。

3）首先清除阀门外的灰垢。

4）在阀体及阀盖上打记号，防止装配时错位，如图 2-1 所示，然后将阀门杆置于开启状态。

5）拆下传动装置并解体。

6）卸下填料（盘根）压盖螺母，退出填料压盖，清除填料盒中旧填料。

7）卸下阀盖螺母，取下阀盖，铲除垫料。

8）旋出阀杆，取下阀瓣，妥善保管。

9）取下螺纹套筒和平面轴承。

10）卸下的螺栓等零件，用煤油洗净后用棉纱擦干。

11）较小的阀门，通常夹在台虎钳上进行拆卸，注意不要夹持在法兰结合面上，以防止法兰面损坏。

2. 阀门检查

全面检查的主要内容有：检查阀体和阀盖有无裂纹，阀杆的弯曲和腐蚀情况，阀瓣和阀座密封面的腐蚀磨损情况，填料有无损坏，各配合间隙是否适当等。

1）检查阀体与阀盖表面有无裂纹、砂眼等缺陷；阀体与阀盖结合面是否平整，凹口和凸口有无损伤，其顶隙是否符合要求（一般为 0.2~0.5mm）。

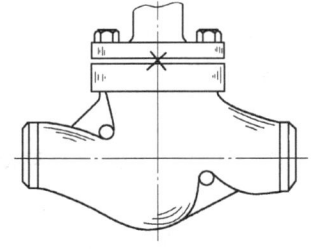

图 2-1 阀体与阀盖的方位记号

2）检查阀瓣与阀座的密封面有无锈蚀、刻痕、裂纹等缺陷。

3）阀杆弯曲度不应超过 1/1000，圆度不应超过 0.1~0.2mm，表面锈蚀和磨损深度不应超过 0.1~0.2mm，阀杆螺纹应完好，与螺纹套筒配合要灵活。不符合上述要求时要更换，所用材料要与原材料相同。

4）填料压盖（也叫格兰）、填料盒与阀杆的间隙要适当，一般为 0.1~0.2 mm。

5）各螺栓、螺母的螺纹应完好，配合适当，不缓扣。

6）平面轴承的滚珠、滚道应无麻点、腐蚀、剥皮等缺陷。

7）传动装置动作要灵活，各配合间隙要正确。

8）手轮等要完整无损坏。

2.5.3 质量标准（Quality Standards）

1. 一般质量标准

1）阀门严密性：修好的阀门在关闭时，应保证在工作参数下严密不漏。

2）涂抹红丹粉检查密封面接触情况，圆周应连续接触不能有中断处，接触宽度不得小于密封面宽度的 1/3。

3）高压阀杆用 38CrMoA 材料制成，加工前进行淬火和回火处理，淬火温度为 940℃ 油冷却，回火温度为 650℃ 水或油冷却，硬度达到 250~300HBW，加工后进行表面氮化处理，深度为 0.3~0.5mm，丝扣不要氮化。

4）中压阀门阀杆采用 35 钢或 2Cr13 钢，加工前应进行热处理，硬度 200HBW。

5）低压阀门阀杆用 25、35 钢制造，对不易检修的公用系统上的低压阀门，也可采用 1Cr13 或 2Cr13 制造。

6）阀杆表面应光滑无毛刺、裂纹、凹坑、腐蚀等。

7）螺扣应完整，不得有断扣、刮扣及毛刺等，螺母与上杆配合灵活，但不能过松，螺扣磨损超过厚度 1/3 应立即更换。

8）填料压盖应完整无裂纹，且与填料箱的间隙为 0.45~0.6mm 为宜。

9）密封环应光滑无毛刺、沟道、裂纹等，阀杆间隙符合标准，参见表 2-1。

表 2-1 阀杆间隙标准

项目 \ 类别	高压阀	中压阀	低压阀
表面粗糙度	$Ra0.1$	$Ra0.2~0.8$	$Ra0.8~1.6$
弯曲度每 500mm	<0.03	<0.04	<0.05
锥度每 300mm	≤0.02	≤0.05	≤0.07
与密封圈间隙/mm	0.2~0.3	0.25~0.35	0.3~0.5
与填料压盖间隙/mm	0.3~0.4	0.4~0.5	0.5~0.6

2. 门轮传动装置及电动头要求

1）门轮应完整无缺，无裂纹、毛刺等。

2）传动装置灵活无卡涩，连接连杆应牢固，销子完整安装牢固。

3）牙轮完整无磨损，工作面 60%~70% 吻合，齿轮轴键光滑，灵活完整，无磨损，不松动，不卡涩。

4）珠架无裂纹、磨损、锈蚀、麻坑，珠粒无压扁和破碎等情况。

5）各部位圆销、开口销应灵活无磨损，安装牢固，使用开口销的部位不能用圆钉、铅丝等代替。

2.5.4 研磨工艺（Grinding Techniques）

阀门的研磨是阀门检修的一项主要工作，是以手工或机械的方法来研磨阀芯与阀座之间的结合面，从而达到严密接合的目的。

研磨的工作原理：在两个相对的研磨结合面之间抹上适量的研磨底料（一般采用金刚砂和油膏），使两个结合面之间保持一定的压力，沿一定的轴中心转动，逐渐消除结合面上的不平处，使阀芯和阀座的结合面正确接触并且达到一定的表面粗糙度，这样便能达到严密的接合。

1. 手工研磨的专用工具

研磨阀门密封面的专用工具，也称为胎具或研磨头、研磨座。开始研磨密封面时，不能将阀门的阀芯与阀座直接对磨。因为阀芯与阀座的损坏程度不一致，直接对磨既浪费材料，又容易把阀芯与阀座磨偏，所以在粗磨阶段时采用胎具分别与阀芯、阀座研磨。研磨阀芯用研磨座，研磨阀座用研磨头。研磨常用的胎具如图2-2所示。

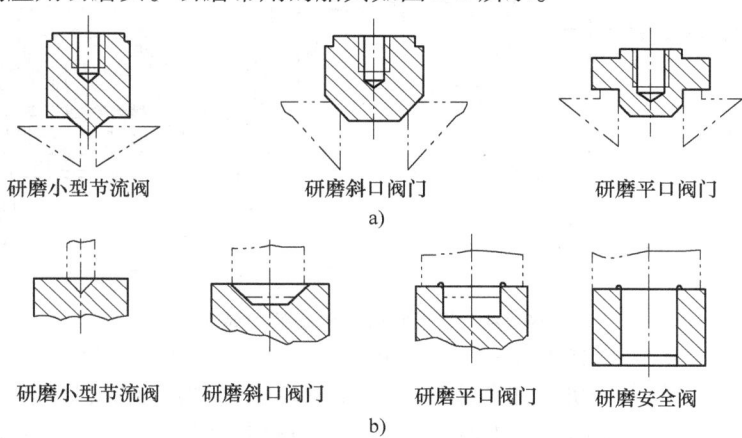

图2-2 研磨常用的胎具
a）研磨头 b）研磨座

在制作和使用研磨专用工具时，应注意以下几点：

1）研磨胎具的材料硬度要低于阀芯、阀座，通常选用低碳钢或生铁制作。胎具的尺寸与被研磨的阀芯、阀座大小一致。

2）研磨时要配上研磨杆。研磨杆与胎具建议采用止口连接（见图2-3中点 a 处）。这种连接便于更换胎具，并能使研磨杆与胎具同心。

3）在研磨过程中，研磨杆与阀座要保持垂直，不可偏斜。

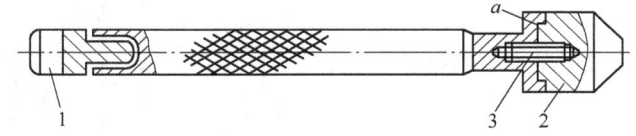

图2-3 研磨杆
1—活动头 2—研磨头 3—螺钉（丝对）

4）开始研磨密封面时，不能将阀芯与阀座直接对磨，因其损坏程度不一致，直接对磨既浪费材料，又易将阀芯、阀座磨偏。

2. 机械研磨

（1）球阀电动研磨 研磨小型球阀时可用手枪电钻夹住研磨杆进行。电钻研磨效率很高，例如，研磨座上0.2~0.3mm深的坑，只要几分钟就能磨平。用球阀电动研磨完成后还需再用手工细磨。

（2）闸板阀电动研磨 适用于研磨大、中型闸板阀，电动研磨装置如图2-4所示。它是采用手枪电钻作动力，经过减速带动磨盘转动。研磨时在磨盘表面涂上研磨砂或在压盘表面压上圈形砂纸。研磨前将研磨装置插入阀座内，插入时要把拉杆8提起，使弹簧5压缩，插入后要对正位置再放下拉杆，松开弹簧，使磨盘与阀座接触；再起动电动机，进行研磨。采用电动研磨速度很快，需要经常检查研磨情况。

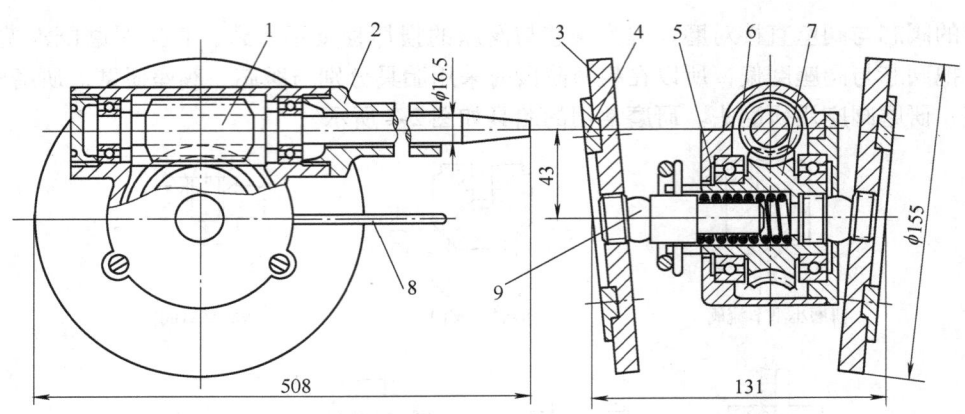

图 2-4 闸板阀阀座电动研磨装置
1—蜗杆 2—套筒 3—磨盘 4—压盘 5—弹簧 6—外壳 7—蜗轮 8—拉杆 9—万向接头

(3) FLG 系列阀门研磨机 如图 2-5 所示为 FLG 系列阀门研磨机结构,其动力源有电动和气动两种,具有一机多用、加工范围广泛、可研磨各类阀门和法兰密封面的特点。

1) 结构。FLG 系列研磨机主要由磨头系统、驱动系统、底座、可调支架、电动杆、动力源六大部分组成。

2) 工作原理。接通电源,扣下电源开关并锁定,动力源通过电动杆内的一对锥齿轮、万向节和伸缩的花键轴传至驱动系统,驱动系统是由两对齿轮组成,将运动一分为二传至传动机构,驱动研磨盘上五个小磨头自转,从而使阀门达到密封要求。

3) 安装。由于研磨面的部位不相同,所以研磨机的安装使用方法亦不相同。

3. 研磨材料

(1) 研磨砂 研磨砂的规格按其粒度大小编制。分为:10,12,14,16,20,24,30,36,46,54,60,70,80,90,100,120,150,180,220,240,280,320,M_{28},M_{20},M_{14},M_{10},M_7,M_5 等号码,其中 10~90 号称为磨粒;100~320 号称为磨粉;M_{28}~M_5 称为微粉。

管道附件或阀门密封面的研磨,除个别情况用 280、320 号磨粉外,主要用微粉。

为了加快研磨速度,有时先采用粗磨。粗磨可用大粒度的 320 号磨粉(颗粒尺寸为 42~28μm);细磨可采用小粒度的 M_{28}~M_{14} 微粉(颗粒尺寸为 28~10μm);最后可采用

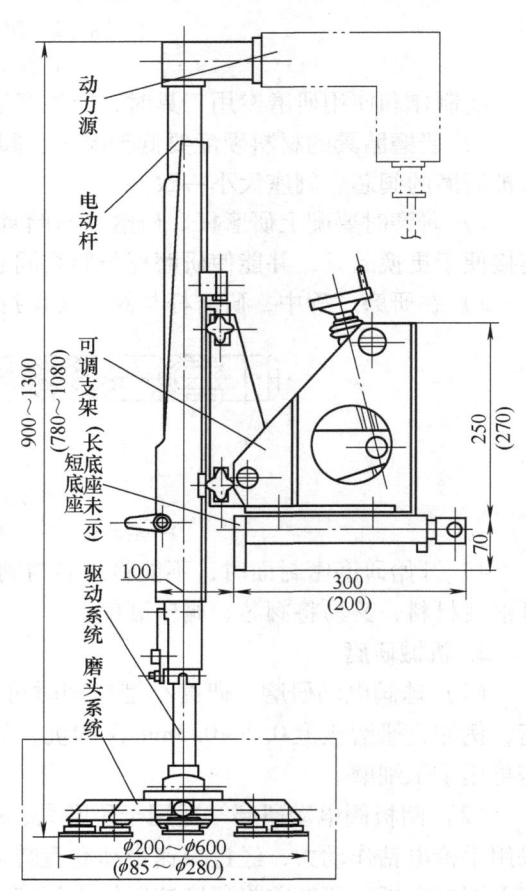

图 2-5 FLG 系列阀门研磨机结构
注:1. 无括号的尺寸为 FLG-600 型的尺寸
2. 括号内的尺寸为 FLG-250 型的尺寸

M_7 微粉（颗粒尺寸为 7~5μm）研磨。

常用研磨砂的成分、颜色、粒度号码和适用范围见表 2-2，供研磨时选用。

表 2-2 常用研磨砂的成分、颜色、粒度号码和适用范围

名称	主要成分（质量分数）	颜色	粒度号码	适用于被研磨的材料
人造钢玉	Al_2O_3(92%~95%)	暗棕色到淡粉红色	12~M_5	碳素钢、合金钢、可锻铸铁、软黄铜等（表面渗氮和硬质合金不适用）
人造白钢玉	Al_2O_3(97%~98.5%)	白色	16~M_5	
人造碳化硅（人造金刚砂）	Si_2C(96%~98.5%)	黑色	16~M_5	灰铸铁、软黄铜、青铜、纯铜
人造碳化硅（人造金刚砂）	Si_2C(97%~99%)	绿色	16~M_5	
人造碳化硼	B(72%~78%); C(20%~24%)	黑色		硬质合金与渗碳钢

（2）研磨膏 研磨膏是用油脂类（石蜡、甘油、三硬脂酸）和研磨粉合成的，是细研磨料，分为 M_{28}，M_{20}，M_{14}，M_{10}，M_7，M_5 等，有黑色、淡黄色和绿色三种颜色。

（3）砂布 砂布是用布料作为衬底，在上面胶粘研磨砂而成。根据砂砾的粗细分为若干号码，号数越大砂布越细。

当用研磨砂时，需将研磨砂和煤油、润滑油掺配调制成研磨液。目的是在研磨过程中起润滑和冷却的作用，使研磨又轻又快并降低研磨时的切削热，故对研磨的效率和质量都有显著的提高。调制研磨液时，通常往磨料里直接加入煤油和润滑油。用 1/3 煤油加 2/3 润滑油与磨粉调制成的研磨剂适用于粗研；用 2/3 煤油加 1/3 润滑油与煤粉调制成的研磨剂适用于细研。

4. 研磨方法

手工研磨阀门密封平面的方法如图 2-6 所示。

阀瓣和阀座密封面上出现的麻点、刻痕，若深度不超过 0.5mm，应先在车床上光一刀再研磨。研磨材料应该根据阀瓣、阀座的材料和损坏程度来选择，通常用研磨砂或砂布。研磨通常可分为粗磨、中磨、细磨和精磨四步进行。

（1）使用研磨砂研磨阀座

粗磨：阀门密封面锈蚀坑大于 0.5mm 时，应先车光，再进行研磨。具体做法是：在密封面上涂一层 280 号或 320 号磨粉，用约 15N 的力压着胎具，

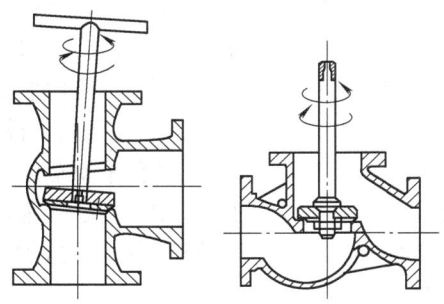

图 2-6 阀体密封平面的手工研磨

顺着一个方向研磨，研磨到感觉胎具中无砂粒时，把旧砂擦去换上新砂再磨，直至麻点、锈蚀坑完全消失。根据缺陷轻重有时可不用粗磨而直接采用中磨。

中磨：把粗磨留下的砂擦干净，加一层薄薄的 M_{28}~M_{14} 微粉，用 10N 左右的力压着胎具，仍顺着一个方向研磨，研磨到无砂粒声或砂变黑时更换新砂。经过几次换砂后，密封面基本光亮，能够隐约看见一条不明显、不连续的阀线，或者在密封面上用铅笔画几道横线，合上胎具轻轻转几圈，铅笔线被磨掉，即完成中磨。

细磨：用 $M_7 \sim M_5$ 微粉研磨，使用压力是 5N 左右。细磨时不用研磨头和研磨座，而是直接用阀门上的阀瓣对着阀座研磨。阀瓣和研磨杆应装正，磨料用微研磨膏稍加一点润滑油稀释，研磨应先顺时针转 60°～100°，再反方向转 40°～90°，轻轻地来回研磨，磨一会儿检查一次，直到研磨得发亮，表面粗糙度达到 Ra 为 12.5，并可在阀瓣和阀座的环形密封面上见到有一圈颜色黑亮的闭合带形，其最窄处宽度不应小于密封面的 1/3。

精磨：研磨的最后一道工序。为了降低表面粗糙度和磨去嵌在金属表面的砂粒，磨时不加外力也不加磨料，只用润滑油。具体研磨方法与细磨相同，一直磨到加进的润滑油研磨完后不再变色为止。最后，用干净的棉纱擦干。

（2）闸板、阀瓣密封平面的研磨　闸板、阀瓣和阀座的密封平面可使用研磨平板手工研磨。工作前先在干净的平板上均匀地涂上一层研磨剂，然后将工件贴合在平板上，用手一边旋转一边作直线运动（见图 2-7），或作 8 字形运动。由于研磨运动的方向不断变化使研磨粒不断在新的方向起磨削作用，故可提高研磨效率。

为了避免研磨平板的磨耗不均，不要总在平板的中部研磨，而应在平板的全部表面上不断变换部位进行研磨，否则研磨平板将很快失去平面精度。

闸板及有些阀座呈楔状，密封平面圆周上的重量不均，研磨时应在其薄端（又称"小头"）加稍大的压力，使环状密封平面上的压力均匀，以免引起工作楔角的改变。

节流阀阀瓣研磨时可使用带孔的环状圆盘研具，其研磨方法与阀体密封面基本相同。

用平板研磨平面形的阀瓣、闸板很方便。但在使用前应详细检查平板是否平整。检查方法是先稍抹一点红丹粉，对着一块标准平板轻磨几次，对研磨平板的不平地方用刮刀刮去，达到每平方米接触两点以上。

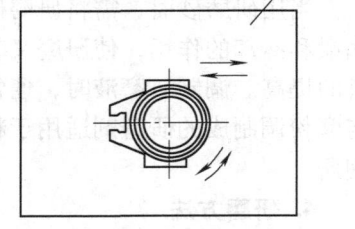

图 2-7　闸板密封面的手工研磨

（3）研磨的注意事项

1）研磨时要轻拿轻放，防止将密封面碰伤。

2）研磨的压力要均匀，且不宜过大。粗研时压力可大些，精研时应较小。应注意不要因施加压力而使研具局部脱开密封平面，以防磨偏，如图 2-8 所示。

3）研磨一段时间后，要检查工件的不平度。此时可将研具取出，用煤油或汽油将密封面擦净，再将圆盘形的检查平盘轻放在密封面上，用手轻轻拖动。当环状密封面上显出均匀的接触痕迹，而径向最小接触宽度与密封面宽度之比（即密封面与检验平盘的吻合度）达到工艺上规定的数值时，不平度即为合格。

4）为了保证检验的准确性，对检验平盘应经常进行检查和修整。

用研磨砂研磨质量虽好，但效率太低，费时费力。用砂布研磨则速度快，也比较干净，尤其代替用研磨砂的粗磨和中磨效果更佳。研磨时把砂布固定在胎具上，对有严重缺陷的密封面，先用粗砂布把大的缺陷研磨掉，再换细砂布研磨，最后用抛光砂布研磨一遍。研磨时可按一个方向旋转胎具，且用力要轻而均衡。在研磨的过程中应注意避免因砂布皱叠而把密封面磨坏。只要细心并注意研

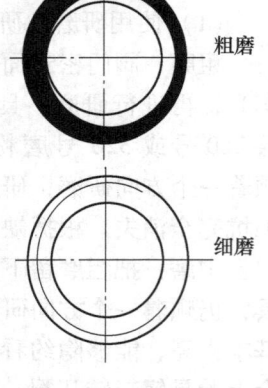

图 2-8　磨偏现象

磨方法，同样可得到较满意的效果。砂布的剪裁与压装如图 2-9 所示。

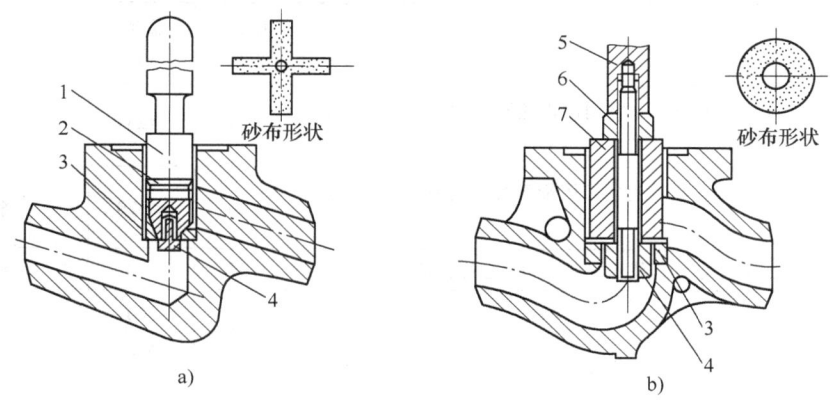

图 2-9　砂布的剪裁与压装
a) 研磨斜口　b) 研磨平口
1—导向胎具　2—扎砂布的槽　3—门座　4—压砂布螺母　5—研磨杆　6—螺母　7—导向套

2.5.5　填料和垫料更换（Packing Replacement）

阀门的填料和垫料在检修阀门时，一般都要换新的。在选用填料和垫料时，一定要根据阀门在管道中的介质类别、压力大小、温度高低和材料规格正确选择，以免造成不必要的损失。

1. 填料更换

填料俗称盘根，用于动、静部件间的密封，例如阀杆、泵轴与其填料盒间均需填置盘根。盘根主要由棉线、麻、石棉和铅粉制成，可根据介质的温度、压力和类型选用，见表 2-3。还可根据具体情况，采用橡胶 O 形环（天然橡胶耐 60℃ 以下弱碱腐蚀，丁腈橡胶耐 80℃ 以下油品腐蚀，氟橡胶耐 150℃ 以下多种腐蚀介质）、三件叠式聚四氟乙烯圈（耐 200℃ 以下强腐蚀介质）、尼龙碗状圈（耐 120℃ 以下氨、碱腐蚀）等成形填料。在普通石棉盘根外面，包一层聚四氟乙烯生料带，能提高密封效果，减轻阀杆的电化学腐蚀。

盘根截面的形状有方、圆、扁之分，其中方形应用最广，它的规格很多，有 6、8、10、12、15……30mm 等。

表 2-3　盘根的分类、性能和大致使用范围

名称	材料	压力/MPa	温度/℃	介质
棉盘根	棉纱编结棉绳、油浸棉绳、橡胶棉绳	≤20~25	≤100	水、空气和润滑油
麻盘根	麻绳、油浸麻绳、橡胶麻绳	≤16~20	≤100	水、空气和润滑油
普通石棉盘根	润滑油和石墨浸渍过的石棉线；夹铝丝石棉编结线，用油和石墨浸渍；夹铜丝石棉编结线，用油和石墨浸渍	≤4.5 ≤4.5 ≤6	≤250 ≤350 ≤450	蒸汽、水、空气和油类
高压石棉盘根	用石棉布（线），以橡胶为粘结剂，石棉与片状石墨粉的混合物	≤6	≤450	蒸汽、水、空气

（续）

名称	材料	压力/MPa	温度/℃	介质
石墨盘根	石墨做成的环，并用以银色石墨粉填在环间，掺入不锈钢丝	≤14	540	蒸汽
碳纤维填料	经预氧化或炭化的聚丙烯纤维，浸渍聚四氟乙烯乳液	≤20	≤320	各种介质
氟纤维填料	聚四氟乙烯纤维，浸渍聚四氟乙烯乳液	≤35	260	各种介质
金属丝盘根	铝丝、铜丝	≤35	230 500	用于热油泵蒸汽
RSM—O型柔性石磨密封圈	成品为矩形截面圆圈	≤32		用于高压阀门

保存盘根的温度以25～30℃为宜，湿度也要合适，太干燥了盘根将失去弹性，湿度太大盘根过分吸水也会影响质量。库存阀门中，出现填料已不好使及填料与使用介质不符的情况，都需要更换填料。阀门制造厂无法全面满足使用单位对不同介质的需求，填料函内总是装填普通盘根，但工作人员使用时，必须让填料与介质相适应。

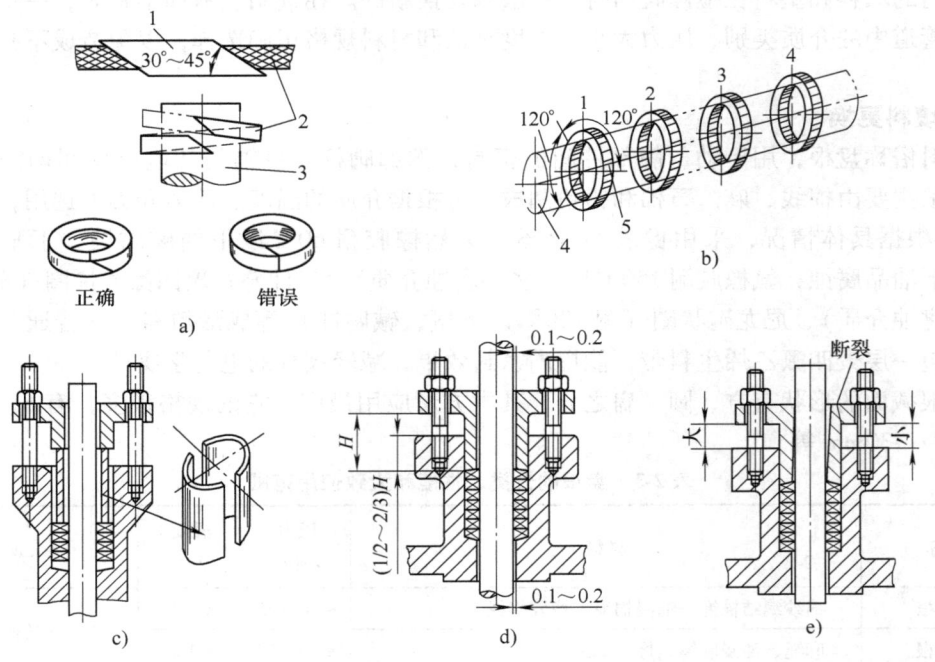

图2-10 加盘根的工艺

a）盘根切口必须是上下搭接，切口为30°～45° b）每圈盘根的切口错开120°～180°
c）若盘盒较深，对先加入的盘根应用套管将盘根压紧，不宜全部加完后，一次用盘根压紧，造成上紧下松 d）压盖压紧盘根后，压盖与阀体之间应留有较大的距离，以备在盘根松弛时，能再次对盘根进行压紧 e）紧压盖应对称，防止压盖歪斜，将压盖整断

阀门的盘根需要更换时，要把所有的旧盘根清除，并注意不要损伤门杆、密封盘及盘根

盒。在更换盘根时,如图 2-10 所示,应先将盘根切成单圈,盘根的对口应整齐地切成 45°的锐角,其长度应合适,切制盘根时可把盘根紧紧地缠绕在直径等于阀杆直径的圆杆上,系上切口线,进行切割。然后把切割好的盘根圈,逐个的加入盘根盒内,每加入一圈用压盖或专用工具将盘根捣紧压实,各单根盘根的切口应错开 90°、180°或 90°、180°交错使用。盘根的加入量要适当并留有再压的余量,压盖压入填料室的深度不能小于填料室高度的 10%,也不应大于 20%~30%。对于要求高的阀门,接缝角度为 30 度,圈与圈之间接缝错开 120 度。在压紧填料时,要同时转动阀杆,以保持四周均匀,防止太死拧紧压盖要用力均匀,不可倾斜。

2. 垫料更换

垫料用于法兰连接的结合面,起密封作用。阀体与阀盖的法兰间、管道和阀门等的法兰间、烟风道的法兰间均需垫置垫料。选用时,可根据介质类型、温度、压力查阅表 2-4 进行选取。

(1) 要求 衬垫的材料应具有以下性质:①有一定的强度及足够的弹性与韧性;②有抵抗介质侵蚀的性能;③受温度变化的影响小。

高压阀门的衬垫主要使用金属齿形垫,其规格见表 2-5。

(2) 放置 安装阀门衬垫时,应先将法兰结合面和衬垫两面都清理干净,在衬垫上均匀地抹上掺油的黑铅粉,再抹上干铅粉,然后将衬垫放到法兰结合面上,扣上法兰,夹住衬垫,对称地旋紧法兰螺钉。在紧固螺钉时,应注意随时检查法兰平面之间的间隙是否均匀,尤其是高压阀门的法兰更应这样做。

3. 各种垫类质量要求

1) 齿形垫片材料和应用范围见表 2-4。

表 2-4 衬垫的材料和应用范围

衬垫材料		介质	应用范围		使用方法
			压力/(kg/cm²)	温度/℃	
纯橡胶		水、空气	6.0	60	可涂漆片或白铅油,也可不涂。适用于 φ500mm 以下管道,超过时应用夹金属丝或夹帆布层橡胶衬垫,纯橡胶衬垫厚度为 4~6mm,夹帆布或金属丝橡胶衬垫厚度为 3~4mm
夹帆布层橡胶		水、空气	6.0	60	
夹金属丝橡胶		水、空气	10.0	80	
绝缘纸		油	10	40	涂以漆片或铅油
耐油橡胶		油	75	350	衬垫厚度为 1~1.5mm,可涂以漆片
石棉布、带、绳		烟、风	1.5	650	可涂水玻璃
石棉橡胶		水、汽、风、烟、油	100	450	可涂干铅粉
纯铜		水	100	250	用时先退火使它软化
		汽	64	420	
铜垫	碳钢 10 号	水、汽	>100	450	做成齿形,要先回火
	1Cr13	水、汽	>100	540	做成齿形,要先回火,且其硬度小于法兰面硬度
	1Cr18Ni19Ti		>100	570	做成齿形,要先回火,且其硬度小于法兰面硬度

2）齿形垫加工按图样进行，其硬度在130HBW以下。

3）齿形垫型线为同心圆。

4）齿形垫不得有裂纹翻边、不平等现象，齿上不得有径向顺沟槽、缺口等缺陷。

5）齿形垫各个齿高一致，各齿高不均匀度在0.05mm以内，厚度差在同一上齿形垫上不得大于0.1mm，各种金属垫片尺寸规格见表2-5。

表2-5　金属垫片尺寸　　　　　　　　　　　　　　　　（单位：mm）

公称直径DN	垫片外径D	垫片内径d	齿距t	齿顶宽度e	垫片厚度b	齿高h	齿数
10	34	13	1.5	0.2	3	0.65	7
15	39	18	1.5	0.2	3	0.65	7
20	50	23	1.5	0.2	3	0.65	9
25	57	27	1.5	0.2	3	0.65	10
32	65	35	1.5	0.2	3	0.65	10
40	75	45	1.5	0.2	3	0.65	10
50	87	57	1.5	0.2	3	0.65	10
65	109	76	1.5	0.2	3	0.65	11
80	120	87	1.5	0.2	3	0.65	11
100	149	105	2	0.3	4	0.85	11
125	175	131	2	0.3	4	0.85	11
150	203	155	2	0.3	4	0.85	12
200	259	211	2	0.3	4	0.85	12
250	312	260	2	0.3	4	0.85	13
300	363	311	2	0.3	4	0.85	13
350	421	361	2	0.3	4	0.85	15
400	473	413	2	0.3	4	0.85	15
450	523	463	2	0.3	4	0.85	15
500	573	515	2	0.3	4	0.85	15
600	677	613	2	0.3	4	0.85	16
700	767	703	2	0.3	4	0.85	16
800	875	811	2	0.3	4	0.85	16

6）石棉纸垫内径应大于法兰内径1～2mm，外径以对齐螺栓孔内径为宜，有止口的法兰垫要大于止口内径，外径垫片则应小于止口外径0.5～1mm为宜。石棉缠绕式垫片的尺寸参见表2-6。

表2-6　石棉缠绕式垫片的尺寸　　　　　　　　　　　　（单位：mm）

公称直径DN	内径d	外径D	公称直径DN	内径d	外径D
10	15	28	150	165	185
15	22	35	200	222	248
20	30	43	250	272	305
25	34	48	300	325	358
32	44	58	350	382	408
40	48	65	400	435	458
50	60	77	450	485	513
65	78	95	500	525	564
80	96	113	600	625	663
100	114	131	700	725	773
125	138	155	800	825	873

7）石棉纸垫、铜垫、橡胶垫片表面不能有裂纹、贯穿沟道或高低不平现象。

8）存放过久已老化的石棉纸、橡胶垫不能使用。

9）铅垫用纯铜板并使用车床车削，用前需经再结晶退火的方法来软化处理（铜垫加热至 400~500℃ 后放入水中冷却），铜垫有局部融化者不能使用。

10）石棉纸胶垫做成后，涂黑铅粉或二硫化钼，低压空气门和水门可涂白铅油。

2.5.6 阀门组装（Valve Assembly）

阀门具体的组装步骤为：

1）将推力球轴承（也叫平面轴承）涂上黄油，连同螺纹套筒一起装入阀盖支架上的轴承内。

2）把阀芯装在阀杆上，使其能自由转动，旋紧螺母不能松动。

3）将阀杆装入填料盒，再套上填料压盖，旋入螺纹套筒中至全开位置。

4）将阀体吹扫干净，阀芯、阀座擦拭干净。

5）将涂有涂料的垫子装入阀体与阀盖的法兰之间，将阀盖正确地扣在阀体（对准拆卸时打的记号）上，对称旋紧联接螺栓，并使法兰四周间隙一致。

6）将阀门置于关闭位置。

7）向填料盒中加装填料，如图 2-10 所示。

8）填料应符合阀门工质的压力、温度、类型等要求。

9）填料的尺寸应合适，不得太大或太小，可安装与阀杆直径相同的假轴。用盘根紧密缠绕后切断，切断长度等于填料盒的中径处周长。

10）填料接口处应成 45°斜角，卷圈必须是上下搭接。

11）每圈盘根的切合口错开 120°~180°。

12）向填料盒内加装填料，并且每装 1~2 圈用压盖压紧一次，注意不要一次装满后再压紧，造成上紧下松。

13）压盖压紧填料后，填料盒应留有 3~5mm 的距离，以备在盘根松弛时，能再次对盘根进行压紧，这种做法称为留有热紧余地。

14）紧压盖应对称，防止压盖歪斜，将压盖整断。

15）旋转阀杆，开启阀门，根据用力大小来调整压盖螺栓的松紧。

16）将传动装置涂黄油组装起来，再装于阀盖的支架上，要保证与阀杆连接正确，传动装置灵活可靠。

2.5.7 水压试验（Hydraulic Test）

阀门检修完成后，应及时进行水压试验，试验合格后方可使用。未从管道上拆下来的阀门，其水压试验可以和管道系统的水压试验同时进行。拆下来检修后的阀门，其水压试验必须在试验台上进行，如图 2-11 所示。

1. 低压旋塞与低压阀门试验

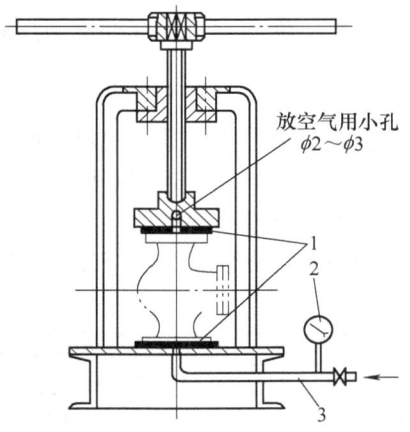

图 2-11 阀门水压试验台
1—垫片 2—压力表 3—压力水管

1) 低压旋塞（考克）的试验，可以通过用嘴吸，只要能吸住舌头 1min，即可认为合格。

2) 低压阀门的试验，可将阀门入口向上，倒入水或煤油，经过数小时后，阀门密封面不渗透，即可认为严密。

2. 高压阀门水压试验

高压阀门的水压试验分为材料强度试验和气密性试验两种。

(1) 材料强度试验 试验的目的是检查阀体和阀盖的材料强度及铸造、补焊的质量。其试验方法如下：

把阀门压在试验台上，打开阀门并向阀体内充满水，然后升压至试验压力，边升压边检查。升压至试验压力为工作压力的 1.5 倍时保持 10min，若没有泄漏、渗透等现象，强度试验则为合格。

(2) 气密性（严密性）试验 试验的目的是检查阀芯与阀座、阀杆与盘根、阀体与阀盖等处是否严密。其试验方法如下：

1) 阀芯与阀座间密封面的试验。将阀门压在试验台上，并向阀体内注水，排除体内空气，待空气排尽后，将阀门关死，然后加压到试验压力。

2) 阀杆与盘根、阀体与阀盖的试验。经过密封面试验后，将阀门打开，让水进入整个阀体内并充满，再加压到试验压力。

3) 试压的质量标准。在试压台上进行试压时，试验压力为工作压力的 1.25 倍。在试验压力下保持 5min，若没有降压、泄漏、渗透等现象，则为试压合格；如不合格，应再次进行修理，还必须重做水压试验。试压合格的阀门，要挂上"已修好"的标牌。

2.6 基础知识

2.6.1 阀门的规格（Valve Specification）

锅炉中所用的阀门属于通用件，在选用时，其规格中一般以公称压力 PN（单位为 MPa）及公称直径 DN（单位为 mm）来表示。例如，低压阀门在阀体上的表示符号：$\xrightarrow{\frac{PN10}{DN100}}$，中间的箭头表示介质的流动方向，在管道上不可装反。

公称压力是指在某一规定温度下的容许工作压力。其规定温度是根据阀体金属材料的性质决定的，例如，对碳钢阀体的公称压力是指在 200℃ 时的许可工作压力，金属材料的强度是随温度的升高而降低的。因此，阀门在使用中，不应超过其限定的许可工作温度和压力。为了使用时的方便，高温高压阀门往往直接用"工作压力 $P_工$"和"工作温度 $t_工$"来表示其适用范围。

公称直径是指阀门与管路连接处的有效内径。

一般公称压力 ≤1.6MPa 的阀门称为低压阀，2.5~6.4MPa 的阀门称为中压阀，10~80MPa 的阀门称为高压阀。高压锅炉在本体上、主给水和主蒸汽管道上的各种阀门都是高压阀，再热蒸汽管道、燃油管路上的阀门皆为中压阀。

2.6.2 阀门的分类（Valve Category）

阀门的用途广泛，种类繁多，分类方法也比较多。总的可分两大类：

（1）自动阀门依靠介质（液体、气体）本身的能力而自行动作的阀门。如止回阀、安全阀、调节阀、疏水阀、减压阀等。

（2）驱动阀门借助手动、电动、液动、气动来操纵动作的阀门。如闸阀、截止阀、节流阀、蝶阀、球阀、旋塞阀等。

此外，阀门的分类还有以下几种方法。

1. 按结构特征，根据关闭件相对于阀座移动的方向分类

1）截门形：关闭件沿着阀座中心移动。
2）闸门形：关闭件沿着垂直阀座中心移动。
3）旋塞和球形：关闭件是柱塞或球，围绕本身的中心线旋转。
4）旋启形：关闭件围绕阀座外的轴旋转。
5）碟形：关闭件的圆盘围绕阀座内的轴旋转。
6）滑阀形：关闭件在垂直于通道的方向滑动。

2. 按用途，根据阀门的不同用途分类

1）开断用：用来接通或切断管路介质，如截止阀、闸阀、球阀、蝶阀等。
2）止回用：用来防止介质倒流，如止回阀。
3）调节用：用来调节介质的压力和流量，如调节阀、减压阀。
4）分配用：用来改变介质流向、分配介质，如三通旋塞、分配阀、滑阀等。
5）安全阀：在介质压力超过规定值时，用来排放多余的介质，保证管路系统及设备安全，如安全阀、事故阀。
6）其他特殊用途：如疏水阀、放空阀、排污阀等。

3. 按驱动方式，根据不同的驱动方式分类

1）手动：借助手轮、手柄、杠杆或链轮等，由人力驱动。传动较大力矩时，装有蜗轮、齿轮等减速装置。
2）电动：借助电动机或其他电气装置驱动。
3）液动：借助（水、油）驱动。
4）气动；借助压缩空气驱动。

4. 按压力，根据阀门的公称压力分类

1）真空阀：绝对压力 <0.1MPa 即 760mmHg 高的阀门，通常用 mmHg 或 mmH_2O 表示压力。
2）低压阀：公称压力 PN≤1.6MPa 的阀门（包括 PN≤1.6MPa 的钢阀）。
3）中压阀：公称压力 PN2.5~6.4MPa 的阀门。
4）高压阀：公称压力 PN10.0~80.0MPa 的阀门。
5）超高压阀：公称压力 PN≥100.0MPa 的阀门。

5. 按介质的温度分，根据阀门工作时的介质温度分类

1）普通阀门：适用于介质温度为 -40~425℃ 的阀门。
2）高温阀门：适用于介质温度为 425~600℃ 的阀门。

3) 耐热阀门：适用于介质温度在 600℃ 以上的阀门。
4) 低温阀门：适用于介质温度为 −40 ~ −150℃ 的阀门。
5) 超低温阀门：适用于介质温度在 −150℃ 以下的阀门。

6. 按公称直径分，根据阀门的公称直径分类

1) 小口径阀门：公称直径 DN < 40mm 的阀门。
2) 中口径阀门：公称直径 DN50 ~ 300mm 的阀门。
3) 大口径阀门：公称直径 DN350 ~ 1200mm 的阀门。
4) 特大口径阀门：公称直径 DN≥1400mm 的阀门。

7. 按与管道连接方式分，根据阀门与管道连接方式分类

1) 法兰连接阀门：阀体带有法兰，与管道采用法兰连接的阀门。
2) 螺纹联接阀门：阀体带有内螺纹或外螺纹，与管道采用螺纹联接的阀门。
3) 焊接连接阀门：阀体带有焊口，与管道采用焊接连接的阀门。
4) 夹箍连接阀门：阀体上带有夹口，与管道采用夹箍连接的阀门。
5) 卡套连接阀门：采用卡套与管道连接的阀门。

2.6.3 阀门的型号 (Valve Model)

阀门的型号用来表示阀类、驱动及连接形式、密封圈材料、公称压力等要素。

由于阀门种类繁杂，为了制造和使用方便，国家对阀门产品型号的编制方法作了统一规定。按阀门型号编制的统一规定，阀门产品的型号由七个单元组成，用来表明阀门类别、驱动种类、连接和结构形式、密封面或衬里材料、公称压力及阀体材料。七个单元排列顺序如下。(见表 2-7 至表 2-21)

1) 第 1 单元为阀门的类别，用汉语拼音表示，见表 2-7。

表 2-7 阀门的类别

阀门类型	代号	阀门类型	代号	阀门类型	代号
闸阀	Z	球阀	Q	疏水阀	S
截止阀	J	旋塞阀	X	安全阀	A
节流阀	L	液面指示器	M	减压阀	Y
隔膜阀	G	止回阀	H	调节阀	T
柱塞阀	U	蝶阀	D		

2) 第 2 单元为传动方式代号，用阿拉伯数字表示，按表 2-8 的规定。

表 2-8 传动方式

传动方式	代号	传动方式	代号
电磁阀	0	伞齿轮	5
电磁—液动	1	气动	6
电—液动	2	液动	7
蜗轮	3	气—液动	8
正齿轮	4	电动	9

注：1. 手轮、手柄和扳手传动以及安全阀、减压阀、疏水阀省略本代号。
2. 对于气动或液动：常开式用 6K、7K 表示；常闭式用 6B、7B 表示；气动带手动用 6S 表示。防爆电动用 9B 表示。

3) 第 3 单元为连接形式代号，用阿拉伯数字表示，按表 2-9 的规定。

表 2-9 连接形式

连接形式	代号	连接形式	代号
内螺纹	1	对夹	7
外螺纹	2	卡箍	8
法兰	4	卡套	9
焊接	6		

注：焊接包括对焊和承插焊。

4) 第 4 单元为结构形式代号，用阿拉伯数字表示，见表 2-10 ~ 表 2-19。

表 2-10 闸阀结构形式

闸阀结构形式				代号
明杆	楔式		弹性闸板	0
		刚性	单闸板	1
			双闸板	2
	平行式	刚性	单闸板	3
			双闸板	4
暗杆楔式			单闸板	5
			双闸板	6

表 2-11 截止阀和节流阀结构形式

截止阀和节流阀结构形式		代号
直通式		1
角式		4
直流式		5
平衡	直通式	6
	角式	7

表 2-12 球阀结构形式

球阀结构形式			代 号
浮动	直通式		1
	L 形	三通式	4
	T 形		5
固定	直通式		7

表 2-13 蝶阀结构形式

蝶阀结构形式	代号
杠杆式	0
垂直板式	1
斜板式	3

表 2-14 隔膜阀结构形式

隔膜阀结构形式	代号
屋脊式	1
截止式	3
闸板式	7

表 2-15 旋塞阀结构形式

旋塞阀结构形式		代号
填料	直通式	3
	T形三通式	4
	四通式	5
油封	直通式	7
	T形三通式	8

表 2-16 单向阀和底阀结构形式

单向阀和底阀结构形式		代号
升降	直通式	1
	立式	2
旋启	单瓣式	4
	多瓣式	5
	双瓣式	6

表 2-17 安全阀结构形式

安全阀结构形式				代号
弹簧	封闭	带散热片	全启式	0
				1
				2
	不封闭	带扳手	全启式	4
			双弹簧微启式	3
			微启式	7
			全启式	8
			微启式	5
		带控制机构	全启式	6
		脉冲式		9

注：杠杆式安全阀在类型代号前加汉语拼音字母"G"。

表 2-18 减压阀结构形式

减压阀结构形式	代号
薄膜式	1
弹簧薄膜式	2
活塞式	3
波纹管式	4
杠杆式	5

表 2-19 疏水阀结构形式

疏水阀结构形式	代号
浮球式	1
钟形浮子式	5
脉冲式	8
热动力式	9

5）第 5 单元为阀座密封面或衬里材料代号，用汉语拼音字母表示，按表 2-20 的规定。

表 2-20 阀座密封面或衬里材料

阀座密封面或衬里材料	代号	阀座密封面或衬里材料	代号
铜合金	T	渗氮钢	D
橡胶	X	硬质合金	Y
尼龙塑料	N	衬胶	J
氟塑料	F	衬铅	Q
巴氏合金	B	搪瓷	C
合金钢	H	渗硼钢	P

注：由阀体直接加工的阀座密封面材料代号用"W"表示；当阀座和阀瓣（闸板）密封面材料不同时，用其中硬度低的材料代号表示（隔膜阀除外）。

6）第 6 单元为阀门的公称压力等级，以数字表示，为取 MPa 作单位的阀门公称压力值的 10 倍。

7）第 7 单元为阀体材料代号，用汉语拼音字母表示，按表 2-21 的规定。

表 2-21 阀体材料

阀体材料	代号	阀体材料	代号
HT25-47	Z	Cr5Mo	I
KT30-6	K	1Cr18Ni9Ti	P
QT40-15	Q	Cr18Ni12Mo2Ti	R
H62	T	12CrMoV	V
ZG25	C		

注：PN≤1.0MPa 的灰铸铁阀体和 PN≥2.5MPa 的碳素钢阀体，省略本代号。

例如：J961Y—160 型的含义为：截止阀、电动式、焊接式、直通式、硬质合金、公称压力为 16MPa、阀体材料为 12Cr1MoV 合金工具钢，全称为焊接式电动截止阀。Z948W—10 型的含义为：闸阀、电动机驱动、法兰连接、暗杆平行式双闸板、密封面由阀体直接加工、公称直径为 1MPa、阀体材料为灰铸铁，全称为电动暗杆平行式双闸板闸阀。

2.6.4 阀门的用材（Valve Materials）

在大型高参数锅炉设备上，大部分阀体所用材料与锅炉承压部件相同。阀门由于使用场合及所处的工作条件不同，采用的材料和结构也不相同。低压阀在工作温度低于 300℃ 以下时，阀体（壳）可用铸铁；中、高压阀温度在 350℃ 以下时可用铸钢；高压高温管道上的阀门需用合金钢制成。阀门的阀杆、阀芯和阀座一般都用合金钢制成。

中、低压汽水系统上的阀门与管道、设备间采用法兰连接，高压阀门与管道的连接一般不用法兰而是采用焊接，以减少泄漏。

2.6.5 阀门涂漆和标志识别（Valve Painting and Logo）

1. 阀件标志识别

在阀件的壳体上，有带箭头的横线，横线上部的数字表示公称压力的等级，有的也表示温度参数和工作压力，如 PN10、PT510 表示在 10MPa 和 510℃ 工作参数下使用。横线下部的数字，表示连接管道的公称直径。

→表示阀件是直通式的，介质进口与出口的流动方向在同一或相平行的中心线上。⌐表示阀件是直角式的，介质作用在关闭件上。↔表示阀件是三通式的，介质有几个流动方向。

2. 阀件材料涂漆色

阀件材料涂漆色见表 2-22。

表 2-22　阀件材料的涂漆色

项目	涂漆部位	涂漆颜色	材料
阀体材料	阀体	黑色 银色 灰色 浅蓝色或不涂色 蓝色	灰铸铁、可锻铸铁 球墨铸铁 碳素钢 耐酸钢或不锈钢 合金钢
密封圈材料	驱动阀门的手轮、手柄、扳手，或自动阀门的盖、杠杆	红色 黄色 铝白色 浅蓝色 淡紫色 灰色周边带红色条 灰色周边带蓝色条 棕色 绿色 与阀体涂色相同	青铜或黄铜 巴氏合金 铝 耐酸钢或不锈钢 渗氮钢 硬质合金 塑料 皮革或橡胶 硬橡胶 直接在阀体上做密封面
衬里材料	阀门连接法兰的外圆柱表面	铝白色 红色 绿色 黄色 蓝色	铝 搪瓷 橡胶或硬橡胶 铝锑合金 塑料

2.6.6　阀门的结构形式和用途（Valve Structure and Usage）

1. 截止阀（Stop Valve）

截止阀也叫截阀或切断阀，是电厂中广泛采用的一种阀门。它的主要作用是用来开启或关闭介质的流通通道，故工作中常处于全开或全闭状态。在锅炉机组中主要装在直径≤100mm 的汽、水管道上作为启闭之用。对小口径的截止阀有时也可作调节量之用，但不能当节流阀来使用。截止阀的闭合原理是：依靠阀杆压力，使阀瓣密封面紧密结合，阻止介质流通。

截止阀分为直通式、角式和直流式三种。

1）直通式截止阀。直通截止阀的特点是阀杆与介质通路中心线成 90°角，这种截止阀在电厂中应用最广，如图 2-12 所示。

2）角式截止阀。角式截止阀的特点是介质在阀内与原来的流向转成 90°角，如图 2-13 所示。

3）直流式截止阀。直流式截止阀的特点是阀门的阀杆与介质通路中心线成一定角度，如图 2-14 所示。

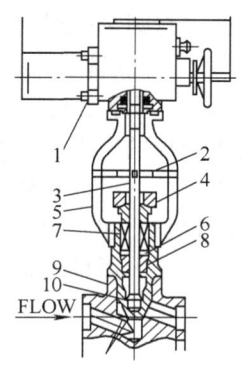

图 2-12 直通式截止阀
1—电动机构 2—限位阀块 3—阀杆 4—盘根压盖 5—支架 6—垫片 7—填料 8—备帽 9—阀座 10—阀头

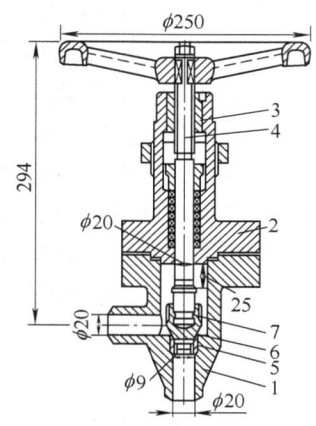

图 2-13 角式截止阀
1—阀座 2—阀盖 3—丝母 4—阀杆 5—阀座密封圈 6—阀头 7—开口环

截止阀阀瓣密封面的形状有平面和锥形两种。口径较大的截止阀大都采用平面密封面，如图 2-15 所示。大口径的截止阀在使用中不易擦伤，检修时研磨也比较方便，但开关较费力，所以常用电动操作。口径较小的高压截止阀采用锥形密封面，主要用于取样、放气、排污、加药、疏水、给水等管路系统上。

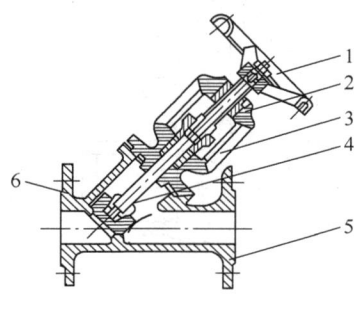

图 2-14 直流式截止阀
1—手轮 2—丝母 3—阀盖 4—阀杆 5—阀体 6—阀瓣

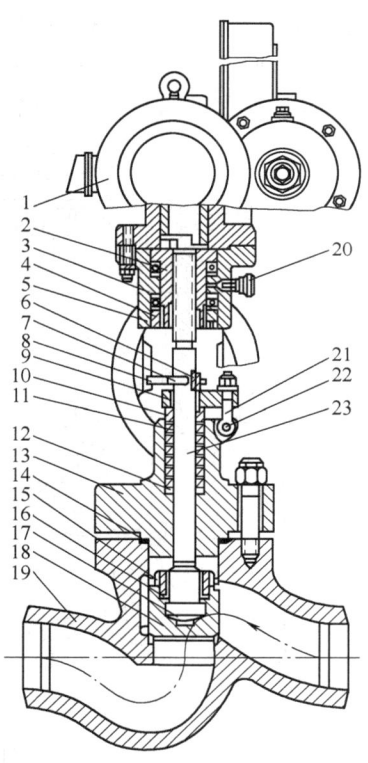

图 2-15 大口径高压电动截止阀结构
1—传动装置 2—阀杆螺母 3—推力滚珠轴承 4—紧圈 5—油封 6—螺钉 7—键 8—导向板 9—压板 10—填料盖 11—填料 12—填料座 13—阀盖 14—齿形垫片 15—阀瓣盖 16—止推垫圈 17—垫块 18—阀瓣 19—阀壳 20—油杯 21—螺栓 22—销 23—阀杆

2. 闸阀 (Gate Valve)

闸门阀简称闸阀，在管道中主要起切断作用。闸阀也是电厂中广泛使用的一种阀门，也只适用于全开或全关状态，不适用于调节和节流。它具有两个密封圆盘所形成的密封面，工质流经阀门时流向不变，故流动阻力较小，开关阀门时较省力，所以管径大于 100mm 的汽水管道都采用闸阀作隔绝阀。闸阀的闭合原理是：闸板密封面与阀座密封面高度光洁、平整、一致，相互贴合，可阻止介质流过，并依靠顶楔、弹簧或闸板的楔形增强密封效果。闸阀开足时闸瓣位于闸壳内的上部，故密封面可不受工质的冲刷侵蚀，可以在介质双向流动的情况下使用，没有方向性。闸阀的缺点是：高而大，启闭时间较长，在启闭过程中，密封面易被冲蚀，修理较难。在机组的给水、主汽、凝结水、抽汽、空气、循环冷却水、轴冷却水等系统中，均安装有许多闸阀。

闸阀的分类：

1) 按闸板结构形式分为单闸板和双闸板两种。

2) 根据阀芯结构形式又可分为楔式、平行式和弹性闸阀三种。楔式闸板是指闸板的两个密封面成一定角度；平行式闸板的两个密封面平行，弹性闸板在两个平行闸板间加有弹簧。

3) 根据闸杆的结构形式和在阀门开启时闸杆是否伸出阀体又可分为明杆式和暗杆式两类，如图 12-16 所示。在阀门开启时阀杆伸出阀体的叫明杆式；不伸出阀体的叫暗杆式。

由上面各种形式的组合，又可构成各种不同形式的结构。

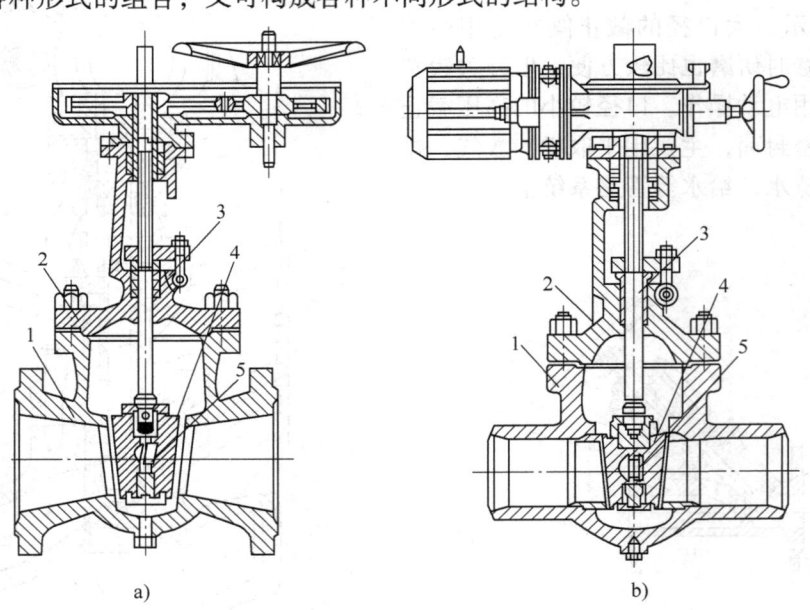

图 2-16 双盘明杆闸阀
a) 中压管道用闸阀　b) 高压管道用闸阀
1—阀体　2—阀盖　3—阀杆　4—闸板　5—凸头球面

3. 旋塞（考克）[Plug (Cock) Valve]

旋塞的特点：结构简单，外形尺寸小，启闭迅速，操作方便，节流阻力小；但密封面易磨损，启闭的力较大，多用于低压管路，管径不大，温度不高。由于旋塞在启闭时只是密封面相互滑动,不分离,固体杂质不易侵入和玷污破坏其密封性。因此,在锅炉房中常用在排污系统(配有闸阀串用)、水、燃油料系统、燃气系统的快速启闭。图 2-17 所示即为旋塞的典型结构。

4. 蝶阀(Butterfly Valve)

蝶阀的阀瓣是圆盘形的,围绕着阀体一个轴旋转,旋角的大小即是阀门的开度。蝶阀在管路上主要用于切断和节流。具有橡胶等软密封圈的蝶阀,密封性能好,一般作切断用;金属密封面的蝶阀,关闭时难于保证密封,通常作节流用。蝶阀具有结构简单、开闭迅速、流体阻力和操作转矩小等优点,近年来发展较快,在现代发电厂的冷却水系统、凝结水系统以及凝结水除盐系统上,应用十分广泛。

蝶阀按传动方式,主要可分为手动、液动、电动、气动四种类型,如图 2-18 所示。

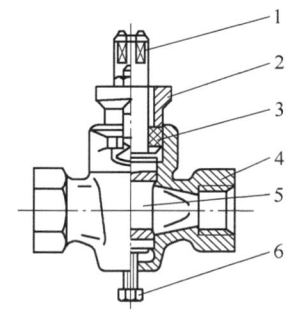

图 2-17 旋塞
1—方头 2—填料盖 3—填料
4—阀体 5—栓塞 6—退塞螺栓

5. 调节阀(Regulating Valve)

调节阀也称为节流阀、针形阀。它以改变流通道面积的方法来调整蒸汽和给水的流量和压力,其调节作用是按节流原理实现的,故也称为节流调节阀。节流阀的外形与截止阀一样,但阀瓣的形状不同。

调节阀的种类较多。图 2-19 所示为常用的锅炉给水流量调节阀,图 2-20 所示为减温水调节阀。调节阀一般都安装有电动头,但也可以手动操作。在大型锅炉中,调节阀经常用在给水、喷水减温器、分离器进出口、除氧器及再热器等汽水管道上。通常用于压力降较大的

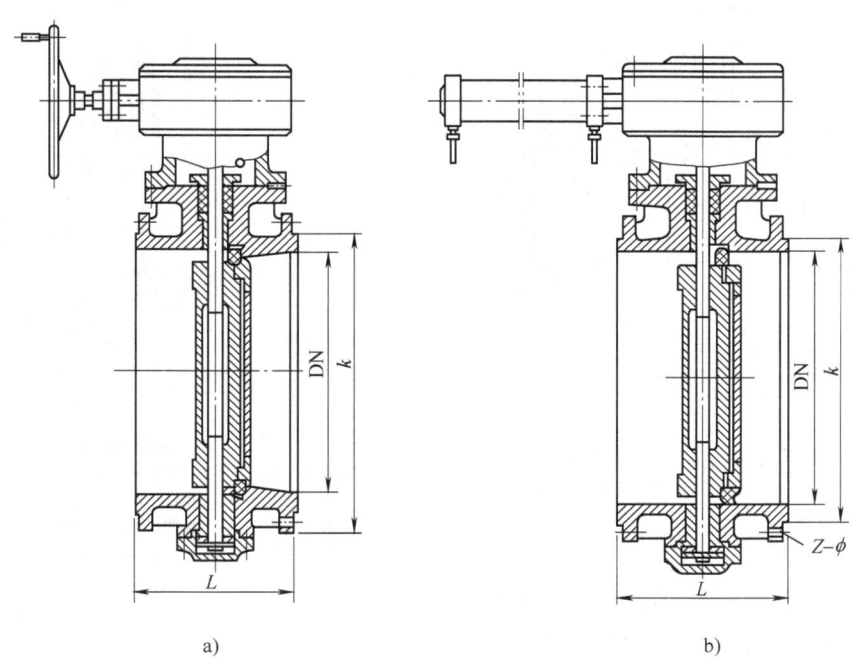

图 2-18 蝶阀
a) 手动蝶阀 b) 液动蝶阀

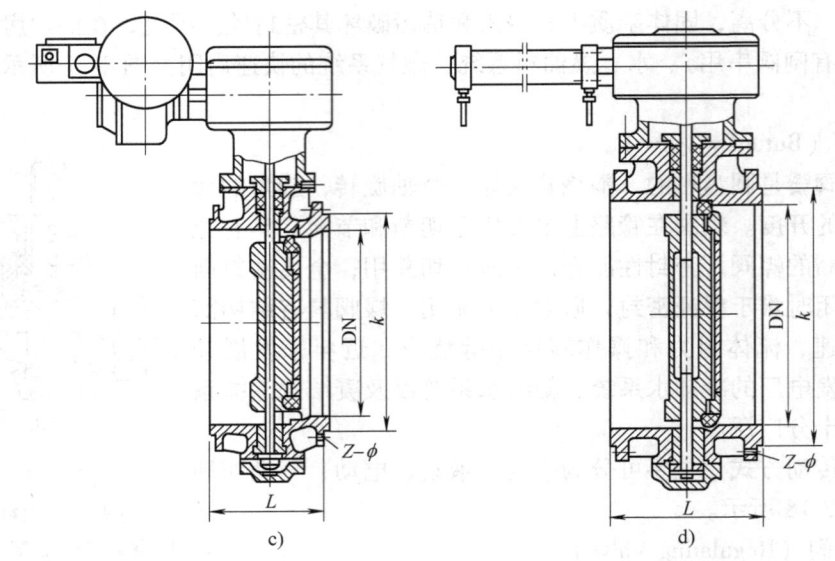

图 2-18 蝶阀（续）
c) 电动蝶阀　d) 气动蝶阀

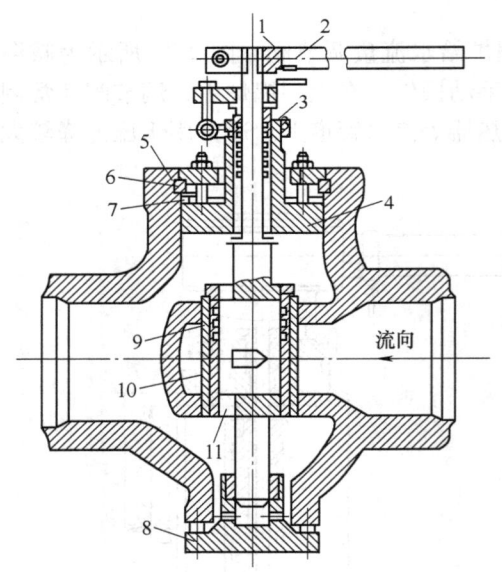

图 2-19 锅炉给水流量调节阀
1—杠杆　2—指针　3—填料　4—阀盖
5—阀壳　6—四合环　7—密封环　8—
阀底　9—阀瓣　10—阀座　11—三叉角

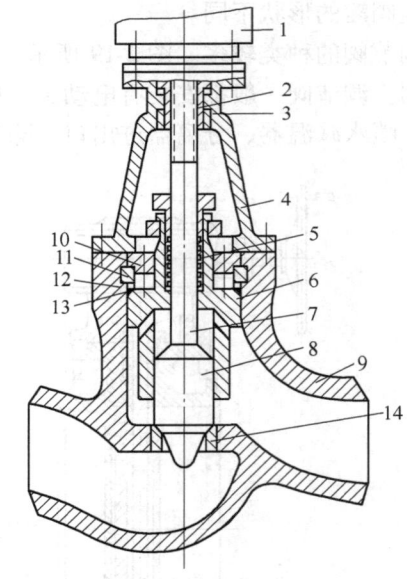

图 2-20 减温水调节阀
1—传动装置　2—阀杆螺母　3—推力轴承
4—框架　5—填料　6—阀盖　7—阀杆
8—阀瓣　9—阀壳　10—压盖　11—四
合环　12—垫圈　13—密封环　14—阀座

场合。但它的密封性能不好，不宜作截止阀用。

6. 减压阀（Pressure Reducing Valve）

减压阀是通过敏感元件（膜片、弹簧等）改变阀瓣的位置，从而改变阀瓣和阀座的缝隙来调节介质流量，使阀后压力减低，在管路中起调节压力的作用。常用的有活塞式减压阀和薄膜式减压阀等。图 2-21 所示为高压旁路活塞式减压阀。

7. 单向阀（Check Valve）

逆止阀是依靠介质本身流动而自动开、闭阀瓣，用来防止介质倒流的阀门。当介质按照规定方向流动时，阀门头被介质冲开或抬起，离开阀座，让介质流过，当介质停止流动或倒流时，阀门头就被介质压落到门座上而将通道关闭，阻止介质通过。单向阀的主要作用是防止管道内的介质倒流，避免事故发生。在发电厂中，单向阀主要安装在各种泵的出口、锅炉给水管道、汽轮机抽汽管道以及其他不允许介质反方向流动的地方。

单向阀可分为升降式和旋启式两种。如图2-22所示。

8. 安全阀（Safety Valve）

安全阀的关闭件受外力作用处于常闭状态。当管路介质压力超过规定的数值时，阀瓣自动开启，排放出多余的介质；而当介质压力恢复到原来的数值时，又自动关闭。安全阀在管路上起保障系统和设备安全运行的作用。电厂中经常使用的安全阀一般有重锤式安全阀、弹簧式安全阀（见图2-23、图2-24）、外加负载弹簧式安全阀、脉冲式安全阀（见图2-25）等几种形式。

安全阀的主要参数是开启压力和排气能

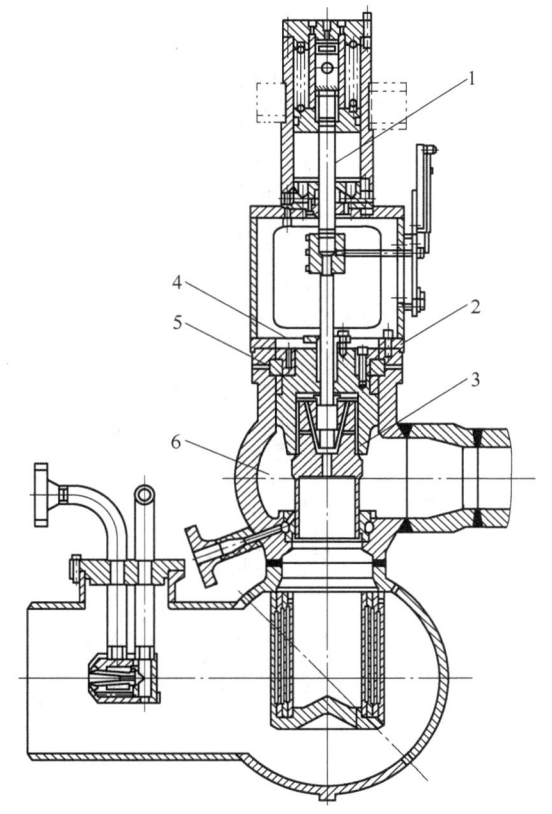

图 2-21　高压旁路活塞式减压阀
1—阀杆　2—密封盘　3—阀瓣　4—盘根压盖　5—开口止动杯　6—阀体

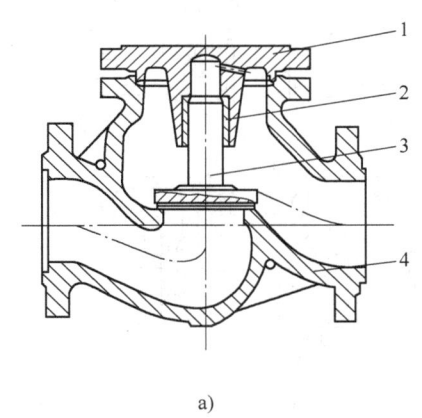 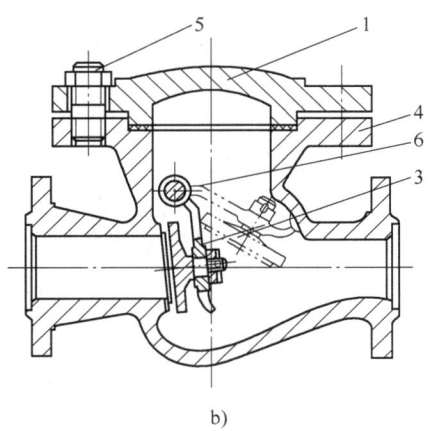

a)　　　　　　　　　　　　　b)

图 2-22　单向阀
a) 升降式单向阀　b) 旋启式单向阀
1—阀盖　2—阀套　3—阀瓣　4—阀体　5—螺栓　6—阀轴

力，排气能力取决于阀座的口径和阀芯的提升高度。由于提升高度的不同又可将安全阀分为

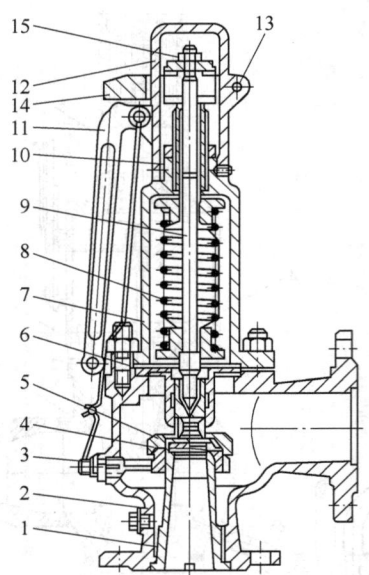
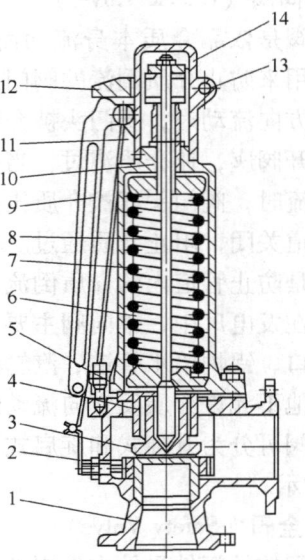

图 2-23 全启式弹簧安全阀
1—阀座 2—阀体 3—调节阀 4—反冲盘 5—阀瓣 6—导向套 7—阀盖 8—弹簧杆 9—阀杆 10—调整螺杆 11—扳手 12—阀帽 13—插销 14—叉柄 15—紧固螺栓

图 2-24 微启式弹簧安全阀
1—阀体 2—调节阀 3—阀瓣 4—导向套 5—衬套 6—阀盖 7—弹簧 8—阀杆 9—扳手 10—调整螺 11—阀帽 12—叉柄 13—插销 14—紧固螺母

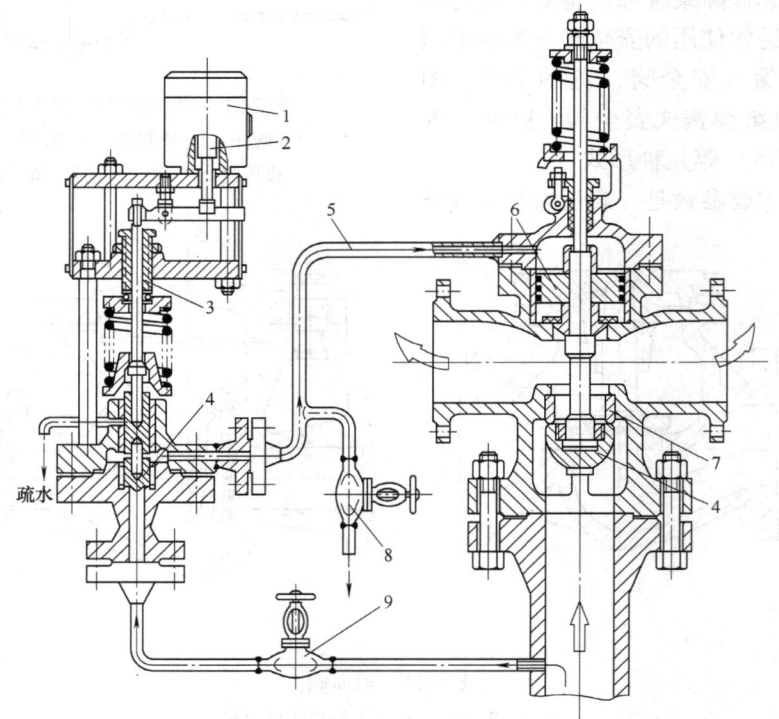

图 2-25 脉冲式安全阀
1—电磁铁 2—活动铁心 3—调整螺母 4—阀芯 5—脉冲汽管 6—汽动活塞 7—阀座 8—节流阀 9—脉冲门入口阀

微启式和全启式二种。

2.6.7 阀门主要零件材料（Valve Main Parts Materials）

制造阀门零件材料很多，包括各种不同牌号的钢铁材料和非铁金属材料及其合金、各种非金属材料等。制造阀门零件的材料要根据下列因素来选择：①工作介质的压力、温度和特性；②该零件的受力情况以及在阀门结构中所起的作用；③有较好的工艺性；④在满足以上条件情况下，要有较低的成本。

1. 阀体（valve bodies）、**阀盖**（Valve cover）**和阀瓣**（Valve Disc）**的材料**

阀体、阀盖和阀瓣是阀门的主要零件，它们直接承受介质压力，所用材料必须符合《阀门的压力与温度等级》的规定。常用材料有下面几种：

（1）灰铸铁　适用于公称压力 PN≤1.0MPa，温度为 -10~200℃ 的水、蒸汽、空气、煤气及油品等介质。常用牌号有：HT200、HT250、HT300、HT350。

（2）可锻铸铁　适用于公称压力 PN≤2.5MPa，温度为 -30~300℃ 的水、蒸汽、空气及油品介质。常用牌号有：KTH300-06、KTH330-08、KTH350-10。

（3）球墨铸铁　适用于公称压力 PN≤4.0MPa，温度为 -30~350℃ 的水、蒸汽、空气及油品等介质。常用牌号有：QT400-15、QT450-10、QT500-7。鉴于目前国内各厂的工艺水平参差不齐，用户往往不易检验。根据经验，建议公称压力 PN≤2.5MPa 的阀门采用钢制阀门更为安全。

（4）耐酸高硅球墨铸铁　适用于公称压力 PN≤0.25MPa，温度低于 120℃ 的腐蚀性介质。

（5）碳素钢　适用于公称压力 PN≤32.0MPa，温度为 -30~425℃ 的水、蒸汽、空气、氢、氨、氮及石油制品等介质。常用牌号有：WC1、WCB、ZG25 及优质钢 20、25、30 及低合金结构钢 Q345。

（6）铜合金　适用于公称压力 PN≤2.5MPa 的水、海水、氧气、空气、油品等介质，以及温度 -40~250℃ 的蒸汽介质，常用牌号有：ZGnSn10Zn2（锡青铜）、H62、HPb59-1（黄铜）、QAl9-2、QAl9-4（铝青铜）。

（7）高温钢　适用于公称压力 PN≤17.0MPa，温度≤570℃ 的蒸汽及石油产品。常用牌号有：ZGCr5Mo、10Cr5Mo、ZG20CrMoV、ZG15Cr1Mo1V、12CrMoV、WC6、WC9。具体选用必须按照《阀门压力与温度规范》的规定。

（8）低温钢　适用于公称压力 PN≤6.4MPa，温度≥ -196℃ 的乙烯、丙烯、液态天然气、液氮等介质。常用牌号有：ZG15Cr18Ni9 、06Cr19Ni10、12Cr18Ni9Ti 、ZG。

（9）不锈耐酸钢　适用于公称压力 PN≤6.4MPa，温度≤200℃ 的硝酸、醋酸等介质。常用牌号有：ZG06Cr19Ni10Ti 、ZG08Cr18Ni10（耐硝酸）、ZG08Cr18Ni12Mo2Ti、ZG12Cr18Ni12Mo2Ti（耐酸和尿素）。

2. 密封面材料（Sealing Face Material）

密封面是阀门最关键的工作面，密封面质量的好坏关系到阀门的使用寿命。密封面材料的选择要考虑耐腐蚀、耐擦伤、耐冲蚀、抗氧化等因素，通常分两大类：

（1）软质材料　橡胶（包括丁腈橡胶、氟橡胶等）；塑料（聚四氟乙烯、尼龙等）。

（2）硬密封材料　铜合金（用于低压阀门）；铬不锈钢（用于普通高中压阀门）；司太

立合金（用于高温高压阀门及强腐蚀阀门）；镍基合金（用于腐蚀性介质）。

3. 阀杆材料（Valve Stem）

阀杆在阀门开启和关闭过程中，承受拉、压和扭转作用力，并与介质直接接触，同时和填料之间还有相对摩擦运动，因此阀杆材料必须保证在规定温度下有足够的强度和冲击韧性，有一定的耐蚀性和抗擦伤性，以及良好的工艺性。

常用的阀杆材料有以下几种：

（1）碳素钢　用于低压和介质温度不超过300℃的水、蒸汽介质时，一般选用Q275普通碳素钢；用于中压和介质温度不超过450℃的水、蒸汽介质时，一般选用35优质碳素钢。

（2）合金钢　用于中压和高压、介质温度不超过450℃的水、蒸汽、石油等介质时，一般选用40Cr（铬钢）；用于高压、介质温度不超过540℃的水、蒸汽等介质时，可选用38CrMoAlA渗氮钢；用于高压、介质温度不超过570℃的蒸汽介质时，一般选用25Cr2MoVA铬钼钒钢。

（3）不锈耐酸钢　用于中压和高压、介质温度不超过450℃的非腐蚀性介质与弱腐蚀性介质，可选用12Cr13、20Cr13、30Cr13铬不锈钢；用于腐蚀性介质时，可选用14Cr17Ni2、15Cr18Ni9Ti、06Cr18Ni12Mo2Ti等不锈耐酸钢和PH15-7Mo沉淀硬化钢。

（4）耐热钢　用于介质温度不超过600℃的高温阀门时，可选用40Cr10Si2Mo马氏体型耐热钢和45Cr14Ni14W2Mo奥氏体型耐热钢。

4. 阀杆螺母材料（Stem Nut Material）

阀杆螺母在阀门开启和关闭过程中，直接承受阀杆的轴向力，因此必须具有一定的强度。同时它与阀杆是螺纹传动，要求摩擦因数小、不生锈并且要避免咬死现象。

（1）铜合金　铜合金的摩擦因数较小、不生锈，是目前普遍采用的材料之一。对于PN<1.6MPa的低压阀门可采用ZHMn58-2-2（铸黄铜）；对于PN16~6.4MPa的中压阀门可采用ZQAL9-4（无锡青铜）；对于高压阀门可采用ZHAL66-6-3-2（铸黄铜）。

（2）钢　当工作条件不允许采用铜合金时，可选用35钢、40钢等优质碳素钢，20Cr13、12Cr18Ni9、14Cr17Ni2等不锈耐酸钢。工作条件不允许指下列情况：①用于电动阀门上，带有瓜形离合器的阀杆螺母，需要进行热处理获得高的硬度或表面硬度；②工作介质或周围环境不适合选用铜合金时，如对铜有腐蚀的氨介质。

选用钢制阀杆螺母时，要特别注意螺纹的咬死现象。

5. 紧固件、填料及垫片材料（Fasteners, packing and gasket materials）

（1）紧固件材料　紧固件主要包括螺栓、双头螺柱和螺母。紧固件在阀门上直接承受压力，对防止介质外流起至关重要的作用，因此所选用的材料必须保证在使用温度下有足够的强度与冲击韧性。根据介质压力和温度选择紧固件材料时可按表2-23选择。

选用合金钢材料时必须经过热处理。对紧固件有特殊耐腐蚀要求时，可选用14Cr17Ni2、20Cr13、12Cr18Ni9等不锈耐酸钢。

（2）填料材料　填料材料的选择见表2-3。

（3）垫片材料　垫片材料的选择见表2-4。

表 2-23　紧固件材料的适用范围

名称	公称压力 PN/MPa	介质温度/℃					
		300	350	400	425	450	530
螺栓或双头螺柱	1.6~2.5	A3		35		30CrMoA	—
	4.0~10.0	35				35CrMoA	25Cr2MoVA
	16.0~20.0	30CrMoA		35CrMoA			25Cr2MoVA
螺母	1.6~2.5	A3		30		35	—
	4.0~10.0	30				35	35CrMoA
	16.0~20.2	35					35CrMoA

2.7　知识拓展

2.7.1　阀门与管道的连接（Valves and Piping Connections）

1. 连接方式

（1）法兰连接（Flange Connection）　阀门与管道通过法兰用螺栓连接，这种连接方式现在被广泛应用，因为它便于拆卸。

（2）焊接连接（Welding Connection）　阀门与管道直接焊接。

2. 法兰螺栓连接方法（Bolt flange connection method）

法兰螺栓拧紧程度要一致，否则就达不到严密连接的要求。为了均匀地拧紧螺栓，拧紧应分步进行，其方法是：

1）首先使螺母和它的垫圈相接触。

2）将所有螺母用不大的力拧紧。

3）拧至所要求的拧紧程度。拧紧了第一个螺栓后，接着要拧与它位置对称的另一个，然后在与这对螺栓位置错开 90°角的方向上，拧下一对螺栓。按均匀性和对称性原则再去拧第三对、第四对螺栓，直至全部拧完各对螺栓为止。最后拧紧螺母，螺母应按照所定顺序多拧几遍，而每次只拧紧螺母的 1/8~1/4 转。

3. 法兰螺栓连接注意事项（Flange bolts connecting Notes）

1）法兰螺栓拧紧完毕后，需用塞尺检查法兰四周间隙，检查法兰有无不平行现象。

2）对于合金钢螺栓，应在拧紧前和拧紧后用外径千分尺分别测量各个螺栓的长度，并做好记录，根据记录计算出螺栓的伸长率，且应符合规定标准。

2.7.2　管道系统阀门设备布置

火电厂锅炉管道系统大致可分为给水系统、安全门系统、减温水系统、水位计系统、排污系统和疏水系统以及锅炉底部加热系统等，下面以 B&WB—670/13.7—M 型锅炉为例，介绍给水管道系统上的阀门设备布置情况，给水系统的设备规范见表 2-24。

锅炉采用单线进水，水源于高压加热器加热后引至给水操作台。给水操作台共有三条管路，分别是主给水和大小旁路，主给水管路在 100% 负荷时使用，管径为 ϕ355.6mm ×

36mm。给水大旁路在30%负荷时使用，管径为$\phi133mm\times13mm$。给水小旁路在起动生火时使用，管径为$\phi42mm\times4mm$。在主给水管上装有一个电动闸阀和一个电动快速节流阀，给水调节通过电动调速泵实现，给水大旁路管上装有一个电动截止阀和一个电动调节阀，低负荷时给水调节可由调节阀实现。起动时使用的管路装有2只电动截止阀。给水通过操作台后单路引至锅炉尾部竖井左下侧的省煤器进口集箱。给水操作台还配有一个J61Y—320放气阀和一只J961Y—320电动疏水阀。给水系统设备布置如图2-26所示。

表2-24 给水系统的设备规范

序号	名称	型号	产地	装置位置	数量	配管尺寸/mm	检修备注 密封圈/mm	盘根/mm
1	电动闸阀	Z960Y—2000Lb-16″	开封	主给水一道门（10m）	1	$\phi377\times36$	$\phi400\times360\times30\times13$	$\phi85\times65$
2	电动快速节流阀	L965Y—25DN275	青岛	主给水二道门（10m）	1	$\phi377\times36$		$\phi85\times65$
3	电动截止阀	J961Y—2000Lb-5″	开封	大旁路一道门（10m）	1	$\phi133\times16$	$\phi160\times134\times25\times10$	$\phi55\times40$
4	电动调节阀	T968—P32DN100	上海	大旁路二道门（10m）	1	$\phi133\times16$		
5	电动截止阀	J961Y—P32DN32	海安	小旁路及主给水放水（10m）	3	$\phi42\times6$		$\phi44\times28$
6	截止阀	J61Y—250DN32	开封	给水管放水（10m）	4	$\phi42\times6$		$\phi44\times28$
7	电动截止阀	J961Y—1500Lb-5″	开封	事故放水管（10m）	2	$\phi133\times13$	$\phi160\times134\times25\times10$	$\phi55\times40$
8	截止阀	J61Y—250DN10	浙江	给水压力表（10m）	2	$\phi16\times3$		
9	截止阀	J61H—DN20	上海	事故放水旁路门（10m）	2	$\phi28\times4$		$\phi36\times20$

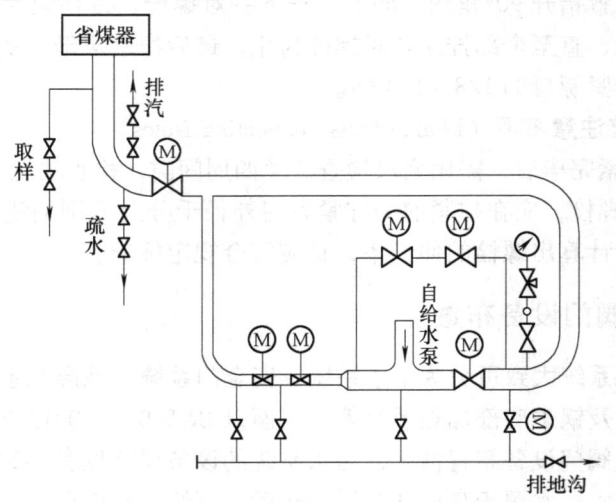

图2-26 给水系统设备布置

2.8 常见故障及案例分析

2.8.1 常见故障

阀门在长期运行状况下会有不同程度的腐蚀、磨损、变形和泄漏的现象。阀门的种类不同，工作条件不同，造成的故障也不尽相同。现将常见故障产生原因及消除方法列入表2-25。

表 2-25 阀门常见故障原因及消除方法

故障名称	产生原因	消除方法
阀门本体漏	阀体浇注质量差，有砂眼、气孔或裂纹；阀体补焊时出现裂纹	磨光怀疑有裂纹处，用质量分数为4%的硝酸溶液浸蚀，如有裂纹，便可显示出来然后补焊。补焊时要注意焊前预热和焊后热处理
阀盖结合面漏	1. 自密封结构加工精度低 2. 螺栓紧固力不够或紧固力不均匀 3. 阀盖垫片损坏 4. 结合面不平	1. 提高加工精度，改进密封结构 2. 注意紧螺栓时的先后顺序，紧固力要一致 3. 更换垫片 4. 重新修磨结合面
填料盒泄漏	1. 填料压盖未压紧、过紧或压偏 2. 加装填料的方法不当 3. 填料的材质选择不当，或质量差已老化 4. 阀杆表面粗糙或成椭圆	1. 检查并调整填料压盖，均匀用力拧紧压盖的螺栓 2. 按规定的方法加装填料 3. 选用合乎要求的填料，及时更换或补充新填料 4. 修磨阀杆
阀瓣与阀座结合面泄漏	1. 关闭不严 2. 研磨质量差 3. 阀瓣与阀杆间隙过大，造成阀瓣下垂或接触不良 4. 密封面堆焊硬质合金的耐磨性差，质量低，龟裂或有杂质卡住	1. 改进操作方法，重新开启或关闭 2. 改进研磨方法，重新研磨 3. 调整阀瓣与阀杆间隙或更换阀瓣的紧固螺母 4. 重新更换或堆焊密封圈，消除杂质
阀座与阀体间泄漏	1. 装配太松 2. 有砂眼	1. 取下阀座，对泄漏处补焊而后车削加工，再嵌入阀座后车光，或换新阀座 2. 对有砂眼处进行补焊，然后车光并研磨
阀瓣腐蚀损坏	阀瓣选材不当	1. 按介质性质和温度选用合适的阀瓣材料 2. 更换合乎要求的阀门，安装时应符合介质的流动方向
阀瓣和阀座有裂纹	1. 合金钢结合面堆焊时有裂纹 2. 阀门两侧温差太大	对有裂纹处补焊，进行适当的热处理后车光并研磨

(续)

故障名称	产生原因	消除方法
阀瓣与阀杆脱离造成开关不灵	1. 修理不当或未加螺母垫圈，运行中汽水流动使螺栓松动，销子脱出 2. 运行时间过长，使销子磨损或疲劳破坏	1. 根据运行经验及检修记录，适当缩短检修间隔 2. 阀瓣与阀杆的销子要合乎规格，材料质量要合乎要求
阀杆及与其配合的螺纹套管的螺纹损坏，或阀杆头折断阀杆弯曲、阀杆与阀套磨损	1. 操作不当，用力过猛或用大钩子关闭小阀门 2. 螺纹配合过松或过紧 3. 操作次数过多，使用年限太久 4. 调节阀的阀杆在蒸汽汽流作用下振动至疲劳断裂	1. 改进操作方法，一般不允许用大钩子关闭小阀门 2. 制造备品时要合乎公差要求，材料的选择要适当 3. 重新更换配件 4. 在汽室中加挡板，减少汽流对阀杆与阀套的横向激振
阀杆升降不灵或开关不动	1. 冷态下关得太紧，受热后胀住 2. 填料压得过紧 3. 阀杆与阀杆螺母损坏 4. 阀杆与填料压盖的间隙过小 5. 填料压盖紧偏卡住 6. 润滑不良，阀杆严重锈蚀	1. 用力缓慢试开或开足拧紧再关 0.5~1 圈 2. 稍松填料压盖螺栓后试开 3. 更换阀杆及螺母 4. 适当扩大阀杆与填料压盖之间的间隙 5. 重新调整压盖螺栓，均匀拧紧 6. 高温介质通过的阀门，应采用纯净的石墨粉作为润滑剂

2.8.2 案例分析

案例1：锅炉主蒸汽一道门盘根漏汽

1. 检修安全措施

1）停止锅炉运行。
2）关闭主蒸汽二道门，并悬挂"有人工作，禁止操作"警示牌。
3）锅炉放水消压。
4）关闭锅炉主给水门，并悬挂"有人工作，禁止操作"警示牌。
5）关闭锅炉连续排污门，并悬挂"有人工作，禁止操作"警示牌。

原则为检修哪个阀门就把该阀门与系统隔断，保证在检修过程中不会出现由于错误操作造成检修部位出现蒸汽或水，从而造成人员设备损失的隐患。

2. 检修方案

1）确定所有安全措施已经全部执行。
2）准备好检修工具，主要有：套筒扳手（根据阀门螺钉规格确定）、撬棍、千斤顶、活扳手、钢丝绳、砂纸、电焊机、手动葫芦。
3）根据阀门缺陷内容确定是否拆除解体检修。对于焊接在管道上的高压阀门，如属一般的缺陷，通常就地检修；若损坏比较严重，则应用气割或钢锯把阀门从管道上切割下来，运到修理间进行检修。对于法兰连接的阀门，也要视其缺陷情况和阀门的大小，决定是否需要从管路上拆卸下来修理。拆卸前必须确认该阀门所连接的管道已从系统中断开，管道内已无压力，阀门才能进行拆卸。阀门拆除后用布或堵头将管口封住。

4）根据故障缺陷开始检修。

案例2：圆筒形弹簧式安全阀的检修

1. 安全阀的解体

安全阀的解体如图 2-27 所示。

1）拆下铅封，拔下销钉，将上部杠杆从帽盖上取下。

2）松开止动螺钉，将帽盖连同下部一起取出，同时将插入止动螺母的开口销取下来，从阀杆取下固定螺母。

3）取下止转用的定位销。

4）在弹簧调整螺栓保持固定的状态下，卸下弹簧压盖。

5）将弹簧压板在轴承装入的状态下，向上方取出，放在没有灰尘等物的清洁场所。

6）将弹簧从阀杆上端方向取出。

7）从阀杆的上部取出弹簧座。

8）卸下弹簧压盖的法兰紧固螺母，将弹簧压盖的法兰从阀杆上端抽出。

9）只要将阀杆向上拉出，便可将阀瓣和阀瓣的圆筒部一起拔出，此时取出来的阀瓣是经过非常精密的加工而制成的部件。操作时要特别注意保护，不要使阀瓣损伤，在阀瓣的圆筒部将阀瓣提升起来的同时，向左转动便可以从阀杆上将其取下来，进而在这种状态下，将阀瓣的暗筒部取出来。

10）取下上部调整环用的销。

11）将阀导和上部调整环一起从阀体中取出，并在这个状态下，给两者的相关位置打上标记，在测定阀体杆的轴向总高度以后，将两者分离开。

12）取下下部调整环用的销。

13）在取下下部调整环以前，先在下部调整环和阀座的相对位置打上标记，并测定阀座面的槽口数后再将其取出。

2. 安全阀各部件检查和修理

1）拆下的各零部件要清理好，并用清洗剂清洗，然后放在安全的地方以防丢失。

2）检修阀体内部、阀座通道是否有裂纹等缺陷。

3）检查阀杆是否弯曲，应上车床用千分表检查。如有弯曲，应校平并把阀杆悬吊放置。

4）检查阀瓣、阀座表面是否有裂纹、沟槽等缺陷。如果有裂纹应更换新阀瓣，沟槽、麻点上车床精车后进行研磨，研磨后密封面表面粗糙度达 $0.05\mu m$ 以上。

3. 安全阀组装

安全阀的组装如图 2-28 所示，按要求解体时对有关数据进行测量，并在相关位置打上标记进行组装。

1）组装时的顺序与解体时相反，应认真核对测量数据和位置标记。

2）组装时，要使阀瓣圆筒部和固定螺母之间的轴向间隙为 $0.6\sim0.8mm$。

3）阀体内清理干净，不要有异物掉入，阀座和阀瓣周围要特别干净，密封面不能损伤。

4）在阀杆上组装好阀瓣圆筒部和固定螺母以后，将阀杆轻轻向右转一转，以确定螺纹的旋向。

5）要特别注意，紧固法兰盖的螺母，一定要交替对称缓慢地拧紧，绝不可以单面紧

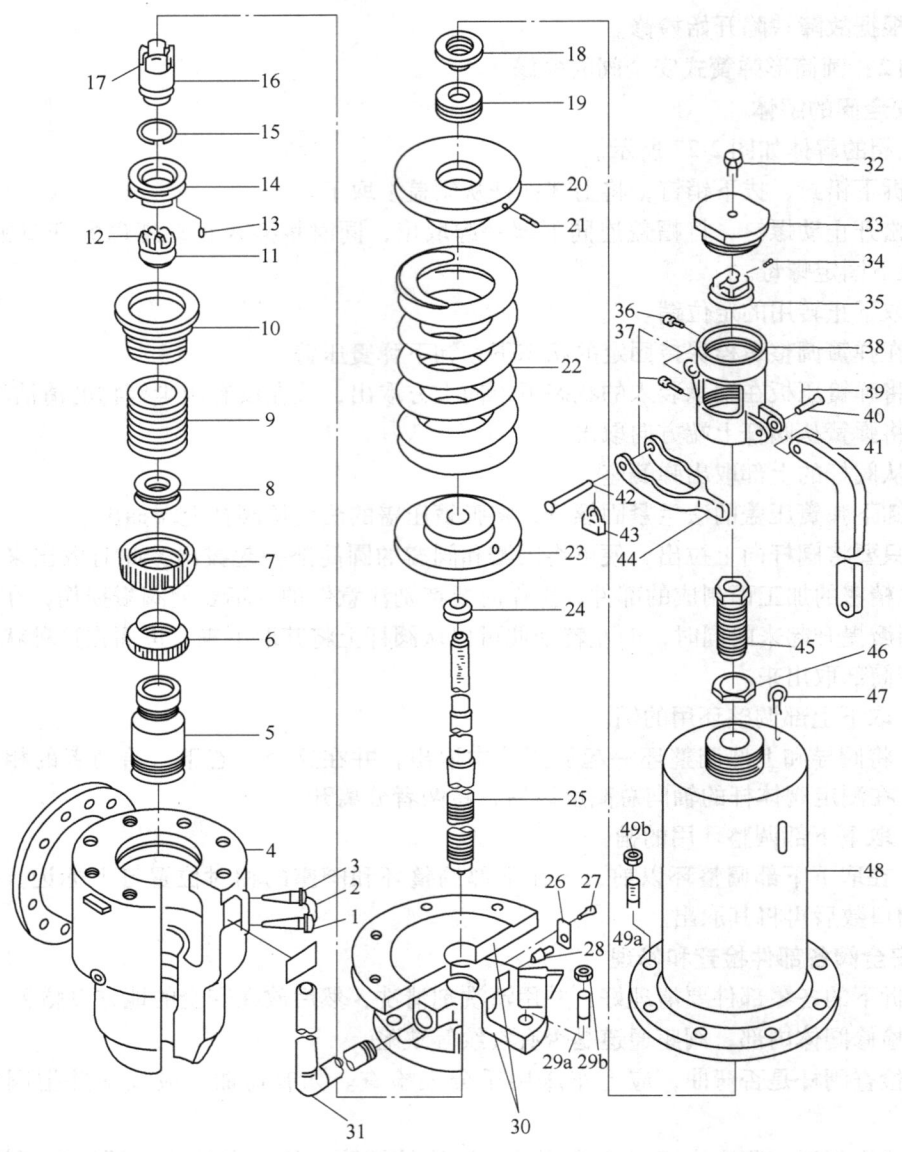

图 2-27 安全阀分解示意图

1—下部调整环锁紧螺钉 2—止动钢丝 3—上部调整环锁紧螺钉 4—阀体 5—阀座 6—下部调整环 7—上部调整环 8—阀瓣 9—阀瓣圆筒体 10—阀导 11—阀杆定位螺母 12—开口销 13—销钉 14—定位盘 15—垫圈 16—阀杆定位套 17—开口销 18—轴承盖 19—轴承 20—弹簧压板 21—定位锁 22—弹簧 23—弹簧座 24—轴承座套 25—阀杆 26—螺栓限位垫片 27—调整螺栓 28—固定螺栓 29a—法兰紧固螺栓 29b—法兰紧固螺母 30—弹簧压盖法兰 31—疏水管 32—螺塞 33—顶盖 34—开口销 35—止动螺母 36—止动螺钉 37—止动螺钉 38—帽盖 39—铅封 40—销钉 41—杠杆 42—销钉 43—锁 44—叉杆 45—弹簧调整螺栓 46—固定螺母 47—起吊环 48—弹簧压盖 49a—法兰紧固螺栓 49b—法兰紧固螺母

固。

6) 确保阀杆上部的固定螺母和上部杆之间的间隙。

7) 确定好上部和下部调整环的位置，特别是下部调整环，在将阀瓣顶起的时候，它是容易造成泄漏等故障的原因。

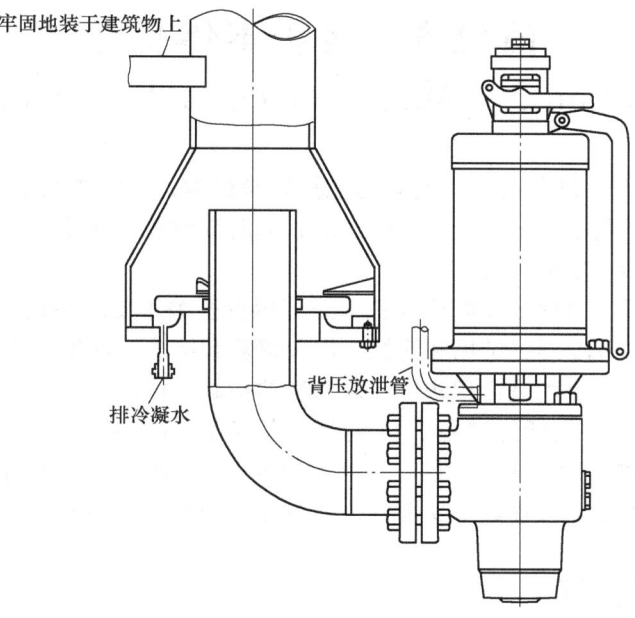

图 2-28　圆筒型弹簧式安全阀排汽管的安装示意图

2.9　课外作业

1. 阀门设备检修准备的常用工具及材料用品是什么？
2. 试述阀门的定义及分类方法。
3. 阀门的型号各是什么？
4. 闸阀由哪些部件组成，其作用是什么？
5. 截止阀、调节阀及安全阀的作用是什么？
6. 阀门阀杆的常用材料有哪些？
7. 简述阀门检查的主要内容。请解体检查实训室不同类型的阀门。
8. 简述中低压阀门的解体步骤。
9. 叙述阀门盘根的更换方法。
10. 阀门常见的故障有哪些？
11. 阀门阀瓣与阀座密封面泄漏的原因和消除方法有哪些？
12. 阀门检修后为什么要进行水压试验？如何进行？
13. 截止阀、闸阀、安全阀在大小修中的标准项目是什么？易损部件分别是什么？
14. 锅炉过热器/再热器减温水系统上的阀门都有哪些类型，各起什么作用？
15. 联系校外实训基地，分析主给水管道上各种阀门的类型、作用。

情境3 锅炉本体检修
(Situation 3 Maintenance of Boiler Proper)

火力发电厂的生产过程是一个连续的能量转换过程，而锅炉是能量转换过程的首要环节。它担负着燃料的化学能转化为蒸汽的热能，同时向汽轮机提供相应数量和质量（汽压、汽温等）的过热蒸汽的重要任务。

锅炉的运行状况，对保证发电厂的安全经济运行至关重要。在锅炉运行了一段时间后，会出现零部件的磨损和变形，结垢和腐蚀，以及堵灰和结渣等现象，从而危及电厂的正常生产。因此，电厂必须对锅炉进行预防性和恢复性的检修工作。

锅炉本体设备主要包括过热器、再热器、省煤器、水冷壁（即人们常说的锅炉"四管"），还包括减温器、锅炉压力容器、空气预热器以及燃烧器等。由于锅炉设备技术复杂，涉及的内容很多，本情境仅择其主要部件，就检修中的有关内容进行介绍。

3.1 职业能力特征

本职业应具有分析判断设备运行异常情况、及时正确处理故障的能力，应具有能用精练语言联系、交流工作的能力；具有准确而有目的地运用数字进行运算的能力；具有凭思维想象几何形体及认识绘图的能力。

3.2 情境描述

在职业能力特征的指导下，检修项目和注意事项让学生先明确锅炉本体检修的主要内容、大小修项目和注意事项；检修工艺要求学生学会锅炉受热面（省煤器、水冷壁、过热器、再热器）的清扫、检查，受热面管子裂纹、磨损的处理方法，管子的弯制、校正、更换，学会汽包，管式空气预热器常修项目的检修工艺；基础知识帮助学生认识锅炉的类型、规范、布置型式、受热面及汽包结构、锅炉的工作过程等相关的知识；知识拓展结合金属工艺学知识分析了受热面常用钢材及常见事故，同时对国产典型锅炉的结构性能作了简单介绍。常见故障及案例分析以水冷壁爆管事件及更换减温器联箱案例进一步提高学生故障分析能力及结合所学知识制订检修方案的应用能力；课外作业一方面检查学生对锅炉型号、设备组成等基础知识的理解掌握情况，另一方面考查学生对锅炉受热面等主要设备的清扫、检查、常见故障分析及处理的检修能力。

3.3 检修项目

锅炉检修可分为运行中检修、小修和大修三种。运行中检修是指在锅炉运行中随时处理临时发生的故障和维护修理。小修是指按预定计划对锅炉设备频繁使用的部件和易损部件的检查、试验、清理和修理。大修是指按预定计划对锅炉设备的全面检查、试验、清理和修理，有时可能带有局部的恢复性或改造性工作，其间隔时间较长。大小修的间隔应根据设备的技术状况，部件的磨损、腐蚀、劣化、老化等规律，以及运行、维护和检修的工艺水平等条件，结合具体情况确定。我国目前发电锅炉大修间隔是1年半～2年半，小修间隔是4～6个月。

锅炉大修项目主要分为一般（标准）项目和特殊项目两大类。一般检修项目，是在积累长期实际工作经验的基础上设定的，已趋于标准化，故也称为标准项目。实际大修中，设备的具体情况不同，一般项目中的某些项目，实际上也不是每次大修都要进行的，所以一般检修项目又分为常修项目和不常修项目两种。例如，机械清洗受热面内壁水垢是不常修项目，只有在必要时才进行该项工作。大修的特殊项目是指一般项目以外的工作量较大的检修。例如，更换或检修大量汽水分离装置、锅炉超水压试验、更换大量受热面管子等。锅炉主要部件的常修项目、不常修项目、特殊项目见附录A。

锅炉检修的主要任务如下：
1）清扫受热面的内外表面。
2）消除设备缺陷和潜在的故障根源。
3）恢复出力，提高效率，提高机组运行的安全性、经济性。
4）消除"七漏"。

3.4 注意事项

1）在进行锅炉内部检修工作前，应把该炉与蒸汽母管、给水母管、排污母管、疏水总管、加药管等的连通处用有尾巴的堵板隔断，或将该炉与各母管、总管间的严密不漏的阀门关严并上锁，然后挂上安全标示牌。电动阀门、气动阀门的控制装置，应切断其电源或气源，并挂上安全标示牌。

2）在作业人员进入燃烧室及烟道内部进行清扫和检修工作前，应把该炉的烟道、风道、燃油系统、煤气系统、吹灰系统等与运行中的锅炉可靠地隔断，并与有关人员联系，将给粉机、排粉机（一次风机）、送风机、回转式空气预热器、电除尘器、捞渣机、碎渣机等的电源切断，并挂上"禁止操作，有人工作！"的标示牌。

3）燃烧室及烟道内的温度在60℃以上时，不准入内进行检修及清扫工作。若有必要进入60℃以上的燃烧室、烟道内进行短时间的工作时，应制订具体的安全措施，设专人监护，并经分管生产的领导（总工程师）批准。在锅炉大修中，动火作业（包括氧气瓶、乙炔气瓶等易燃易爆装置的放置）要与运行油母管保持足够的安全距离，并采取可靠的安全措施。

4）在工作人员进入燃烧室、烟道前，应充分通风，不准进入空气不流通的烟道内部进行工作。检修的锅炉不应漏进炉烟、热风、煤粉或油、气。

3.5 检修工艺

3.5.1 锅炉受热面清扫（Boiler Heating Surface Cleaning）

锅炉受热面表面结渣或积灰直接影响传热，造成锅炉排烟温度升高，效率降低。为了消除这些影响，同时也为了给锅炉受热面的检查、检修创造良好的工作条件，工作人员有必要对锅炉受热面进行清扫。锅炉受热面的清扫工作主要有两种：机械清扫和压力清扫。

1. 机械清扫及其应用范围（Mechanical Cleaning and Applications）

机械清扫就是人工使用各种除渣、除灰工具，对锅炉受热面表面上的焦渣及积灰进行清除。常见的清扫工具有钢丝刷、锉刀、扫帚以及自制的除渣、除灰工具等，采用机械清扫的锅炉受热面有水冷壁、过热器和再热器。

2. 压力清扫及其应用范围（Pressure Cleaning and Applications）

压力清扫就是利用压力工质将锅炉受热面表面上的焦渣及积灰清除，常见的压力工质有水和空气，压力水清扫又分为低压水清扫和高压水清扫。

（1）低压水清扫（Low-pressure Water Cleaning） 低压水清扫即用低压水进行冲洗，就是利用低压水的压力对受热面表面上的焦渣及积灰进行冲洗。低压水冲洗压力较低，一般在 1.0MPa 以下。低压水冲洗主要适用于清扫省煤器、过热器、再热器或空气预热器等锅炉受热面。

（2）高压水清扫（High-pressure Water Cleaning） 高压水清扫即用高压水进行冲洗，就是利用压力泵将水提高到一定压力，用高压水枪对锅炉受热面表面上的焦渣及积灰进行冲洗。高压水冲洗的压力一般都比较高，一般在 10～30MPa 之间。高压水冲洗主要适用于清扫水冷壁、过热器及再热器等受热面上较硬的焦渣，另外也利用高压水冲洗回转式空气预热器的传热元件。

（3）压力空气清扫（Compressed Air Cleaning） 压力空气清扫即压缩空气吹扫，是利用生产现场的压缩空气对受热面表面上的积灰进行吹扫。利用压缩空气吹扫的受热面有省煤器、过热器和再热器，也可以利用压缩空气吹扫火焰监视器、炉膛压力取样管等热工设备。用压缩空气吹扫受热面的表面，主要是为了检查受热面的磨损情况，尤其适用于检查鳍片管式及螺旋肋片管式省煤器的磨损情况。

3. 受热面清扫时的注意事项

1）清扫应顺着烟气流动方向进行，并起动引风机。

2）先清扫浮灰，后清除硬灰垢。

3）发现砖头、铁块等杂物要及时捡出，以免影响烟气流动。

4）发现发亮或磨损的管子，应做出记号，以便测量和修理。

受热面的清扫，应达到个别处的浮灰积垢厚度不超过 0.3mm，敲击管子不落灰即为合格。对于不便清扫的个别管子外壁，未能清除的硬质灰垢面积不应超过其总面积的 1/5。

4. 燃烧室（Combustion Chamber）**清焦**（Slag Cleaning）**时的注意事项**

1）清焦应从上向下进行。

2）先在炉墙上的各人孔门外，用铁棍将有可能掉下来的焦块清除。

3）清焦应有可靠的安全措施，避免伤人和损坏水冷壁管。

在清扫和清焦过程中，还应对管子外壁及其支吊架进行检查。缺陷和损伤处应做记号，以便处理。

3.5.2 锅炉受热面的检查（Boiler Heating Surface Inspection）

1. 检查方法（Inspection Ways）

锅炉受热面的检查方法有许多种，主要有：观察法、手摸法、测量法（包括用定距卡规或游标卡尺测量管子外经，用测厚仪测量管子壁厚等）、照射法（聚光灯法）、敲击法、拉线法、着色法、超声波法、内窥镜法、放大镜法、反射镜法等。

（1）观察法 观察法是在光线较强的环境下，用肉眼对锅炉受热面进行目测。主要是检查受热面管子及其支持装置的结渣、积灰情况；检查受热面管子、防磨装置以及受热面支持装置的变形情况；检查各受热面管子中间是否有阻碍烟气流动的杂物；检查受热面附近的炉墙、人孔门等的密封情况等。

（2）手摸法 手摸法是由检查人员用手去摸锅炉受热面的管子，用来判断管子缺陷的方法。手摸法主要是检查锅炉各受热面管子的磨损及腐蚀情况，尤其适用于用观察法不易检查的卧式受热面管子的磨损检查，有时也用于采用游标卡尺无法测量的管子的检查。

（3）测量法 测量法是利用测量工具或测量仪器，对受热面管子进行测量。测量的内容有两项：管子外径的测量和管子壁厚的测量。

1）定距卡规测量法。定距卡规是根据受热面各种管子的不同规格，加工制造出的一批尺寸固定的卡规。每一种尺寸的管子，根据其管子材质的不同制作出两种或三种尺寸的卡规。最大值卡规是根据碳钢管最大胀粗不超过 3.5% 或合金钢管最大胀粗不超过 2.5% 的规定而制作的。用最大值卡规根据管子的材质进行管子外径测量，可以判断管子胀粗是否超过规定。最小值卡规是根据管子的最大减薄量不超过管子壁厚 1/3 的规定而制作的。用最小值卡规进行管子外径测量，可以判断管子减薄量是否超过规定。采用定距卡规测量受热面管子是否超过规定，具有效率高、检查速度快、减轻检查人员劳动强度等优点。

最大值卡规是用来检查过热器或再热器管子胀粗是否超过规定的测量工具，而最小值卡规是用来检查过热器、再热器或省煤器磨损或腐蚀是否超过规定的测量工具。

2）游标卡尺测量法。用游标卡尺对受热面的各种管子易于烧胀或磨损的部位进行测量，在实际操作中，一般对过热器或再热器管子壁温最高区域进行测量，用以验证管子是否胀粗、磨损或腐蚀。用游标卡尺对受热面管子易于烧胀部位进行测量的意义还在于：将受热面管子测量部位及其测量结果记录在案，以便于下次检修时在同一部位进行测量得出的数值进行比较，来判断受热面管子易于烧胀部位的烧胀趋势，作为以后检修的依据。

3）测厚法。测厚法是利用测厚仪对受热面磨损或腐蚀管子减薄的区域测量其壁厚，用以判断管子减薄的程度。测厚法适用于各种受热面的检查，尤其适用于检查受热面管子内部的腐蚀情况。

（4）照射法 检查大面积的膜式水冷壁或过热器管子时常采用此方法，利用聚光灯的高亮度，将灯头放在管间的凹处，使光线沿着管子照射，保持光线与管子平行。检查人员顺着光线查看管子的表面，如果管子的表面有凹坑，很容易检查出来，这种检查方法称为照射法。此方法尤其适用于检查灰斗上的斜坡膜式水冷壁，锅炉在正常的运行及检修中，不可避免地会有渣块或其他东西落下砸在斜坡膜式水冷壁上，导致管子表面出现凹坑，因此斜坡膜式水冷壁最适于用照射法进行检查。

（5）敲击法 敲击法是利用小锤敲击锅炉受热面的管子或管子的支吊装置，根据敲击发出的声音来判断管子内部是否有杂物或管子的支吊装置是否存在烧损、开裂现象。敲击法适用于检查立式过热器、再热器的管子或其支吊装置。

（6）拉线法 判断受热面管子的变形情况常采用拉线法，即两人用一根线拉直放在变形的受热面管子上，从而测量出管子的变形情况。采用拉线法既可以测量单个管子的变形情况，又可以测量整个管排的变形情况。

（7）着色法　着色法是利用金属着色剂来检验锅炉受热面管子的焊口以及联箱内外表面是否存在微型裂纹等缺陷。着色法主要是检验锅炉受热面的大口径管子或大尺寸承压设备，如汽包、水包、扩容器、联箱等设备的坡口。

（8）超声波法　超声波法是利用超声波检测仪器对受热面管子的坡口或弯头等部位进行检查，以判断其是否存在缺陷的方法。超声波法主要适用于检查水冷壁、过热器、再热器、省煤器及锅炉压力容器的所有坡口，也适用于检查锅炉受热面所有管件的弯头背弧或管件其他部位的缺陷。

（9）内窥镜法　内窥镜法是利用内窥镜深入到锅炉受热面的联箱或大直径管子内部等肉眼看不到的设备内部进行检查，用以确认设备内部是否存在缺陷。使用内窥镜主要是检查减温器联箱内部的减温水喷头、文丘里管及套筒等部件，也适用于检查其他联箱或大口径管道的内部情况。

（10）放大镜法　放大镜法是利用放大镜用肉眼检查受热面表面是否存在裂纹、重皮、坡口夹渣等缺陷，这种方法适用于任何受热面的表面检查。

（11）反射镜法　对于检查位置困难，不能正面或全面检查到的受热面管子，可以采用反射镜法进行检查，利用反射镜将受热面管子的背面反射过来，以便于检查。利用反射镜检查立式受热面边侧的管子很方便，尤其适用于检查卧式受热面管子的下部情况或其他不易正面检查到的管子背面。

2. 水冷壁的检查方法（Water-cooled Wall Inspection Ways）

（1）检查项目　水冷壁的检查项目主要有：管子磨损检查、胀粗鼓包检查、结垢及腐蚀检查、损伤检查、弯曲检查、鳍片密封检查、悬吊管检查、管子弯头及坡口检查、膨胀检查、保温检查等。

（2）检查过程　水冷壁面积最大、管子暴露最广，因此对水冷壁的检查按先重点、后一般的原则。

（3）检查重点

1）利用观察法和手摸法，检查燃烧器、冷灰斗、吹灰孔、人孔门、打渣孔、折焰角处的管子是否有磨损、腐蚀、鼓包、过热、胀粗等缺陷。

2）利用观察法和照射法，检查冷灰斗上斜坡水冷壁管子是否有损伤等缺陷。

3）利用观察法检查水冷壁悬吊管，检查其下部是否存在磨损及漏风现象，密封情况是否良好，防磨装置是否完整。

4）利用着色法和放大镜法，检查水冷壁上联箱和下联箱管子角焊缝是否有裂纹存在。

5）利用观察法、放大镜法和超声波法，检查水冷壁上升管和下降管弯头及坡口是否存在缺陷。

6）割管，送交化学部门，检验水冷壁管内的结垢和腐蚀情况。

（4）一般检查

1）利用观察法检查水冷壁管子的结渣情况。

2）利用观察法和照射法，检查水冷壁管子是否有损伤等缺陷。

3）利用拉线法检查水冷壁管子的弯曲程度。

4）利用观察法检查水冷壁的排污装置和加热装置是否完整、是否存在缺陷。

5）利用观察法检查水冷壁的膨胀情况及膨胀指示装置，看其膨胀是否自由无阻碍，指示装置是否完整无缺陷。

6）利用观察法检查水冷壁的保温情况，看其保温层是否完整。

3. 过热器、再热器的检查方法（Superheater、Reheater Inspection Ways）

过热器与再热器的结构、布置方式基本相同，它们的检查项目、检查过程也基本相同。

（1）检查项目　过热器与再热器的检查项目主要有：管子结渣与积灰检查、磨损检查、胀粗及鼓包检查、结垢及腐蚀检查、损伤检查、弯曲检查、管子支持装置检查、管排定位管检查、管子弯头及坡口检查、管子膨胀检查、管道和联箱坡口及支吊装置检查、减温器检查、排空气管及疏水管检查、管子鳍片密封检查、炉墙密封检查、保温检查等。

（2）检查过程

1）利用观察法检查过热器与再热器的结渣及积灰情况。

2）利用观察法和测量法，检查过热器与再热器管壁温度最高区域的管子是否有过热、胀粗或鼓包现象。

3）利用观察法、手摸法和测量法，检查过热器与再热器管子易于磨损处（包括过热器与再热器的管排定位管）的磨损情况。

4）割管，送交化学部门，检查过热器与再热器管内的结垢及腐蚀情况。

5）利用观察法和照射法，检查过热器与再热器管子的损伤情况。

6）利用拉线法检查过热器与再热器管子的弯曲程度。

7）利用观察法和敲击法，检查过热器与再热器管子的防磨装置是否有烧损、变形、偏移等缺陷。

8）利用观察法和敲击法，检查过热器与再热器管子及管排的支持装置是否有开裂、烧损、变形等缺陷。

9）利用观察法检查过热器与再热器管子的膨胀情况，查看管子膨胀是否受阻，膨胀是否自由。

10）利用观察法、放大镜法、着色法或超声波法，检查过热器与再热器联箱各处坡口是否有裂纹等缺陷。

11）利用观察法和敲击法，检查过热器与再热器联箱上的吊杆等支吊装置是否有缺损、变形等缺陷。

12）利用观察法、内窥镜法、着色法或超声波法，检查减温器各处坡口是否有裂纹等缺陷。检查减温器内部雾化喷嘴、文丘里管、套筒及其支持装置是否有裂纹、变形、移位等缺陷。

13）利用观察法、放大镜法和着色法，检查过热器与再热器的排空气管和疏水管是否有堵塞、变形、移位现象，坡口是否有裂纹等缺陷。

14）利用观察法检查墙式过热器的密封情况，检查过热器与再热器处炉墙的密封情况。

15）利用观察法检查过热器与再热器各处的保温情况。

4. 省煤器的检查方法（Economizer Inspection Ways）

（1）检查项目　省煤器的检查项目主要有：管子积灰检查、磨损检查、结垢及腐蚀检查、损伤检查、管子和管排变形检查、管子弯头及坡口检查、管子防磨装置检查、管子膨胀检查、管道和联箱坡口及支吊装置检查、炉墙密封检查、保温检查等。

(2) 检查过程

1) 利用观察法检查省煤器的积灰情况。
2) 利用观察法、手摸法和测量法,检查省煤器管子易于磨损部位的磨损情况。
3) 割管,送交化学部门,检验省煤器管内的结垢及腐蚀情况。
4) 利用观察法检查省煤器管子的损伤情况。
5) 利用观察法和拉线法检查省煤器管子及管排的变形情况。
6) 利用观察法、放大镜法、着色法或超声波法,检查省煤器管子弯头及坡口是否存在裂纹等缺陷。
7) 利用观察法和敲击法,检查省煤器管子的防磨装置是否完整。
8) 利用观察法检查省煤器管子及联箱的膨胀情况,检查联箱膨胀指示装置的情况。
9) 利用观察法、放大镜法、着色法或超声波法,检查省煤器联箱和与联箱相连的各种管子坡口是否有裂纹等缺陷,检查省煤器联箱的支吊装置是否完整、牢固。
10) 利用观察法检查省煤器处炉墙的密封情况。
11) 利用观察法检查省煤器联箱及管道的保温情况。

3.5.3 锅炉受热面检修(Boiler Heating Surface Maintenance)

1. 受热面检修的主要工具(Main Tools)

锅炉受热面检修的工具很多,这里主要介绍受热面换管常用工具的特点及使用方法。常用的工具有:电动无齿锯、气动割管机、坡口机、角向磨光机等。

(1) 电动无齿锯 电动无齿锯是利用电动机带动树脂切割片对钢管、型钢等钢材进行切割的工具,按重量的大小分为固定式电动无齿锯和移动式电动无齿锯两种。

固定式电动无齿锯重量较大,体积也较大,移动很不方便,电动机采用380V的电源,一般固定在车间内,适用于切割大口径管件及型材。特点是结构简单,使用方便,切割速度快,缺点是不便移动,需要使用380V的动力电源。

移动式电动无齿锯体积小,重量轻,移动方便,电动机采用220V电源,可以随身携带,适用于切割小口径管件及型材。特点是结构简单,携带方便,更换锯片比较容易,现场随地可用,缺点是动力小,切割能力差。

固定式电动无齿锯的使用方法:摆正无齿锯;将被割件平放在无齿锯的锯床上,定位夹紧;抬起锯片,启动电源,待锯片转动正常后,轻放锯片进行切割;切割过程中,稍向下用力,直至将被割件切断;关闭电源,待锯片停止转动后,抬起锯片。

在使用电动无齿锯进行切割时,除了遵守《电业安全工作规程》中关于使用电动工具的有关规定外,还应注意以下几点:①使用前,详细检查树脂切割片,不完整的锯片不许使用;②使用一段时间后,锯片直径减小到一定程度时,应更换锯片;③更换锯片时,必须可靠地切断电源;④使用者应戴上护目镜,并且注意切割时火星飞溅的方向,要求火星飞溅的方向无人员和可燃物品。切割时,用手握住锯片把手向下用力随着锯片移动,不要强力下压,以防夹锯。切割夹锯严重时会将锯片夹死,甚至会造成锯片碎裂,发生危险。在切割时,若感觉锯片的转速明显下降时,应立即抬起锯片,待锯片转速正常后,再进行切割。

使用移动式电动无齿锯切割受热面管子时,应由熟练人员操作,在专用的滑道上进行,并由专人负责监护。

(2) 气动割管机 气动割管机是利用压缩空气作为动力，驱动气动马达，带动较薄的树脂切割片切割钢管的机器。气动割管机主要用来切割受热面管子，其特点是：安全性好，可以在潮湿的地方使用，没有触电的危险，使用灵活，弹性好，不易发生像电动无齿锯锯片碎裂的危险，操作难度较小。

气动割管机的使用方法：①操作人员站好位置，按操作程序握住气动割管机，起动压缩空气开关，待切割片转动正常后，对准切割位置进行切割，手持气动割管机顺着割口移动，直至将管子切断；②关闭压缩空气开关，待切割片停止转动后，方可放下气动割管机。

气动割管机的注意事项与电动无齿锯类似。

(3) 坡口机 坡口机是用来加工受热面管子坡口的机器，除手动坡口机外，还有电动驱动和气动驱动之分，也有内卡式和外卡式之分。外卡式坡口机的特点是夹管比较方便，效率高；缺点是刀具更换不方便，车出的铁屑容易落入管内。内卡式坡口机的特点是更换刀具方便，车出的铁屑不易落入管内；缺点是夹管不如外卡式方便，操作不好容易使内卡落入管内。

电动坡口机的使用方法：①根据受热面管子的规格，选用规格合适的坡口机；②选配好合适的刀具和夹具；③检查管子的切口应平齐，否则应用工具进行修整；④将坡口机夹在管子上，旋紧夹具，调节进刀旋钮，将车刀离开管口几毫米；⑤合上开关，待刀具旋转正常后，调节进刀旋钮开始加工坡口，进刀速度不要太快；⑥随着铁屑的车出，缓慢进刀，直至将坡口车好；⑦调节进刀旋钮，将刀具离开管口；⑧关闭开关，待刀具停止转动后，松开夹具，卸下坡口机。

电动坡口机的使用注意事项：①使用前应检查刀具是否锋利；②夹具一定要夹紧，使用内卡式坡口机，调节夹具要防止调过头，以免夹具落入管内；③合上开关前，一定要检查刀具是否离开管口，不然容易将车刀崩坏；④更换车刀时，必须拔下电源插头；⑤在坡口的车制过程中，若发现坡口机的转数急剧减慢，说明进刀量过大，应及时减少进刀量，防止崩坏刀具或损坏坡口机。使用电动坡口机应遵守《电业安全工作规程》中关于使用电动工具的有关规定。

(4) 角向磨光机 角向磨光机是用来磨制坡口或打光金属表面的手持式小型电动工具，一般使用 $\phi100mm \sim \phi150mm$ 的钹形砂轮片。角向磨光机的特点是使用方便、灵活，缺点是对操作人员的水平要求较高。

角向磨光机的使用方法：①将需要磨制的管子固定住，防止其晃动；②磨制前注意周围是否有人或易燃物品；③操作者戴好护目镜和手套，单手持角向磨光机，用另一只手打开开关；④当角向磨光机转动正常后，双手持角向磨光机进行磨制；⑤磨制完成后，关闭电源开关，待角向磨光机停止转动后，方可将角向磨光机放下。

除了需要遵守《电业安全工作规程》中关于使用电动工具的有关规定外，使用角向磨光机时还应注意以下几点：①使用前，必须检查砂轮片是否完整，不完整的砂轮片禁止使用；②更换砂轮片时必须拔下电源插头；③磨制容易晃动的管子时，必须将管子可靠固定住，严禁磨制晃动的管子；④使用角向磨光机时应远离人员且确定附近无可燃物；⑤磨制有豁口的管子时，应使砂轮片顺着豁口的一侧缓慢磨制，严禁将砂轮片完全放入豁口内同时磨制豁口两侧，防止管子豁口将砂轮片夹住造成飞车，伤害操作人员或损坏角向磨光机。

2. 受热面管子的配制方法

锅炉受热面主要由钢管组成，当受热面管子发生严重缺陷时，就需要用新管更换有缺陷的旧管子，此时，就要求配制合适的受热面管子。

（1）管材要求（Pipe Requirements） 根据需要更换管子的规格与材质要求，尽可能选用同规格、同材质的管子。选用代用管子时应注意：选用材质相近或高于被换管材质的管子，选用不同材质管子时应注意焊接方面的有关要求；选用外径相同、壁厚不低于被换管的管子，壁厚差不大于原壁厚的15%，最大不超过3mm；尽量不选用外径不同的管子。

检查更换管子的质量：①检查这批管子是否有生产厂家的出厂合格证、检验合格证等；②检查这批管子是否通过涡流探伤检验；③用观察法检查管子的外表是否有明显的外部缺陷；④用游标卡尺测量管子外径、壁厚及圆度等，应符合选用标准；⑤检查管子的材质是否符合使用要求，必要时使用光谱仪进行检查确认；⑥使用带有坡口管子时，应检查坡口检验合格证，并按有关规定进行抽检，并对管子进行通球试验；⑦使用带有弯头的管子时，对弯头部分进行检查，并对管子进行通球试验；⑧所有管子在使用前，应用压缩空气将管内的杂质吹净。

（2）坡口要求（Groove Requirements） 锅炉受热面管子制作坡口的目的是使受热面管子可靠地进行焊接，防止出现焊接缺陷。受热面管子的坡口主要有V形、双V形、U形等几种。

对于受热面管子壁厚不大于6mm的管子，一般采用全氩弧焊接，其坡口如图3-1a所示，采用V型坡口。

壁厚大于6mm的管子，采用氩弧焊打底，电弧焊盖面的焊接工艺进行焊接。

壁厚在6~16mm的管子采用V形坡口。壁厚在16~20mm的管子采用双V形坡口，如图3-1b所示。壁厚在20mm以上的管子采用U形坡口，如图3-1c所示。坡口要求：

1）V形坡口。坡口角度 α 一般为30°~35°，钝边 S 一般为0.5~2mm，坡口端面应与管子中心线垂直，最大偏斜值不超过1.5mm，管口的内外壁为10~15mm。清除油漆锈垢，打磨至露出金属光泽。

2）双V形坡口。坡口角度 α 一般为35°~45°、β 一般为10°~15°，钝边 S 一般为1.5~2mm，坡口端面应与管子中心线垂直，最大偏斜值不超过1.5mm，管口的内外壁为15~25mm。清除油漆锈垢，打磨至露出金属光泽。

3）U形坡口。坡口角度 β 一般为10°~12°，钝边 S 一般为1.5~2mm，圆弧半径 R 一般为5~8mm，坡口端面应与管子中心线垂直，最大偏斜值不超过1.5mm，管口的内外壁为15~25mm。清除油漆锈垢，打磨至露出金属光泽。

（3）弯头要求 受热面换管时，如果受热面的弯头或弯头附近管子发生故障，需要更换带弯头的管子，配制时就需要进行弯管。

锅炉受热面的弯管一般都是小口径管，均采用冷弯工艺，弯曲半径一般为$(2~4)d$（d 为管子外径）。管子弯好后应检查：①弯曲部分最大圆度小于8%；②坡口布置位置距离弯曲部分起弧点70mm以上；③弯曲外弧不应有明显的拉制痕迹及缺陷，必要时用放大镜进行检查；④弯曲内弧不应有明显的褶皱及其他缺陷；⑤所有的弯管均应进行通球试验；⑥高合金管子弯好后，应进行相应的热处理。

（4）对口要求（Pipe Aligning Requirements） 受热面管子对口时应采用专用的对口工

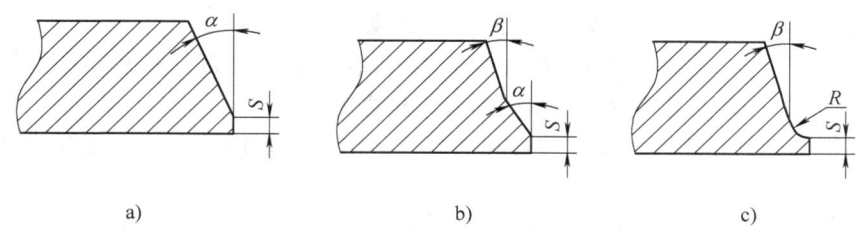

图 3-1 受热面管子坡口
a) V 形坡口 b) 双 V 形坡口 c) U 形坡口

具进行对口,除按规定进行的冷拉坡口外,严禁强力对口,以免在坡口内部产生附加应力。

对口时应保持对口面与管子中心线垂直,对口间隙 1.3mm;保持两管中心在一条直线上,偏差小于 2mm;保持两管口中心重合,错口小于 0.5mm;不同壁厚管子对口时,应将厚壁管子的内径削去一部分,使两管内径相同并使削去部分保持 1:6 以上的坡度光滑过渡。

3. 受热面管子的更换方法

受热面管子有很多,其换管方法也各不相同,这里主要介绍膜式水冷壁、省煤器和立式对流过热器的换管方法。

(1) 膜式水冷壁(Membrane Water Wall)管子的更换方法　膜式水冷壁管子之间由鳍片组成,换管比光管麻烦。膜式水冷壁换管时,最好更换鳍片管,这样能减少工作量,还能避免用钢板代替鳍片与膜式水冷壁管焊接所产生的一些问题。

膜式水冷壁管子的更换方法如下:

1) 根据水冷壁的换管位置,接好足够亮度的照明,搭设好脚手架。
2) 拆除炉外换管部位的外护板、保温等。
3) 清除炉内水冷壁换管部位的焦渣,保持管子表面清洁。
4) 用气割将所换管子的鳍片割开,再把换管割口部位的鳍片上下各切去 100mm,注意切割时不要伤及管子本身。
5) 用专用的割管机进行剖管,先割管子下部,割完后用薄金属片将下口堵上,再割上部,将管子割下,标上记号移出炉外。
6) 用坡口机或角向磨光机加工上下管口坡口,加工时将下管口用易溶纸堵上,加工好后取出易溶纸,用软木塞堵上。
7) 选好合适的管子进行配制,配制好的管段应比割下的上下管口间距短 4.5mm,确保对口间隙满足焊接要求。
8) 去掉软木塞,将配制好的管子放入割管处,对口焊接,焊接时炉内炉外各安排一名焊工进行对焊,并要求一次焊完。
9) 坡口焊完后待温度降下来,进行无损探伤,坡口不合格时应及时处理。
10) 坡口合格后进行鳍片的焊接工作:如果更换的是鳍片管,可直接进行鳍片的焊接工作;如果更换的是光管,需要配制合适的扁钢代替鳍片,放在管子之间的空隙处进行焊接。需要注意的是换管坡口区域的切口,应重点进行恢复,尤其注意管子与钢板之间的焊接。
11) 恢复炉外拆除的保温、护板等,拆除炉内的脚手架。

(2) 省煤器管排中间单根管子的更换方法　省煤器管排中间单根管子出现严重的缺陷

时，需要将有缺陷的管子进行更换，其更换的方法如下：

1）根据换管位置，接好足够亮度的照明，清理换管部位附近的积灰，在换管管排的两侧铺好专用的胶皮，防止工具或其他东西落入管排之间。

2）用气割割开管排之间的定位装置和吊架，留出起吊管排的空间；支撑式结构的省煤器应将支撑架下部的焊点割开。

3）悬吊布置的省煤器，用割管机将悬吊管割下一段，其长度视省煤器管排的高度而定，割下的悬吊管制作好坡口，留下备用。将管排上的悬吊管制作好坡口，并用软木塞堵上。

4）在被割管排的正上方焊接临时吊架，准备好手拉葫芦等起重工具。

5）用割管机将换管的省煤器管排与省煤器出入口联箱相连接的管子割开。

6）用手拉葫芦将换管的省煤器管排两侧的管排向两边拉开一些，使被换管的省煤器管排容易吊出。

7）用手拉葫芦将换管的省煤器管排吊起，起吊应缓慢进行，在起吊过程中随时检查管排上升情况，防止管排被卡住受拉变形，起吊直至被换管露出一段高度为止，将手拉葫芦手链锁死。

8）找出有缺陷的管子，用割管机将有缺陷的部分割下，标上记号移出烟道外。如果被换管较长或被换管含有弯头时，应先用气割将管排支撑架或悬吊管吊卡割开，再用割管机进行割管。

9）制作管排上管口和出入口联箱上管口的坡口备用。

10）根据被割的管子，配制合适的管子，加工好坡口，放在被割管的位置对口进行焊接。若配制的管子含有弯头，应经过检验合格后，再进行换管工作。

11）对坡口进行无损探伤，不合格时应及时处理。

12）坡口合格后，将割下的支撑架或悬吊管吊卡焊上。

13）松开手拉葫芦，将管排放入原位。

14）焊接省煤器出入口联箱相连接的管子，并经无损探伤检验合格。

15）取出软木塞，焊接省煤器悬吊管，并经无损探伤检验合格。

16）恢复省煤器吊卡。

17）撤除手拉葫芦等起重工具，拆除临时吊架，将省煤器管排之间的定位装置复位。

18）清点工具，清扫现场，撤除专用胶皮及照明。

（3）过热器中间管子的更换方法　墙式过热器中间管子的更换方法与膜式水冷壁管子的更换方法类似；卧式过热器中间管子的更换方法与省煤器中间管子的更换方法相同；屏式过热器由于其屏间间距较大，中间管子的更换比较方便，不进行叙述。这里主要介绍管排间距比较小的立式对流过热器中间管子的更换方法，其更换的方法如下：

1）根据换管部位，接好足够亮度的照明，搭设好脚手架。

2）清除换管部位管子上的焦渣与积灰，保持管子清洁。

3）摘除换管部位附近管排间的梳形定位卡子，或用气割与电焊将换管部位附近管排间的定位装置割掉，使换管部位的管排可以向两侧摆动。

4）确定换管管排，用两台1t的手拉葫芦将被换管管排两侧的管排向两侧拉开一段距离，留出换管空间。

5)找出有缺陷的管子,在换管的上下位置搭好临时脚手架。

6)如果被换管较长,应用气割或电焊将被换管处的管间定位卡子割掉。

7)如果被换管位置靠近锅炉顶棚,换管空间狭小,或被换管包含弯头时,由于位置窄,不利于坡口焊接,此时应用气割或电焊将被换管上部弯头处的吊卡以及管间定位卡子割掉,连同弯头一起更换,并将坡口位置设置在管排中部有利于焊接的位置。

8)用割管机割管,先割管子下口,割完后用薄金属片堵住下口,再割上口,将管子拿下,标上记号移出炉外。

9)用坡口机加工坡口,注意下管口不要落入东西,坡口加工好后用软木塞将下管口堵住。

10)根据割下的管子,配制合适的管子,制作好坡口,注意管子长度应满足对口间隙要求。

11)取下软木塞,将新管与原割管口处对口焊接,并对坡口进行相应的热处理。

12)坡口检验,合格后将管间定位卡恢复。

13)拆除坡口位置的临时脚手架,撤去拉管排的手拉葫芦,将管排恢复原位。

14)恢复管排上部的弯头吊卡。

15)加装管排梳形定位卡子,恢复管排间的定位装置。

16)清理现场,拆除脚手架,撤去照明。

4. 受热面管子弯曲的处理方法

锅炉受热面管子由于热膨胀受阻或管间定位卡子烧损都可能使受热面管子弯曲。立式受热面管子严重弯曲时会使管子突出管排,造成管排受热不均,出现热偏差,甚至造成管子过热引起炉管爆破。卧式受热面管子严重弯曲时也会使管子突出管排,阻碍烟气流通,使突出的管子磨损加快,严重时造成管子泄漏。因此,对于受热面弯曲严重的管子,必须进行校直。受热面管子校直的方法有两种:炉内校直法和炉外校直法。

(1)炉内校直法 锅炉受热面管子弯曲不太严重且管子较细时,由于校直的难度较小,可采用炉内直接校直,其方法如下:

1)先找出管子弯曲变形的原因,并且将原因消除,不能消除时可采取临时补救措施,防止管子再次发生弯曲变形。

2)用气割或电焊将弯曲管子的管间定位卡子割掉。

3)用氧气乙炔焰在管子的弯曲变形处进行加热,加热时应随时注意加热温度,管子微微变红就可以了,防止管子过烧。

4)加热的同时用撬棍等工具向相反方向校正弯曲的管子,校正时应多点进行,防止校正过头使管子向另一方向弯曲。

5)管子校直后冷却,管子不再有明显的弯曲变形时,加装新的管间定位卡子。

(2)炉外校直法 锅炉受热面管子弯曲比较严重或管子较粗时,由于校正的难度较大,采用炉内校直比较困难,可采用炉外校直法校正,就是将弯曲变形的管子割下,拿到炉外进行校正。炉外校直法的操作程序如下:

1)先找出管子弯曲变形的原因,并且将原因消除,不能消除时可采取临时补施,防止管子再度发生弯曲变形。

2)用气割或电焊将弯曲管子的管间定位卡子割掉,使弯曲的管子可以较方便地取下来。

3) 用割管机将管子的弯曲部分割下来,标上记号移出炉外。

4) 加工炉内管子坡口,下管口用软木塞堵住。

5) 将弯曲变形的管子放在校正平台上,用专用的校正工具进行校正,必要时辅以氧气乙炔焰加热校正。

6) 管子校直并冷却后,确认管子不再有弯曲变形时,加工管子坡口。

7) 将管子送入炉内对口焊接。

8) 坡口检验合格后,加装新的管间定位卡子。

5. 锅炉受热面管子磨损(Wear)的处理方法

锅炉受热面管子发生磨损时,应及时查找原因,采取可靠措施,防止磨损力。如果磨损比较严重,磨损量超过原管子壁厚的1/3以上且磨损面积较大,或锅炉受热面管子发生大面积磨损时,应进行换管;若磨损较轻,磨损量未超过原管子壁厚的1/3或磨损面积较小时,可采取以下方法进行处理:

(1) 防磨瓦法 防磨瓦法是利用与受热面管子相配合的防磨瓦,加装在管子磨损的地方,用防磨瓦代替管子的磨损,以达到延长管子使用寿命的目的。图3-2所示为省煤器管的防磨保护装置。防磨瓦法适用于管子普遍的磨,损量较小的部位。使用防磨瓦法应注意,防磨瓦的尺寸应符合要求,加装时应将防磨管子靠严,并且加装要牢固,无松动现象。防磨瓦一定要加正,不允许出现偏斜现象,防止管子的磨损加剧。防磨瓦法也可用于吹灰孔附近的管子,防止管子被吹灰器吹蚀。

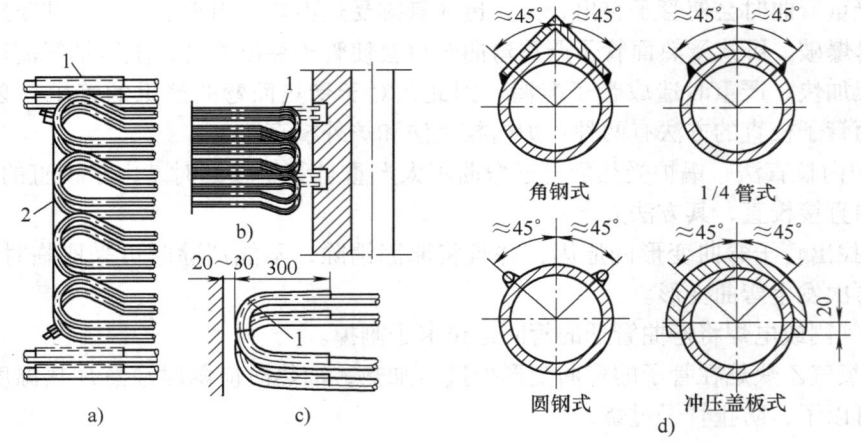

图3-2 省煤器管的防磨保护装置
a) 弯头整体保护 b)、c) 单个弯头保护 d) 局部防磨装置
1—护瓦 2—护帘

(2) 补焊法 在受热面管子发生局部磨损,磨损比较严重且磨损面积不大时,可采用对磨损处补焊的方法处理。可采用火焊、电弧焊或氩弧焊进行修补加强,补焊完后用角向磨光机将补焊部位打磨圆滑、光亮,用这种方法可以在不换管的情况下,延长受热面管子的寿命。

(3) 喷涂法 喷涂法是利用喷涂技术在受热面管子易于磨损的部位喷涂一层耐磨涂料,来提高管子抗磨能力的一种方法。该方法适用于烟气温度较低的尾部垂直烟道的受热面,对于受损或磨损较轻的管子使用喷涂效果较好。

6. 锅炉承压部件裂纹的处理方法

锅炉承压部件裂纹主要发生在锅炉的汽包、水包、扩容器、各受热面的联箱以及大口径管道上的坡口、弯头、三通等设备上，尤其是与受热面联箱相连接的受热面管子或管道的角坡口最容易产生裂纹。当锅炉承压部件的裂纹比较长且比较深时，应及时进行更换，彻底消除这一隐患。如果承压部件的裂纹比较浅时，可采取以下方法进行处理：

（1）打磨法　对于汽包、水包、联箱及大口径厚壁管道出现的小裂纹，可用打磨法进行处理，即使用角向磨光机将裂纹磨掉，边缘光滑过渡，用着色法进行检验确定裂纹已被磨掉，否则继续打磨，直至将裂纹全部磨掉。根据磨去的深度，对照原始壁厚，进行强度校核，强度校核无问题后，对打磨处不作其他处理。

（2）挖补法　对于汽包、水包、联箱及大口径厚壁管道出现较深的裂纹，或其他薄壁容器、管道以及小口径管子出现的裂纹，可采用挖补法进行处理。具体方法是：先用钻头在裂纹两端钻出止裂孔，钻孔深度超过裂纹深度 2~3mm，再用角向磨光机将裂纹磨去，用着色法检查确认裂纹全部磨掉后，用电焊进行补焊，再用角向磨光机将补焊处磨光。如果补焊的是合金管件，在焊前应进行预热，焊后应进行热处理。

7. 锅炉受热面管子固定装置的检修方法

受热面管子固定装置有许多种，常见的有：吊卡、管间卡、管夹、固定拉钩、支撑架等。受热面管子固定装置一般由耐热钢制造，其冷加工性能与焊接性能都比较差，所以当受热面管子固定装置出现缺陷时，一般不易修复。如果管子定位装置变形很小或开裂，用补焊的方法进行处理；如果变形严重，只能采取更换的方法进行处理。这里介绍具有代表性的三种受热面管子固定装置的更换方法。

（1）顶棚吊卡的更换方法　光管式顶棚过热器管子以及立式对流受热面上部的 n 形弯头是用吊卡吊挂在顶棚过热器上方横梁上的。当吊卡烧损或更换 n 形弯头而将吊卡割开时，需要更换顶棚吊卡。更换方法如下：

1) 炉膛内接好照明，搭设脚手架，确定吊卡损坏区域。
2) 拆除吊卡损坏处顶棚过热器上部的耐火层、保温层与密封层，露出损坏的吊卡。
3) 将吊卡损坏处管间的耐火材料清除干净，保持管子与吊卡清洁。
4) 用临时吊架将更换吊卡处的管子固定住，注意加装临时吊架的位置应避开原吊卡的位置，防止加装新吊卡时发生困难。
5) 用电焊将损坏的吊卡割除，再次清理吊卡处的管子，使两侧的管子能相对活动，便于新吊卡能顺利穿入。
6) 将新吊卡穿入管子并且挂在横梁挂钩上，合拢后用电焊焊牢，也可直接将吊卡焊在横梁上。
7) 拆除临时加装的吊架，清理管子与吊卡。
8) 恢复顶棚过热器上部的耐火层、保温层及密封层。
9) 拆除炉内搭设的脚手架，撤去照明。

（2）立式受热面管间卡的更换方法　立式对流受热面管子之间一般采用管间固定卡固定，也有采用钢筋和扁钢板固定管子的，它们均采用耐热钢制造。在长期承受高温的运行中，管间卡会出现开焊变形甚至烧损等缺陷，如果开焊变形不严重，可用锤子将其打合后用电焊焊牢，必要时用氧气乙炔焰加热；如果开焊变形比较严重或烧损，应将其更换，其更换方法如下：

1）接好照明，搭脚手架。
2）清洗管间卡上部管子表面，使表面光洁、无焦渣。
3）在旧管间卡上安装临时专用夹管工具。
4）调整好管子节距，将临时专用夹管工具夹紧，防止管子间距发生变化，造成新管间卡安装困难。
5）用电焊将旧管间卡割下。
6）在原位置安装新管间卡，靠紧用电焊焊牢。
7）拆下临时安装的专用夹管工具。
8）拆除脚手架，撤去照明。

(3) 过热器管间固定拉钩更换方法　现代大型锅炉随着容量的提高，其过热器越来越复杂，传热面积很大，管排一般都比较密，所以管排的管子与管子之间都采用固定拉钩的方式固定，使整排管子形成一个整体。固定拉钩由一对互相钩合的部件组成，分别焊在两根管子上，用以固定管子。固定拉钩由耐热钢制成，体积较小，加上它们与管子紧紧焊在一起，因此在通常情况下，烧损的可能性较小。出现的问题是安装质量不良或管子严重变形使固定拉钩脱出，造成管子突出管排，此时要将变形的管子复位并将固定拉钩挂合是非常困难的，只能更换固定拉钩。先将原来的固定拉钩割下，再用角向磨光机将管磨光，校正变形的管子，用夹具固定，然后安装固定拉钩，使之可靠挂合，用电焊将固定拉钩焊牢，最后对焊点进行热处理。

3.5.4　锅炉管式空气预热器检修（Boiler Tube Air Preheater Maintenance）

空气预热器是用来加热空气的热交换设备，按其形式分为两种：管式空气预热器和回转式空气预热器，本书只介绍管式空气预热器的检修。

1. 管式空气预热器的结构

管式空气预热器的结构如图 3-3 所示，它由许多管箱组成，其管箱主要由上下管板以及薄壁钢管组成。工作时烟气从薄壁钢管内通过，空气从管间流通进行换热，从而将空气加热到所需要的温度。管式空气预热器布置在锅炉尾部受热面的末段，采用支撑式结构，其下管板由布置在烟道内的钢架横梁支撑。管式空气预热器由多个管箱组成一个整体，布置在烟道内，其上下管板用电弧焊接连成一体，上管板用波形补偿器与烟道相连，下管板紧靠在烟道内的钢架横梁上。

2. 管式空气预热器的检查与检修

管式空气预热器常见的故障有：堵灰、磨损、腐蚀、振动及漏风等。

根据管式空气预热器常见的故障确定检查项目，有堵灰检查、烟气入口管磨损检查、最初级管式空气预热器下管板处管子腐蚀检查、管式空气预热器各处漏风检查等。针对管式空气预热器出现的故障，进行检修工作。

(1) 堵灰　堵灰是由于烟气携带的飞灰长期运行，在管式空气预热器入口的管子内，形成一种酷似水泥的絮状物，它们依附在管子内壁上，时间长了就会将管子堵死。管式空气预热器发生堵灰会阻碍烟气流通，严重时会造成锅炉减负荷运行，或造成其他预热器管子的

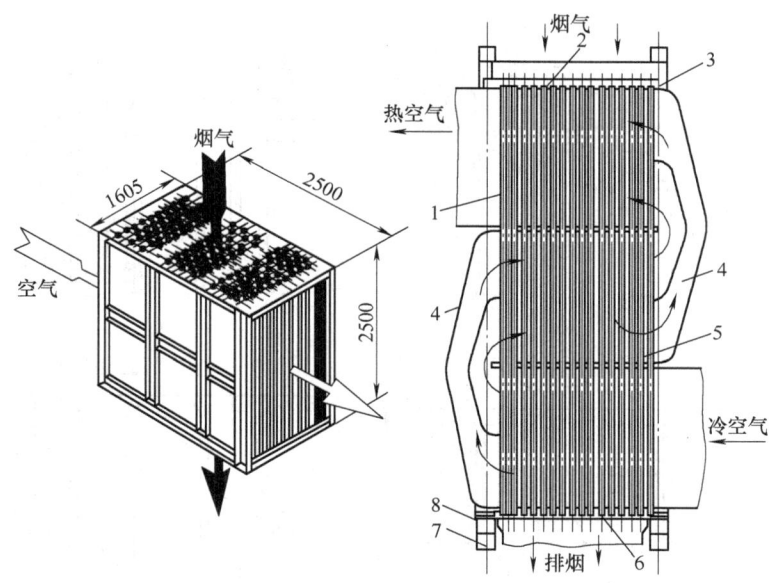

图 3-3 管式空气预热器的结构
1—管子 2—上管板 3—膨胀节 4—空气连通罩 5—中管板
6—下管板 7—构架 8—框架

严重磨损。解决堵灰的方法是采用压缩空气吹扫或采用低压水进行冲洗疏通。

(2) 磨损 磨损是管式空气预热器最常见的故障。如图 3-4a 所示,当烟气在烟道内流动时,遇到管式空气预热器的上管板,平行流动的烟气被迫从预热器的管子中通过。烟气遇到较大的阻力,进入管子的烟气收缩后马上又进行扩散,使烟气在管子的入口段形成湍流,烟速大增,造成管子在该处严重磨损。烟气在通过磨损区域后几乎平行通过管子,对下部的管子磨损很轻微,所以一般不予考虑。

管式空气预热器烟气入口管段磨损是不可避免的,为了阻止该处管子的磨损,可采取图 3-4b、图 3-4c、图 3-4d 所示的方法。第一种方法是在入口管的上面接一段长度为 200~400mm 的同规格管子,并在管间浇注耐火混凝土,利用加装的管子代替管箱内管子磨损;另一种方法是制作长 200~400mm 的套管,一段打入上管板的管子中,未打入的管子中间浇注耐火混凝土,利用套管代替磨损。使用套管应注意,打入部分的壁厚应薄一些,防止烟气遇到这个台阶后,再次发生较大的湍流而产生磨损。也可以采用在入口处加装陶瓷或玻璃等耐磨损的管子,延长预热器的寿命。

(3) 腐蚀 锅炉正常运行时,烟气中不可避免地存在一些腐蚀性气体,如 SO_2、NO 等,这些气体在气态时的腐蚀性很小。当烟气通过管式空气预热器,烟气温度低于烟气露点时,这些腐蚀性气体就会与烟气中的水蒸气共同凝结成腐蚀性液体依附在管子内表面,使管子腐蚀。最初级的预热器,由于布置在烟气温度最低的区域,因此最初级的预热器的下管板(烟气出口处)处的烟气温度最低,也就是说该处的烟气温度最容易低于露点温度,所以最初级的预热器下管板处的管子最容易腐蚀。这种腐蚀发生在低温受热面上,也称为管式预热器的低温腐蚀。

防止低温腐蚀发生的主要措施是:调整好锅炉燃烧状态,保持锅炉最初级空气预热器出

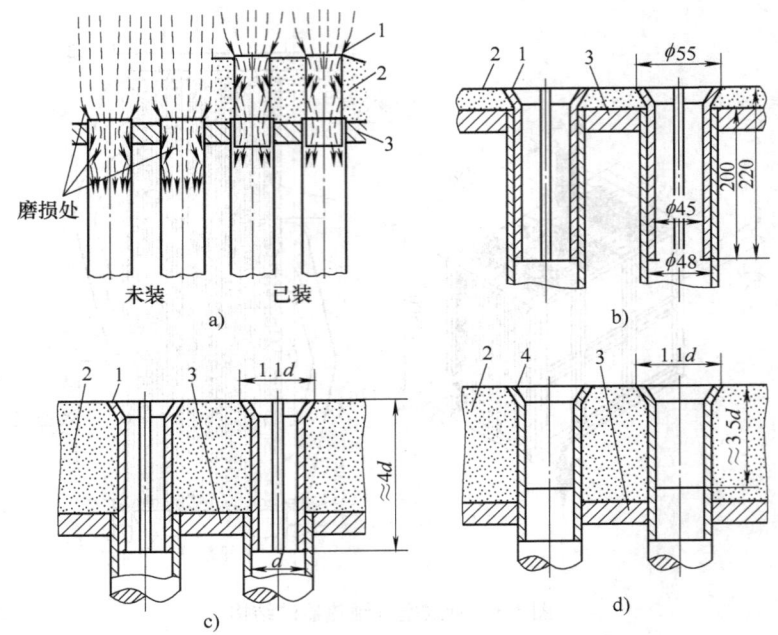

图 3-4 管式空气预热器的防磨装置
a) 磨损和防磨原理图 b)、c) 加装内部套管 d) 外部焊接短管
1—内套管 2—耐火混凝土 3—预热器管板 4—焊接短管

口处的烟气温度高于露点温度 10~20℃，尤其是在锅炉低负荷运行时，更应注意此处的烟气温度。

（4）振动 通过送风机送入空气预热器的空气，流经管式空气预热器的管簇时，会发生湍流现象，有时会发生共振，使预热器产生振动，发出啸叫声，严重时会将预热器的管子振断，增大预热器的漏风危险。

为了避免预热器振动现象的发生，采取的方法是在预热器的管簇间，加装一些隔板，这就消除了产生共振的条件，从而避免了振动的发生。

（5）堵管 当管式空气预热器管子发生漏风时，最简单最有效的方法是堵管，即用金属堵头将漏风管子的上下管口堵住，并用电弧焊焊牢。此种方法适用于漏风管子的数量较少的情况，同时管子漏风也可用更换管子的方法进行处理。

（6）管子更换 管式空气预热器的管子损坏，会使预热器漏风量增加。烟气入口处的管子磨损致使管子磨穿时，可采用更换套管的方法进行处理。对于管子的其他部位损坏，可以用换管的方法进行处理。

管子更换的具体方法是：①先将漏风管子处上管板的耐火混凝土和套管剔除；②再用角向磨光机将漏风管子上下管板的焊肉磨掉；③接着用专用管冲将漏风的管子冲下，抽出；④选择合适的管子穿入管板，用电弧焊在上下管板处焊牢。

如果预热器的管子较长，穿管高度有限，整根管子不能穿进去，可采用分段穿管的办法进行穿管。根据预热器管子长度和穿管高度，确定分几段进行穿管。将选中的管子用割管机割管分段。取一段管子从上管板穿入一部分，再取另一段管子与前段管子进行焊接，注意焊接时一定要保证管子的垂直度，即焊后的管子一定要直，这样才能保证管子能顺利地从下管板穿出。另外管子焊接时，一定要保持对口间隙，即一定要焊透，这样在用角向磨光机磨管时，才能使管子坡口仍然保持可靠的强度，无明显的焊接缺陷。在穿管、焊管及磨管时，一定要拿住管子，防止管子落入管箱内取不出来。利用角向磨光机将坡口磨光，使之能顺利地穿入上管板；接着再取管段进行焊接、磨管操作，直至将最后一根管段穿入上管板。上下管板处的人员互相配合，将管子从下管板穿出，用电弧焊焊牢。

（7）管箱更换　如果管式空气预热器的运行时间较长，管子漏风及堵死的数量超出管箱总数的 1/3 及以上时，不宜采取更换管子的方法，此时可考虑更换管箱。具体方法是：

1) 根据原管箱规格、尺寸，制作新管箱，并临时用槽钢做好固定架，防止管箱在运输及吊装过程中发生变形，造成安装困难。

2) 在现场看好运输以及吊装的通道，必要时可将碍事的平台、走梯等割除。

3) 将管式空气预热器上管板之间焊缝处的耐火混凝土及套管剔除，并将上管板与烟道之间的耐火混凝土剔除，露出上管板间的焊缝和上管板与烟道连接的波形补偿器。

4) 用气割将上下管板之间的焊缝及上管板与烟道连接的波形补偿器割开。

5) 用气割将风道内阻挡预热器移动的部分割下。

6) 拆除管式空气预热器两侧的炉墙，将预热器的侧面完全暴露出来。

7) 在预热器上方的合适位置安装起重吊架，注意其强度应满足起吊管式空气预热器的重量要求。

8) 在起重吊架上安装好起重工具，制订好起重方案。

9) 用起重工具将靠边侧的管箱吊起，送出烟道外，降至地面上的运输车上。

10) 撤下起重工具，将旧管箱运出锅炉厂房外。

11) 按顺序将预热器管箱吊运出锅炉厂房外。

12) 清理烟道、风道与预热器连接处的钢架或钢板。

13) 按照先进后出的原则，将合适的新管箱运进厂房内，用起重工具吊起管箱至预热器高度，运进烟道内预热器处。

14) 摆正位置，在下管板与支撑钢架之间铺上石棉绳，用以增加密封效果。放下管箱，撤下起重工具，用气割将预热器的临时固定架割掉。

15) 按顺序将预热器的新管箱放入烟道内，并将管箱的上下管板靠严对正。

16) 撤下起重工具，拆除临时安装的起重吊架。

17) 用电弧焊将管箱的上下管板焊牢，用波形补偿器将预热器上管板与烟道钢架连接起来，并用电弧焊焊牢。恢复风道割下的部分，用电弧焊焊牢。

18) 在上管板焊接防磨管子或打入防磨套管，浇注耐火混凝土。

19) 恢复预热器炉墙。

3. 漏风（Air-leakage）的检查方法

管式空气预热器漏风的常见部位有：管子漏风、管板漏风、烟道炉墙及人孔门漏风等。其检查的主要方法有两种，即正压检查法与负压检查法。

（1）正压检查法　起动送风机，保持足够的正风压运行，进行预热器漏风检查，这种方法称为正压检查法。正压检查法主要检查管式空气预热器的管子和管板的漏风情况。

（2）负压检查法　起动引风机，保持足够的负风压运行，进行预热器漏风检查，这种方法称为负压检查法。负压检查法主要检查管式空气预热器处烟道炉墙及人孔门的漏风

4. 管子堵灰的疏通方法

管式空气预热器管子堵灰可采用压缩空气吹除法和低压力水冲洗法。

（1）压缩空气吹除法　压缩空气吹除法是利用现场的压缩空气管路接压缩空气软管，将其插入管式空气预热器堵灰的管子内进行吹扫，将管内的积灰吹除干净。利用压缩空气进行吹扫，施工方便，但扬尘大，适用于堵灰不太严重的情况。为了减少灰尘，用压缩空气吹扫时，可起动引风机运行，将吹除的灰尘带走。

（2）低压力水冲洗法　低压力水冲洗法就是利用现场的低压力水管路，接水管至自制的小联箱上，由小联箱引出许多较细的软管，并在软管的端部接金属管。用这些金属管插入堵灰的管内进行冲洗，从而将管内的积灰冲洗干净，这种疏通管式空气预热器管子堵灰的方法称为低压力水冲洗法。该方法的优点是施工方便，疏通彻底，作业区扬尘小；缺点是管路连接比较麻烦，作业区潮湿，作业人员劳动强度较大。低压力水冲洗法适用于堵灰比较严重的场合。

使用低压力水冲洗法应注意，在冲洗前，应将锅炉尾部预热器下部的烟道或灰斗的放灰口打开，并且安排专人负责看护，防止下灰不畅，造成预热器下部的烟道或灰斗严重积灰，甚至出现将烟道或灰斗压塌的事故。

3.5.5　汽包（Steam Drum）、扩容器（Expansion Device）的检修

1. 汽包的检查检修项目

（1）汽包内部检查项目　进入汽包前，应穿好专用汽包服，带好专用检查工具。汽包内部检查的主要项目有：

1）用观察法和放大镜法检查汽包人孔门密封结合面以及人孔门情况。
2）通知化学部门检查汽包内部的结垢与腐蚀情况。
3）用着色法检查汽包筒身内壁纵向及横向坡口情况。
4）用观察法和放大镜法检查汽包内部其他各处坡口情况。
5）用观察法检查汽包内部各管口、管子及其固定装置情况，必要时进行疏通或加固。
6）用观察法检查汽包内部的旋风分离器以及顶帽的固定情况，必要时重新进行加固。
7）用观察法检查汽包内部的清洗孔板、波形干燥器及其固定装置。
8）用观察法和放大镜法检查汽包内部下降管口的坡口及隔栅情况。
9）用观察法检查汽包内部的排污及加热装置等。

（2）汽包外部检查的主要项目

1）用观察法检查汽包人孔门密封螺栓及其支架。
2）用观察法检查汽包支座或汽包悬吊装置。
3）用观察法检查汽包膨胀情况及膨胀指示装置。
4）用观察法、放大镜法、着色法或超声波法检查汽包外部与汽包连接的各种管道的坡口情况。
5）用观察法检查汽包和与汽包相连接的各种管道的保温情况。
6）用观察法检查汽包的水位计、压力表计、温度测点等。
7）用观察法检查汽包上的管道、阀门、安全门等设备的悬吊装置等。

8) 将透明胶管内注水，利用连通器的原理检查汽包的水平情况。

(3) 汽包内部的清扫方法　汽包内部的清扫方法有两种：基本清扫法和完全清扫法。

1) 基本清扫法。基本清扫法就是在不拆除汽包内部所有汽水分离装置的情况下进行清扫。清扫方法是：①先将汽包两侧用扫帚清扫干净；②在汽包一侧人孔门安装轴流风机，使风从外流向汽包内部；③在另一侧人孔门安放一与汽包人孔门孔径相同的轻质管道，并把管道引向厂房外；④清扫人员从安装轴流风机侧开始，用压缩空气软管对汽包内部所有设备进行吹扫，同时起动轴流风机，使汽包内的锈垢随空气从轻质管道流出厂房外；⑤顺着汽包一侧逐步进行清扫，注意应将设备逐一吹扫到，直至将汽包内部吹扫干净。

2) 完全清扫法。完全清扫法就是在将汽包内部所有汽水分离装置全部拆出的情况下进行清扫。清扫方法是：①将汽包内部的汽水分离装置拆除放在厂房外；②用钢丝刷对汽包内壁进行清扫，个别不易清扫的地方用铲子铲除；③再用扫帚进行清扫，收集锈垢带出汽包外；④最后按基本清扫法清扫一遍。

(4) 汽包汽水分离器（Steam-Liquid Separator）的清扫方法　汽包汽水分离器是汽包内最主要的设备，主要作用是对上升管来的汽水混合物进行汽水分离，使饱和蒸汽的干度达到要求。汽包汽水分离器主要由旋风分离器和各种干燥器组成，其结垢最严重，也最难清理，因此汽包清扫主要就是对这些汽水分离器进行清扫。

汽水分离器在不拆除的情况下，清扫的效果一般，只有在全部拆除移出汽包外进行清扫，才能清扫干净。其清扫方法是：①将汽包内的汽水分离器标上记号拆除，运至厂房外的平台上；②接好压缩空气管子和吹扫枪；③用压缩空气吹扫枪逐个将旋风分离器的筒身、顶帽、干燥器进行吹扫，吹扫时应上下左右多方位进行。吹扫过程中，可用木槌敲击，以利于更彻底地吹扫。直至将每个器件吹扫干净，吹扫完毕后，按先后顺序将汽水分离器移至厂房内。

(5) 汽包汽水分离器的检修方法　汽包汽水分离器的检修是汽包检修的主要内容，其检修方法如下：

1) 打开汽包人孔门，检查汽水分离器。
2) 将汽包内旋风分离器标号，拆除，移出厂房外进行清扫。
3) 将汽包内波形干燥器标号，拆除，移出厂房外进行清扫。
4) 检查旋风分离器底座是否有开焊变形情况，如果有应进行补焊、校正处理。
5) 检查波形干燥器固定架是否有开焊变形情况，如果有应进行补焊、校正处理。
6) 检查旋风分离器筒身、顶帽是否有开焊变形情况，如果有应进行补焊、校正处理。
7) 检查波形干燥器是否有开焊变形情况，如果有应进行补焊、校正处理。
8) 按先装后拆的顺序，将波形干燥器进行回装。回装时，从开始装时就应将波形干燥器各联接螺栓拧紧，防止最后一个波形干燥器安装时发生困难。用扁铲将螺栓的螺扣剔坏，或用氩弧焊将螺栓螺扣点死，防止螺栓松动、脱落。
9) 按顺序将旋风分离器进行回装，螺栓拧紧并用扁铲将螺栓的丝扣剔坏，或用氩弧焊将螺栓丝扣点死，防止螺栓松动、脱落。
10) 按顺序回装集水管、清洗孔板等设备。
11) 清理汽包内部，将工具，剩余的螺栓、螺母、垫片等清理干净。

(6) 汽包人孔门（Man Hole）的密封方法　汽包人孔门是工作人员进入汽包进行检查

与检修的通道,当汽包内部检修结束后,就要封闭人孔门。人孔门封闭的好坏直接影响锅炉的上水与水压工作,因此人孔门封闭是一项重要工作。人孔门的封闭方法如下:

1) 对汽包筒体人孔门密封结合面与人孔门密封结合面进行检查,必要时用320号、360号或400号细砂纸进行研磨,确保结合面平整光亮。

2) 检查缠绕垫片,其密封面应薄厚均匀,表面光滑、无沟痕、用钢直尺测量其内外径,应符合尺寸要求。

3) 对于自剪的高压石棉垫片,应选用光滑、平整、无刮痕,且薄厚均匀的高压石棉板,剪制过程中应保持其剪口圆滑,内外径尺寸合乎要求。

4) 使用缠绕垫片时,一人先进入汽包内,与汽包外一人互相配合,将垫片拉扁后送入汽包,将垫片规圆。检查垫片缠绕部分是否有明显开裂现象,如果有,则更换垫片;如果垫片完好,将垫片安放在人孔门的凸台上,检查垫片与人孔门凸台的配合情况,配合应松紧合适,否则应更换垫片。

5) 使用石棉垫片时,直接将垫片放在人孔门的凸台上,检查垫片与人孔门凸台的配合情况。如果合适,将垫片取下涂上铅粉,再放在人孔门凸台上;如果配合不合适,则更换垫片。

6) 汽包内人员出来,关闭人孔门,放好支架,拧上汽包螺栓,用手稍稍拧紧螺栓。

7) 用小撬棍调整人孔门的位置,保持其上下间隙均匀,用汽包扳手将螺栓拧紧,保持各螺栓松紧一致。

8) 待锅炉点火后压力升至 0.3~0.5MPa 时,热紧汽包螺栓。

(7) 汽包检修的注意事项

1) 汽包检修工作开工前,必须隔绝所有与汽包有关的汽水系统,并将有关的汽水阀门关闭并加锁。

2) 当汽包温度降至40℃以下,方可进入汽包内工作。

3) 进入汽包的工作人员必须穿专用汽包服,衣服口袋内不允许有物品(如钥匙等)。

4) 进入汽包工作前,必须用专用的胶皮铺设在下降管管口处,防止东西落入下降管。

5) 进入汽包工作前,带入的工具、备件或材料应进行登记,并应使用工具袋、备件盒等,不允许将工具、备件随便乱放。

6) 汽包内的工作照明电压不得高于12V,行灯变压器必须装设在汽包外部。

7) 进入汽包工作应加强通风,保持汽包内氧气充足,尤其是汽包内进行电火焊作业时,更应加强通风。

8) 汽包内有人工作时,汽包外必须设专责监护人,并应随时与汽包内的工作人员进行联络。

9) 汽包内使用电弧焊时,汽包外应在电焊线上设立刀闸,必要时可立即切断电源。

10) 工作结束,离开汽包时,应用临时活动金属网将汽包人孔门封住,必要时可贴上封条,防止无关人员进入。

11) 封闭人孔门之前,必须详细检查汽包内是否有遗漏的工具、备件、材料等物品,只有确认汽包内无任何无关东西和人员后,方可封闭人孔门。

2. 汽包水位计(Drum Water Lever Indicator)**检修**

汽包水位计正常运行时波动范围较小,汽包运行时的水位监视对锅炉至关重要,用来显示锅炉汽包水位的设备称为水位计。常用的水位计有：云母板式水位计、双色水位计、电接点水位计等，现代大型锅炉均采用双色水位计。

（1）双色水位计的结构 双色水位计的结构如图3-5所示，这种水位计由表体、视窗组件、遮光罩（由外壳、灯具、灯泡、型腔、红绿滤光片、毛玻璃、柱面镜等部件组成）、汽阀、水阀、放水阀等部件组成。其工作原理是：表体的前后视窗面不平行，且表体里上部是汽，下部是水，当光源箱内的光源透过表体时就产生了折射；又因为汽与水对光线的折射率不同，所以在视窗上双色就形成了汽红、水绿现象。

（2）双色水位计的检修方法 双色水位计的常见故障是：①视窗组件模糊不清或视窗组件泄漏；②光源罩发生故障，如灯泡烧坏、灯具变形不齐、毛玻璃损坏、滤光片损坏、柱面镜损坏等。不论是视窗组件还是光源罩发生故障，其修复的可能较小，一般均采用更换的方法进行处理。

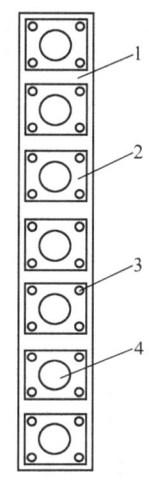

图3-5 双色水位计的结构
1—水位计本体 2—盖板
3—盖板螺栓 4—玻璃视窗

视窗组件的拆装顺序是：①切断水位计电源；②关闭水位计汽水的一次门和二次门；③开启水位计放水门；④卸下遮光罩和光源罩；⑤拆下视窗组件压板螺栓，取下压板（注意只有当表体内无汽水时，才能拆卸螺栓）；⑥取下视窗组件，并将结合面清扫干净；⑦取来新的视窗组件，按顺序回装；⑧复装视窗组件压板，均匀用力紧固压板螺栓；⑨关闭放水门，开启汽水的一次门和二次门，检查是否有泄漏。如果有泄漏，关闭汽水的一次门和二次门，重新紧固压板螺栓；如果无泄漏，回装光源罩和遮光罩。

光源罩的拆装顺序是：①切断水位计电源；②从水位计上卸下光源罩；③拧下固定灯具的螺钉，取下灯具、灯泡；④拧下检修孔板螺栓，取下孔板；⑤取下柱面镜及毛玻璃；⑥卸下光源罩型腔；⑦取下滤光片；⑧检查所有部件，如部件模糊不清、变形或损坏，应进行更换；⑨复装时按拆卸相反顺序进行。

3. 定期排污（Regular Drain）**扩容器的检修**

锅炉排污分为两种，即定期排污和连续排污。定期排污扩容器主要是接纳锅炉定期从水冷壁下联箱排出的盐分较多的炉水，这部分排出的炉水量较少，一般不利用，由定期排污扩容器的放水管直接排至地沟内，蒸汽由排大气管排出。定期排污扩容器结构简单，其筒身上部安放一通向大气的排汽管，下部安放一通向地沟的排水管，筒身一般不安放压力表和安全门。

定期排污扩容器的检修方法如下：

1）人孔门搭设脚手架，开启人孔门，通风冷却。
2）对人孔门密封结合面、人孔门及螺栓进行检查。
3）对筒身内壁及内部其他部位进行锈垢与腐蚀检查。
4）对筒身内壁及内部其他部位进行坡口着色或超声检查。
5）对扩容器内部各管口进行检查、疏通。

6）对扩容器内部防磨板、裙板进行检查，如有损坏，应进行更换。
7）对扩容器排大气管及其支架进行检查。
8）对扩容器筒身支座进行检查。
9）对上述检查出的缺陷逐一地进行处理。
10）确认内部缺陷处理完，检查内部无杂物后，封闭人孔门，拆除脚手架。

定期排污扩容器检修的注意事项：
1）必须确认与定期排污扩容器相连的运行系统已经隔绝并已加锁。
2）容器内有人工作时，容器外必须设专人监护。
3）使用行灯电压不得超过 12V，行灯变压器必须设置在容器外。
4）使用电火焊时，应加强通风。
5）使用电动工具或电弧焊时，容器外应设立刀闸，必要时可立即切断电源。
6）进入容器内工作前，必须用胶皮将下部放水管口盖住，防止杂物落入管中。
7）封闭人孔门前，必须检查内部情况，确认无异常后方可封闭人孔门。

4. 连续排污（Continuous Blowdown）**扩容器的检修**

连续排污扩容器接纳由锅炉汽包连续排出盐分较多的炉水，这部分炉水压力很高，进入连续排污扩容器后扩容降压，使连续排污扩容器内形成一个以水为主的蓄热体。

由于连续排污扩容器是一个蓄热体，因此连续排污扩容器较定期排污扩容器结构复杂，在其筒身上不但有向上的排汽管、向下的放水管，而且还有压力表、安全阀等设备。连续排污扩容器送出的热量主要供给生产现场以满足其需要，如检修和运行班组的浴池，北方地区锅炉与汽轮机厂房的暖气等。

连续排污扩容器的检修方法如下：
1）在连续排污扩容器周围搭设脚手架，拆除筒身的保温，露出金属表面。
2）用着色法或超声波检查筒身的纵向及横向坡口。
3）检查筒身上部的法兰密封情况，如果密封面有问题，应解体重新密封。
4）检查筒身所有管子的角坡口。
5）检查连续排污扩容器的安全阀，必要时进行解体检修。
6）对压力表进行检查、校对。
7）对连续排污扩容器筒身的支座进行检查。
8）对上述检查出的问题逐一进行处理。
9）恢复连续排污扩容器的保温。
10）连续排污扩容器投入运行后，对安全阀进行校验工作。
11）拆除脚手架。

3.6　基础知识

3.6.1　锅炉的类型及规范

1. 锅炉的分类（Sorts）**和型号**（Types）

锅炉的分类方法很多，根据我国目前火力发电厂锅炉的实际情况，按常用的分类方法可将锅炉分成表3-1所列的各种类型。

表3-1　锅炉的分类

分类方法	锅 炉 类 型
1）按燃烧方式分	室燃炉；旋风炉；沸腾炉；层燃炉
2）按燃用的燃料分	燃煤炉；燃油炉；燃气炉
3）按工质的流动特性分	自然循环锅炉；强制流动锅炉（直流锅炉、控制循环锅炉、复合循环锅炉）
4）按锅炉容量分	小容量（小型）锅炉（De＜220t/h）；中容量（中型）锅炉（De＝220～410t/h）；大容量（大型）锅炉（De≥670t/h）
5）按锅炉蒸汽参数分（压力为表压力）	低压锅炉（p≤2.45MPa）；中压锅炉（p＝2.94～4.92MPa）；高压锅炉（p＝7.84～10.8MPa）；超高压锅炉（p＝11.8～14.7MPa）；亚临界压力锅炉（p＝15.7～19.6MPa）；超临界压力锅炉（p＞22.1MPa）；超超临界压力锅炉（p＞32MPa）
6）按燃煤炉的排渣方式分	固态排渣炉；液态排渣炉

在表示锅炉类型时，一般只要说明其容量、蒸汽参数、工质流动特性、使用的燃料等即可，必要时再另加其他说明。

目前，我国主要电站锅炉的类型、容量和参数列于表3-2中。

表3-2　我国主要电站锅炉的类型、容量和参数

容量/(t/h)	蒸汽压力/(MPa，表压)	过热/再热蒸汽温度/℃	给水温度/℃	配用汽轮发电机功率/MW	锅炉类型	
35			150	6	中压	自然循环室燃煤粉炉或层燃炉
65			150	12		自然循环层燃炉
75	3.8	450	150	12		自然循环室燃煤粉炉
120			170	25		自然循环室燃煤粉炉
130			170	25		自然循环室燃煤粉炉
220		540		50	高压	自然循环锅炉，燃煤或燃油
230	9.8	510	215	50		自然循环锅炉，燃煤或燃油
410		540		100		自然循环锅炉，燃煤
400	13.7	555/555	240	125	超高压	自然循环锅炉或直流锅炉，燃煤或燃油，一次中间再热
670		540/540		200		自然循环锅炉，燃煤或燃油，室燃炉或旋风炉，一次中间再热
935	16.7	570/570	260	300	亚临界压力	直流锅炉，燃煤，一次中间再热
1000	16.7	555/555	265	300		直流锅炉或自然循环锅炉，燃煤或燃油，一次中间再热
1025	16.7或18.3	540/540	270或278	300		自然循环或控制循环锅炉或直流锅炉，燃煤，一次中间再热
2008	18.3	541/541	278	600		控制循环锅炉，燃煤，一次中间再热
1900	25.4	541/569	286	600	超临界压力	螺旋水冷壁直流锅炉（系引进设备），燃煤，一次中间再热

注：蒸汽压力的兆帕数为大约数，下同。

我国电站锅炉的型号,目前采用分组字码表示法。

对于非再热锅炉,采用三组字码表示,各组字码之间用短横线相接,如 HG-410/9.8-1 型锅炉。型号中第一组字码是锅炉制造厂厂名的汉语拼音缩写,HG 表示哈尔滨锅炉厂,SG 表示上海锅炉厂,DG 表示东方锅炉厂,WG 表示武汉锅炉厂,BG 表示北京锅炉厂等;第二组分数形式的字码表示锅炉容量(分子)和蒸汽压力(分母);第三组字码表示产品的生产设计序号(或称改型号,当没有表明设计序号时则表示是该锅炉的原型设计)。HG-410/9.8-1 型锅炉即哈尔滨锅炉厂生产的,容量为 410t/h,过热蒸汽压力为 9.8MPa(表压)的锅炉的第一次改型设计。

对于有再热器的再热锅炉的型号,则用四组字码表示,即在上述第二组与第三组字码之间再增加一组字码,也写成分数形式,用来表示过热蒸汽温度(分子)和再热蒸汽温度(分母)。如 DG-1000/16.7-555/555-2 型锅炉,即东方锅炉厂生产的,容量为 1000t/h,过热蒸汽压力为 16.7MPa,过热蒸汽温度为 555℃,再热蒸汽温度为 555℃的再热锅炉的第二次改型设计。

产品的生产设计序号是按设计的先后次序来编号的。对于同一制造厂的产品,当锅炉的主要特性参数相同而设计序号不同时,一般说明同一种类型的锅炉在新的设计中在结构等方面进行了某些改动。如 HG-670/13.7-540/540-1 型和 H-670/13.7-540/540-2 型锅炉,它们的容量和蒸汽参数等都相同,所不同的是:①在燃烧方式和排渣方式上,1 型为一般室燃炉固态排渣,2 型为立式旋风炉液态排渣;②在汽包内部装置上,1 型为两段蒸发,2 型为单段蒸发;③在下降管结构形式上,1 型采用小直径分散式,2 型采用大直径集中式;④在再热汽温的调节方法上,1 型采用汽-汽热交换器,2 型采用烟气再循环作为主要的调温手段等。

有的还将某型号锅炉所用的燃料种类,用汉语拼音字母在锅炉型号的最末一组字码中(写在设计序号之前)标明。如 SG-1025/16.7-M 型锅炉,表示上海锅炉厂生产的,容量为 1025t/h,过热蒸汽压力为 16.7MPa,燃煤,原型设计;又如 SG-1000/16.7-MY-1 型锅炉,表示上海锅炉厂生产的,容量为 1000t/h,过热蒸汽压力为 16.7MPa,燃料为煤油两用,第一次改型设计。

2. 锅炉的主要特性参数(Main Characteristic Parameters)

锅炉的主要特性参数有锅炉容量、锅炉蒸汽参数和给水温度等。它们是用以说明锅炉基本特性的数据。

(1)锅炉容量 锅炉每小时产生的蒸汽量称为锅炉蒸发量。锅炉在设计运行条件下的最大连续蒸发量叫做锅炉容量,也称为额定(设计)蒸发量或额定出力,用符号 De 表示,单位是 t/h。

锅炉容量是说明锅炉生产能力大小的特性数据。

(2)锅炉蒸汽参数 锅炉蒸汽参数一般指按设计规定的锅炉过热器出口处过热蒸汽(也称主蒸汽或新蒸汽)的压力和温度。蒸汽压力用符号 p 表示,单位是 MPa;蒸汽温度用符号 t 表示,单位是℃。

(3)给水温度 给水温度指进入省煤器前的给水温度。

3.6.2 锅炉布置形式(Layout Pattern)

为了更好地进行锅炉检修,有必要了解锅炉的布置形式及其结构特点。常见的锅炉的布置形式有五种：Ⅱ型、Γ型、T型、塔型及半塔型，如图 3-6 所示。

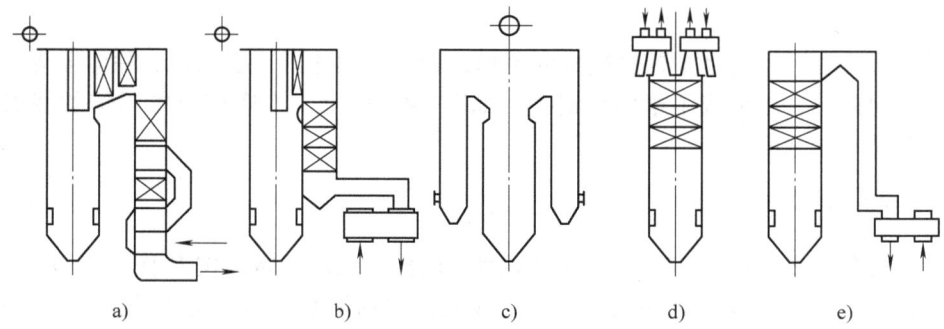

图 3-6　常见的锅炉布置形式
a) Ⅱ型　b) Γ型　c) T型　d) 塔型　e) 半塔型

1. Ⅱ型布置

在燃用煤粉的自然循环锅炉、强制循环锅炉和直流锅炉中，广泛采用Ⅱ型布置，它包含由水冷壁蒸发受热面组成的炉膛、布置对流受热面的水平烟道以及尾部竖直烟道三个主要部分，如图 3-6a 所示。Ⅱ型布置锅炉的特点是：

1）锅炉的排烟口在下部，大而重的转动机械如旋转预热器、引风机等可以布置在地面上，便于检修中吊装运输。

2）由于在水平烟道内可以布置较多的对流受热面，故锅炉的厂房高度较低。

3）水平烟道内空间较大，可以灵活布置各种对流受热面，便于检修与维护。

4）尾部竖直烟道也可以布置较多的对流受热面，使锅炉的结构紧凑。

5）锅炉的钢架结构复杂，由于存在水平烟道，烟道内烟气流动需要转两个弯，从而造成飞灰浓度不均，影响传热效果，同时使对流受热面局部磨损严重。

2. Γ型布置

Γ型布置取消了水平烟道，是Ⅱ型布置的一种改进，如图 3-6b 所示。Γ型布置锅炉的特点是：

1）由于取消了水平烟道，锅炉的结构更加紧凑，占地面积小，节省钢材。

2）因为锅炉的结构紧凑，检修空间较小，所以安装、检修不方便。

3. T型布置

T型布置常见于前苏联生产的锅炉，该型炉比Ⅱ型布置多一个水平烟道和尾部竖直烟道，如图 3-6c 所示。T型布置结构比较复杂，其布置特点同Ⅱ型布置。

4. 塔型布置

图 3-6d 所示为塔型布置，从图中可以看出，炉膛的上方就是烟道，受热面全部布置在对流烟道内。塔型布置锅炉的特点是：

1）占地面积小。

2）取消了不易布置受热面的转向室，烟气一直向上，减轻了受热面的磨损。

3）对流受热面可以全部水平布置，易于疏水，减少了受热面管内腐蚀。

4）锅炉的厂房较高，连接过热器、省煤器等受热面的管道较长。

5）由于锅炉的排烟口在上方，空气预热器、引风机、除尘器等大型笨重设备布置在锅炉顶部，不但加重了锅炉钢架的负担，而且安装检修都很困难。

5. 半塔型布置

为了减轻辅机设备对塔型锅炉造成的负担，把空气预热器、引风机、除尘器等大型笨重设备布置在地面上，就形成了半塔型锅炉，如图3-6e所示。半塔型布置锅炉的特点介于塔型布置与Ⅱ型布置之间。

3.6.3 锅炉受热面结构

锅炉设备包括锅炉本体和辅助设备两大部分。锅炉本体，按其作用分为"锅"与"炉"。"锅"是由水、汽系统的承压部件组成的，包括给水管道、省煤器、汽包、水冷壁、过热器等。"炉"则是由燃烧系统所包括的风道、空气预热器、燃烧器、燃烧室（也称炉膛）和烟道等组成的。锅炉辅助设备则主要指给水泵、送风机、磨煤机、排粉机、除尘器等。

锅炉受热面包括水冷壁、过热器、再热器和省煤器，俗称"四管"。

1. 水冷壁的结构及特点

水冷壁是锅炉的主要蒸发受热面，它布置在炉膛四周，其主要作用是吸收炉膛火焰的辐射热，使水冷壁管内的水受热产生蒸汽；其次是保护炉墙，当用敷管式炉墙时还起悬挂炉墙的作用。

水冷壁主要是由水冷壁管、上下联箱、下降管、汽水混合物上升管及刚性梁等组成。现代高压以上大容量锅炉的水冷壁，一般都是将水冷壁管两端与联箱一起制成组合件，以便于安装。我国高压锅炉水冷壁通常由外径60mm、51mm的无缝钢管组成。近年来在直流锅炉上采用外径22mm、32mm、38mm的小直径无缝钢管作为水冷壁。钢管的材料一般采用优质碳素钢（如20钢），在亚临界压力锅炉上也有采用低合金钢的（如15CrMo钢）。

现代锅炉的水冷壁都是通过其上联箱悬吊在炉顶钢梁上的，受热时向下膨胀，并通过吊拉件限制其水平方向的位移，以免发生向炉内凸出等结构变形的问题。

水冷壁主要结构形式有光管式、销钉式、膜式和内螺纹管式。

（1）光管水冷壁 光管水冷壁由普通无缝钢管弯制组合而成。它一般是贴近燃烧室炉墙的内壁互相平行地垂直布置，上端与汽包或上联箱连接，下端与下联箱连接。其结构布置如图3-7所示。

光管水冷壁的特点是结构简单，制造、安装、检修方便，故广泛用在各种炉型上。

（2）销钉水冷壁 销钉水冷壁（或称刺管水冷壁）是在光管水冷壁上焊上一些直径为9~12mm、长20~30mm的圆钢（称为销钉或抓钉）而构成，如图3-8

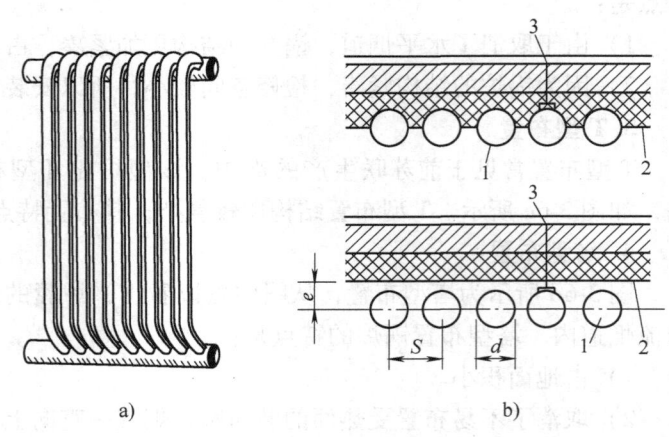

图3-7 光管水冷壁
a) 光管水冷壁的组合件 b) 光管水冷壁的布置
1—水冷壁管 2—炉墙 3—拉杆

所示。销钉水冷壁是用来敷设燃烧带（或称卫燃带）的。在销钉水冷壁上敷设一层耐火塑料（如铬矿砂或碳化硅等），即构成燃烧带。销钉用以固牢耐火塑料层，同时利用销钉传热，以冷却耐火塑料。销钉材料应与管子相同，以利于膨胀。

销钉水冷壁由于焊接销钉的工作量大，质量要求也高，故它只用于上述几种需要提高温度的情况。

（3）膜式水冷壁 这种水冷壁如图 3-9 所示。它是将整个水冷壁受热面的管子连成一体，使炉膛空间四周被一层整块的水冷壁膜严密地包围起来，因此称为膜式水冷壁。

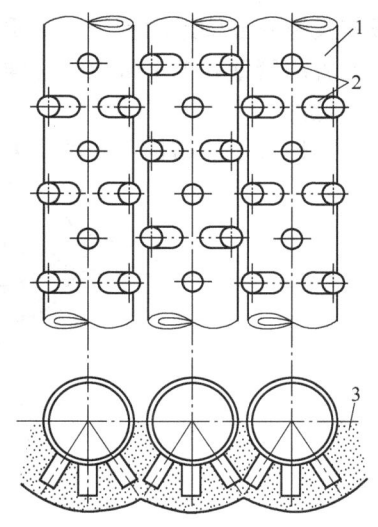

图 3-8 销钉水冷壁
1—水冷壁管 2—销钉 3—耐火塑料层

膜式水冷壁有两种结构形式，如图 3-10 所示。一种是光管之间加焊扁钢，这种结构形式在亚临界压力锅炉上有应用。另一种是目前我国普遍采用的由轧制的鳍片管焊接而成的膜式壁结构，这种结构是把一根根鳍片管沿纵向相互焊接在一起，并按水循环回路管组的要求焊制成若干个膜式壁组件，安装时再将各组件焊接起来，组成整块的水冷壁受热面。鳍片管的结构如图 3-10b 所示。管子与其两翼的鳍片是轧制成一体的，鳍片的断面大致呈梯形。图 3-10b 中所示为超高压锅炉上采用的一种鳍片管，其鳍片的顶宽、根宽和高分别为 6mm、9mm 和 10mm。由于运行中鳍片的冷却条件比管壁差，故鳍片的集合尺寸不宜过大。若鳍片过高，则其顶部的温度将较高；若鳍片过宽，则其两面金属的温差将较大。它们都会产生很大的热应力，甚至产生过热损坏现象，危及膜式壁的安全工作。

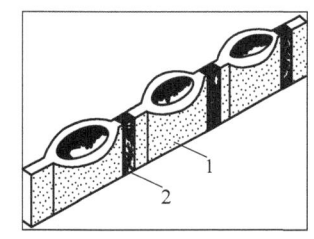

图 3-9 膜式水冷壁
1—鳍片管 2—焊缝

膜式水冷壁由于具有下列显著优点，因而在现代锅炉中应用广泛：①能充分地保护炉墙；②使炉膛拥有良好的气密性，大大地减少了漏风现象（故膜式水冷壁有的叫做气密式水冷壁），为正压燃烧创造了条件；③能采用较大的面积吸收炉膛辐射热，并且以鳍片代替部分管子吸热可节省钢材；④便于采用敷管式炉墙，炉墙薄而轻，简化了炉墙结构；⑤便于由制造厂焊成组件出厂，方便了安装工作。

（4）内螺纹管水冷壁 在亚临界压力的自然循环、控制循环和直流锅炉中，对炉膛中处于较高热负荷区（如燃烧区，中、下辐射区）的蒸发受热面，采用了内螺纹结构的水冷壁管。

内螺纹水冷壁管是在管子内壁开有单头

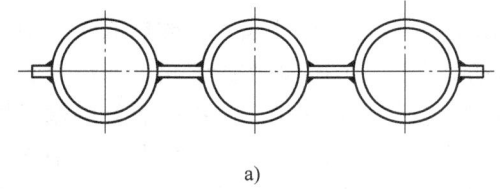

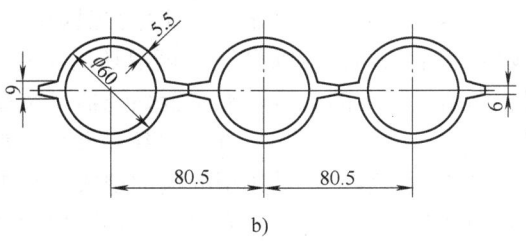

图 3-10 膜式水冷壁的结构形式
a) 光管焊扁钢结构 b) 鳍片管焊接结构

或多头螺旋形槽道的管子。工质在内螺纹管中流动时，发生强烈扰动，将水压向壁面，迫使汽泡脱离管壁并被水带走，这样就破坏了贴壁膜态汽层，使管子能得到较好的冷却，壁温得以降低。

内螺纹管的结构和降温效果示例如图 3-11 所示。

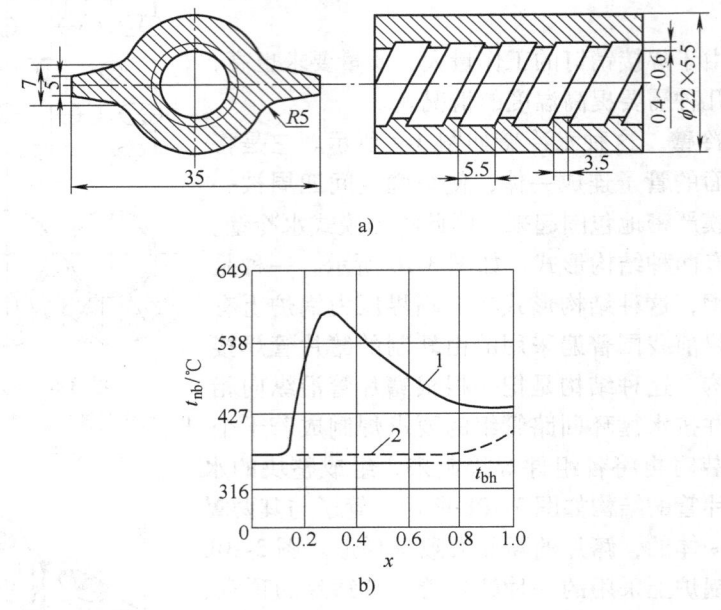

图 3-11 内螺纹水冷壁管
a）结构　b）降温效果示例
1—光管　2—内螺纹管

运行实践表明，采用内螺纹管水冷壁对改善传热工况、降低管壁温度、防止发生传热恶化现象（或推移发生传热恶化的地点，使之远离炉膛高热负荷区）都有明显的效果。为了有效消除膜态沸腾，现代大型锅炉广泛采用膜式内螺纹管式水冷壁。

自然循环锅炉的水冷壁主要采用垂直管屏式布置。从图 3-12 中可以看出，自然循环锅炉的水冷壁布置在炉膛四周，前后墙水冷壁下部形成冷灰斗，后墙水冷壁上部向炉膛内凸出形成折焰角，有的锅炉在折焰角上部还设有一定数量的水冷壁悬吊管，用以支撑后墙水冷壁的重量。自然循环锅炉的水冷壁有许多循环回路，每一个回路由一个下联箱、一个上联箱、数根下降管和汽水混合物上升管及许多根水冷壁管组成，由于是建立在自然循环的基础上，循环倍率较高，所以自然循环锅炉一般采用管径比较粗的水冷壁管。

自然循环锅炉最明显的特征是在锅炉的炉膛上部有一个汽包，循环回路中汽与水的密度差建立了水循环，所以自然循环锅炉的工作压力是在超高压压力以下。考虑在炉膛的前后墙、侧墙或四角的水冷壁上布置燃烧器以及在适当的位置布置人孔门、吹灰孔、看火孔等的需要，水冷壁管在这些地方需用弯管重叠布置，以便留出空间安装燃烧器等设备。

自然循环锅炉是最典型的锅炉型式，其水冷壁结构最具代表性，其他各型锅炉都是建立在它的基础上，因此都具有自然循环锅炉的特点。

布置在炉膛四周的锅炉水冷壁由于其管子较长，并且在炉内受热，如果没有可靠的拉固装置，水冷壁管容易发生较大的变形，因此所有水冷壁都有可靠的拉固装置。

常见的拉固装置有两种：搭接式与框架式。

1）搭接式刚性梁水冷壁拉固装置。水冷壁管自上至下每隔2.5~3m加一道拉固装置，具体是采用波形板直接焊在水冷壁管上，再通过螺栓或其他连接装置将波形板拉固在外边的刚性梁上，中间填入耐热保温材料。在刚性梁的铰接处开有椭圆形孔，以适应水冷壁上下联箱膨胀的要求，整个刚性梁水冷壁拉固装置可以随水冷壁向下自由膨胀，这种拉固装置称为搭接式刚性梁水冷壁拉固装置。其特点是结构简单，节省钢材，一般用于中等容量的锅炉。

2）框架式刚性梁水冷壁拉固装置。框架式刚性梁水冷壁拉固装置是在搭接式刚性梁水冷壁拉固装置的基础上，外加一圈框架，其刚性比搭接式刚性梁更强，目的是防止搭接式刚性梁变形超出允许范围。框架式刚性梁水冷壁拉固装置的特点是结构复杂，金属消耗量大，适用于更大容量的锅炉。

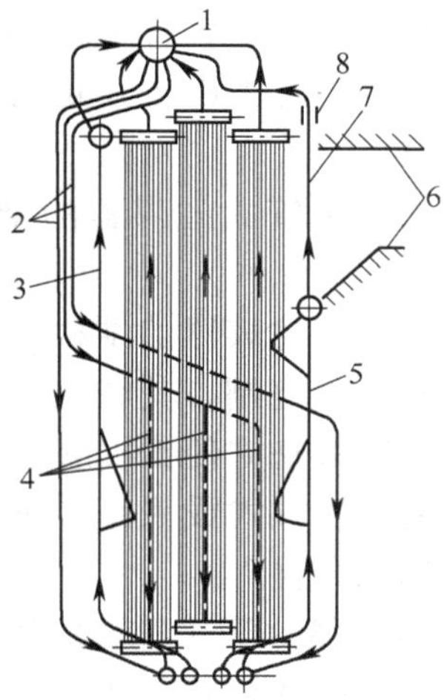

图 3-12 自然循环锅炉水冷壁
1—汽包 2—下降管 3—前水冷壁
4—侧水冷壁 5—后水冷壁 6—对流烟道 7—后水冷壁引出管
8—中间支座

2. 省煤器的结构及特点

省煤器是锅炉利用尾部烟气的余热来加热锅炉给水的锅炉受热面。在高压和超高压锅炉中，由于给水已经由回热装置加热，温度较高，并采用了空气预热器，因此省煤器的应用主要是为了减少蒸发受热面，以价格低廉的省煤器受热面来代替价格较贵的蒸发受热面。高压锅炉的省煤器一般都分为两段布置，即在高温段和低温段省煤器的中间布置有高温空气预热器。

图3-13所示为钢管省煤器的整体结构。钢管省煤器通常呈水平布置，是由许多并列的蛇形管组成，蛇形管分别焊在进出口联箱上。水在管内自下而上流动，烟气在管外自上而下横向冲刷管子。这种布置形成逆流传热，便于疏水和排除空气。省煤器蛇形管都是无缝钢管弯制而成，其外径一般为28~42mm，壁厚一般为3~5mm，管材一般用10钢或20钢。在大容量锅炉中有的采用 $\phi 51mm \times 6.5mm$ 的蛇形管，以增强刚性和耐磨性。

现代锅炉省煤器主要有光管式、鳍片管式、膜式及螺旋肋片管式等几种，其布置方式有顺列布置和错列布置。

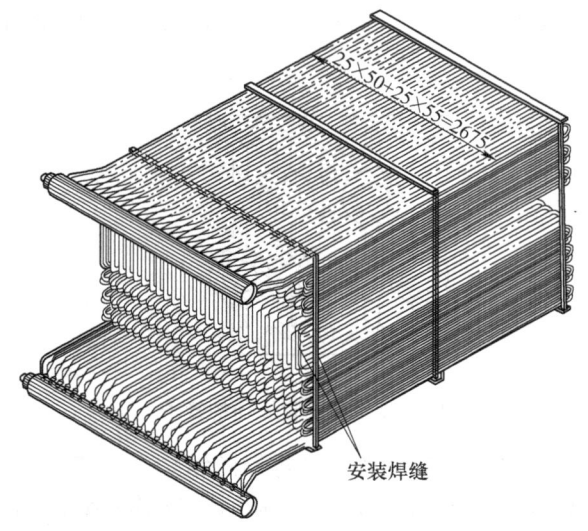

图 3-13 钢管省煤器的整体结构

（1）错列布置的省煤器结构及特点　采用错列布置的省煤器结构较为紧凑，在同样大小的空间可以布置更多的受热面，其换热效果好。但由于其对烟气的阻力较大，故管子的磨损相对要严重一些。采用错列布置的省煤器主要有光管式、鳍片式、膜式及螺旋肋片式等。

(2) 顺列布置省煤器的结构及特点　采用顺列布置的省煤器结构整齐，管子所占的空间较大，其换热效果不如错列布置的省煤器。但其对烟气的阻力较小，所以管子的磨损相对较轻。

(3) 光管式省煤器的结构及特点　最常见的省煤器是光管式，其结构如图 3-14 所示。

为了使省煤器的结构紧凑，一般采用双管圈绕制。其特点是：结构简单，安装检修方便，抗磨损的能力一般。其布置方式或采用顺列布置，或采用错列布置。

(4) 鳍片管式省煤器的结构及特点　为了强化传热效果，减小省煤器的尺寸，有的锅炉采用鳍片管式省煤器。在相同的金属消耗量下，采用鳍片管式省煤器可以比采用光管式省煤器节省 25%～30% 的受热面。鳍片管式省煤器的管子如图 3-15 所示。

鳍片管式省煤器的特点是：传热效果好，金属消耗量小，管子抵抗磨损的能力较强，但其结构复杂，安装检修较为困难。鳍片管式省煤器常采用错列布置。

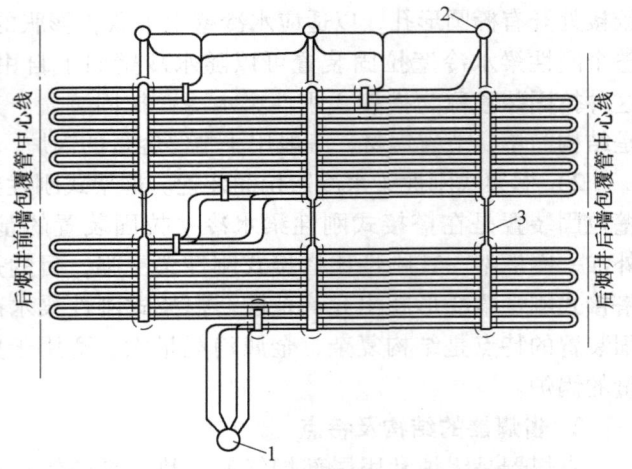

图 3-14　常见的省煤器结构
1—入口联箱　2—出口联箱　3—悬吊管

(5) 膜式省煤器的结构及特点　膜式省煤器是由光管焊接 2～3mm 厚的钢板制成的，其特点同鳍片管式省煤器。膜式省煤器一般采用错列布置。膜式省煤器的管子结构如图 3-16 所示。

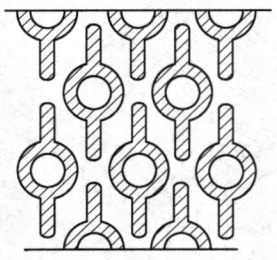

图 3-15　鳍片管式省煤器的管子

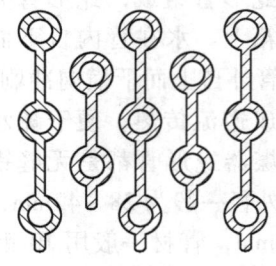

图 3-16　膜式省煤器的管子结构

(6) 螺旋肋片管式省煤器的结构及特点　螺旋肋片管是在光管基础上，在其表面用高频焊接工艺将 1～2mm 厚的扁钢条绕制在管子表面制成的一种管子。用它制成的省煤器具有传热效果好，节省钢材等优点，但其造价比较昂贵，制造成本较高，并且其安装、检查或检修也较为困难。

(7) 省煤器的支持结构及特点　省煤器蛇形管一般都是水平布置，蛇形管之间用管卡子将其位置固定，保持其间距一定。常见的省煤器的支持结构有两种：支撑式和悬吊式，如图 3-17 所示。

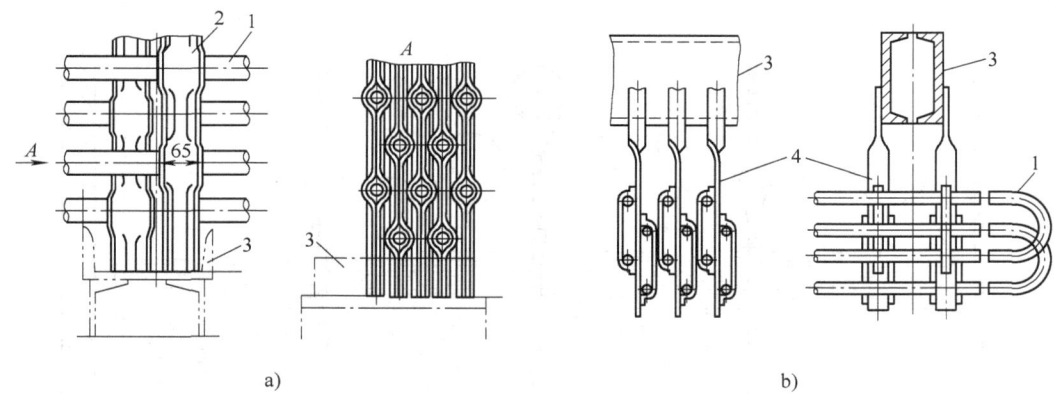

图 3-17 省煤器的支持结构
a) 支撑式 b) 悬吊式
1—管子 2—支撑架 3—横梁 4—吊杆

支撑式结构是利用支撑架固定省煤器的管束，并将支撑架固定在横梁上。为了防止支撑横梁在烟道内受热变形，需要在支撑横梁内冷却通风。图 3-18 所示的 HG-220/100-1 型锅炉的省煤器蛇形管就是通过管卡子支撑在空心钢梁上面。

悬吊式结构是用悬吊架将支撑架悬吊在烟道内横梁上，或用悬吊管将管束悬吊在烟道内，悬吊管省煤器是用固定卡将省煤器的管子固定在悬吊管上。图 3-19 所示的 SG-400/140 型超高压锅炉的省煤器蛇形管就是悬吊结构。省煤器蛇形管通过支杆 3 悬吊在悬吊梁 4 上，悬吊梁则吊在省煤器出口联箱 6 上。省煤器出口联箱与悬吊管 5 相焊接，省煤器的出水通过悬吊管汇合于炉顶联箱，再用连接管送入汽包。锅炉给水从左右两侧引入省煤器进口联箱 10。省煤器所有联箱都放在烟道内，这种结构大大减少了由于省煤器蛇形管穿过炉墙而造成的漏风。但这样使安装和检修较为困难。

现代大型锅炉广泛采用悬吊管式省煤器，悬吊管既承担了省煤器的重量，又兼作省煤器的出口水管。

3. 过热器（Superheater）**的结构及特点**

过热器是用来将饱和蒸汽加热到一定温度的过热蒸汽的热交换设备。如图 3-20 所示，过热器是由蛇形管和联箱组成，蛇形管一般采用外径为 28~42mm 的无缝钢管（在大机组如 300MW 机组锅炉上用到 51~60mm），其壁厚由强度计算确定，一般为 3~9mm。蛇形管管圈的弯曲半径一般为 $1.5d$~$2.5d$，若弯曲半径过小，则弯头外侧管壁太薄，将影响强度。管子钢材根据其所处的工作条件壁温来确定，低温段可用 20 钢或

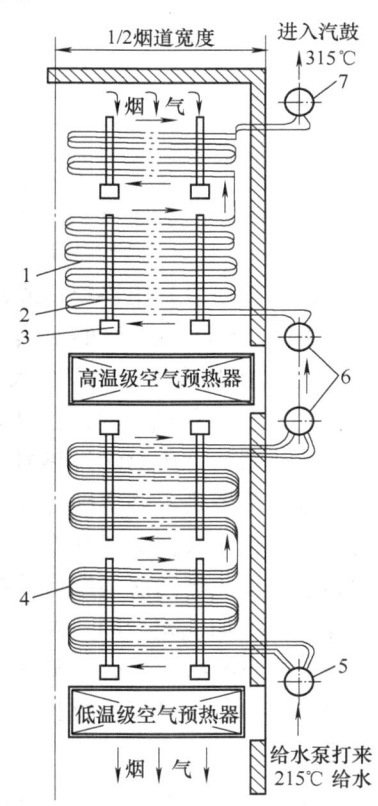

图 3-18 HG-220/100-1 型锅炉省煤器的布置图
1—高温省煤器蛇形管 2—蛇形管管卡子
3—空心钢梁 4—低温省煤器蛇形管
5、7—省煤器进、出口联箱
6—省煤器中间联箱

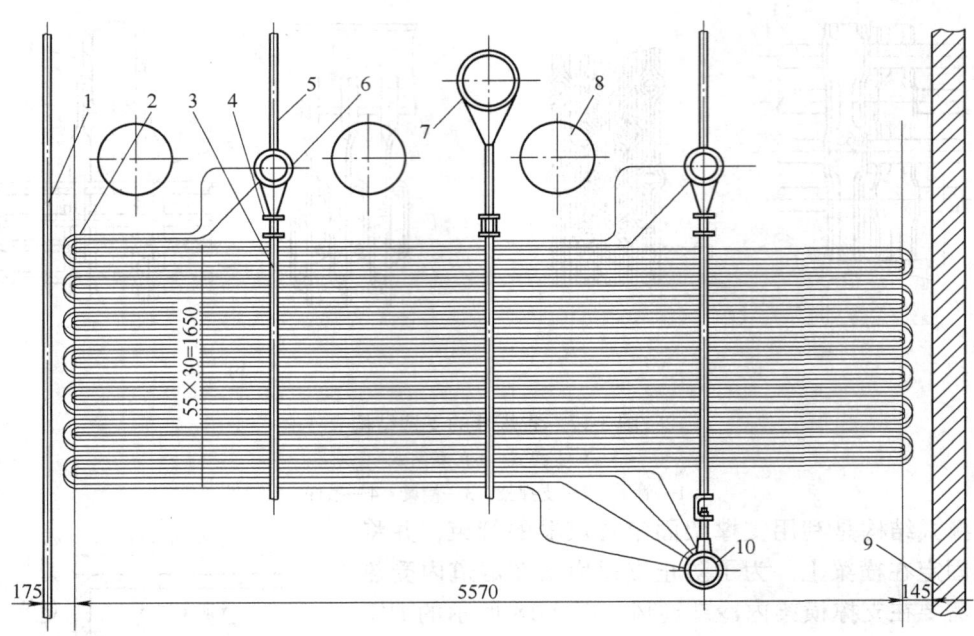

图 3-19　SG-400/140 型锅炉省煤器
1—后水冷壁管　2—省煤器蛇形管　3—支杆　4—悬吊梁　5—悬吊管　6—省煤器出口联箱
7—再热器入口联箱　8—人孔　9—炉墙　10—省煤器进口联箱

低合金钢，高温段常用铬钼钢或铬钼钒钢，如 15CrMo、12Cr1MoV 等，高温段出口区则一般用钢研 102、Ⅱ11 或等级的耐热性能较好的合金钢。

过热器按其传热方式可分为对流式过热器、辐射式过热器及半辐射式过热器。

（1）对流过热器　对流过热器布置在锅炉烟道中，是主要依靠对流传热方式吸收烟气热量的过热器，称为对流过热器，如图 3-20 中的 4、11、13 所示。

对流过热器是由许多平行并列的蛇形管和进出口联箱构成的。蛇形管与联箱之间采用焊接连接。联箱布置在炉墙外面。蒸汽在蛇形管内流动，蛇形管外受到烟气的横向冲刷。根据锅炉容量和过热器内必须维持的蒸汽流速，对流过热器的蛇形管可以采用不同结构的管圈形式，即可以增加或减少同一排管子管圈的重叠数，大容量锅炉的过热器一般采用多管圈结构。当管圈重叠数增多时，蒸汽流通截面积增大，则蒸汽流速可以降低；反之，则蒸汽流速可以提高。但是，管圈重叠数不宜太多，否则容易引起蛇形管之间的蒸汽流量分配不均，造成温度偏差。

对流过热器按照烟气与蒸汽的相互流向可分为顺流、逆流及混流等几种布置方案，如图 3-21 所示。

顺流布置的传热效果最差，受热面最多，壁温最低，故一般布置在烟气温度较高的区域。逆流布置和顺流布置正好相反，其传热效果最好，受热面最少，壁温最高，一般布置在烟气较低的区域。双逆流布置充分利用了逆流布置传热性能好的优点，又使蒸汽温度的最高端避开了烟气高温区，从而改善了蒸汽高温端管壁的工作条件。混流布置的过热器，其特点是低温蒸汽段为逆流，有较好的传热性能，而高温蒸汽段为顺流，其管壁温度又不致过高。

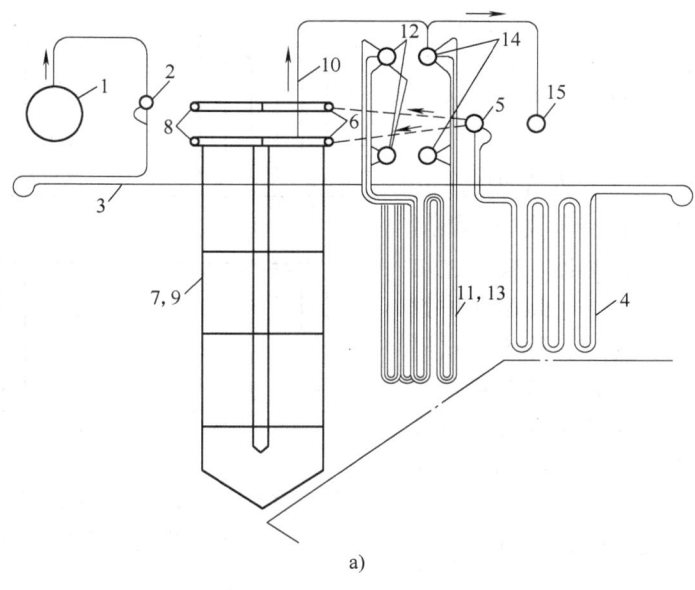

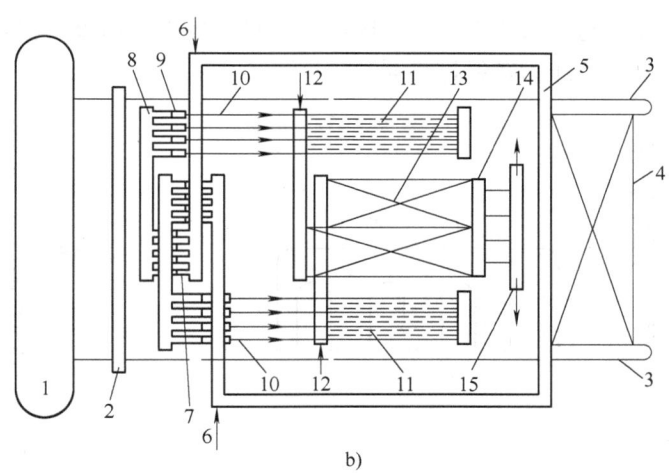

图 3-20 HG-140/9.8-1 型高压锅炉的过热器
a) 过热器纵剖面 b) 过热器系统
1—汽包 2—顶棚过热器进口联箱 3—顶棚过热器 4—低温对流过热器 5—低温对流过热器出口混合交换连接管 6—第一级喷水减温器 7, 9—中间及两侧屏式过热器 8—交叉混合联箱 10—连接管 11—高温对流过热器冷段 12—第二级喷水减温器 13—高温对流过热器热段 14—过热蒸汽出口联箱 15—集汽联箱

混流布置的经济性介于顺流与逆流之间，因此得到了广泛的应用。现在的高参数锅炉中的高温对流过热器常作为整个过热器系统的最后一级，并常采用两侧逆流中间顺流的混合布置方案，参见图 3-20 中的 11、13。

对流过热器按管子的放置方向，有立式和卧式两种布置型式。立式过热器的特点是：不易积灰，支吊方便，但排汽疏水性差，管内容易腐蚀。图 3-22 所示为立式布置的过热器及其悬吊方式。卧式过热器一般布置在锅炉尾部垂直烟道内，吸收对流热，由于尾部垂直烟道的烟气温度较低，卧式过热器均采用逆流布置，其结构如图 3-23 所示。卧式过热器的特点是：支持结构复杂，安装检修不方便，但排汽疏水性好。

（2）辐射过热器　布置在炉膛内，主要依靠辐射传热方式直接吸收炉膛辐射热的过热器，称为辐射过热器。辐射过热器可布置成以下三种形式：①悬吊在炉膛上部靠近炉前做成挂屏形式，称为屏式辐射过热器或简称前屏过热器；②布置在炉膛顶部或顶棚管上，故称为顶棚过热器或炉顶过热器（图 3-20 中的 3）；③布置在炉膛内四周的墙上，称为墙式（或壁式）辐射过热器。墙式辐射过热器的特点是：

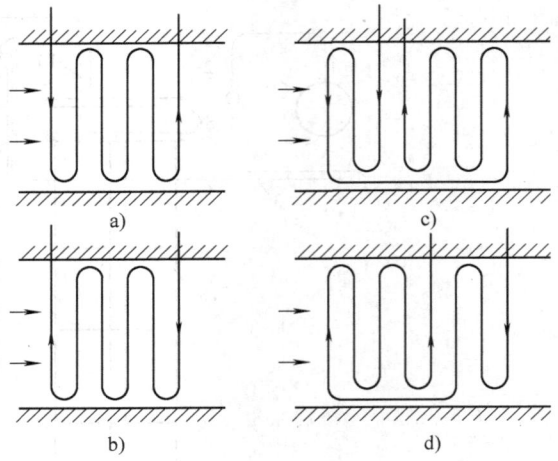

图 3-21　对流过热器按烟气与蒸汽流向的几种布置方案
a）顺流　b）逆流　c）双逆流　d）混流（串）

吸热量少，安装检修方便。除膜式外，布置在锅炉炉膛上方水冷壁的表面上的过热器及顶棚过热器的支吊复杂，安装与检修都很困难。国产锅炉目前较少采用墙式辐射过热器，大多采用顶棚过热器和前屏过热器作为辐射过热器。

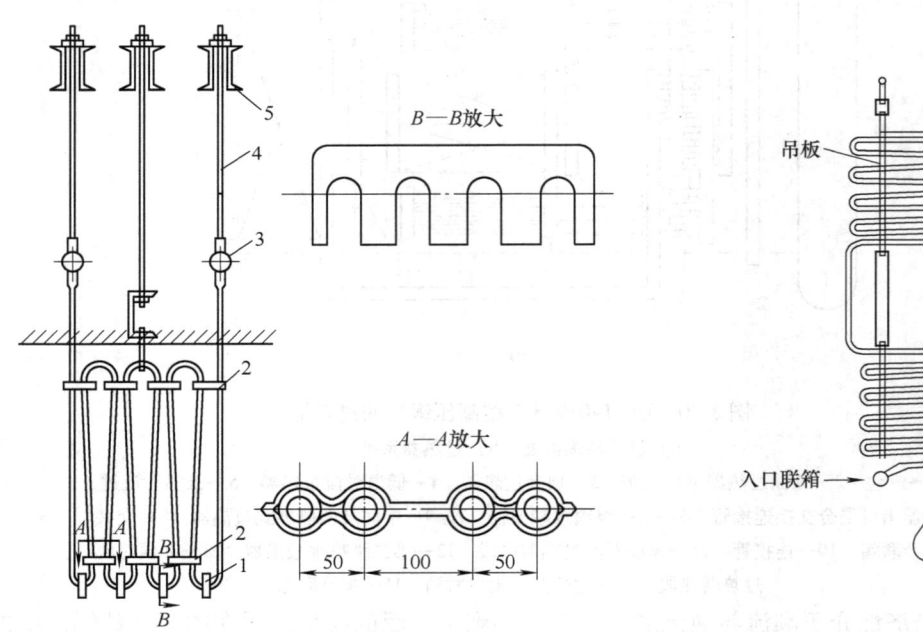

图 3-22　立式对流过热器及其悬吊方式
1—疏形板　2—管夹　3—联箱　4—吊杆　5—钢梁

图 3-23　卧式过热器

（3）屏式过热器（Platen Super-heater）　屏式过热器布置在锅炉炉膛上方或炉膛出口，主要吸收辐射热，布置在炉膛出口的屏式过热器既吸收辐射热，又吸收对流热，故又称为半辐射式过热器。屏式过热器又分为立式屏式过热器、卧式屏式过热器及垂直疏水式屏式过热器三种，现代大型锅炉很少采用卧式屏式过热器，垂直疏水式屏式过热器采用得也不多。

现代大型锅炉广泛采用立式屏式过热器，其结构如图 3-24 所示。

立式屏式过热器的特点是：结构简单，检查检修方便，管子表面结渣、积灰较轻，但其排汽疏水性较差，管内容易腐蚀。垂直疏水式屏式过热器是在立式屏式过热器的基础上发展起来的，其结构如图 3-25 所示。

垂直疏水式屏式过热器的特点是：排汽疏水性好，它具有立式屏式过热器的一些优点，但其结构复杂，安装、检修很不方便。

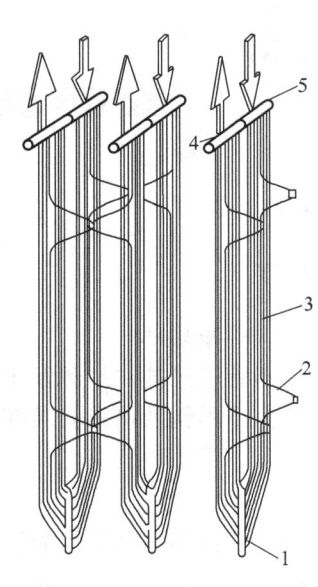

图 3-24　立式屏式过热器
1—夹屏管　2—定位管　3—屏式过热器管子
4—出口联箱　5—入口联箱

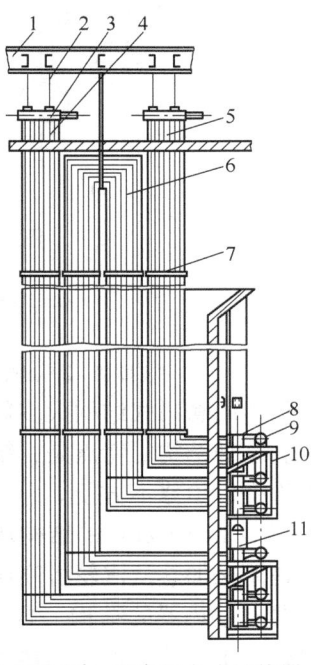

图 3-25　垂直疏水式过热器
1—构架上部梁　2—拉杆　3—左管组上联箱
4—左管组　5—右管组　6—中间管组
7—夹板　8—下联箱　9—连接联箱
10—金属结构　11—锅炉构架柱

（4）包覆管过热器　在现代大型锅炉中还采用一种包覆管过热器。这种过热器布置在水平烟道、转弯烟室和部分尾部垂直烟道的墙上，受热面为紧贴炉墙的直管，称为包覆管或包墙管。水平烟道顶墙上的包覆管常由顶棚过热器管延伸而构成。

由于大部分包覆管处于低烟温区，烟气对管壁的辐射传热作用甚微，同时烟道靠墙处的烟气流速较低，对流传热作用也很弱，故包覆管过热器的吸热量很小。因此，包覆管过热器的主要作用，是便于采用敷管式炉墙，简化烟道的炉墙结构，减轻炉墙重量，适应大型锅炉的悬吊结构。我国设计的超高压、亚临界压力锅炉和部分高压锅炉都装有包覆管过热器。

（5）过热器的支持结构及特点　过热器的支持结构也分支撑式和悬吊式两种。支撑式结构与省煤器一样，适用于卧式过热器，现代大型锅炉卧式过热器很少采用支撑式结构。悬吊式结构既适用于卧式过热器，又适用于立式过热器，卧式过热器支撑式结构的特点和省煤器一样，如图 3-26 所示。

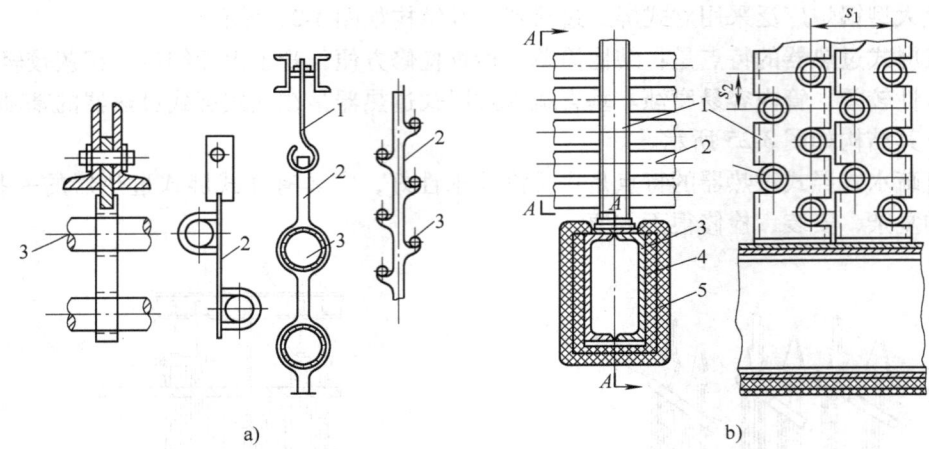

图 3-26　卧式过热器的支撑结构
a）悬吊式
1—吊杆　2—夹板或吊杆　3—过热器管子
b）支撑式
1—支撑架　2—过热器管子　3—支撑梁　4—金属网　5—耐火材料

立式过热器的悬吊式结构大多数采用吊钩、挂环将过热器管子吊挂在炉膛及水平烟道上方的吊梁上。这种结构的特点是：结构简单，安装容易，但由于吊钩及吊梁安装在耐火保温层内，所以检查、检修不方便。

4. 再热器（Reheater）的结构及特点

再热器是用来加热从汽轮机高压缸排出的中温中压蒸汽，使汽温达到额定温度的热交换设备。再热器与过热器的结构一样，其布置型式同过热器类似，也分立式、卧式及墙式三种。不同之处在于再热器加热的蒸汽压力较低，比体积较大，所以再热器采用多管圈布置，且采用薄壁管，从传热面积来看，再热器比过热器大得多。

（1）立式再热器（Vertical Reheater）的结构及特点　图 3-27 所示为典型立式再热器的结构，其结构特点与立式过热器相同。

（2）卧式再热器（Horizontal Reheater）的结构及特点　图 3-28 所示为典型卧式再热器的结构，其结构与省煤器或卧式过热器相同。由于卧式再热器管子较密，管间积灰比较严重，其他优缺点与省煤器或卧式过热器相同。

（3）墙式再热器（Wall Reheater）的结构及特点　再热器的结构主要为立式和卧式，有时为了更多地布置受热面，在炉膛的上方水冷壁的表面上布置再热器，就形成了墙式再热器。墙式再热器吸收炉膛的辐射热，布置在再热蒸汽系统的初级，其结构特点与墙式过热器相同。

（4）再热器的支持结构及特点　再热器的支持结构及特点与过热器类似，不同点在于再热器管圈多，其支持结构比过热器稍微复杂一些。

5. 减温器（Desuperheater）的结构及特点

大容量锅炉过热器的减温器均采用喷水式减温器，过热器系统一般采用二级或三级减温，再热器系统采用事故喷水减温。典型的过热器喷水式减温器如图 3-29 所示。

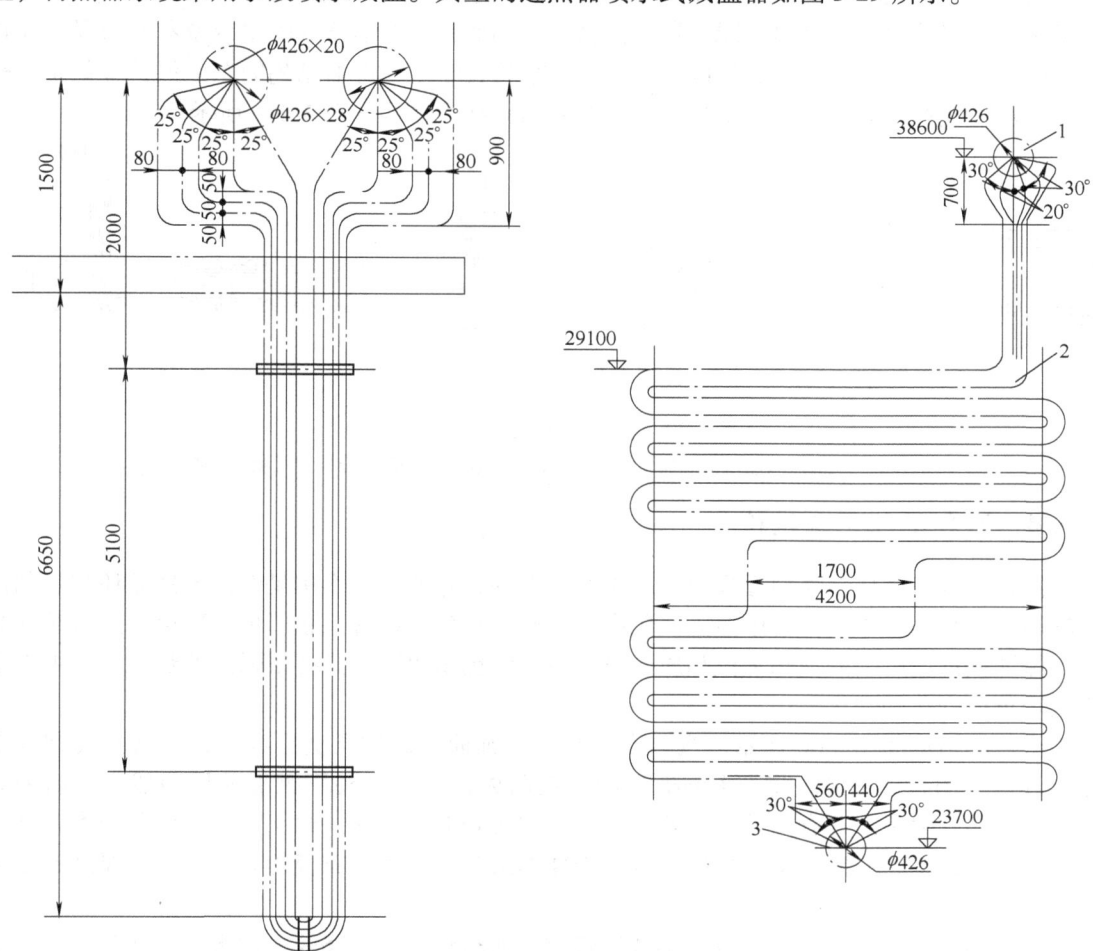

图 3-27　立式再热器结构

图 3-28　卧式再热器结构
1—出口联箱　2—管子　3—入口联箱

喷水式减温器的常见结构有带水容室的文丘里式、旋涡文丘里式及多孔喷管式等。喷水式减温具有结构简单，调节灵敏，容易实现自动化等优点，但由于是将水直接喷入蒸汽中，故对水的品质要求比较高。

(1) 带水容室的文丘里式喷水减温器　带水容室的文丘里式喷水减温器是在文丘里式管喉部设有一个环形的水容室，并在喉部开有多排 $\phi(2 \sim 3)$ mm 的小孔，减温水进入水容室，通过这些小孔喷入文丘里式管中与蒸汽混合。带水容室的文丘里式喷水减温器的特点是减温水与蒸汽混合较好，缺点是结构复杂，安装、检修困难，其结构如图 3-29a 所示。

(2) 旋涡文丘里式喷水减温器　旋涡文丘里式喷水减温器是在文丘里式管端部设有一个雾化质量较好的旋涡喷嘴，减温水通过旋涡喷嘴雾化后进入文丘里式管与蒸汽混合。旋涡文丘里式喷水减温器具有结构简单，减温水与蒸汽混合较好的优点，缺点是其旋涡喷嘴为悬臂式结构，容易产生振动而发生断裂等严重问题，其结构如图 3-29b 所示。

(3) 多孔喷管式喷水减温器　多孔喷管式喷水减温器是在减温器联箱上装设一个立式

多孔喷管,其侧面或端面开有几排 ϕ(4~6)mm 的小孔,侧面开孔的喷管式喷水减温器的减温水通过多孔喷管直接喷入减温器的内套中,端面开孔的喷管式喷水减温器的减温水通过多孔喷管喷入减温器文丘里式管的喉部。多孔喷管式喷水减温器结构简单,但其雾化质量较差,减温器联箱内需要很长的保护套筒。其侧面开孔式结构如图 3-29c 所示。

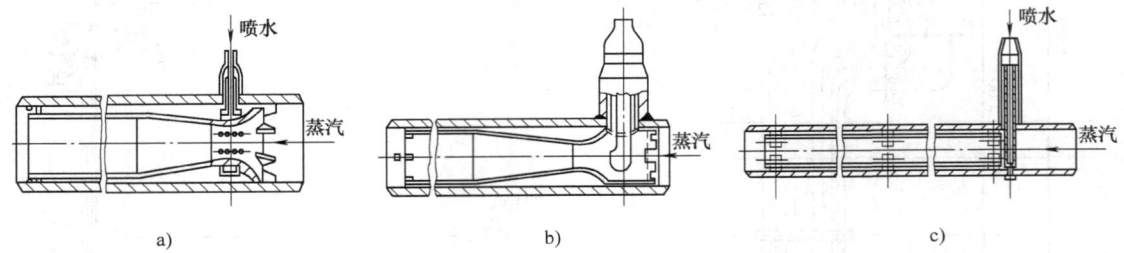

图 3-29 典型的过热器喷水式减温器
a)带水容室的文丘里式喷水减温器 b)旋涡文丘里式喷水减温器 c)多孔喷管式喷水减温器

3.6.4 汽包的作用与结构

汽包是自然循环与强制循环锅炉最重要的部件,它的主要作用是保证自然循环与强制循环的连续,是锅炉水循环的中枢。汽包内部装有汽水分离设备,它们可以确保汽水可靠地分离,保证从汽包出去的饱和蒸汽品质合格。由于汽包壁很厚,具有很强的蓄热能力,可以适应锅炉负荷变化的需求。

汽包的结构如图 3-30 所示。汽包本体是一个圆筒形的钢质受压容器,由筒身(圆筒部分)和两端的封头组成。筒身由钢板卷制焊接而成,凸形封头用钢板冲压而成,然后两者焊接成一体。封头上开有人孔,以便工作人员进行安装和检修。封头为了保证其强度,常制成椭球形的结构,或制成半球形的结构。半球形封头的应力分布很均匀,只要其厚度不小于筒身的厚度,强度是足够的。

汽包外面有许多管座,用以连接各种管道,如给水管、下降管、汽水混合物引入管、蒸汽引出管、连续排污管、事故防水管、加药管、连接仪表和自动装置的管道等。汽包与这些管道的连接,现在都采用焊接,即预先在汽包上开好管孔,在管孔内焊上短管(称为管座),安装时只需将管子对焊在管座上即可。对于给水引入管等工质温度可能波动并且低于筒壁温度的管道,在与汽包连接时还带有保护套管,以避免汽包壁产生局部应力。为了使汽包便于与大量的管子连接,现代锅炉的汽包一般都在炉前顶部作横向布置,即平行于前墙布置。

汽包内部装有各种提高蒸汽品质的装置,如汽水分离装置、蒸汽清洗装置、连续排污装置、加药装置、分段蒸发装置,以及给水分配装置、事故放水管等。

汽包的人孔通常是在两端封头上都开,以备工作人员安装及检修用,同时起通风作用。人孔为椭圆形或圆形。人孔盖一般由汽包里面向外关紧,这样可以借助于运行中汽包内的压力将人孔盖压紧。在人孔盖与人孔的结合面处有衬垫,以保证严密。现代锅炉的汽包通常是采用圆形人孔,其人孔盖是事先装在封头内面的,孔盖与封头之间是活页连接。

汽包是由厚钢板卷制而成的,其重量巨大,正常运行时重量一般可达百吨以上。所以对于汽包的支持结构提出较高的要求,常见的支持结构有两种:支撑式与悬吊式。

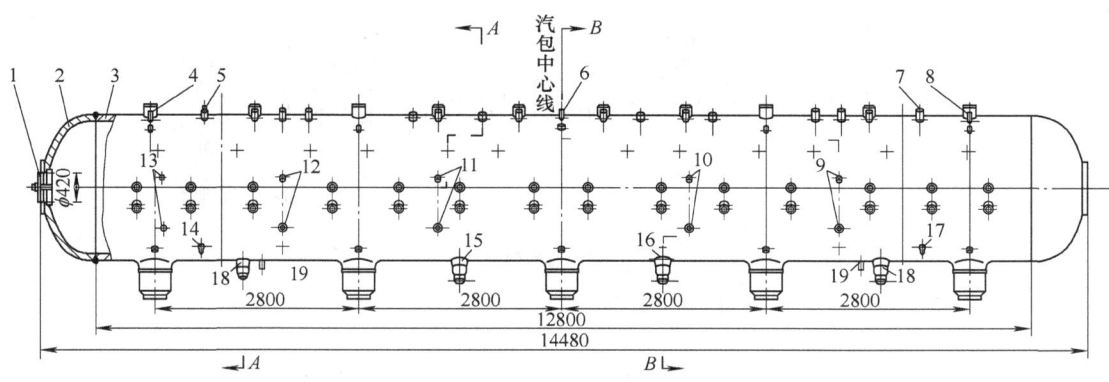

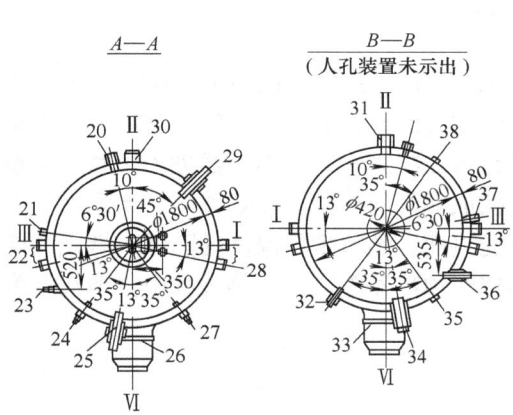

图 3-30 超高压 400t/h 锅炉的汽包结构

1—人孔门 2—汽包封头 3—汽包筒身 4—压力冲量管座 5—高读压力表管座 6—负荷自动调节冲量管座 7—远传压力表管座 8—压力冲量管座 9—高读水位表管座 10—水位自动控制管座 11—远传水位表管座 12—高读玻璃水位表管座 13—低读水位表管座 14—磷酸盐加药管座 15—事故放水管座 16—再循环管座 17—磷酸盐加药管座 18—冷凝器四水管座 19—炉水取样 20—去冷凝器蒸汽引出管 21—低读水位表 22—水冷系统引出管 23—低读水位表 24—磷酸盐加药管 25—冷凝器回水管 26—集中下降管 27—连续排污管 28—水冷系统引出管 29—省煤器来水管 30—饱和蒸汽引出管 31—饱和蒸汽引出管座 32—连续排污管 33—集中下降管 34—再循环管 35—壁温测点用接头座 36—再循环管 37—高读水位表 38—负荷自动调节冲量管座

支撑式结构：在锅炉上部钢架汽包中间位置安放一个强度很高的固定支座，在汽包两侧各安放一个强度很高的活动支座，活动支座里安放有纵横叠放的滚子。滚子周围有限位装置，可以限制其移动范围。滚子上安放汽包支座，汽包支座可以纵横移动，汽包就安放在这两个活动支座和一个固定支座上。由于汽包安放在可以纵横移动的活动支座上，所以就能满足汽包的热膨胀要求与承重要求。

悬吊式结构：利用 U 形吊杆将汽包悬吊在汽包上部的钢架上，并采用多个吊杆承担汽包的重量，中间的吊杆采用固定式，两侧的吊杆采用滑动式，以适应汽包受热膨胀的需要。

3.6.5 锅炉的工作过程

锅炉有两个主要系统：汽水系统和燃烧系统。

1. 汽水系统（Water and Gas System）

图 3-31 所示为锅炉的汽水系统，它是吸收炉膛的辐射热量和部分对流传热以产生饱和蒸汽的受热面系统。具体过程是：锅炉给水由给水泵送入省煤器，给水吸收尾部烟道中烟气的热量后进入汽包，汽包内的水经下降管到水冷壁，吸收炉内高温烟气的热量，使部分水蒸发，形成汽水混合物向上流回汽包，汽包内部的汽水分离装置将水与汽分离开，水回到汽包下部水空间，而饱和蒸汽进入过热器，继续吸收烟气的热量成为合格的过热蒸汽，送往汽

轮机。

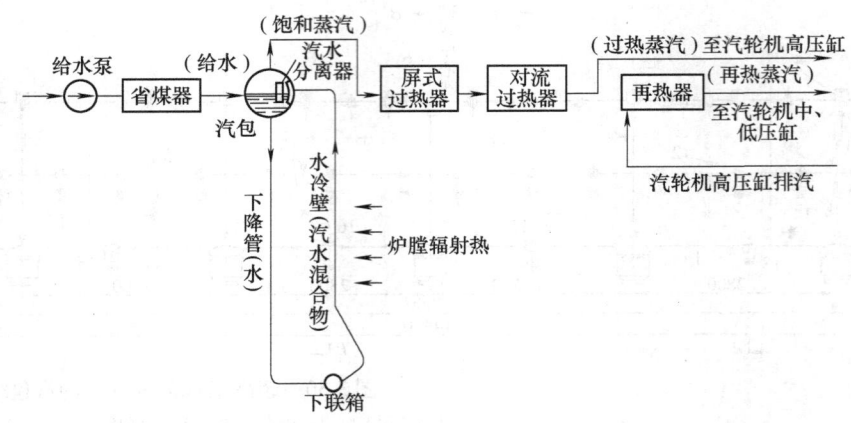

图 3-31　汽水系统

2. 燃烧系统（Firing System）

锅炉的燃烧系统由燃烧器、炉膛、烟道及空气预热器等设备组成，如图 3-32 所示。工作过程是：由送风机来的空气进入空气预热器，吸收烟气的热量成为热空气。其中一股送给制粉系统，并携带煤粉经燃烧器进入炉膛；另一股作为二次风直接经燃烧器进入炉膛。煤粉与空气混合物在炉膛内进行燃烧，燃料的化学能转换成烟气的热能。在炉膛内，高温烟气的热能以辐射方式传给炉膛四周的水冷壁及其他辐射受热面。随着烟气温度的降低，烟气的热能又主要以对流传热方式传递给过热器、省煤器和空气预热器等。在传热过程中，烟气温度不断降低，最后由引风机送进烟囱，排入大气。

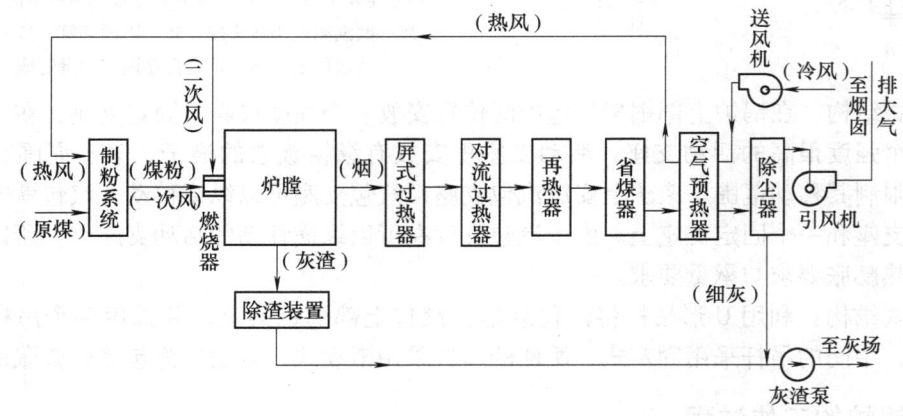

图 3-32　燃烧系统

3.7　知识拓展

3.7.1　本体受热面常用钢材

1. 承压部件管材用钢（Pressure Components Pipe Steel Types）

（1）省煤器、水冷壁管材用钢　省煤器和水冷壁管内加热的工质是水，由于水的传热效果要比蒸汽好得多,它们正常工作时的壁温较低,一般在400℃以下。所以省煤器和水冷壁管子选用优质低碳钢或低合金钢,如20钢、12CrMo、15CrMo、15MnV等。

(2) 过热器、再热器管材用钢 过热器和再热器管内加热的是蒸汽,由于蒸汽的传热效果要比水差得多,它们正常工作时的壁温较高,尤其是布置在水平烟道内的立式过热器、再热器,以及布置在炉膛上方或出口处的屏式过热器,因烟气温度较高,所以此处过热器和再热器的管壁温度很高,最高温度可达560℃左右。再热器管内加热的蒸汽压力比较低,蒸汽比体积小,其传热效果比过热器还差,工作条件比过热器还苛刻,所以再热器管子的选材比过热器要求还高。因此布置在上述位置的过热器和再热器应选用耐热温度较高的优质高合金钢,如12CrMoV、12Cr1MoV、12MoWVBSiRe、12Cr2MoWVTiB、12Cr3MoVSiTiB等。

锅炉顶棚、墙式过热器或墙式再热器由于单面受热,故吸热量有限;布置在尾部垂直烟道的过热器和再热器,由于此处的烟气温度较低,所以其吸热量也有限。在锅炉受热面布置中,将它们作为过热器和再热器的初级,初级过热器和再热器加热的蒸汽温度较低,对管子的冷却效果比较好。因此,布置在这些位置的过热器和再热器管子选材标准可以降低一些,一般选用优质低碳钢或低合金钢,如20、12CrMo、15MnV、15CrMo等。

2. 承压部件板材用钢

锅炉承压部件板材用钢主要用来制造锅炉压力容器,如汽包、水包、排污扩容器、疏水扩容器、汽-汽热交换器等。锅炉压力容器,尤其是汽包、水包,要求安全性非常高,因此其对钢材选用提出严格的要求,不仅要求强度高,而且要求加工性能优良,焊接性能要好,最主要的是要求钢材无明显的非金属杂质及缺陷。制造锅炉压力容器常选用的钢材有:20钢、22钢、12Mng、16Mng、14MnMoVg、18MnMoNbg等。

3. 承压部件支吊装置用钢

承压部件支吊装置主要指用来固定受热面管子的管间卡、管夹、吊卡、支撑架、固定拉钩,以及用来固定受热面联箱和管道的吊架、支架等。用来固定受热面管子的,由于它们和受热面管子一样,布置在炉膛及烟道内,承受很高的温度。因此,对于固定受热面管子的卡子钢材应选用耐热温度较高的钢种,一般选用耐热不锈钢,如1Cr18Ni9、1Cr18Ni9Ti、1Cr19Ni11Nb、SUS310等。

用来固定受热面联箱、管道的吊架、支架等,由于它们布置在炉膛及烟道外,基本不受热,因此它们对钢材选用的要求就低一些。对于固定过热器、再热器出口联箱以及主蒸汽管道、再热蒸汽管道等高温部件的吊架、支架,钢材选用的要求要高一些,一般选用耐热温度在580℃左右的钢材,如12Cr1MoV、10CrMo910等。对于其他用以固定温度不太高的联箱、管道的吊架、支架,选用耐热温度低一些的钢材,如12CrMo、15CrMo等,甚至可以选用型材,如槽钢、角钢、工字钢等。

还有一种用来固定受热面管排的定位梳形卡子或定位钢架,由于它们布置在烟道温度的最高区域,与受热面管子形成搭接状态,管子对它们的冷却效果很差。它们正常工作时的温度很高,最高甚至可达1000℃以上,所以对这种固定装置应选用耐热温度很高的耐热钢材,如Cr18Mn11Si2N、Cr20Mn9Ni2Si2N、Cr20Ni14Si2、Cr25Ni20Si2等。

3.7.2 典型锅炉简介(Typical Boilers Introduction)

我国100MW汽轮发电机组的配套锅炉是哈尔滨锅炉厂生产的410t/h的高压锅炉,与此容量等级相当的还有上海锅炉厂生产的与 125MW 机组配套的 400t/h 汽包锅炉和直流锅炉（均为超高压）。我国 200MW 汽轮发电机组的配套锅炉是 670t/h 超高压锅炉。主要生产厂家是哈尔滨锅炉厂和东方锅炉厂。现分别介绍如下：

1. HG-410/9.8-2 型高压锅炉

（1）主要参数　HG-410/9.8-2 型锅炉的整体布置如图 3-33 所示。

该型锅炉为高压自然循环半开式炉膛液态排渣煤粉锅炉。锅炉整体呈 Ⅱ 型布置，燃烧混煤（无烟煤和贫煤各一半）。其主要参数如下：额定蒸发量 D_e =410t/h；过热蒸汽压力 p_{gr} = 9.8MPa；过热蒸汽温度 t_{gr} = 540℃；给水温度 t_{gs} = 215℃；排烟温度 t_{py} = 119℃。

（2）结构特点

1）蒸发设备汽包内采用单段蒸发。汽包内径为 ϕ1800mm，壁厚为 98mm，全长 16.57m，材料为 22 钢。以内置式旋流器作为一次分离设备，以顶部多孔板和波形板分离器作为二次分离设备，同时采用穿层式蒸汽清洗装置。内置式旋流器沿汽包长度分两排布置，共 48 只，旋流器直径为 ϕ350mm，每只的平均负荷为 9t/h。

采用膜式水冷壁，管径为 ϕ60mm×5mm、节距为 80mm。整个水冷壁分成 7 个独立循环回路：前后墙水冷壁各 2 个回路，两侧墙水冷壁各 1 个回路，双面水冷壁为 1 个回路。采用 7 根大直径（ϕ377mm×25mm）下降管，从汽包最低点引出至 8m 运转层下面，其中 6 根再用 36 根 ϕ133mm×10mm 的下降支管分别引至前、后、侧水冷壁下联箱（每个回路 6 根），中间 1 根大直径下降管以过渡管形式从端部引至双面水冷壁下联箱。前后墙水冷壁各有 154 根上升管，两侧墙和双面水冷壁各有 66 根上升管。

所有水冷壁组合件均通过上联箱吊杆悬吊在横梁上，受热后整体向下膨胀。在水冷壁四周沿炉膛高度每隔 2~3m 装设一圈刚性梁，刚性梁不妨碍水冷壁自由膨胀。

2）燃烧设备采用双炉膛结构，左右两个炉膛之间用双面水冷壁分隔开。每个炉膛尺寸为深 5460mm×宽 6180mm。利用前后水冷壁管弯成的束腰将每个炉膛分成上下两部分，上部为冷渣段，下部为熔渣段，形成半开式炉膛，以提高熔渣段的容积热负荷。熔渣段的容积热负荷为 $2.738×10^6$ kJ/（m³·h），炉膛全容积热负荷为 $9.46×10^5$ kJ/（m³·h）。

燃烧器为直流式，四角布置切圆燃烧，切圆直径为 800~1200mm。燃烧器共 8 组，每个炉膛 4 组（位于前后墙上），每组有两个一次风口和三个二次风口，沿炉膛高度交叉布置，一、二次风的风量比为 2∶8。为防止炉膛四角堆灰和维持炉底高温水平以利于流渣，燃烧器各风口除下二次风口外均下倾一个角度。每组燃烧器的最低边缘距熔渣池表面均为 1200mm。点火采用重油喷嘴及电弧点火装置。它们装在燃烧器下排二次风口内。

3）过热器由顶棚过热器（顶棚管）、包覆管过热器、屏式过热器和两级对流过热器四部分组成。屏式过热器布置在炉膛折焰角上方，两级对流过热器布置在水平烟道中。采用两级喷水调温，减温水来自锅炉给水。

过热器系统如图 3-34 所示，其蒸汽流程如下：

饱和蒸汽自汽包（通过 24 根 ϕ108mm×7mm 连接管）引出→顶棚管入口联箱→顶棚过热器→顶棚管出口联箱→后包覆管→后包覆管下联箱（经 8 根 ϕ132mm×13mm 连接管）→两侧包覆管入口联箱→两侧包覆管（中间经一个混合联箱）→两侧包覆管出口联箱→水平烟道底部包覆管入口联箱及底部包覆管→低温对流过热器入口联箱→低温对流过热器→低温对流过热器出口联箱（在出口联箱端部用 ϕ273mm×28mm 大直径连接管引出）→第 Ⅰ 级喷

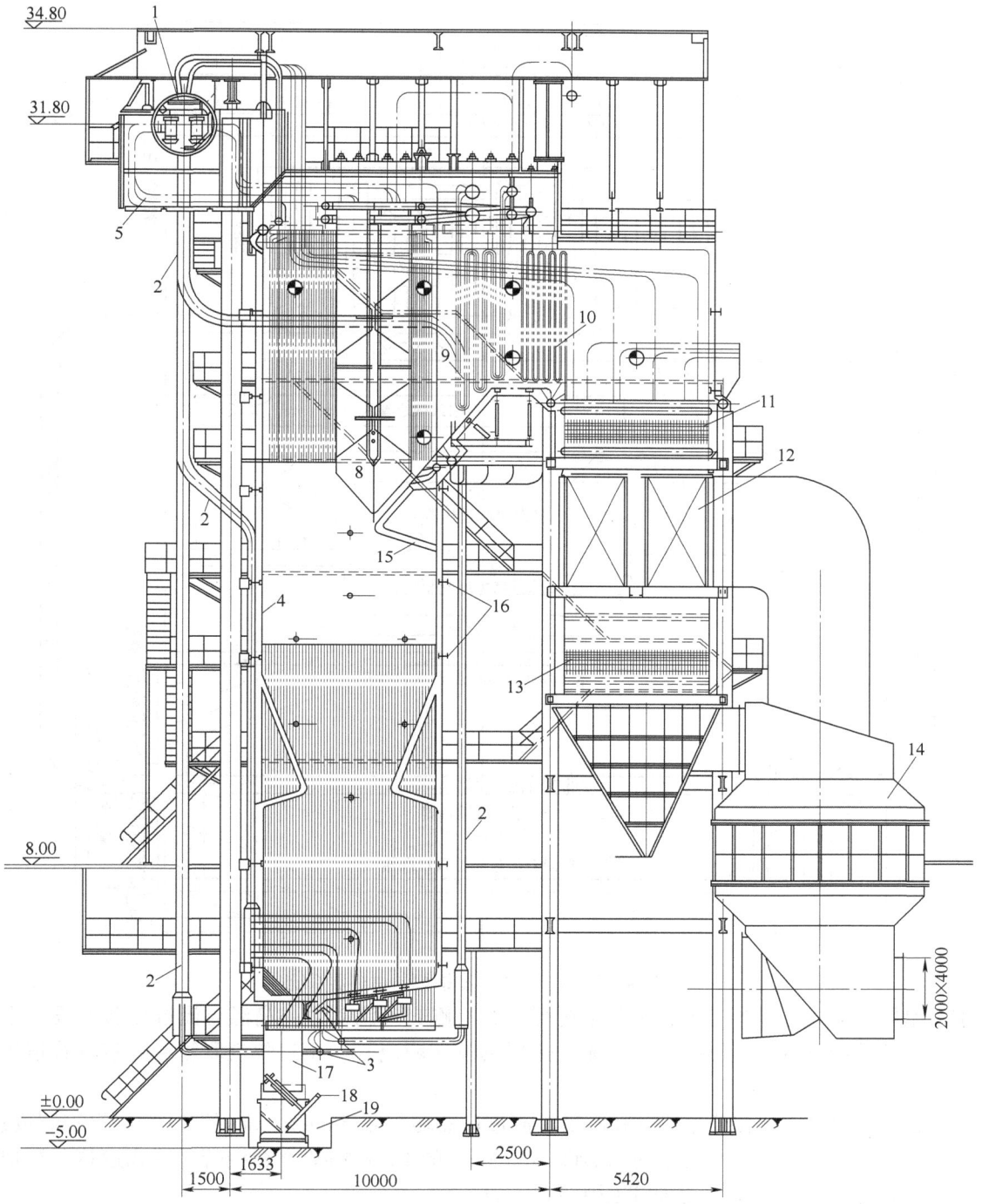

图 3-33　HG-410/9.8-2 型高压锅炉

1—汽包　2—下降管　3—水冷壁下联箱　4—水冷壁　5—水冷壁汽水混合物引出管　6—炉膛熔渣段
7—炉膛冷渣段　8—屏式过热器　9—高温对流过热器　10—低温对流过热器　11—高温省煤器
12—高温空气预热器（管式）　13—低温省煤器　14—低温空气预热器（回转式）　15—折焰角
16—水冷壁刚性梁　17—渣井　18—捞渣机　19—水力除灰沟

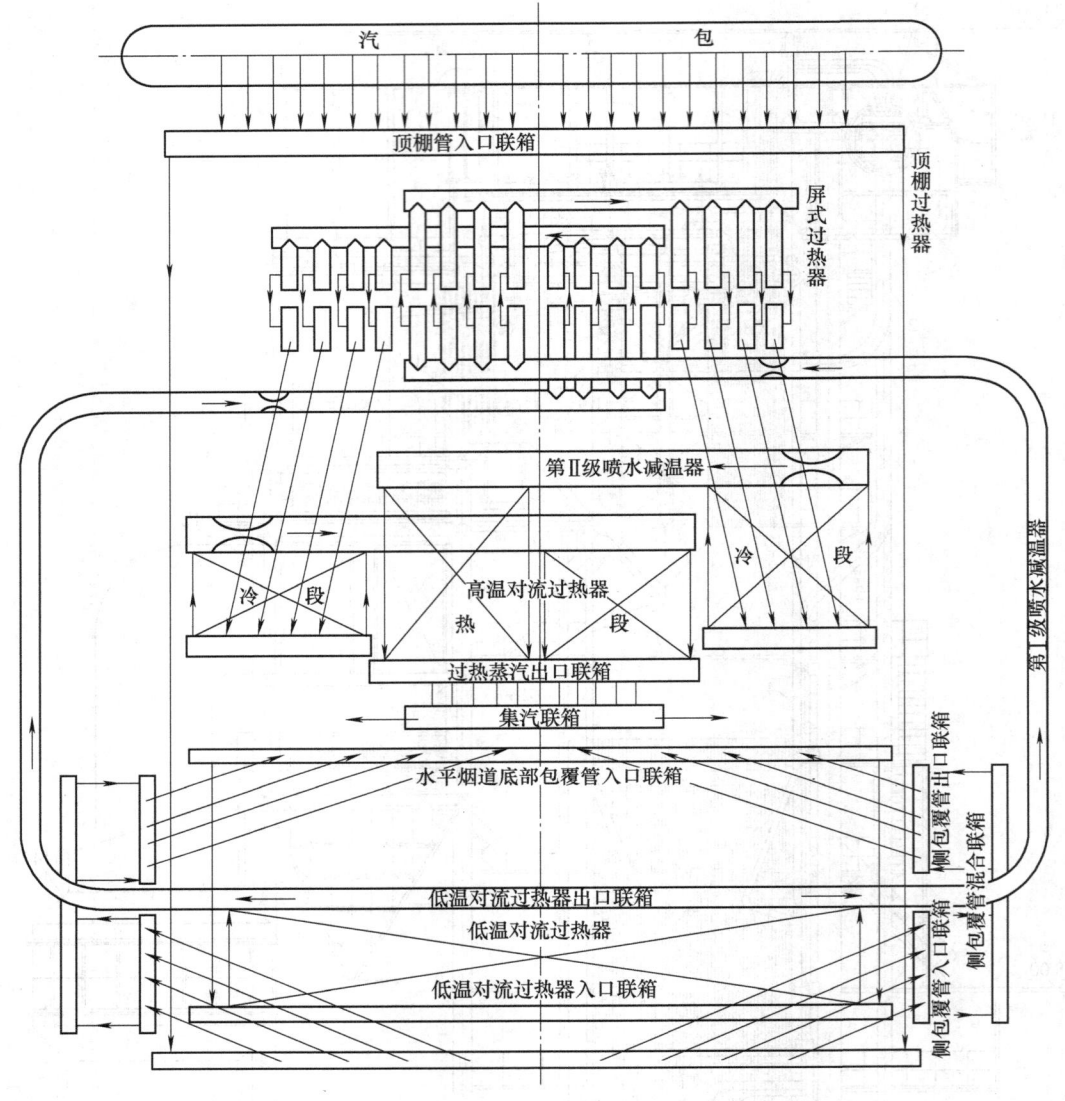

图 3-34 HG-410/9.8-2 型锅炉的过热器系统

水减温器→屏式过热器（蒸汽在其中进行左右两侧交叉流动）→高温对流过热器冷段（逆流）→第Ⅱ级喷水减温器→高温对流过热器热段（顺流）→出口集汽联箱→主蒸汽管道送往汽轮机。

顶棚过热器、包覆管过热器和低温对流过热器均用 $\phi 38mm \times 4mm$ 的 20 号碳钢管制成；高温对流过热器和屏式过热器均用 $\phi 42mm \times 5mm$ 的 12Cr1MoV 合金钢管。屏式过热器沿炉膛宽度布置，共 16 片屏，横向节距为 712.5mm。

4）尾部受热面的省煤器和空气预热器采用双级交错布置。

省煤器由 $\phi 32mm \times 4mm$ 的 20 号碳素钢管制成，管子呈错列布置，横向节距为 80mm，纵向节距为 48mm。给水先进入低温省煤器，然后经过炉外的交叉连接管，进入高温省煤器，最后由其出口联箱用连接管引至汽包。在高温省煤器管上加装了防磨盖板，以减轻飞灰对管壁的磨损。

空气预热器采用了管式和回转式两种型式。高温级为管式，低温级为回转式。进口冷风温度为30℃，先经回转式空气预热器加热到280℃，再经管式空气预热器加热到400℃。管式与回转式空气预热器之间用连通罩连接。

管式空气预热器高3.6m，由12个管箱组成。管箱均由$\phi 40mm \times 1.5mm$的钢管与上下管板焊接而成。在管箱的上部装有胀缩接头，管箱受热后向上膨胀。

回转式空气预热器为风罩回转式，布置两台，其外径为6200mm，支承在8m标高运转层横梁上。预热器的传热元件固定在静止上不动，空气通过旋转的8字风罩被传热元件加热。8字风罩的转速为1.5r/min。预热器传热元件分为高温和低温两段，高温段高度为1200mm，低温段高度为800mm，它们均由金属波形板组成。

5）炉墙、构架炉墙采用两种型式：炉膛部分为敷管式炉墙，耐火层用耐火混凝土，保温层用玻璃棉、硅藻土或蛭石等轻质绝热材料；尾部烟道为混凝土结构的轻型炉墙。炉底耐火层厚度为200mm。

锅炉采用悬吊式构架。汽包用链片式吊架悬吊于顶梁上，吊架共4个，对称布置。

6）除渣设备采用水力机械除渣装置。液态渣流入渣井中，渣井中装有喷水装置，使液态渣急剧粒化，粒化渣的颗粒约为7mm，然后进入捞渣机中。除渣设备装有两台圆盘式捞渣机，每台的出力为5t/h，锅炉的流渣量为6t/h左右。为了保证粒化渣的细度，粒化用的冷却水必须保证捞渣机中的水温不超过50℃。由捞渣机将渣排至水力除灰沟，然后送出锅炉房外。

2. 200MW机组670t/h级超高压锅炉

我国200MW汽轮发电机组的配套锅炉是670 t/h超高压锅炉，主要生产厂家是哈尔滨锅炉厂和东方锅炉厂。现以HG-670/13.7-1型超高压锅炉为例进行介绍。

（1）主要参数 锅炉的整体布置如图3-35所示。该锅炉为中间再热超高压自然循环固态排渣煤粉锅炉。锅炉整体呈Ⅱ型布置，燃烧褐煤。其主要参数如下：额定蒸发量$D_e = 670$ t/h；过热蒸汽压力$p_{gq} = 13.7MPa$；过热蒸汽温度$t_{gq} = 540℃$；再热蒸汽流量$D_{zp} = 579t/h$；再热蒸汽压力（进口/出口）$p'_{zq}/p''_{zq} = (2.8/2.5)$ MPa；再热蒸汽温度（进口/出口）$t'_{zq}/t''_{zq} = 323/540℃$；给水温度$t_{gs} = 240℃$；排烟温度$t_{py} = 145℃$。

（2）结构特点

1）蒸发设备汽包内径为$\phi 1800mm$，壁厚为80mm，材料为14MnMoV。采用两段蒸发，汽包两端为盐段、中部为净段，盐段蒸发量约占锅炉蒸发量的10%。汽包内装有84只旋流器。作为一次分离设备，其中净段76只、盐段8只，分离器直径为$\phi 350mm$，平均负荷为9.26t/h。汽包顶部装有波形板分离器和多孔板，作为二次分离设备。汽包内还装有平孔板式蒸汽穿层清洗装置，给水进入汽包后50%作为清洗水，其余直接引入汽包水容积。清洗水层厚度为40.23mm。

水冷壁是由$\phi 60mm \times 6mm$鳍片管组成的膜式水冷壁，节距为80mm。整个水冷壁分成25个独立循环回路，其中前后墙各8个，两侧墙及双面水冷壁各3个。采用$\phi 159mm$的小直径下降管。水冷壁下联箱内装有外来蒸汽加热装置，用以缩短启动时间。

双面水冷壁为$\phi 60mm \times 6mm$的光管，节距为64mm。沿高度有五处用圆钢将各管焊成整体，以增强其刚性。壁上开有平衡孔和人孔，开孔面积约为双面水冷壁面积的7%。沿水

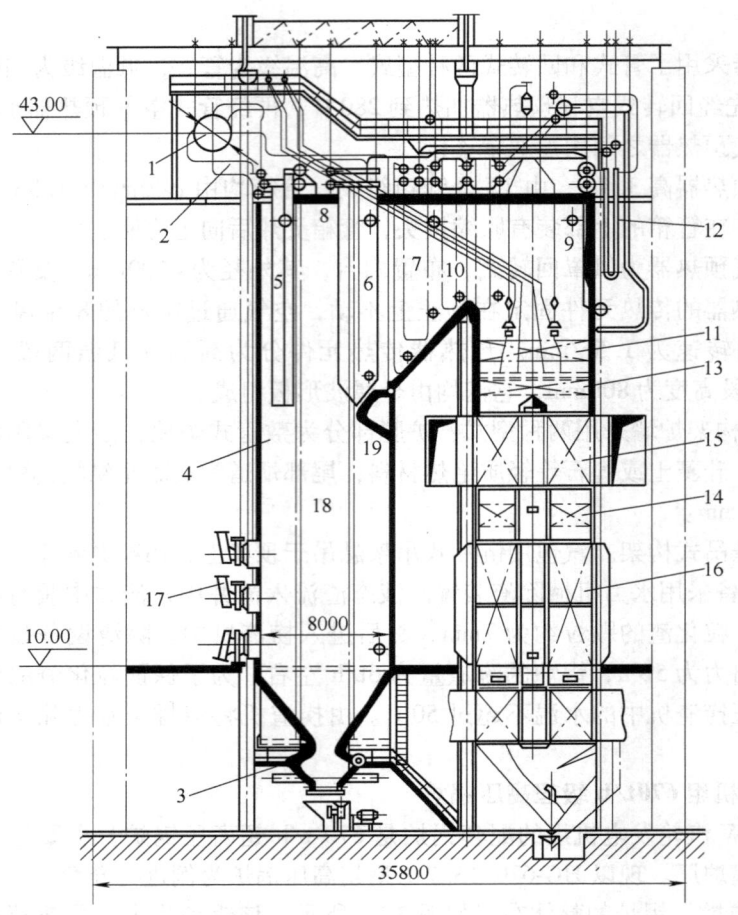

图 3-35 HG-670/13.7-1 型超高压锅炉
1—汽包 2—下降管 3—水冷壁下联箱 4—水冷壁 5—前屏过热器 6—后屏过热器
7—对流过热器 8—顶棚过热器 9—包覆管过热器 10—高温再热器 11—低温再热器
12—汽-汽热交换器 13—高温省煤器 14—低温省煤器 15—高温空气预热器
16—低温空气预热器 17—燃烧器 18—炉膛 19—折焰角

冷壁高度方向每隔 3~4m 装设有一圈刚性梁。

2）燃烧设备采用双炉膛结构，即用双面水冷壁将整个炉膛分成左右两个，整个炉膛宽 19.968m，深 8m，炉膛容积为 4054m³。

采用轴向叶轮式旋流燃烧器，共 24 只，前墙布置，分三排，每排 8 只。靠侧墙和双面水冷壁的燃烧器向内倾斜 10°。采用重油点火装置和电弧点火器进行点火。热空气温度为 350℃。采用风扇磨煤机直吹式制粉系统。

3）过热器及再热器。过热器的结构如下：前屏用 $\phi 38mm \times 4.5mm$ 的管子，$S_1 = 900mm$，$S_2 = 41mm$；后屏用 $\phi 42mm \times 5mm$ 的管子，$S_1 = 770mm$，$S_2 = 45mm$；对流过热器用 $\phi 42 \times 5.5$ 管子，$S_1 = 100mm$（拉稀部分为 200mm），$S_2 = 90mm$。再热器管尺寸为 $\phi 42mm \times 3.5mm$；低温再热器管节距 $S_1 = 115mm$，$S_2 = 54.5mm$；高温再热器管节距 $S_1 = 100mm$，$S_2 = 72.8mm$。

过热汽温采用两级喷水减温进行调节，第Ⅰ级喷水点在前屏出口，第Ⅱ级喷水点在对流过热器的低温段与高温段之间。再热汽温采用汽-汽热交换器进行调节，汽-汽热交换器共48只，U形套管结构。

4) 尾部受热面省煤器与空气预热器采用双级交叉布置。省煤器蛇形管由 $\phi 32mm \times 4mm$ 的碳素钢管制成，为双管圈，呈错列布置。高温煤器管节距 $S_1 = 104mm$，$S_2 = 48mm$；低温省煤器管节距 $S_1 = 96mm$，$S_2 = 49mm$。省煤器出口水温为282℃。省煤器蛇形管装有防磨装置。

空气预热器为立管式，双面进风，管子尺寸为 $\phi 40mm \times 1.5mm$。空气沿高度方向分为四个行程，低温段三个行程，高温段一个行程。低温段管节距 $S_1 = 66mm$，$S_2 = 42mm$；高温段管节距 $S_1 = 62mm$，$S_2 = 48mm$。空气预热器烟气进口处装有防磨套管，各管箱之间还装有防振隔板。

5) 炉墙、构架炉墙采用两种结构：炉膛及水平烟道为敷管式结构；垂直烟道为混凝土轻型炉墙结构。炉墙材料采用珍珠岩保温板和绝热混凝土。炉顶采用金属罩壳全包结构，炉顶穿墙管还采用了密封膨胀节，以保证炉顶具有良好的密封性。

锅炉构架采用悬吊式构架，但尾部垂直烟道采用支承构架。

6) 除灰、除渣设备的锅炉炉膛部分装有FY型吹灰器，吹灰蒸汽来自再热器入口。锅炉尾部垂直烟道装有六组钢珠除灰装置，其抽气器蒸汽压力为1.3MPa，温度为320℃。抽气器的蒸汽耗量为 1.5~2.5t/h。

除渣采用水力机械除渣。在炉膛下面设有四个除渣口，装有四套机械连续除渣装置，每套除渣装置包括1台三齿辊碎渣机和1台圆盘除渣机。炉膛的灰渣先落入水槽内，然后被圆盘除渣机刮至碎渣机中，经碾碎后排入水力除灰沟中，再送往贮灰场。

3.8 常见故障及案例分析

3.8.1 锅炉受热面常见的缺陷及分布范围

锅炉受热面常见的缺陷有：磨损、腐蚀、弯曲、变形、裂纹、疲劳、胀粗、过热、损伤、鼓包、蠕变、刮伤等。

1. 磨损（Wear）

磨损是锅炉受热面常见的缺陷之一，锅炉受热面布置在锅炉的炉膛及烟道内，尤其是锅炉尾部垂直烟道内的受热面，长期受烟气冲刷，烟气中的灰粒使受热面的管壁磨损减薄。这种由烟气冲刷使受热面管壁减薄的现象称为磨损。锅炉受热面的磨损速度与烟气的流速、烟气中灰粒的浓度及硬度、管束的布置方式等因素有关，其中烟气的流速对受热面的磨损影响最大。实验测得，受热面管子的磨损速度与烟气流速的三次方成正比，因此必须有效地对烟气流速进行严格控制。

炉墙的漏风、烟道的局部堵灰、对流受热面局部严重结渣都会使烟道的局部烟气流速过大，使受热面管子局部磨损加剧。另外，当吹灰器工作不良时，高压蒸汽会将受热面的管子吹蚀，使管壁减薄。

受热面管子磨损经常发生的区域是：冷灰斗、燃烧器、折焰角、人孔门以及吹灰孔附近的水冷壁管子，烟气转向室前立式受热面的下部管子，尾部竖直烟道布置的卧式受热面管排上部第二和第三根管子、下部第二和第三根管子、管子支撑卡子边缘部位、靠近炉墙的边排管子及个别突出管排的管子等。

减少受热面磨损的方法主要有：降低锅炉负荷，减少烟气流速；燃用优质煤种，降低锅炉烟气中飞灰含量；改变管束布置方式，由错列布置改为顺列布置；清除烟道的结渣及堵灰，增加烟气流通面积；减少炉墙漏风；加装阻流板或防磨装置等。

2. 腐蚀（Erosion）

腐蚀是锅炉受热面另一种常见缺陷，它的实质是受热面表面的金属与其他物质发生化学反应使金属原子脱离金属表面，这种现象称为腐蚀。按发生的部位可分为外部腐蚀与内部腐蚀两种。

（1）外部腐蚀（External Erosion）　锅炉受热面长期处于高温烟气中，受高温烟气的熏烤，由于烟气中含有一定量的多元腐蚀性气体，它们在高温条件下与受热面管子表面的金属发生化学反应，使受热面管子的表面发生腐蚀。因为这种腐蚀发生在受热面管子的外表面且又是在高温条件下发生的，所以称为外部腐蚀或高温腐蚀。

外部腐蚀经常发生的区域是：锅炉炉膛上方及炉膛出口布置的屏式过热器，炉膛出口及水平烟道入口布置的立式对流受热面，水冷壁的高负荷区域，如燃烧器附近的水冷壁管子等。

减少锅炉外部腐蚀的方法主要有：运行时调整好燃烧，降低炉膛火焰中心高度，减少热偏差；燃用优质煤种，降低锅炉烟气中腐蚀性气体的含量；在易发生外部腐蚀的区域更换优质耐腐蚀钢管。

（2）内部腐蚀（Internal Erosion）　锅炉受热面管内发生的腐蚀称为内部腐蚀，内部腐蚀主要是由于受热面管内水中含有 O_2、CO_2 等气体，这些气体在高温条件下与管子内表面的金属发生化学反应，使管子内表面发生腐蚀。另外，当锅炉停止运行时，立式受热面由于疏水不彻底，使立式受热面下部的 U 形管内存有一定量的水，这些长期存在于管子内部的水对受热面的管子也会造成腐蚀。长期停用的锅炉，防腐工作做得不好也会使受热面的管子发生腐蚀。

内部腐蚀主要发生的区域是：水冷壁或省煤器循环不好的区域，如前后墙布置燃烧器的炉膛四角水冷壁管子、省煤器边排的管子；低温烟气区域立式受热面下部的 U 形管等。

减少锅炉内部腐蚀的方法主要有：提高除氧器的除氧效果，减少炉水中的 O_2 的含量；加强炉水循环，保证一定的水流速度，使气体依附在管子内表面的机会减少；锅炉停止运行时，采用带压放水，加强锅炉立式受热面的疏水，利用锅炉余热将管内的存水蒸发掉，尽量减少立式受热面 U 形弯头处的存水；做好锅炉的防腐工作。

3. 弯曲（Bending）

弯曲主要是指锅炉受热面的管子在受热膨胀时受阻或受热不均时造成受热面管子的弯曲变形。弯曲主要针对受热面的管子而言，弯曲主要发生在立式受热面管子较长的部位，尤其是立式受热面管壁温度最高的区域或管子的固定装置损坏的区域，管子最易发生变形。

防止发生受热面的管子弯曲变形的主要方法有：消除管子膨胀受阻因素；调整好燃烧，减少热偏差，降低立式受热面管壁温度最高的区域管子的壁温；修复或增加受热面管子的固定装置等。

4. 变形（Distortion）

变形主要是指锅炉受热面的管排或支持装置受热后改变了原来的形状。变形可以发生在任何受热面上。防止锅炉受热面变形主要是加强受热面检查，消除管排的膨胀受阻因素，更换损坏的受热面管排支持装置。

5. 裂纹（Crack）

裂纹是锅炉受热面最常见和最危险的缺陷之一，它可以发生在锅炉任何受热面上，主要发生在受热面的焊口及其热影响区域，也可发生在管子的弯头、减温器联箱内部等热应力较大的区域。裂纹是由于金属内部冷热不均，金属内部存在较大的热应力，在长时间内受到内部较大的压力或受到外力的影响，造成金属内部结构发生破坏而形成的。裂纹能引起受热面泄漏，严重时甚至可能发生爆破事故。

防止裂纹的发生可采取以下措施：加强焊接质量管理，严格按焊接工艺进行施焊，正确进行焊前预热及焊后热处理，有效地消除焊接热应力；严把管子进货的质量关，加强对有弯头或焊口管件的检查力度，最大限度地减少备件质量缺陷；加强检查现场设备，加固各种管道的支吊装置，防止管道发生振动；消除减温器的各种故障，合理使用减温器，防止低负荷时减温水直接喷溅在减温器联箱内壁上。

6. 疲劳（Fatigue）

疲劳是指锅炉受热面承受交变热应力长期运行，致使锅炉受热面的局部出现永久性损伤的缺陷，锅炉受热面发生疲劳的最终结果是受热面产生微型裂纹。疲劳是锅炉受热面的隐性缺陷，外观很难发现，因此它具有很大的潜在危险，必须给予高度的重视。

锅炉受热面最易发生疲劳的部位是受热面联箱与受热面管子相连接的角焊口处等热应力较集中的区域，锅炉机组的频繁启停是造成该区域疲劳的重要原因之一。另外，频繁发生晃动或振动的锅炉受热面管子也易于发生疲劳。减少锅炉机组的启停次数，防止锅炉受热面管子发生晃动或振动，可以减少锅炉受热面发生疲劳的概率。

7. 胀粗（Expansion）

锅炉受热面管子既要承受高温，又要承受很高的压力，若长时间的运行，管子的金相组织会发生变化，使管子的外径超出原设计管子的外径，这一现象称为胀粗。受热面管子发生胀粗是在一定条件下发生的，当受热面管子的壁温在允许温度以下，管子发生胀粗的趋势很小，用普通测量仪器几乎测不出来；当受热面管子的壁温超过允许温度时，管子发生胀粗的趋势明显增大。

锅炉受热面管子最易发生胀粗的部位是：布置在炉膛上方及炉膛出口的屏式过热器，布置在炉膛出口及水平烟道的立式受热面，锅炉水冷壁温度最高的区域，如燃烧器附近。尤其是布置在炉膛出口的对流过热器管子壁温最高的区域，最容易发生胀粗现象。

管子发生胀粗是由于管子壁温超过该材质管子的最高允许温度而造成的，降低管子壁温就能有效防止管子发生胀粗现象。主要措施有：降低锅炉负荷，调整好燃烧，防止过热器、再热器管壁温度超过最高允许温度，严格禁止超温运行；在过热器或再热器管壁温度最高区域更换耐热温度更高的管子。

8. 过热（Over-heat）

锅炉受热面在运行中，由于没有很好地冷却或控制好管壁温度，使受热面在超温状态下长时间运行，就会使受热面管子壁温超过允许温度，管子表面严重氧化，甚至出现脱碳现象，这种现象称为管子过热。管子过热现象与管子胀粗现象同时发生，管子严重过热时会发生爆管事故。

锅炉受热面管子过热与胀粗发生的部位相同。在事故情况下，如锅炉水冷壁水循环破坏、锅炉尾部烟道发生再燃烧或立式过热器、再热器管中堵有杂物等，都会使受热面管子发生过热。防止锅炉受热面管子发生过热应采取的措施有：降低锅炉负荷，调整好燃烧，防止锅炉受热面管子超温运行；保证水冷壁的水循环，防止水循环破坏；合理使用省煤器再循环管，防止省煤器管中的水停止流动或流动不畅；加强尾部受热面的除尘工作，防止发生尾部烟道再燃烧事故；加强检修管理，防止受热面换管时管中落入杂物；对过热器和再热器等易于过热的区域更换耐热钢管。

9. 爆管（Tube Explosion）

锅炉受热面发生爆管是锅炉受热面最严重的事故，会致使锅炉机组被迫停止运行。锅炉受热面发生爆管的主要原因是：①受热面管子磨损或腐蚀使其管壁减薄，当其承受不了管内的压力时，管子就会发生爆破；②过热器或再热器管子由于其长期超温运行，致使管子过热胀粗，造成管子的强度急剧下降，直至引起爆管。另外，水冷壁的水循环破坏使管子过热，锅炉受热面管子产生裂纹等都能引起爆管事故的发生。从统计数据来看，爆管主要发生在由于过热引起的过热器或再热器爆管以及由于磨损引起的省煤器爆管。

防止锅炉受热面发生爆管，应从以下几个方面入手：第一，从运行方面，控制好锅炉负荷，调整好锅炉燃烧，减少偏差，防止锅炉结渣，降低受热面管壁温度，防止管子发生过热现象；第二，加强运行监控，防止发生水循环破坏、水流停止及锅炉尾部烟道再燃烧等事故的发生；第三，从检修方面，加强设备检查与维护，及时发现锅炉受热面管子磨损、腐蚀、裂纹、胀粗等缺陷，根据实际情况进行处理，防止缺陷继续发展扩大；第四，严格检修管理，防止管内落入异物，错用钢材或焊接材料等现象发生。

10. 损伤（Damage）

损伤是指受热面表面受外力或电火焊所伤，特征是管子的外表面有明显的伤痕。损伤可以发生在任何受热面上。锅炉受热面在运输、安装及检修过程中都有可能发生这样或那样的损伤。这就要求在施工中，加强管理，严格按施工工艺进行，杜绝野蛮施工，防止发生受热面管子损伤。平时加强检查，发现损伤及时处理，避免受热面管子带伤运行。

11. 鼓包（Prominence）

鼓包是指受热面管子的外表面在锅炉高温烟气的长期熏烤下，管子的外表出现的水泡状突出物。它是管子过热的表现之一，也可能是由管子的原始缺陷造成的。鼓包主要发生在锅炉水冷壁热负荷最强的区域及水平烟道中部的垂直受热面。水平烟道前部的受热面由于管子表面通常会结一层焦渣，所以一般不会发生鼓包现象。消除管子鼓包现象的发生主要有两点：①加强管子质量检查，不合格的管子坚决不用；②控制好管子外壁温度。

12. 蠕变（Creep）

蠕变是指锅炉受热面的管子、管道、联箱等设备长期在高温高压下运行，其管壁温度虽然未达到最高允许温度，但是在锅炉受热面金属内部逐渐形成塑性变形的现象。蠕变的发生发展过程很慢，有时甚至10年、20年才表现出来，但蠕变是不可修复的永久性缺陷，发展到一定时期其金属内部会产生很微小的蠕变裂纹。发生蠕变的往往是炉外的重要管件，因此对于蠕变必须给予足够的重视。

任何承受高温高压的锅炉受热面都会发生蠕变。对于炉内的管子，由于其管径很小，对蠕变一般不予考虑；对于炉外的导汽管、联箱，由于其管壁温度较低并且长度较短，对蠕变只作次要考虑。管壁温度较高且管道较长的主蒸汽管道和再热蒸汽管道要重点考虑蠕变，需要制订严格详细的蠕变监督计划，定期进行测量。当这些设备蠕变变形接近或达到蠕变允许值时，应对其进行鉴定，确定其是否继续服役或进行更换。

13. 刮伤（Scratch）

刮伤是指受热面在运行或检修中，受热面的管子与其他设备发生摩擦或碰撞造成的受热面管子表面损伤。刮伤的发生部位及防止措施与损伤相同。

3.8.2 锅炉受热面管子常见事故分析

锅炉受热面管子常见事故主要有长时超温爆管、短时超温爆管、材质不良爆管及腐蚀性热疲劳裂纹损坏等。

（1）长时超温爆管（Long-term Over-temperature Tube Explosion） 如果锅炉受热面管子在运行过程中，因某些原因使管壁温度超过设计温度，在高温长时间作用下，导致钢材组织结构的变化，蠕动速度加快，持久强度下降，使用寿命达不到设计要求而提早爆破损坏，称为长时超温爆管，也叫做长期过热爆管或一段性过热损坏。长时超温爆管由于管壁温度还没达到临界点温度，爆管时虽然有介质的激冷作用，但还不会发生相变。

长时超温爆管一般发生在高温过热器出口段的外圈向火侧，根据近几年来对过热器管子爆破事故的分析，70%是由于长时超温而引起的。

长时超温爆管的破口呈粗糙脆性断口，管壁减薄不多，管子胀粗也不是很显著，爆破口附近往往有较厚的氧化铁层，如图3-36所示。长时超温爆管的显微组织虽无相变但却有碳化物析出并聚集长大，甚至有些还会出现石墨化等组织变化，如图3-37所示。

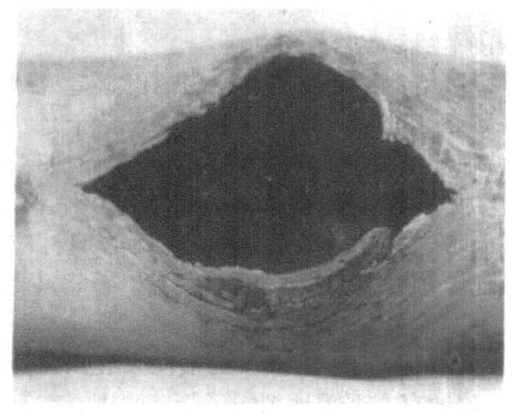
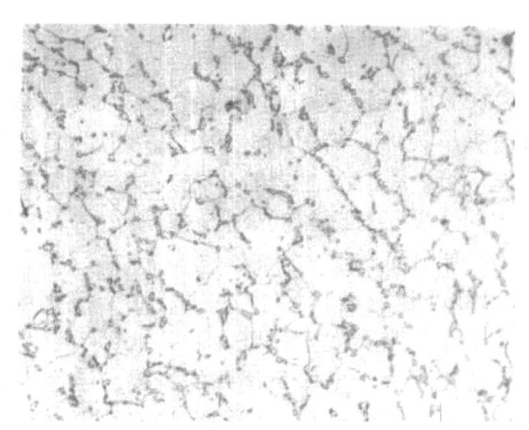

图3-36 20钢过热器管长时超温爆管的宏观形貌　　图3-37 20钢过热器管长时超温爆管的显微组织

（2）短时超温爆管（Short-term Over-temperature Tube Explosion） 锅炉受热面管子在运行过程中，由于冷却条件的恶化，使管壁温度在短时间内突然上升，达到临界点以上温度。在这样高的温度下钢的抗拉强度急剧下降，在介质压力作用下温度最高的向火侧首先发生塑性形变，管径胀粗，管壁减薄，随后发生剪切断裂而爆破。爆破时，由于介质对炽热的管壁产生激冷作用，在爆破口往往有相变的组织结构，这种爆管就成为短时超温爆管，也有叫做短时过热爆管或加速蠕变爆管。

短时超温爆管大多数发生在水冷壁管、凝渣管上，特别是水冷壁管热负荷最高的地方，如燃烧带附近及明喷燃器附近的向火侧。

短时超温爆破口（图3-38）一般胀粗较为明显，管壁减薄很多，爆破口呈尖锐的喇叭形，其边缘很锋利，具有韧性断裂的特征。爆破口附近有时有氧化铁层，有时没有。爆破口的这些特征与超温爆管时产生了较大的塑性变形，使管缝减薄，因而承受不了介质的压力而引起剪切断裂有密切关系。

短时超温爆管的过程类似于作高温短时拉伸试验，在应力的作用下，先引起塑性变形，后在局部地区出现收缩现象，最后形成剪切裂纹而产生韧性断裂。

爆破口附近的氧化铁层厚度，可从运行情况来分析。如果管子一直是在设计温度下运行的，氧化铁层就薄，甚至没有；如果曾经在超温情况下运行过一段时间后再发生短时超温爆管，则氧化铁层就较厚，而且爆破口的背部（即背火侧）还会出现碳化物球化等组织变化。组织变化后，力学性能也会发生改变。如对爆破口断面进行硬度测定，可发现爆破口周向断面上各点的硬度差异很大，爆破口的硬度明显增高。

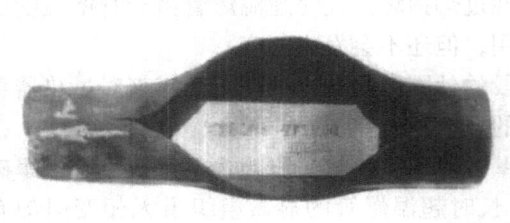

图3-38　20钢水冷壁管短时超温爆管的宏观及微观组织

（3）材质不良引起的爆管　材质不良爆管是指错用钢材或使用有缺陷的钢材造成锅炉管道提早损坏。错用钢材往往是指把性能比较低的钢材用到高参数的工况下，实际上是一种超温运行。一旦发生爆管事故，其爆破口的宏观特征和微观组织的变化基本上与长时超温爆管相同，属于长时超温爆管。在制造、安装和检修时，未经计算就选用了低一级的钢管，即认为是错用钢材。例如蒸汽参数为535℃、10MPa的主蒸汽管道，正常使用的钢材应为22Cr1MoV钢，若误用了20钢，由于该钢用于主蒸汽管道的允许温度是450℃，因此只要运行几千小时就会发生爆破。

使用了大于壁厚负偏差的折叠、结疤、离层、发纹和大于壁厚5%的横向发裂以及严重夹杂、脱碳的管子称为使用有缺陷的钢材。这些缺陷的存在严重地削弱了管壁强度，在高温和应力的长时间作用下，缺陷部位容易形成应力集中现象，产生裂纹使缺陷加深，腐蚀介质也可能侵入缺陷区域使腐蚀速度加快，使受热面管子承受不了介质的压力而爆破。有缺陷的管子爆破时，爆破口往往是沿缺陷豁开，裂纹较直。爆破口边缘一般有两部分，有缺陷的部分边缘粗糙呈脆性断面；没有缺陷的部分则呈韧性断面。

3.8.3　案例分析

案例1：某电厂4号锅炉水冷壁爆管事件

(1) 事故经过

1) 2005 年 2 月 22 日，总厂 4 号锅炉因 E9 吹灰器吹爆水冷壁管停机抢修，共更换 4 根水冷壁管，25 日抢修完毕，在上水过程中又发现 B9 吹灰器水冷壁管漏水，更换 7 根水冷壁管后，于 26 日 12：38 并网。

2) 水冷壁爆管检查情况如下：E9 吹灰器下半圆水冷壁有 4 根管多处被吹损，共有 8 个破口，最大孔径为 $\phi 8mm$，B9 吹灰器在 E9 吹灰器的正上方 18m 处，有 2 根管子局部鼓包爆管，爆口尺寸分别为 $42mm \times 8mm$、$30mm \times 5mm$。

事件发生后，安监部立即深入炉膛现场，抓拍到第一手照片，立即封存当月运行锅炉值班员记录、单元长记录、2004 年以来 4 号炉本体吹灰记录，并在 MIS 缺陷管理及检修值班记录本查找相关吹灰器记录，将事件对应的吹灰枪部件进行封存，等候调查。

(2) 水冷壁管爆管分析

1) E9 吹灰器水冷壁管爆管分析。停炉检查，发现 E9 吹灰枪处于正常退出位，枪杆进、退活动正常，枪头没有烧坏痕迹。在锅炉值班员记录本、单元长记录本、2004 年以来 4 号炉本体吹灰记录本、MIS 缺陷管理记录及检修值班记录本上均未发现 E9 吹灰枪缺陷记录。

水冷壁管规格为 $\phi 44.5mm \times 5.5mm$，材料为 SA—210A，吹灰器除吹损下半圆水冷壁管外，还将周围 7 根管子吹伤（壁厚为 3.5mm），其中 3 根管子更换过，4 根管子堆焊过，这些堆焊的管子说明吹灰器以前曾将其吹损过。

对 E9 吹灰器角阀解体检查，发现阀杆上部弹簧固定卡环失灵，致使角阀无法正常关闭，蒸汽从 E9 吹灰器喷出，对周边管子造成吹损。

由于检修队伍在屏式再热器部位进行清灰，安监部人员在进入炉膛不久便被迫撤出，无法组织人员对炉内 E9 吹灰器部位进行更深一步的现场勘察。

2) B9 吹灰器水冷壁管爆管分析。对 B9 吹灰器处水冷壁爆管进行了金相检验。通过宏观检验、硬度试验和金相分析，结果表明，B9 水冷壁爆管的原因是向火面管壁长期超温所至。这主要是其下部水冷壁管子爆漏后，汽水混合物减少，蒸汽比例增加导致水冷壁冷却不够引起的。

(3) 采取的措施

1) 运行人员加强锅炉爆管后的起动检查和正常巡检工作，要特别注意检查受热面有无异常现象，提前发现问题，避免紧急停炉，以减少非计划停运次数（具体措施，同 2 月 17 日 3 号锅炉屏再爆管事件后整改要求一致）。

在停炉放水过程中与检修部锅炉分部保持联系，听从检修安排，避免未检查完毕将水放掉的现象发生。在爆管检修中，运行人员未经总厂领导批准或锅炉分部同意而进行放水，生技部将按照延误抢修工期考核。

2) 运行人员加强对吹灰器的巡检工作，并对 1~5 号锅炉本体吹灰器进行一次全面检查，发现问题及时填入缺陷单，并通告检修。

3) 运行部修订锅炉吹灰器检查规定，要通过制度约束运行人员认真检查并做好记录（检查规定本月内报安监部）。

4) 检修部对锅炉短吹角阀阀杆上部的弹簧固定卡环进行全面检查，对有异常的要及时更换，有缺陷的吹灰器要及时修复，确保吹灰器正常使用，严格执行防止吹灰器吹爆水冷壁管子的各项措施。

5）检修部组织有关人员对 5 号炉声波测漏仪使用、维护等情况进行跟踪，取得经验后推广到其他锅炉。

6）总厂 1~4 号锅炉吹灰器附近水冷壁管未大量更换过，经过长期运行，存在不同程度吹损，在今后大、小修中应搭架进行全面检查，对吹损的水冷壁管及时更换。

案例 2：某电厂 4 号炉（410t/h）二级减温器联箱更换

某电厂 4 号炉（410 t/h 锅炉）二级减温器联箱是高温对流过热器逆流段与顺流段的混合联箱，该联箱分甲乙两个，每个联箱总长约 11m。其一端是由 $\phi 76mm \times 6mm$ 的喷水管和联箱封头及喷水管组成的喷水减温装置，联箱内部有一个 $\phi 200mm \times 10mm$、长 4m 的内套，用以防止减温水直接喷溅在联箱内壁上，造成联箱内壁温度剧烈变化甚至产生裂纹。联箱与高温对流过热器管子弯头相连接，由于联箱较长，制造安装都比较困难，因此安装前每个联箱分为两段，在锅炉安装时将这两段焊接起来。联箱另一端用封头焊接封死。联箱规格是 $\phi 426mm \times 50mm$，材质为 12Cr1MoV。

该炉在大修中对两个联箱中部坡口进行检验时，发现坡口内部存在严重的纵向与径向裂纹，最严重的裂纹深度约 30mm，严重威胁锅炉机组的安全。经分析认为，该坡口是锅炉原始安装坡口，因联箱较大，喷头侧内部设一内套，为了保证其同心度，应在内套靠近喷头侧焊一个固定支架，在另一侧靠近联箱中间坡口处加一固定挡圈。联箱中部坡口采用垫圈对口，坡口处壁厚比联箱壁厚要薄，因此联箱内径不同，形成内径差，造成联箱热膨胀不均。再加上减温水量使用不当，使部分减温水未完全汽化而直接流出套筒溅在坡口内壁上，使坡口内壁温度急剧变化而产生较大的热应力。长时间运行产生微小应力裂纹，随着时间的推移，裂纹发展加剧，最终形成巨大隐患。为了彻底消除该隐患，工作人员决定利用 4 号炉大修期间，对裂纹处的联箱进行整体更换。首先准备好二级减温器联箱和高温对流过热器弯管，更换工艺如下：

1）停炉降温，将二级减温器联箱保温全部拆除，直至露出联箱整体及高温对流管子。

2）炉膛内搭设合适的脚手架，用枕木垫在高温对流过热器管排下弯头处，防止管子割开后管排发生下沉移位，造成管子对接困难。

3）用气割将减温器减温水管、联箱上的空气管、疏水管及温度测点等割开，割除多余的管子，留出吊运联箱的通道。

4）先用型钢制作临时吊杆、吊梁，再用气割割下联箱处顶棚过热器和高温对流过热器的吊杆、吊梁，拆除吊杆及吊梁。

5）用气割将与联箱相连的高温对流过热器管子割开，并将管子割下一段长度，尽量使割口露出顶棚耐火层 100mm，待管口温度降下来后，用橡胶管堵堵住管口。

6）用气割将联箱中部割开，使联箱分成两部分，便于联箱的吊运。

7）取 4~6 台 2t 手拉葫芦，将一部分联箱吊住，用气割将联箱吊耳割开。

8）将联箱吊出，运至锅炉厂房外。

9）重复步骤 7）、8），将旧联箱全部拆除。

10）剔除联箱处的顶棚耐火保温层，露出顶棚过热器和高温对流过热器管子，注意剔除耐火保温层时不要伤及管子。

11）将一段新联箱吊运至合适位置，用手拉葫芦调整联箱位置，使之达到要求。

12）将另一段新联箱吊运至合适位置，用手拉葫芦调整联箱位置，对好联箱坡口。用钢管等金属作为导电体,防止手拉葫芦导电,进行焊接。

13)焊接联箱吊耳、吊架。

14)重复步骤11)~13),将第二个联箱就位。

15)对联箱坡口及吊耳进行热处理。

16)根据高温对流过热器弯管长度,用气割将高温对流过热器穿顶棚管割去一段,注意保留足够长度,防止管子不够长造成接管,留出穿管空间。管口温度降下来后,用橡胶管堵堵住管口。

17)联箱热处理结束并检验合格后,进行高温对流过热器弯管的焊接工作。

18)选择合适的弯管,从联箱的中部开始,逐根逐排焊接高温对流过热器弯管与联箱上管座连接的坡口。

19)对坡口进行检验,不合格的应处理,必要时割开重焊。

20)根据弯管下部长度,用割管机对高温对流过热器管子下料,必要时可用电焊割开高温对流过热器的管间卡,用坡口机制作坡口,用橡胶管堵堵住管口。

21)逐根逐排焊接高温对流过热器管子。

22)重复步骤19)。

23)焊接二级减温器联箱的减温水管、空气管、疏水管和温度测点,重复步骤19)。

24)加装高温对流过热器管间卡,用电弧焊焊牢,恢复顶棚吊杆和吊梁。

25)安装顶棚过热器和高温对流过热器吊架,用电弧焊将其焊在吊梁上。

26)进行水压试验,检验高温对流过热器管子及联箱的严密性。

27)水压试验合格后,浇注顶棚耐火保温混凝土,进行顶棚密封工作。

28)恢复二级减温器联箱及其他各管子的保温。

29)撤去高温对流过热器管排下弯头处的枕木,拆除脚手架。

3.9 课外作业

1. 锅炉的主要特性参数有哪些?
2. 简述 DG-1000/16.7-555/555-HM3 型号的表示意义。
3. 简述电站煤粉锅炉的组成设备及工作过程。
4. 立式屏式过热器的结构及特点是什么?
5. 锅炉受热面常见的缺陷有哪些?
6. 简述锅炉受热面的清扫方法,清扫后应达到什么要求?
7. 坡口工具有哪几种,弯管工具有哪几种?
8. 如何更换省煤器管排中间的单根管子?
9. 简述受热面管子磨损的处理方法。
10. 大修中省煤器、空气预热器的检修项目包括哪些?
11. 举例说明电厂热动设备上,哪些零件对抗氧化性和耐磨性有一定要求?

情境 4　汽轮机本体检修
(Situation 4　Turbine Proper Maintenance)

汽轮机、锅炉、发电机统称为火力发电厂的三大主机，从锅炉生产出来的高温高压的过热蒸汽经过导汽管输送到汽轮机进行膨胀做功，并驱动叶轮旋转向发电机输出轴功。可见汽轮机是在高温、高压和高转速下工作的大型原动机，而且运行工况又是经常变化的，随着机组起、停操作及运行逐渐发生变化，设备损耗逐渐增加。长时间的积累，必然造成部件磨损、变形以至损坏。不仅使设备可靠性能下降，容易发生运行故障，而且直接影响机组运行的经济性。因此，汽轮机设备的检修就显得尤为重要。

汽轮机分为本体和辅机两大部分。汽轮机本体包括静子、转子、调节保安系统及油系统，在生产实践中，往往把调节保安系统及油系统分开单列，本书作为情境5单列出来。汽轮机的静子，也就是本体当中的静子部分，它包括汽缸、隔板套、隔板、喷嘴、汽封、轴承、滑销系统以及一些紧固零件等。汽轮机的转子是本体当中转动的部分，它包括主轴、叶轮、叶片、围带、拉金、联轴器和紧固件等。本情境将对汽轮机本体结构中主要零部件的检修进行分析和讨论，各设备具体的大小修项目见附录 A。

4.1　职业能力特征

本职业要求能熟练掌握汽轮机本体设备的检修工艺和技能，并在汽轮机本体设备的定期检修和日常维修中灵活运用，保质保量地完成汽轮机本体设备的解体、测量、清理、维修和组装；要求对火力发电厂的系统及其生产过程、汽轮机设备及运行的知识有较全面的了解；应具有分析、判断汽轮机本体设备运行异常情况及引起设备故障原因的能力；具有参与、组织汽轮机本体及其相关设备试验的能力；具有正确领会和应用专业技术文件的能力；具有良好的钳工操作及使用测量工具的能力；具有用精练的语言进行联系、交流工作的能力；具有二维和三维几何体想像能力及良好的识图、绘图能力；具有专业必备的计算能力。对于高级工及以上等级的人，还应具有设备缺陷及故障分析处理和生产组织与技术管理的能力。

4.2　情境描述

在职业能力特征的指导下，检修管理和注意事项让学生先明确汽轮机本体检修的主要内容、大小修项目和注意事项；检修工艺要求学生学会汽轮机本体主要设备，如汽缸、隔板、汽封、转子和轴承的检修；基础知识帮助学生认识汽轮机类型，汽缸、隔板、叶片、轴封、转子、轴承等设备的作用和构造；知识拓展对国产典型中、小功率汽轮机结构进行了介绍，分析了汽轮机主要零部件用钢及常见事故；常见故障分析了汽缸的变形和裂纹，通流部分积垢及损伤，轴封损坏，转子大轴弯曲，推力轴承故障；案例分析通过分析两个现场实际事故"通流部分积盐"及"大轴弯曲经过"的详细经过，引导学生学会分析事故的原因和制订相应的措施；课外作业主要包括汽轮机本体结构组成设备的作用、类型、特点、主要检修项目、常见故障及处理方法。

4.3 检修管理

大机组检修管理一般分为 5 个阶段、25 步，分述如下。

4.3.1 准备计划阶段

1. 运行分析

机组大修前 40~60 天，由运行专职工程师提出运行分析报告。报告内容包括汽轮机处理、热耗、振动、缸胀、调速系统性能及设备存在缺陷和问题等，是编制大修施工计划的依据之一。

2. 设备调查

机组大修前 40~60 天，由检修专职工程师组织有关班组人员进行设备调查。调查内容为机组自上次大修（或安装）投运以来，发生故障、检修、缺陷的原因，设备改进的效果，存在的问题，检修前的试验、测试以及有关节能、环保、反事故措施，同类型机组的事故教训等。提出调查报告，作为编制大修施工计划的依据之一。

3. 设备普查

在进行运行分析、设备调查的同时，发动设备负责人对自己所负责的设备进行现场检查并访问运行人员，弄清设备健康情况和存在的问题，提出分析改进意见，由汽轮机专业负责人汇总，作为编制施工计划依据之一。

4. 找出问题，分析原因

根据 1~3 项，找出设备存在的主要问题，分析原因，提出解决方案。

5. 明确项目和目标

根据 1~4 项，明确大修重大特殊项目，提出检修目标。

6. 编制计划

根据上述 1~5 项的分析和讨论，编制大修施工计划和准备工作计划。大修施工计划内容为设备现况及存在的问题，检修项目和目标，技术组织措施，厂内外协调配合项目，检修用工及用料计划等。准备工作计划应使备品配件、材料、技术工和辅助工、外单位协作、试验等工作，有目标有步骤地按照所制订的计划层层落实，项项定人。图 4-1 所示为美国西屋电气公司生产的 TC2F-38.6 型汽轮机本体检修工期计划。

7. 制订措施，修订标准

机组大修的重大特殊项目应在年度计划内确定，一旦有变化和补充，应及早修订，以便早准备、早落实。有关班组应根据实际情况，补充修订施工措施、补充标准项目的质量标准，并经上级批准后实施。

组织平衡机组大修前应定期检查准备工作的落实情况。尤其是重大特殊项目的具体准备，每个项目都要从设备、备品配件、材料、外单位协作、主要工具、施工现场设施、劳动力和技术力量配备、安全设施、劳动保护等方面反复平衡，组织力量，加强薄弱环节，做到备品配件、材料、规格、数量齐全，质量可靠，劳动力和技术工种配全并落实等。

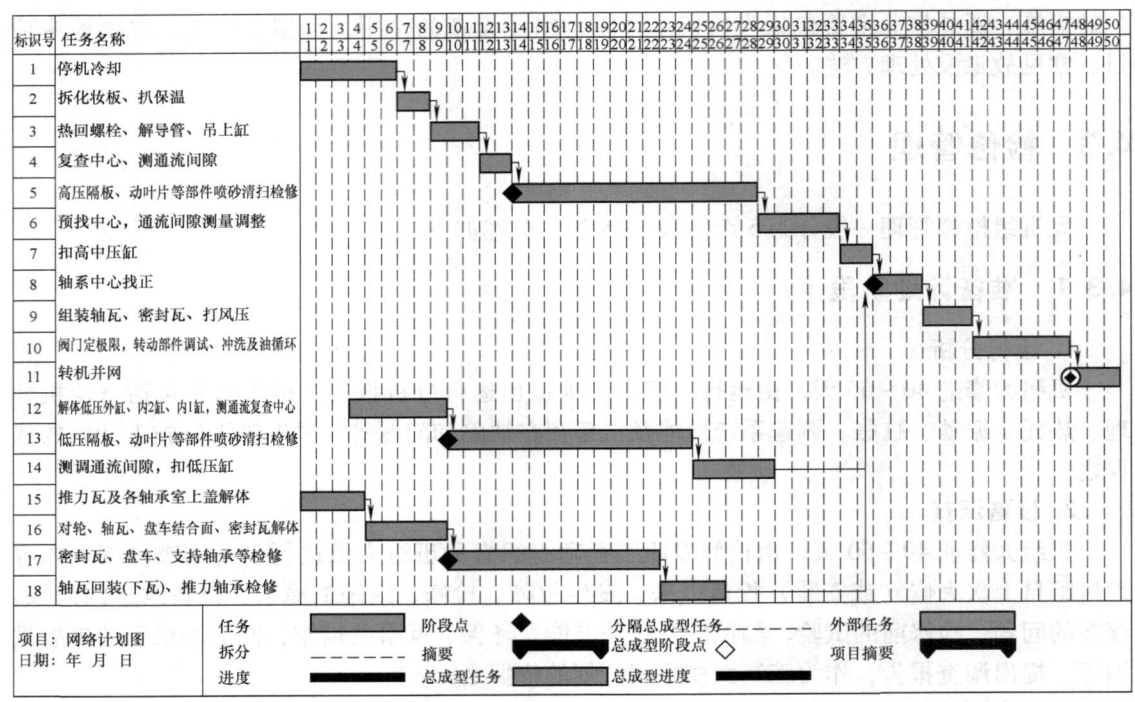

图 4-1 TC2F-38.6 型汽轮机本体检修工期计划

8. 层层发动、落实到人

机组大修前 5~10 天，应组织有关检修人员学习大修施工计划、安全工作规程及质量标准。召开大修动员大会，向全体检修人员讲解大修任务、目标、安全、质量、进度等要求，使主体人员明确自己所做的检修项目、技术标准、质量要求、工艺顺序、工料定额、计划进度及安全措施等。

9. 停机前的全面检查

机组大修开工前 2~3 天，应对大修准备工作做全面仔细的检查。检查主要内容为大修准备工作计划的实施情况，重大特殊项目的各项措施、分工等的落实情况。消除设备缺陷，并应条条落实到人，保证措施齐全。解体后大型设备堆放应绘有区域划分图，如备品图的绘制应按照计划，落实到有关班组和个人。总之，事无大小，均应条目分明，计划周详，落实到人。只有在准备工作基本落实的情况下，才能申请停机开工。

4.3.2 开工解体阶段

1. 停机前后的测量试验

为了进一步掌握大功率汽轮机在各种工况下的运行情况，停机减负荷时，有关检修人员应到现场观察、测量并记录汽缸的胀缩、温差，轴承振动，调节系统的稳定性等。必要时刻做某些专门试验。

依据停机时的观察及试验结果，对大修施工计划做进一步修改和完善。

2. 开工、拆卸、解体检查

设备检修开工必须办理开工手续，查对所修设备的隔绝范围和安全措施，凡不符合规程规定的不得开工。

拆卸设备前,应仔细检查设备的各部部件,熟悉设备结构,做到工序、工艺及使用的工具、仪器、材料正确。各零件的位置记录应清楚,无标记的零件应补做标记或做好记录。达到不漏拆设备零部件,不漏测技术数据,不使异物落入难以清理的腔室或管道内,不将零部件乱丢乱放等。同时,按照 ISO9000 质量保证体系预先确认的见证(W)点,应提前 24h 以书面通知有关验收人员于某时到某地进行现场验收。若验收人员不能按时到达现场验收,则认为验收人员放弃该见证(W)点,工作人员可以继续进行下一步工作。但事后必须由接到通知的验收人员补办签证手续。

现代化生产作业对施工现场的要求是科学安排、合理使用,并与周围环境保持协调的关系。机组检修现场管理目标是规范整容、合理定置、文明检修、安全有序。所以,无论机组大修、中修、小修还是临时性检修,对检修现场部件的定置摆放都提出了非常严格的要求。由于各电厂检修场地及汽轮机平台承重情况各不相同,因此机组大修过程中各部件的摆放方法也不尽相同,但摆放原则是一样的。

1)汽缸的体积比较庞大,也很重,因此要摆放在零米检修场地上或汽轮机平台能承重的开阔地上。在摆放过程中,尽可能避开地沟及非承重梁。

2)低压转子比较重,要尽量摆放在零米检修场地,零米检修场地实在摆不下的情况下才可以在汽轮机平台上找一处有承重梁的地方摆放,而且以顺着承重梁摆放为最好。

3)高、中压转子轻些,检修场地比较小的电厂可以摆放在汽轮机平台有承重能力的地方。

4)摆放大部件要尽量合理布局,既方便检修,又要尽可能多摆放部件。

图 4-2 所示为美国西屋电气公司生产的 TC2F-38.6 型 350MW 机组汽轮机侧定置摆放图。

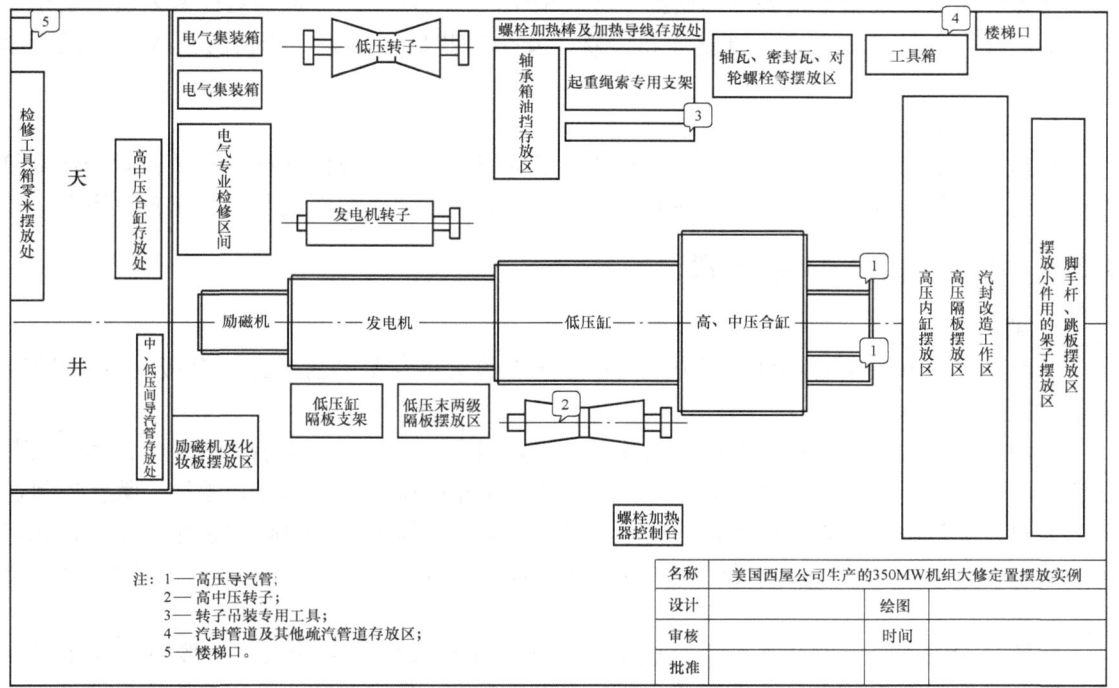

图 4-2 美国西屋电气公司生产的 TC2F-38.6 型 350MW 机组汽轮机侧定置摆放图

3. 修正检修项目

根据停机观察、测试和解体检查结果，提出检修项目的修正意见，包括修正项目的外单位协作，控制进度、材料、加工、劳动力等的调整，及时办理审批手续等。

4.3.3 修理、装复阶段

1. 协调平衡，抓住主要矛盾

修理、装复阶段已是机组大修的中期，这时往往容易麻痹松懈，要处理的技术问题、备品配件、材料、各部门相互配合等问题也较多。时间感到紧迫、推迟进度、影响检修质量等问题，大多发生在这一阶段。所以，负责生产的副厂长和总工程师，应及时召集有关人员研究协调平衡各项问题，找出检修中的主要矛盾及主要项目的安全、质量、进度等问题的关键所在。

2. 按照质量标准组织检修

修理、组装阶段是把好质量关的重要环节，必须严格执行质量标准，一切按标准办事，树立标准的严肃性。一旦发生超过标准而又难以更换的部件，应组织有关人员讨论研究，定出解决方案。对于设备在运行中存在的问题和缺陷，应按照大修施工计划一一查对并落实情况。对未落实或无把握解决的问题，应补充措施。同时，技术记录、各种标志、代表、信号应正确、齐全。

3. 搞好人身和设备安全

由于大机组检修面广、量大，现场上下交叉作业，脚手架、空洞沟多，起重吊运、高空作业频繁，电线电源、高速转动机具等安全薄弱环节较多，加上设备结构复杂，技术性要求高等特点，所以要求整个检修过程始终坚持安全生产，文明生产，加强对检修人员的安全教育，提高检修人员遵章守纪的自觉性和检修中安全自我保护意识，严格防止人身和设备事故。

4. 做好技术记录

机组大修对开工解体、检查测试、修理装复等每个环节都应做好技术记录，对于技术复杂的重要部件还应在工作日记中做好补充记录。所有技术记录要做到及时、正确、齐全。

4.3.4 验收、试转、评价阶段

1. 验收

验收是对检修工作的检验和评价。只有在所有检修项目都经过分级、分段和总验收后，机组才能起动投运。

所谓分级验收，就是根据大修施工计划和验收制度，按项目的大小和重要性，确定某些项目由班组验收，如零、部件的清理等；某些项目由车间验收，如轴承扣盖等；某些项目由厂部验收，如汽缸扣大盖、重大特殊检修项目等。同时，按照ISO9000质量保证体系预先确定的停工待检（H）点，必须提前24h以书面形式通知有关验收人员，于某日某时到某地进行现场验收。

所谓分阶段验收，就是某一系统或某一单元工作结束后进行验收。一般由车间主任支持，施工班组先汇报并交齐技术记录，然后到现场观看，提出验收意见和检修质量评价。

所谓总验收，就是在分段验收合格的基础上，对整个机组检修工作的验收。检查对照大

修施工计划项目是否全面完成，发现漏修项目或缺陷未彻底处理时，应立即补做。

验收应贯彻谁修谁负责的原则并实行三级验收制度，以检修人员自检为主，同专职人员的检修结合起来，把好质量关。

2. 试转

机组大修后进行试转是保证检修安全、检验检修质量的重要环节，对汽轮机而言，试转包括油系统充压、调速系统调试整定、防火安全检查等内容。

3. 起动投运

机组大修经过车间验收、分部试转、总验收合格，并经全面检查，确定已具备起动条件后，由厂部制订起动计划。对于重大特殊项目的测试工作应列入起动计划。若机组起动正常，投入运行，则大修工作结束。

4. 初步评价检修质量

机组投运后三天，在班组、车间自查的基础上，由生产副厂长、总工程师主持进行现场检查，并重点检查机组运行技术经济指标及漏气、漏水、漏油等泄漏情况，提出检修质量初步评价。

5. 试验鉴定，进行复评

机组大修投运后一个月内，经各项试验（包括热效率试验）和测量分析，对检修效果的初步评价进行复评。

4.3.5 总结、提高阶段

1. 总结

机组大修结束，应组织检修人员认真总结经验和教训，肯定成功方面的经验，找出失败的原因。同时由专职人员写出书面总结、技术总结和重大特殊项目的专题总结。

2. 修订大修项目、质量标准、工艺规程

在总结大修工作的基础上，组织检修人员讨论修订大修项目、质量标准、工艺规程，以便在同类型机组或下次大修时改进。

3. 检修后存在的问题和应采取的措施

机组大修后在运行中暴露的缺陷和问题，应制订切实措施，根据繁、简、难、易和轻重缓急，组织力量消除缺陷或解决问题。对于本次大修未彻底解决的问题，组织力量专题研究，争取在下次大修中解决。

以上简单介绍了检修管理的 5 个阶段、25 步，实际上是 P（计划）—D（实施）—C（检查）—A（处理）全面质量管理循环在大机组检修过程中的应用。根据大功率汽轮机检修特点，应用 PDCA 管理，有利于提高工作效率。

4.4 注意事项

1）凡参加检修的人员必须坚持"安全第一"的方针，认真执行"安全规程"及有关安全规定和本次检修所制订的各项措施。

2）各单位要严格执行"两票"制度，杜绝习惯性违章，强令冒险作业，对检修的重点部位、危险部位要挂醒目的警示牌，必要时设专人监护。

3）对检修危险点执行控制措施。

4）做好检修设备和运行设备的隔离措施，设立明显标志，非运行人员不得无故进入运行现场，对检修现场的临时孔洞围栏，要求软围栏距孔洞边缘不少于1m，硬围栏不少于0.5m。

5）凡有交叉作业的场地，各工作负责人要做好联系工作，搞好配合并采取必要的安全措施，防止高空落物伤人，否则不得交叉作业。

6）作业时保证照明充足，正确使用行灯，避免误碰、误触、跌倒、撞伤、坠落等不安全现象的发生。

4.5 检修工艺

4.5.1 汽缸检修工艺

1. 汽缸解体前的准备工作

（1）汽缸解体应具备的基本技术条件　汽轮机停止运行后，要监视汽缸温度的变化，按照调节级外缸壁金属温度来安排汽缸解体前的各项准备工作。汽轮机调节级外缸壁金属温度降到150℃以下时，停止盘车装置运行；金属温度降到120℃以下时，拆除汽缸及导汽管保温材料；金属温度降到80℃以下时，可以拆除导汽管、汽封、供排汽管及其他附件，并且可以拆卸汽缸结合面的螺栓，进行汽缸检修。

（2）准备专用工具　起重专用工具包括：①顶缸专用千斤顶；②每一台机组安装时都配有相应的汽缸专用起吊工具，机组大修前要检查专用起吊工具情况，确保完整好用；③检查汽轮机罩壳、导汽管、端部汽封套等专用起吊工具是否有缺损，并予以补足；④准备齐全吊环、吊绳、吊卡、吊钩、手拉葫芦等工具；⑤准备齐全汽缸专用导杠；⑥检查、试验桥式吊车完好。桥式吊车是汽轮机大修必不可少的、使用频率最高的起重专用设备，因此大修前一个月就要进行全面、认真、细致的检查。

检修专用工具包括：①拆松汽缸结合面螺栓的专用液压力矩扳手一套，专用液压力矩扳手应带有力矩指示表，液压扳头应能够顺、逆时针调整旋向；②用于拆卸紧固力矩较小的各种规格法兰螺栓的电动扳手和风动扳手，以减轻劳动强度，提高工作效率；③拆装特殊部位螺栓的特制扳手，如用于拆卸低压外缸加强筋部位螺栓的超薄壁专用扳手，拆装低压内缸法兰螺栓的特制内六角扳手等；④用于拆装及悬挂特殊部件的专用工具；⑤螺栓加热电源箱及各种规格加热棒；⑥准备框式水平仪和楔形尺、内卡尺，用以测量汽缸起吊时的水平情况和测量汽缸四角顶起的高度；⑦测量汽缸螺栓长度的专用工具；⑧上缸支撑结构的汽缸要准备好检修垫块；⑨准备其他各类常用工器具，如各类扳手、扳杠、楔形塞尺、内径千分尺、垫块、千斤顶、大锤、锤子、螺钉旋具、锉刀、铜棒、螺栓松动剂、撬棍等。

（3）拆卸汽轮机化妆板　拆卸汽轮机化妆板工作是机组检修最早的一道工序。机组大修一般都滑参数到360℃左右才停止运行，投入盘车后就可以拆卸汽轮机化妆板。拆卸顺序是：从上到下，由外向内，由前向后，每拆除一块化妆板部件都要详细做好标记。拆卸过程中要注意人员和设备安全。由于化妆板外形庞大，起吊过程中要注意不能倾斜，作业人员要站在部件两侧,不准站在起吊部件下方,起吊作业要由一名专业起重工人统一指挥,起吊部件四周各有一名检修人员看护。罩壳部件要放在平坦、宽敞的定置场地上,下面垫上木板或胶皮。

(4)拆除汽缸保温材料 根据汽轮机调节级外缸壁金属温度要求依次拆卸相应位置的保温材料。拆除保温材料时,要上下、左右对称拆除;拆掉的保温材料应用专用口袋装好,放到指定位置;拆除工作结束后,要仔细清理,保持现场整洁。

(5)拆卸导汽管

1)当高压缸调节级外缸壁金属温度达到80℃以下时,才可以拆卸导汽管,否则冷空气沿导汽管法兰进入汽缸,易造成汽缸局部快速冷却,引起汽缸局部应力,严重时会导致汽缸裂纹。

2)拆除保温材料后,将导汽管法兰螺栓清扫干净,在螺栓螺扣上喷洒螺栓松动剂。

3)用外径千分尺或专用工具测量导汽管法兰螺栓的长度,并与上次大修后安装数据进行比较,将测量结果提供给金属监督部门。

4)用铜锤或铜棒敲击螺母,并适量喷洒螺栓松动剂,直到敲击螺栓的声音为两体声音(闷声)时,再开始用扳手拆卸螺栓。强制拆卸容易损伤螺栓螺扣。

5)拆卸螺栓的顺序是:先拆卸所在位置较狭窄、难操作的螺栓,后拆卸位置好、易操作的螺栓,尽可能做到对称拆卸,最后几个螺栓应轮流拆卸。待所有螺栓都拆卸后,将其放到指定位置。

6)带有插管的高中压导汽管法兰螺栓的拆卸顺序是:先拆卸弯管内弧侧法兰螺栓,后拆卸外弧侧法兰螺栓。在拆卸法兰螺栓之前,要用专用工具或手拉葫芦将插管定位。

7)待导汽管法兰螺栓全部拆卸后,将导汽管起吊到指定位置摆放牢固。起吊过程中注意调整导汽管重心保持平衡、不要倾斜,要特别注意人员安全。

8)导汽管吊走后,要及时用特制的铁盖将两侧法兰盖好,防止异物掉入汽缸内。对取出的法兰垫片进行测量,以便与备件垫片比较,组装时可作为垫片压缩量的参考数据。

9)在螺栓拆下来之前,要对螺栓编号进行一一核对,缺少编号或编号不清的螺栓要重新编号,并记录。

(6)拆除端部汽封及其他相关附件

1)拆除汽缸端部汽封及供、排汽管。

① 汽缸保温材料拆除以后,调节级处金属温度在90℃以下可以拆卸高、中压缸端部汽封。低压汽缸端部汽封在盘车停止运行以后就可以进行拆卸。

② 拆卸端部汽封及供、排汽管法兰螺栓之前,要做好检查工作,特别是对有临炉(或机)蒸汽母管供汽封用汽的机组更要仔细检查。确认管内没有压力蒸汽后,才能拆卸法兰螺栓,并对各部件做好标记,以便回装。

③ 拆除供、排汽管后,要将管道两侧法兰用特制的堵板封好,防止异物进入。

④ 解体高、中压端部汽封时,不要先松动结合面及立面螺栓,要按照图4-3所示的方式,用加套筒和厚垫旋紧螺扣的方法,先拔出结合面及立面的圆柱销(或锥形销)。对于有定位方

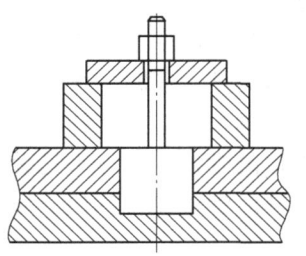

图4-3 拔结合面圆柱销(或锥形销)

销的汽封套，一般情况下，由于方销配合间隙比较小，又处于运行温度较高的区域，不易拔出。可先将足够的螺栓松动剂喷洒入配合间隙中浸泡，再用铜锤敲击方销侧面，使其松动，再将其拔出。

⑤ 在所有定位销拆除后，顺序拆卸结合面螺栓和立面螺栓，然后用水平和垂直顶丝配合，将端部汽封上半部顶离凹槽，再用专用工具将其吊出。注意不能碰伤汽封齿。有的机组解体端部汽封前，需要将附近轴承室的上盖先解体吊走。

⑥ 端部汽封上半部吊走以后，要在结合面处加装保护立面法兰软铁垫的专用工具。端部汽封下部供、排汽口要及时封堵，防止掉入异物。

2) 拆除热工元件。拆掉汽缸上的温度、压力、胀差、转速等热工元件。有些元件需先拆除引线，等设备解体后再拆除一次组件。

3) 装入检修垫块。对于上缸支撑的汽轮机，在拆卸汽缸结合面螺栓之前，需要分别将整个汽缸前后部顶起，取出工作垫块，换上同样厚度的检修垫块。换下的工作垫块要做好标记，放入专用工具箱中保管好，待组装时使用。检修垫块装入并确保拆卸结合面螺栓后，下汽缸的位置应不发生任何变化。

2. 汽缸结合面螺栓检修

(1) 汽缸结合面螺栓的拆装工艺　低压汽缸结合面螺栓，特别是低压外汽缸结合面螺栓尺寸规格一般较小，拆卸和紧固没有特殊的工艺，但需按照要求松紧的顺序操作。拆装螺栓基本按照先中间、后两侧、由内向外、左右对称的顺序进行。高中压汽缸及低压内汽缸结合面螺栓所处位置的温度和压力较高，其尺寸规格较大，因此拆卸和紧固一般按照要求顺序采用热拆装工艺。

1) 电阻式螺栓加热器及加热棒。电阻加热器具有结构简单，加热均匀，使用方便，容量、长度、粗细均可按螺栓的要求任意选购，以及多个螺栓可同时加热等优点。目前，国内外普遍采用这种加热器加热螺栓。电阻式螺栓加热器及加热棒有两类，一类是直流加热器和直流加热棒；另一类是交流加热器和交流加热棒。交流加热棒存在使用寿命短、安全性差的缺点。现多用由改进型的内热式电阻丝直流加热器（棒）和调压式直流控制箱组成的新型汽缸螺栓加热装置，这种装置克服了交流加热装置的一系列缺点，应用较多。

在拆装汽缸法兰螺栓以前，需要检查加热器与加热棒是否好用。一般情况下，通电 2 ~ 3min 内加热棒便发红，直至呈暗红色即为好用。

2) 汽缸结合面螺栓热拆装顺序。在拆卸汽缸结合面螺栓前，应检查汽缸变形情况，汽缸变形最大部位的螺栓应首先拆卸。所谓汽缸变形最大部位是指空扣上汽缸，测量汽缸结合面间隙最大的部位。先拆卸汽缸变形最大部位螺栓的原因是：该处螺栓在紧固时，为消除结合面间隙所施加的紧固力较大，若先拆卸其他部位螺栓，那么这些螺栓承受的紧力除原来的预紧力外，还附加法兰变形引起的作用力，这样就会使热拆卸螺栓的伸长量增大，加热时间成倍延长，造成拆卸困难，严重时会使螺栓过载损坏。其次是拆卸位置比较狭窄、作业困难部位的螺栓。接下来是拆卸长度较短、直径较小的螺栓。短螺栓加热伸长总量越小、细螺栓加热时螺母热得越快，螺栓拆卸的难度越大。最后拆卸位置宽敞、长度大、直径较大的螺栓。

如果汽缸上既装有带加热孔的螺栓，又装有无加热孔的螺栓，那么拆卸螺栓时就应先拆卸无加热孔的螺栓，之后再依照上面所述的拆卸顺序进行。

某型汽轮机高压缸最合理的松紧螺栓顺序，如图4-4所示。

3）螺栓编号及螺纹保护。螺栓拆卸之前要对螺栓及螺母进行编号，因为汽缸螺栓处在高温下长期承力运行的结果就是螺纹会产生微小的变形，螺母与螺栓的螺纹变形是匹配的，如果组装时螺栓与螺母不匹配，则会因变形不一致而导致螺纹配合不好，严重时会出现螺纹乱扣或咬死现象。消除螺纹微小变形影响的最好方法就是将螺母与螺栓编号、匹配组装。编号可用钢字码打在螺栓和螺母的端头平面上。如果没有钢字码，也可用油漆

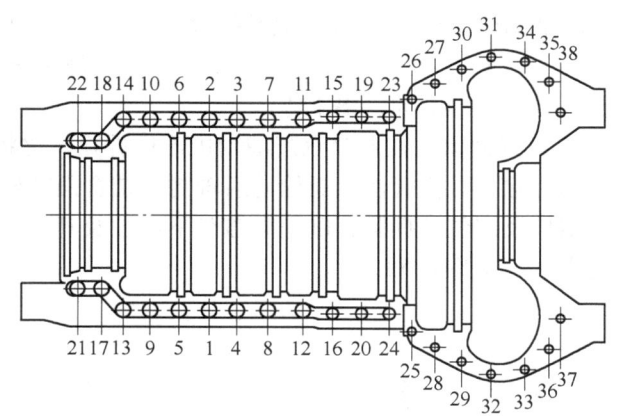

图4-4 汽轮机高压缸最合理的松紧螺栓顺序

写上。检修过程中，汽缸结合面螺栓要求全部拆下，清扫、修整、探伤后再重新组装。拆下的螺栓要装上专用螺纹保护套。

（2）螺栓紧固件的检修工艺

1）螺栓、螺母清扫。螺栓、螺母拆下要进行清扫工作。用螺栓松动剂或清洗剂、煤油浸泡螺纹约20min，然后用钢丝刷与毛刷配合清扫螺杆和螺纹部分。清扫要全面、彻底，不能留有死角。清扫干净以后，用热风吹扫烘干，摆放整齐，为进一步检验做准备。

2）螺栓检查。螺栓检查分两种形式，一是用放大镜进行宏观检查，主要检查螺纹有无碰伤、变形及螺栓有无明显裂纹、弯曲等；二是金属技术监督检查，主要进行着色或磁粉探伤、超声波探伤、硬度检查及金相组织检查。根据发现的缺陷情况，分析出产生缺陷的原因，找出处理的方法。如发现螺栓存在裂纹，则需要更换新螺栓。

3）螺纹修复。螺纹最容易出现的缺陷是变形或损坏。变形量不大的螺纹可以在检修现场进行人工修复，螺纹涂研磨膏用配套螺栓、螺母对研，用细锉磨削硬点直到轻松旋到底为止；对于变形量很大且是多扣变形的螺纹，需要到车床上进行修复，车刀每次进刀量不允许超过0.03mm，用配套螺栓、螺母检验。

螺纹损坏分多种。螺纹齿尖部碰伤、齿面异物研碾损坏等轻微损坏的修复工作可以在现场用锉刀、板牙或丝锥完成，修复之后可以继续使用。螺纹断齿是破坏性损伤，如果是高压缸结合面螺栓、螺母，出现断齿后必须更换新品，如果是低压缸结合面螺栓，螺纹断齿在2扣以内，没有其他缺陷的情况下，修复后可以继续使用。

4）球面垫检修。大容量机组汽缸结合面的大螺栓采用球面垫。球面垫的优点是可以调整螺母与汽缸法兰面的相对位置，保证螺栓紧固后不产生弯曲应力。球面垫经常出现的缺陷是裂纹或工作表面划伤。由于要求球面垫工作表面硬度高，大多采取表面氮化处理，处理工艺稍有偏差就很容易造成球面垫内部应力集中，再受运行温度变化的作用，极易产生裂纹。球面垫裂纹检查一般采用着色或磁粉探伤，如有裂纹就必须进行更换。由于球面垫用于调整螺母与汽缸法兰面的相对位置，在机组运行工况发生变化时，汽缸与螺栓膨胀变化不统一，会造成球面垫有相对滑动。高温下金属硬度相对降低，球面垫工作面极易研碾划伤。工作表面划伤很容易检查，修复的方法是研磨划伤部位。对工作面划伤严重的球

面垫，应予以更换。

3. 汽轮机揭大盖、翻大盖及扣大盖

（1）工具及材料　揭大盖，翻大盖专用吊具索具及栓连工具，常用手工工具，铜棒，撬杠，导杆，润滑油，垫木等。

（2）揭大盖　在调速汽门油动机连杆拆除，化妆板拆除，进汽管法兰螺栓保温层打掉，热电偶拆除，导汽管法兰螺栓前后轴封套结合面螺栓拆除，法兰加热供汽导管拆除，汽缸结合面螺栓及定位销拆除，确信大盖与下汽缸及其他导线无任何连接时，才允许揭大盖。揭大盖的方法（见图4-5）。

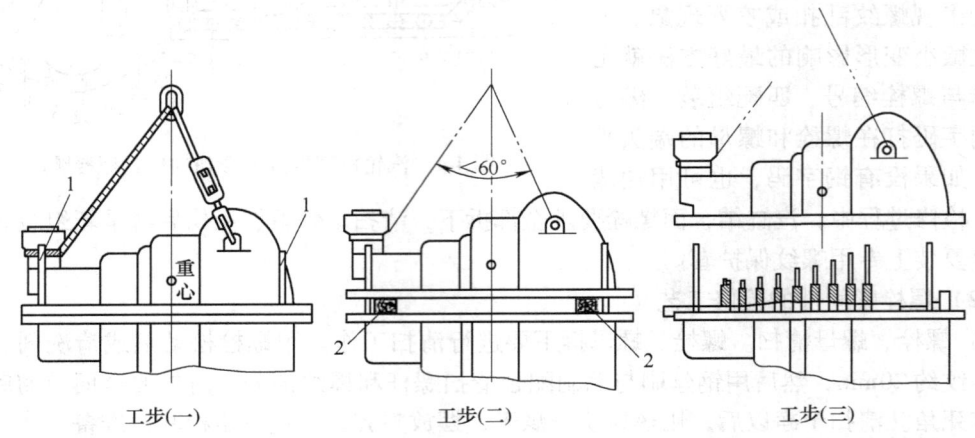

图4-5　吊起上汽缸的工艺步骤
1—导向杆（四根）　2—垫木

1）装好揭大盖的专用吊具，在汽缸四角装好导杆并在杆表面抹上润滑油，然后用大盖四角顶丝将大盖均匀顶起5~10mm。

2）微微吊起大盖，要求大盖四周应同步上升，其高度差应小于2mm，导杆与孔无明显摩擦，大盖升高100mm后，用垫木垫四周，再次全面检查，并确保汽缸内部无零件脱落。

3）继续缓慢起吊，当大盖离开导杆并超过末级叶片100mm后，起动大车（或小车）。平稳将大盖吊起并放置在指定位置（下部用长垫木垫好）并退回顶丝。

（3）翻大盖　翻大盖就是将大盖进行180°翻转。翻大盖应根据现场使用设备实际情况及大盖的形状，采取合适的操作方法。

1）单钩翻转法。对中小型机组，可采用单钩翻大盖的方法如图4-6所示。用行车的单钩起吊汽缸的一侧，汽缸的另一侧支撑在枕木垫上，作为支点，使汽缸进行翻转，翻转时汽缸的重心轨迹应为一弧线。应该注意，在单钩翻大盖过程中当汽缸的重

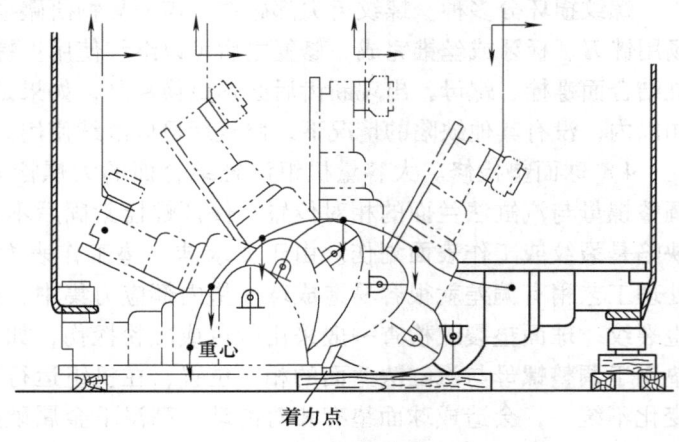

图4-6　单钩翻大盖的方法

心、吊钩在汽缸上的系结点以及汽缸与地面的着力点三点翻至接近一铅垂线时，为防止汽缸的重心突然转向引起冲荡，在滚翻前必须用枕木将汽缸在地面上的着力点垫平整，同时在汽缸与地面的着力点处穿绕滑轮组。

2）双钩翻转法。大型机组的上汽缸采用双钩法进行翻转，根据具体操作方法的不同，它又可分为空间翻转法和空间换点翻转法两种。

当缸体外形比较规则时，则可采用空间翻转法，即在缸体上选择比较合适的吊点，主钩上的千斤绳从汽缸 A 端，绕过汽缸下面，两个绳套系挂在 B 端的两个管式吊耳上；副钩上的千斤绳两个绳套垂直向下，也系挂在 B 端的两个管式吊耳上，但须套在主钩千斤绳的绳套内侧。其翻转过程如图 4-7 所示。首先由主，副钩同时提升，将缸体吊离地面约为 0.5m 高；主钩继续提升，副钩停止提升，并配合主钩作间断下降，保持汽缸的最低点离地面约为 0.5m 高度；这样汽缸 A 端随主钩上升而向上移动，B 端保持离地面约为 0.5m（见图 4-7b）；当 A，B 端趋向于垂直线，即汽缸在翻转 90°时（见图 4-7c），主钩停止提升，副钩

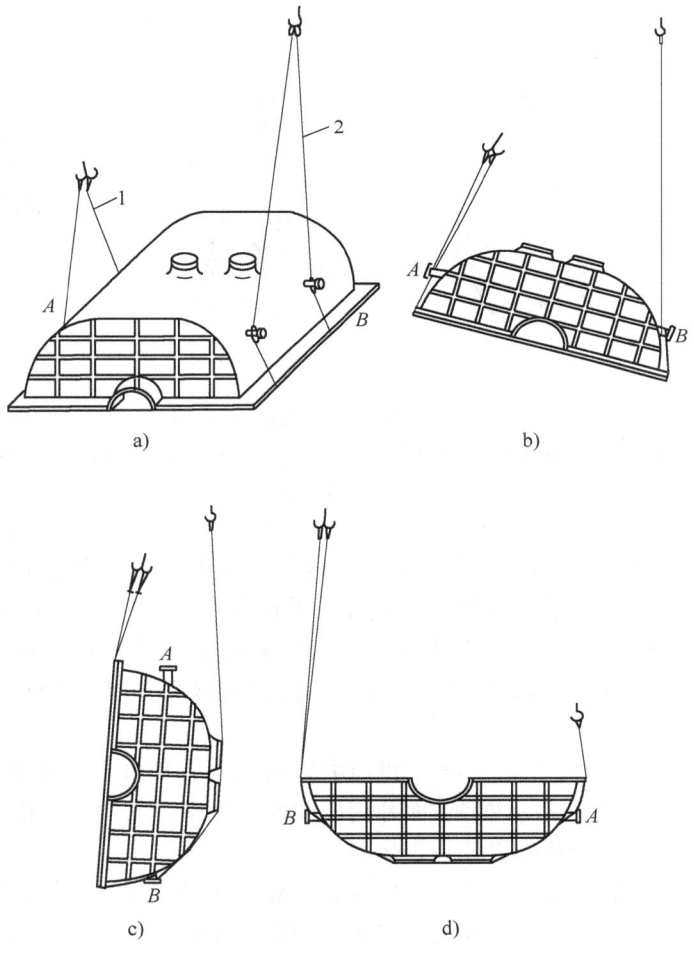

图 4-7 汽缸空间翻转过程示意图
a）起吊 b）开始翻转 c）翻转 90° d）翻转 180°
1—主钩千斤绳 2—副钩千斤绳

开始连续下降，此时主钩作间断上升，以保持缸体的最低点不接触地面；汽缸的上面依靠在副钩千斤绳上，随着副钩的下降，汽缸 A 端绕 B 端顺时针方向移动，而使汽缸翻扎至 180°（见图 4-7d）。

当缸体形状不规则时，应采用空间换点翻转法，其操作过程如图 4-8 所示。首先由主、副钩同时提升，将汽缸吊离地面约 0.5m；主钩连续提升，副钩停止，此后配合主钩作间断的提升或下降，以保持缸体的最低点离地面 0.5m 左右；当汽缸平面与地面约成 90°时，主钩停止提升，由副钩单独下降，直至汽缸重心 G 移至与主钩系接点在同一垂直线上，使副钩不承受负重；取下系结绳套，将汽缸转过 180°后把副钩千斤绳套在吊耳上；副钩稍向上提升后即停止，由主钩连续下降，使汽缸平面逐渐放平，然后两钩配合使大盖水平降落在垫木上。

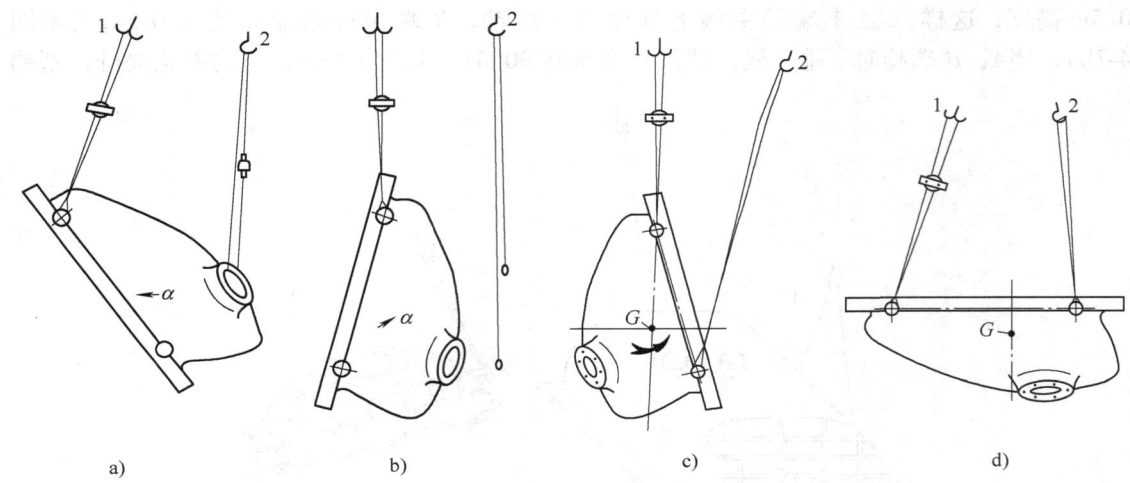

图 4-8 空间换点翻转过程示意图
a) 汽缸开始翻转　b) 翻转 90°拆除副钩千斤绳　c) 转过 180°后系结副钩千斤绳　d) 翻转 180°
1—主钩　2—副钩

（4）扣大盖

1) 试扣大盖。汽轮机检修工作完成后，可进行最后组装及扣大盖工作。为了使此项工作能顺利进行。扣大盖前要进行试扣。将下汽缸所有部件组装好，吊入转子。和上汽封套、上缸隔板（隔板套）及大盖，分别在不紧汽缸结合面螺栓和紧三分之一汽缸结合面螺栓的情况下盘动转子，用听音棒听取汽缸内部和汽封套处是否有摩擦声。如有摩擦声应检查并消除。

2) 扣大盖。扣大盖前应先将下汽缸和轴承座内的所有部件全部拆除，彻底检查清扫。用干净抹布擦拭汽缸及轴承座的内部表面并用压缩空气吹净，吹扫时应将所有抽气孔、疏水孔的临时封堵取出，并检查各仪表孔是否畅通。

清理检查完毕，按顺序安装内缸、隔板套、隔板、汽封套、转子等，接好汽缸内部的管子。汽缸内各部件组装结束，再次盘动转子，用听音棒监听各个隔板套、汽封套内有无摩擦声，一切情况正常时方可正式扣大盖。

装上导杆并涂以润滑油，使用专用工具将大盖吊起，大盖吊起时应用水平仪检查汽缸水平结合面纵向及横向的水平度，其误差不得超过 0.3mm/m。

大盖起吊至一人高度时应仔细查看上缸内所有能看到的沟槽，并用压缩空气清扫，擦净上缸的法兰结合面，在下缸法兰结合面上均匀地涂上一层涂料，涂料厚度约 0.50mm，然后将大盖缓慢落下。法兰结合面在大盖落下的整个过程中应保持水平状态，并防止汽缸与其他部件发生碰触。当大盖落至法兰结合面尚留有 5～10mm 间隙时，打入汽缸结合面的稳钉，使上下汽缸对准，才可将大盖完全落下。

4. 汽缸的清理和检查

1) 用未淬硬的刮刀、细砂布和电动圆盘钢丝刷清扫汽缸结合面、隔板套（静叶环）及汽封套的定位凸台和凹槽。高、中压内缸及外缸的高温部分可用砂轮或用胶布粘牢砂皮后装在风动砂轮上将氧化皮磨去。对毛刺等微小缺陷可用细锉刀或油石消除。使用刮刀清扫汽缸结合面时，应沿结合面周边方向纵向进行，不准由缸外侧向缸内侧或由缸内侧向缸外侧横向刮削，更不允许刮削结合面金属或刮出纹路，以免损坏结合面的严密性。

2) 对于上汽缸清扫可将其翻转 180°，使结合面朝上并垫实。对于 300MW 以上的汽缸，在清扫上缸结合面时，用吊车先吊起外缸，再用专用撑架在四角将其撑住，同时吊车仍吊着汽缸，使钢丝绳保持适当受力，工作完毕后，应及时将外缸放到枕木上。不允许在无人工作时，仍由吊车吊着汽缸。更不允许在吊车吊着汽缸时，进行电焊工作。必要时，用吊车吊着焊接时，必须先将汽缸放下，在吊钩上包上绝缘垫，然后吊起汽缸进行焊接工作。

3) 用钢丝刷清除汽缸内表面的锈垢和氧化皮，并用压缩空气吹净。注意不得损伤精加工面，不能将脏物吹入各抽汽孔和疏水孔。外表面指定部位清扫，应按要求见到金属光泽，以便金属技术监督检查。

4) 汽缸清扫后，要做全面细致的检查工作，主要检查项目有：①汽缸水平结合面及其螺孔附件；②下汽缸各抽汽、疏水、热工测点孔洞的内外侧附近；③上、下缸的内、外侧圆角过渡区、制造厂原补焊区；④上、下缸的喷嘴弧段附近、导向环和汽封隔板槽等部位；⑤其他温度变化剧烈，断面尺寸突变，峰谷等部位有无裂纹、脱焊、吹损等缺陷，若有可疑时应用放大镜进一步检查，发现问题时可用着色法、酸浸法、超声波探伤法检查确定。对裂纹的检查方法通常用的有浸煤油试验法，腐蚀试验法等。

浸煤油试验法：首先对裂纹周围的金属表面进行严格的清洗直至表面出现金属光泽，然后在其上涂以煤油；由于煤油具有较强的渗透能力，能渗到裂纹缝隙内。大约经过十分钟，便可将表面附油擦净，再敷上一层用酒精搅拌好的白垩。稍等片刻，酒精挥发了以后，裂纹中存留的煤油就会渗出来，将涂于表面的白垩浸湿从而清楚地显示出裂纹的形状。如果在煤油中预先稍加些黑铅粉，则裂纹将显现的更清晰。

腐蚀试验法：将含 20%～30% 硝酸的酒精溶液或含水 50% 的稀醋酸涂于金属表面，经过酸的浸蚀，再用放大镜仔细观察，即可发现裂纹形状及其起终点。

5) 低压汽缸防爆门法兰结合面应无毛刺及贯通槽沟，接触应良好，垫片应完整无损，其厚度在保证排汽缸压力大于大气压力时能动作为宜。各制造厂使用垫片的材质不同，有高压纸箔、铝皮、薄铅板等。

5. 汽缸的测量和调整

(1) 汽缸结合面水平的测量工艺

1) 将待测部位用细砂布清扫干净，确保无毛刺、划痕。

2) 用合像水平仪安放在规定测量位置上，测量各内、外汽缸的纵、横向水平情况。将合像水平仪放稳，并用手按对角，检查水平仪有无未放平的现象。合像水平仪的使用要正确。

3）将测得的数值与上次大修记录和安装记录相比较，看其有无变化，若有较大的变化，应认真检查，分析产生的原因，并采取适当措施，防止其发展。

(2) 汽缸严密性检查

1）高、中压内、外缸在大修中均须在空缸情况下，检查结合面间隙。

2）合空缸时，应在汽缸结合面清理好后进行，避免因毛刺、污垢影响测量的准确性。

3）汽缸合上时应打入定位销，并重点检查以下部位：上、下缸的各凸肩、槽道在轴向有无错位现象；外缸对内缸的限位凸肩是否顶牢；内缸有无上抬现象。

4）确认无误后，用塞尺检查空缸自由状态下和冷紧1/3结合面螺栓时汽缸结合面间隙，汽缸内、外两部分的间隙数值应标明范围，用粉笔写在下缸上，对高温区域应重点检查。一般情况下，自由状态时0.25mm塞尺应塞不进；冷紧1/3螺栓后不得有任何间隙。

5）低压内、外缸空缸检查严密性的方法和要求与高、中压内、外缸测量方法一致。

6）当汽缸结合面间隙超过标准时，应全面分析结合面接触不良和变形的原因，确定修刮方案。修刮合格后，用精细专用油石将结合面打磨光滑。

6. 汽缸检修特殊问题处理方法

(1) 汽缸裂纹的处理方法　汽缸裂纹多产生于下列部位：①各种变截面处，如调节汽门座、抽汽口与汽缸连接处，汽缸壁厚突变处；②汽缸法兰结合面，多集中在调节级前的喷嘴室区段及螺孔周围；③汽缸上的制造厂补焊区。

产生裂纹的原因有以下几个方面：①铸造工艺不当。汽缸各处壁厚不同，凝固速度不同，产生的应力也不同，这个铸造应力可把汽缸拉裂（形成表面裂纹或隐形裂纹）；同时铸造缺陷、如夹渣、气孔等亦可造成裂纹。②补焊工艺不当。补焊工艺不当或焊条使用不当及补焊中的缺陷，如未焊透、夹渣、气孔等也易造成裂纹。③汽缸时效处理不当。不能消除材料内部的应力。④运行操作不当。运行中起动、停机、负荷变化过速、参数波动过大等，会使汽缸各部分产生过大温差应力，此温差应力容易引起裂纹；运行时机组振动过大亦可导致汽缸裂纹。

出现裂纹后要根据裂纹情况制订出具体的处理措施。在现场的工作条件下，一般采取的措施有打磨法、打磨补焊法和钻孔止列法。

1）打磨、铲除法。这种方法应用于裂纹短也比较浅而且汽缸壁比较厚的情况下。当裂纹不是很严重（深度小于5mm）且裂纹所在位置又比较鳖手时，一般现场处理方法是用角向磨光机、直磨机打磨裂纹或用扁铲、锉刀铲除裂纹，将裂纹打磨掉，并在磨口附近打磨成光滑过渡，然后进行着色检验，直到裂纹清除。检验剩余制度、进行强度校核，如果剩余厚度仍然可以承受蒸汽压力参数变化，即强度仍然够用的情况下，就不补焊，打磨后处理工作就可结束。

2）打磨补焊。在现场应用最为广泛，处理问题也比较彻底的方法是裂纹打磨以后进行补焊的方法。当裂纹深度很深，已经超过了汽缸强度允许范围，打磨后就要进行补焊。汽缸补焊一般可分为热焊接和冷焊接，采取哪一种方法要根据汽缸的材质确定。首先，双层缸结构的高、中压缸内缸和单层缸结构的高、中压缸一般均采用较高性能的耐热合金钢，最为常见的有 ZG15Cr1Mo1V 和 ZG15CrV 等，焊接需要热焊接，焊后需要热处理。具体处理工艺如下：①将汽缸裂纹打磨掉，采用着色检验的方法检验裂纹打磨的彻底与否。如果裂纹已经打磨彻底，将打磨口磨成 U 形坡口，要求 U 形坡口的上边缘要打磨成带有外 R 角的形状。②由坡口向外 150mm、300mm、500mm 处各加 2 个温度测点，温度测点一次性组件要用保温包上。根据现场条件，制订焊接工艺措施和安全措施。③用感应涡流加热绕组缠绕在补焊处汽缸上或准备充足的烤把。④根据汽缸材质选定焊条，并将焊条放在焊条干燥箱内加热干燥。⑤给感应线圈通电，使汽缸开始加热，根据焊接工艺措施要求控制温升速度，直到加热到焊接要求的温度，并用感应线圈或烤把维持一定的温度。⑥先将整个坡口薄薄的敷焊一层，焊接顺序见

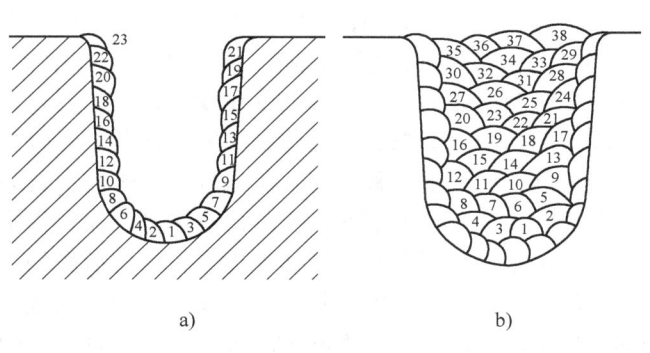

图 4-9 汽缸补焊的顺序
a) 敷焊焊接顺序 b) 依次焊接顺序

图 4-9a，焊好一层后清理干净焊渣，并进行回火处理，回火后立即用长嘴刨锤敲击坡口以消除焊接应力。⑦清扫干净坡口表面（用毛刷、组锉、刨锤以及酒精等），开始按照图 4-9b 所示的顺序进行依次焊接，焊接一层后回火、敲击消除焊接应力，直到焊满坡口位置。⑧全部焊接结束后，对坡口进行回火处理；冷却后对坡口进行超声波探伤及着色检查，若发现裂纹应分析原因，重新制定措施，重新打磨焊接直到再没有裂纹为止。

补焊结束后检查汽缸变形情况。还有一种情况是汽缸处于低压、低温工作区，采用的汽缸材质要求的标准就相对低一些，比如 ZG20CrM0、ZG20CrMoA、ZG20CrMoV，此类材质适用于温度在 520℃ 以下的汽缸或隔板套，比如高、中压外缸和低压内缸。其补焊工艺要求可以用冷焊接方式，所谓冷焊接就是焊接母体焊前预热、开始补焊后不再预热，而是清扫干净后直接施焊。

3）钻孔止裂法。钻孔止裂法是在裂纹的两端各钻一孔，将裂纹截断隔离并防止裂纹继续延伸的方法。这种方法适应于裂纹较浅，且出现裂纹的部位非常整手，既难打磨也无法铲除的情况，是一种临时性措施。具体方法是：在裂纹的终结点部位用 $\phi 4 \sim \phi 6$mm 钻头垂直向下钻孔。终结点位置宽敞时钻孔工具可以采用手枪电钻、风钻等工具；在终结点位置非常狭窄的情况下，可以采用 90°手扳钻，因为手扳钻可以改变钻头长度，也可以调整旋转轴的长度，以适应各类情况的需要。钻孔深度应该和裂纹深度相同，也就是说裂纹钻没以后就可停止，从而尽可能减少汽缸强度降低。在钻孔接近裂纹时，钻头应采用 150°圆钻角钻头，这样可以缓冲裂纹向两端发展。但未钻孔处的裂纹深度方向无法控制，所以这种方法在不得已的情况下采用。

（2）螺母螺扣咬死处理方法 在加热松动大螺栓的过程中，会遇到螺栓加热以后，螺栓虽然已经伸长、螺母也能拧动，但只拧动几扣以后就再也拧不动的情况。当螺母已经松动一段长度，向紧固的方向上还可以拧回去，但向松动方向拧不动时，说明螺栓的螺扣上可能出现毛刺或氧化层脱落。这时，首先要用压力喷壶从螺栓的上、下侧向螺纹上浇螺栓松动剂，然后来回拧动螺栓，边拧动边喷浇，使得螺栓松动剂渗入螺栓螺扣中。这种方法处理氧化层脱落引起的螺母拧不动时十分有效。如果无论采取什么方法也不能将螺母顺利拆卸下来

时,只能选择破坏螺母的方法。破坏螺母的方法有两种:一种是用液压劈开器将螺母对称劈开;另一种是在没有劈开器的条件下,用割炬将螺母割开。用割炬切割螺母时,一定要注意不能将螺栓的螺扣碰伤。用破坏螺母的方法解体的螺栓,在检修过程中必须进行金属探伤检查,必要时要进行热处理,同时要用车床或专用扳手将螺栓螺扣修复。

(3) 汽缸泄漏的处理 汽缸泄漏多数发生在上下缸水平结合面高压轴封两侧,因为该处离汽缸结合面螺栓较远,温度变化较大,温度应力也较大,往往使汽缸产生塑性变形,而造成较大的结合面间隙,使这些部位发生泄漏。一般情况下,汽缸泄漏的原因除了制造厂设计不当之外,有以下三种原因:①汽缸法兰螺栓预紧力不够;②汽缸法兰涂料不佳。如涂料内有杂质,涂刷不均或漏涂、涂料内有水分,涂料用错等;③汽缸法兰变形严重,结合面间隙较大。由于汽缸形状复杂及体积庞大,铸造后虽经过消除应力热处理,但仍存在残余内应力。当汽缸经过一段时间运行后,残留的内应力和运行中产生的温差应力相互作用,使汽缸变形,局部区域法兰结合面间隙较大。根据汽缸泄漏的情况,大致有下列几种处理方法:

1) 用适当的填料密封。当汽缸泄漏面积较小,结合面间隙在 0.10mm 左右时,可用亚麻仁油加铁粉作涂料,涂于泄漏处或接合面间隙大处,以消除泄漏。该涂料配置方法:将亚麻仁油用电炉煎熬约 6h,待亚麻仁油内水分蒸发完为止,使亚麻仁油有一定的黏性即可。加入 25% 的红粉、25% 的铁粉和 50% 的黑粉,搅拌均匀成浆糊状就可使用。

2) 结合面处加密封带。当汽缸泄漏处于高温区域且漏汽不很严重时,可在汽缸结合面泄漏区域的上缸,离内壁 20~30mm 处开一条宽 10mm、深 8mm 的槽。然后在槽内镶嵌 1Cr18Ni9Ti 不锈钢条,借助于 1Cr18Ni9Ti 材料的膨胀系数大于汽缸材料的膨胀系数的特点,使汽缸在运行工况时增加密封紧力(约 0.02mm),从而消除漏汽。

3) 汽缸结合面加装齿形垫。当汽缸结合面局部间隙较大,漏汽严重时,可在上下汽缸结合面上开宽 50mm、深 5mm 的槽,中间镶嵌 1Cr18Ni9Ti 的齿形垫,如图 4-10 所示。齿形垫厚度一般比槽的深度大 0.05mm 左右,并可用不锈钢垫片进行调整。

4) 汽缸结合面堆焊。当汽缸漏汽发生在低压汽缸的低压轴封处时,由于该处工作温度较低,一般采用局部堆焊来消除漏汽。堆焊前将汽缸平面清理干净,用氧乙炔焰焊嘴加热堆焊,堆焊后用小平板进行研刮,使其与法兰平面平齐。对于工作温度高的汽缸,因其材料焊接性能差,为防止汽缸裂纹,一般不采用堆焊方法来处理漏汽缺陷。

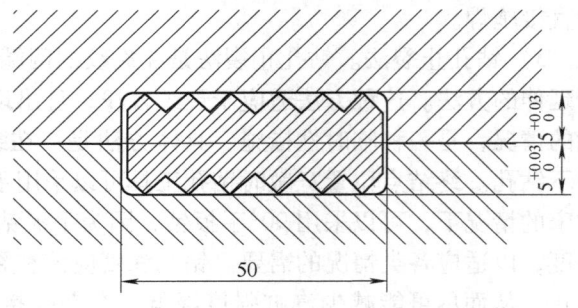

图 4-10 汽缸结合面加装齿形垫

5) 汽缸结合面涂镀。当低压汽缸结合面大面积漏汽时,为了减小研刮汽缸结合面的工作量,可采用涂镀新工艺,即利用汽缸作阳极,涂具作阴极,在汽缸结合面上反复涂刷电解溶液。溶液的种类可按汽缸材料和研刮工艺而定。涂镀层的厚度可按汽缸结合面间隙大小而定,一般涂镀层厚度为 0.03~0.50mm。涂镀层可用平尺或将上汽缸合上进行研刮。用涂镀方法消除汽缸漏汽,不需对汽缸加热,所以不会引起汽缸变形,操作简单方便,在许多方面优于喷涂法,因而逐步得到推广。

6) 汽缸结合面研刮。当汽缸变形较大,大部分结合面存在间隙而突出部分的面积不是很大时，可采用结合面研刮的方法。研刮工作一般分下列几个步骤：①将上、下汽缸结合面清理干净，并扣上大盖，冷紧 1/3 汽缸螺栓，用塞尺检查汽缸内外壁结合面间隙，做好记录和记号。②根据所测结合面间隙，确定研刮基准面。一般情况下，以上汽缸为基准，研刮下汽缸平面。但是当汽缸变形严重时，上汽缸平面不平，此时应先将上汽缸翻转，用枕木垫平垫稳（注意汽缸静垂弧的影响）。然后用平直尺或大平板检查和研刮平面，一般研刮到用平直尺检查间隙小于 0.05mm，方可将上缸再翻转，作为研刮下汽缸平面的基准。③当汽缸变形量大于 0.20mm 时，应用平面砂轮机进行研磨。为防止研磨过量，可在下汽缸平面上按变形量用手工研刮出基准点，一般为 10mm×10mm 的小方块，其深度为该处必须的研刮量。每隔 200mm 左右研刮一个基准点。④汽缸法兰平面研刮应注意下列事项：汽缸结合面间隙最大处不能研刮；研刮前必须将汽缸法兰平面上的氧化层用旧砂轮片打磨掉；刮刀或锉刀等研刮工具只能沿汽缸法兰纵向移动，不能横向移动，以免汽缸法兰平面上产生内外贯穿的沟槽，影响研刮质量；用砂轮机研磨到汽缸接合面间隙等于或小于 0.10mm 时，应改用刮刀精刮。此时检查汽缸结合面接触情况，应在下汽缸法兰平面上涂擦一薄层油墨，用链条葫芦或千斤顶施力，使上汽缸在下汽缸沿轴线方向移动约 20mm，往复 2~3 次，然后吊去上缸，按印痕进行研刮；用油墨或红粉检查平面时，必须将汽缸法兰平面上的铁屑揩净，以防汽缸在往复移动时拉毛平面；研刮标准为每平方厘米范围内有 1~2 个印痕，并用塞尺检查结合面间隙小于 0.05mm。达到标准后用 "00" 号砂纸打磨，最后用细油石加汽轮润滑油进行研磨，使汽缸法兰表面粗糙度 Ra 为 $0.1~0.2\mu m$；研刮结束后，应合缸测量各轴封、隔板等处的汽缸内孔的轴向、辐向尺寸，以确定是否需要镗汽缸各孔；研刮前必须将前后轴承室和汽缸各疏水、抽汽等孔封闭好，以防铁屑、砂粒落入。

（4）汽缸膨胀不畅的检修 汽缸膨胀不畅是高中压分缸机组常见的故障，不但延长机组起动时间，严重时可能造成汽缸跑偏、机组胀差值超标，甚至会使动、静部件发生碰摩、主轴弯曲等严重后果。一般情况下，汽缸膨胀不畅可能有以下两个原因：

1）轴承箱底部与台板之间的摩擦阻力偏大：

①高、中压缸的轴承箱处于高温工作区域内，随着机组运行时间的增加，轴承箱底部的润滑油脂就会老化、变质，致使摩擦阻力增大；②汽缸轴封向外漏汽，使轴承箱底部与台板之间生锈、腐蚀，加大摩擦阻力；③轴承箱下部的滑销系统卡涩。

2）推拉结构不合理：①存在汽缸膨胀不畅的机组在起、停过程中，高、中压缸的膨胀和收缩，多数是由猫爪来传递推力和拉力的。由于猫爪推拉装置的配合间隙很小，加之汽缸左右侧膨胀不可能很均匀，所以左右两侧猫爪传递的推力和拉力也不相同，严重时只有一侧猫爪传递，从而会使轴承箱受到偏心的推（拉）力作用，造成轴承箱底部纵向键受力，发生摩擦卡涩，造成汽缸纵向膨胀不畅；②由于猫爪一侧受力，还会造成汽缸横向膨胀时一侧受阻，使汽缸的立销受力，严重时会使立销变形，造成汽缸的跑偏；③猫爪推拉装置的承力点与轴承箱滑动面存在一定的高差，因此猫爪推拉轴承箱时会对轴承箱产生一个旋转力矩的作用，不利于轴承箱的顺畅膨胀。

汽缸膨胀不畅主要有如下几种解决措施：

1）减小轴承箱底部与台板之间的摩擦阻力：①将原来轴承箱底部弯曲线长的大回路油槽堵死，重新开设容易注排油的小回路油槽，并在轴承箱侧面开设注油孔和排油孔，便于运行中加注润滑油；②新油槽开设 45°斜坡口，使润滑油容易进到轴承箱底部与台板间的接触面内部，使其能够起到良好的润滑作用；③将台板、轴承箱底面及与轴承箱配合的纵销上的锈蚀、斑点及毛刺打磨干净，将轴承箱与台板对研，经着色检查接触面积应达到75%以上，且轴承箱在台板上滑动自由。④在端部轴封外侧加挡汽板，防止漏出的蒸汽进入轴承箱与台板之间。

2）改进推拉装置：①猫爪横销的推力侧加工为2.5mm间隙，使汽缸的横向膨胀更加顺畅，猫爪只起拉力作用，而不起推力作用；②轴承箱与汽缸之间加装H型中心推拉梁。汽缸膨胀时，将推力作用点转移到H型中心推拉梁上，可大大降低原猫爪作为承力点时对轴承箱产生的翻转力矩，使膨胀顺畅；汽缸收缩时，轴承箱与汽缸间力的传递是由猫爪和H型中心推拉梁共同传递的，这比原结构中单靠猫爪传递的情况有了很大的改善。

4.5.2 隔板套、隔板（静叶环）检修工艺

1. 解体及注意事项

1）上缸或上内缸吊开后，应及时向各隔板套连接螺栓内注入松动剂或煤油浸泡。同时测量检修前的隔板套、隔板（静叶环）水平中分面间隙，隔板或隔板套挂耳间隙，并将有关数据记录在检修卡片上。

2）将各隔板套、隔板（静叶环）按顺序做好编号，以防组装过程中错装造成返工。各螺母作好编号，以便回装时原螺栓配原螺母。

3）拆卸各隔板套、隔板（静叶环）连接螺栓，拆时应小心谨慎，防止螺母、垫圈、扳子或锤头掉入抽汽孔内，若有异物掉入抽汽孔应及时设法取出。

4）对于300MW以上机组，静叶环部分螺母需热松，故采用电加热方法进行。

5）确认吊装顺序，做好记录后，分别吊出上半隔板套、隔板（静叶环）至指定位置，检查中分面有无漏汽痕迹，并做好记录。

6）检查下半隔板（静叶环）中分面有无抬起，压板底部有无脱空现象。

7）下半部件待转子吊出后逐个做好编号，再用吊车逐个吊出，放置在检修现场指定位置，要求整齐有序，物件下应垫木板或橡胶板。

8）当隔板套、隔板（静叶环）全部吊出后，应立即将各抽汽口封堵好，以防检修过程中异物落入。

9）对具有隔板套的隔板应用专用工具将各级隔板抽出，并做好标记，见图4-11。绝对禁止用钢丝绳直接穿入叶片中进行起吊。在起吊隔板过程中，吊车要找正，当隔板有卡涩时，应用铜锤轻轻敲击，待隔板活动后再继续起吊，注意不能摩擦、碰撞，不能强行起吊。

2. 隔板套、隔板（静叶环）的清理检查和修整

1）隔板（静叶环）解体后，可采用人工直接清扫、喷砂和化学去垢方法清扫静叶片的正反面。

2）严禁用砂轮机或角向磨光机进行清扫，防止增加叶片表面的粗糙度，改变叶片型线和挂耳的调整压板螺钉。上隔板的压块螺钉必须拆下清理，螺孔均用丝锥重新过丝、装复。

3）隔板（静叶环）与隔板套或与汽缸的轴向配合面均用砂布清理干净，其余部位可用钢丝刷将浮垢清除。

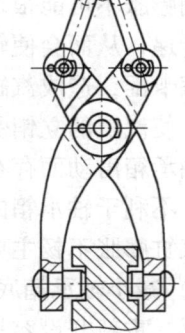

图4-11 吊下隔板专用工具

4）对隔板（静叶环）逐级宏观检查，重点检查进、出汽侧有无与叶轮、叶片摩擦的痕迹；铸铁隔板的静叶片铸入处有无裂纹和剥落现象；静叶片有无伤痕、卷边、松动、腐蚀、裂纹或组合等不良现象；隔板（静叶环）、隔板套的挂耳有无松动、损伤现象；焊接隔板中分面处的两端静叶应重点检查有无脱焊、开裂、漏焊或腐蚀吹薄等现象；隔板套有无裂纹并进行隔板（静叶环）严密性检查。

5）用小锤逐片轻敲静叶片作音响检查，是否发音清脆，衰减适当，对有疑问的静叶片应用放大镜或着色法作进一步检查。

6）对静叶片裂纹、缺口等缺陷进行整修，小缺口或小裂纹用圆锉修成圆角，裂纹较长时应在裂纹顶端打止延孔，出口边卷曲严重应作必要的热校正，较大缺口应补焊。

7）宏观检查喷嘴片和喷嘴室，用小铜棒轻击喷嘴片作音响检查，并检查喷嘴固定端的销钉和靠近汽缸平面处的密封键。

3. 检修后的质量标准

1）隔板（静叶环）叶片清理修整后，应清洁光亮，无划痕、裂纹、松动、卷边、缺损等现象。

2）隔板套、隔板（静叶环）水平结合面应光滑完整，无漏汽痕迹。

3）隔板（静叶环）各焊缝无漏焊、裂纹、脱落及其他严重缺陷。

4）隔板套螺栓、隔板压板螺栓清理整修后，螺纹牙形应完整，压板与螺栓应按原编号装配，必要时作光谱分析以鉴定螺栓材质。

5）高压喷嘴片、喷嘴室外观应无裂纹、缺口、卷边及脱焊。喷嘴组固定端的销钉无脱焊，密封键间隙为 $0.02 \sim 0.04$ mm。

6）静叶片作加热校正时，温度应大于 700℃，2Cr13 材料的静叶片加热后应保温缓冷。静叶缺口补焊时，应选用同种钢材，制订专门的焊接工艺，并事先做小样试验。

7）若隔板存在严重缺陷无法修复时，应更换新隔板，新隔板静叶的组装焊接质量作外表宏观检查，并在出厂时应有出厂合格证及挠度试验报告。

4. 各部配合间隙的检查和测量

（1）隔板挂耳间隙的测量工艺及注意事项

1）隔板在下列情况下，应作上隔板挂耳间隙的测量和调整：①隔板中心经过调整及挂耳松动重新固定后；②压销螺钉在运行中断裂；③隔板、隔板套结合面不严密，怀疑是挂耳间隙不正确所致。

2）测量方法有两种：①将上下隔板组合，拧紧隔板套螺栓，然后测量。用千斤顶将上半隔板顶起，前后均用塞尺分别测出隔板结合面靠近外缘处的间隙，间隙的变化值便是挂耳上部间隙。测量挂耳下部间隙，可以在隔板套结合面上放置适当厚度的垫片，紧固对口螺栓，使隔板套出现明显间隙，这时用千斤顶顶起隔板前后分别测量间隙的变化值，即为挂耳上下部间隙之和，再减去挂耳上部间隙，即得挂耳的下部间隙。②将上隔板套翻转至水平面朝上，此时上隔板挂耳上部间隙 a 变为零，如图 4-12 所示。拆隔板压销，用深度尺测量压销槽深度 e、隔板套水平面与挂耳表面的距离 d 以及隔板与隔板套水平结合面的高度差 f_1 和 f_2。此时 $(d-e)$ 为挂耳上下部间隙总和，(f_1+f_2) 为上挂耳上部间隙 a。

3）间隙测量完毕后与标准值进行比较，若需要进行调整时，可以增减挂耳调整垫片的厚度；无调整垫片时，可直接在挂耳上或者压销上修锉或补焊。

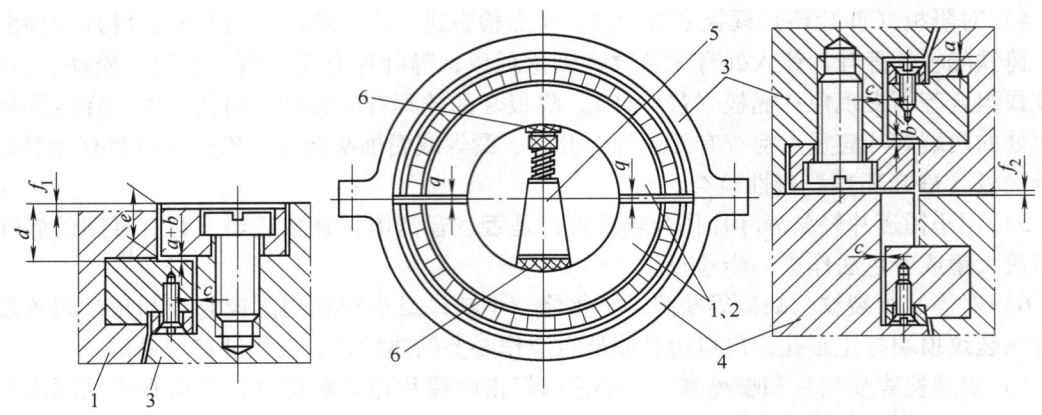

图 4-12 测量挂耳间隙方法
1、2—上下隔板　3、4—上下隔板套　5—千斤顶　6—木板

(2) 隔板内圆圆度的测量和修整

1) 此工作应在隔板中分面间隙修整符合标准要求后进行。

2) 将上下半隔板合拢，用内径千分尺测量水平 a、b 及垂直 c 三个方向的直径，并加以比较，测量的最大值与最小值之差即为圆度。

3) 合拢后，隔板汽封内圆单面错口不大于 0.30mm，中心错口不大于 0.10mm，轴向偏差不大于 0.05mm。

4) 若上下隔板左右错口较大，可通过对隔板中分面定位圆销重新钻孔的方法校正。

(3) 轴向配合间隙测量及调整工艺　将隔板吊入隔板套或汽缸内，在隔板轴向平面上左右各打一块百分表，用撬棍沿轴向来回撬动隔板，此时百分表读数差即为轴向间隙。也可用塞尺直接测量，但准确度不高。

若轴向间隙偏大，一般在进汽侧点焊几点修平；若需在出汽侧加厚时，应加入半环形垫或整圆满焊配合面，但注意严格执行焊接工艺的要求，防止施焊过程中隔板变形。总之，在调整轴向间隙时一定要遵守下列原则：保证出汽侧配合面严密；保证动静间隙合格。

(4) 径向膨胀间隙测量调整工艺　隔板及隔板套的径向膨胀间隙一般在大修中不作测量，只有在隔板和隔板套中心位置作较大的调整，隔板套或汽缸结合面经过大量研刮后才进行测量检查。

径向膨胀间隙可用压铅丝方法测量。若间隙小，可将隔板或隔板套放在立车上用偏心车旋方法车成椭圆。

N300—16.2/535/535—3 型汽轮机径向膨胀间隙的测量工艺方法，如图 4-13 所示，置上隔板（隔板套）于上缸或上隔板套中，测量上隔板中分面至上汽缸或隔板套中分面距离 h_1，汽缸高出隔板为正。测量下隔板（隔板套）中分面至下汽缸（或隔板套）中分面距离 h_2，隔板高于汽缸为正。在下隔板套槽或汽缸槽及导向键槽内放 $\varphi3$ 铅丝，吊入下隔板或隔板套，测量下半隔板或隔板套 Z 型悬挂销承力面应无间隙，吊出隔板或隔板套，测量压扁铅丝的厚度，即得下隔板的顶隙。用塞尺测出左—右两侧面与汽缸（或隔板）内壁间隙即为两侧膨胀间隙。上隔板（或隔板套）顶部膨胀间隙为 h_1 和 h_2 的平均，测量和计算时注意正负号不要搞错。

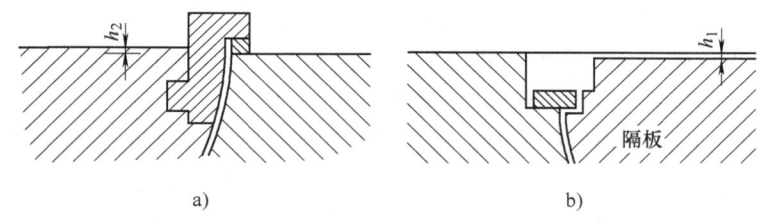

图 4-13 径向膨胀间隙的测量工艺方法
a) 上缸或上隔板套翻身状态 b) 下缸或下隔板套水平状态

(5) 隔板挠度的测量工艺方法 ①第一次大修时，在测量位置作好永久记号，以后每次大修均以此位置作测量点，测量结果与上次大修记录比较，应无明显变化。②高、中压全部隔板和低压前两级隔板，在每次大修时应测量挠度值，低压其他各隔板在叶片轴向间隙有异常变化时，应测量隔板挠度值。③将要测量的隔板进口侧向上，清除测量部位处的锈斑垃圾。④使用专用的长平尺放在隔板上，用精确度为 0.02mm 的游标卡尺或内径千分尺测量视点与平尺间的相对间隙或距离，并通过与原始数据对照，计算出叶片根部及汽封挡处度值。⑤监视点位置设在水平中分面附近，分别选出相互对应的六点 A、B、C、A'、B'，见图 4-14。⑥缺乏监视点的原始数据或对监视点数据有疑问时，可用直尺沿中分面密封键侧面放置，用塞尺测量 D、D'、D_1、D_1' 处间隙，并按键槽长度比例测出隔板体变形数据，或在板沿中分面处搁直尺根，测

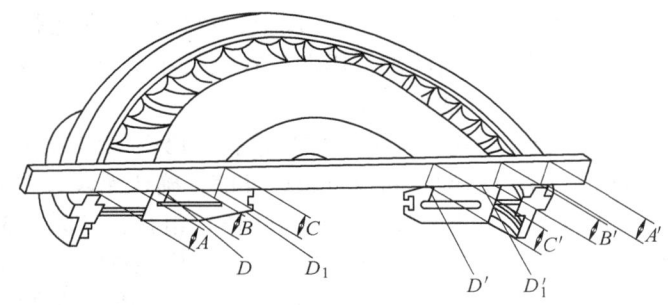

图 4-14 隔板挠度测量方法

量隔板进口边与汽封槽的实际尺寸，并对照制造图纸算出隔汽封挡处变形值，以作校核。⑦各级隔板的挠度值与上次大修记录比较应无明显的变形，一个大修间隙变形量应小于 0.05mm，若累计变形量大于 1.0mm 时，应做隔板挠度试验或汇报上级研究处理方案。

(6) 隔板洼窝中心测量工艺及调整

1) 在解体未吊转子前，应先将各轴承箱外部挡油板拆下，并用内径千分尺测量左、下、右三个方向径向尺寸值，如图 4-15 所示。在转子中心找正后必须重新再测一遍，做好记录。

2) 确认隔板、隔板套各部位已清理干净，各挂耳处及底键处清洁无杂物、无毛刺；将其吊入汽缸后各级径向膨胀间隙已符合标准要求；检查隔板、隔板套是否放实，左右有无窜动等不良缺陷，处理合格后方可正式找洼窝中心。

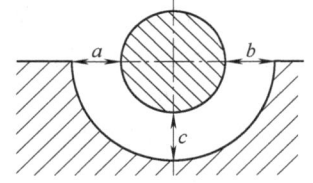

图 4-15 隔板洼窝中心测量方法

3) 吊进假轴，按找中后的实际位置将假轴调整好，并固定牢固。假轴支撑座和洼窝接触应良好，测量时不允许假轴有位移和轴向窜动，确保测量的准确性。

4) 用百分表或内径千分尺测量下隔板的左、下、右三点距假轴的距离。

5) 水平方向的偏心差是左右间隙差的一半，即 $(a-b)/2$，垂直方向的偏心差是下部

间隙与左右间隙平均值之差，即 $c-(a+b)/2$。

6）若 $a-b$ 为正值，说明被测隔板中心线偏向左侧，反之偏向右侧；若 $c-(a+b)/2$ 为正值时，说明被测隔板中心线偏低，反之则偏高。

7）隔板洼窝中心偏差超过标准时，应作调整。垂直方向偏差时靠增减两侧挂耳下的调整垫片来调整；水平方向偏差时，一侧加偏差值的 1/2，另一侧减偏差值的 1/2，其影响值为单侧调整量的一半，一般情况下综合考虑上下左右的偏差。若水平方向偏差大于 0.30mm，则需处理底键，可将底键一侧补焊，另一侧修锉以达到水平移动的目的。

8）调整时应核对汽缸转换安装垫片时的偏差值以及汽缸的垂弧，适当修整调整量。

9）隔板洼窝中心调整后，要重新测量调整挂耳间隙和径向膨胀间隙。

10）调整后应达到的质量标准：①隔板左右窜动量不大于 0.05mm，否则处理底部定位键；②洼窝中心左右误差高、中压缸应不大于 0.05mm，低压缸不大于 0.08mm；③上下偏差只允许偏下，其数值不大于 0.05mm；④隔板两侧高低的偏差不大于 0.30mm。

（7）隔板、隔板套（静叶环）结合面严密性检查　此项工作在大修中经常被忽视，但实践证明，由于各种原因隔板、隔板套（静叶环）结合面往往存在明显的间隙，尤其变形严重的部件结合面间隙达 1mm 以上，致使机组在运行中出现蒸汽泄漏，造成结合面冲刷，同时也影响隔板汽封间隙。因此，在大修中必须检查和修复隔板、隔板套（静叶环）的严密性。测量工艺方法如下：

1）隔板、隔板套（静叶环）清扫、修整工作结束，各部位挂耳间隙已调合格，隔板轮缘与槽道、密封键配合间隙符合标准值，确认无误后方可进行严密性检查工作。

2）将上、下半隔板套（或静叶环）组合，紧固 1/3 结合面螺栓，用塞尺检查结合面间隙，0.10mm 塞尺塞不进为合格（这些工作在汽缸内、外均可进行）。

3）隔板套结合面严密性合格后，再检查隔板结合面严密性。

4）若结合面存在间隙，应重点检查以下部位并修复：①隔板压销或挂耳是否凸出结合面，按标准间隙修复；②定位销及销孔是否存在毛刺和杂物，设法消除；③结合面上有无毛刺、机械损伤部位，或法兰发生变形，若变形严重应更换密封键，重新调整配合间隙。

5. 隔板、隔板套（静叶环）的组装

1）用压缩空气将检修合格的隔板、隔板套（静叶环）及汽缸吹干净，各汽道、抽汽孔逐孔检查应无杂物。

2）按解体编号和组装先后顺序，将各级隔板、下半隔板套（静叶环）外凸缘配合部位涂高温防锈剂，安全地回装在下半隔板套或汽缸内，并落实。

3）上隔板的压销螺栓涂高温防锈剂回装紧固，压销螺栓头部应低于压销平面，压销应低于隔板套结合面，然后将上半隔板套翻过来，以免落入杂物。

4）低压隔板、隔板套（静叶环）回装时，要注意方向，防止装反。

5）待动静通流间隙调整合格，转子轴向定位完毕后，可以进行上半隔板、隔板套（静叶环）的回装工作，但注意回装顺序，以免造成返工费时现象。

6）上半部件回装后，将联接螺栓的螺纹部分涂高温防锈剂，带上螺母，确保原螺栓垫圈、螺母匹配。需要热紧的螺栓在紧固前先测量自由状态长度，做好记录，然后按厂家给定的热紧弧长或角度将其紧固。

7）测量组装后结合面和挂耳的间隙，做好记录。

8)测量热紧后螺栓的伸长量,做好记录。伸长量不符合标准时,应再热紧使其达到标准值。

6. 检修过程中,特殊问题的处理方法

(1) 上隔板压销螺栓拆不出的处理方法 对于难以拆卸的螺栓,不可硬拆,应先浇注煤油或松动剂,浸泡一段时间,然后用螺钉旋具、锤子轻敲螺栓,可正反方向施力使其松动或用小铜棒轻敲压块,待煤油或松动剂渗入明显、有气泡外冒时再松螺栓,对位置不方便且难以拆卸的,可用一个螺孔小于螺栓头部直径的螺母与螺栓施焊后,用扳手将螺栓拆下,见图4-16。对于实在拆不下的螺栓,可用钻头钻孔,取出螺栓,再攻螺纹。

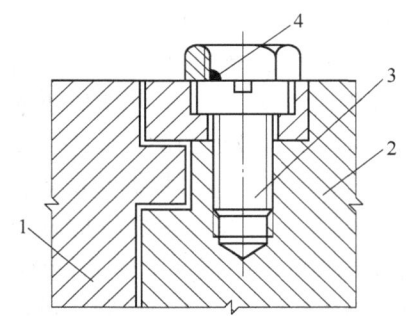

图4-16 焊六方螺母拆压销螺栓
1—隔板 2—上隔板套(或上汽缸)
3—压销螺栓 4—六方螺母

(2) 隔板卡涩的处理方法

1) 用行车吊住隔板,用纯铜棒对其敲振,在不是很紧的情况下一般可以慢慢取出。若隔板套内隔板吊不出时,可将隔板套带起少许,隔板套平面垫以纯铜棒,用大锤向下敲击水平面,使隔板与隔板套脱开,如图4-17所示。

2) 隔板套内隔板拆卸时可对隔板套适当加热,也可将隔板套对应位置打孔攻螺纹,用螺栓将其顶出,然后将隔板套的螺孔堵住,如图4-18所示。

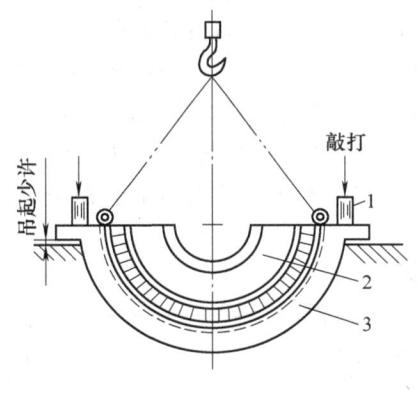

图4-17 敲击法取隔板
1—铜棒 2—隔板 3—隔板套

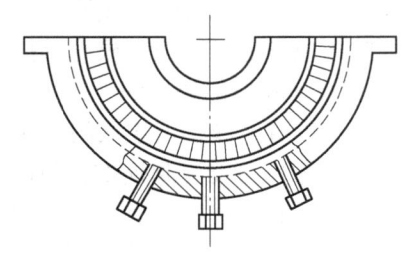

图4-18 顶丝法取隔板

3) 实在难以拆卸的隔板,可用专用工具固定在汽缸或隔板套平面上,用螺栓将隔板拉出,或用千斤顶顶出,如图4-19所示。

4) 隔板吊出后,应对隔板和内缸或隔板套的配合尺寸仔细测量,要查清是由于轴向间隙小还是隔板拉毛或隔板在运行中塑性变形所致。对于轴向间隙小或变形隔板,可上车床找正并将配合面光平,保证足够的配合间隙。严禁采用锤击的方法强行将落不到位的隔板或隔板套打入槽道。

(3) 上、下隔板或隔板套中分面有间隙的处理方法 检查下隔板或下隔板套的挂耳是否和上部相碰,在修整中,此处间隙应作测量。检查隔板中分面横向定位键有无装错或变形，必要时进行修锉处理，并检查其螺钉有无高出横键的现象。检查隔板压销和螺栓是否高出隔板套水平面，如存在应修锉。

（4）隔板静叶出现裂纹、脱焊的处理方法　静叶边缘的小裂纹，可将有裂纹处的部分修去，低压缸的较大静叶也可根据其位置打 $\varphi 4$ 止裂孔，对较大的裂纹应顺纹路磨出坡口，用奥 507 焊条冷焊。

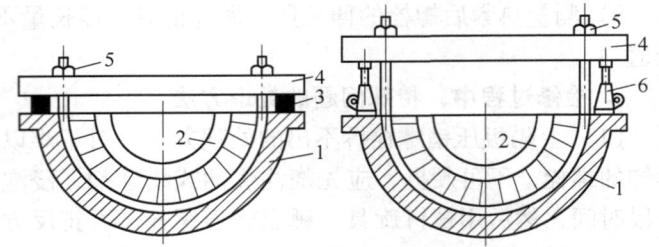

图 4-19　螺栓抽取法取隔板
1—隔板套（或汽缸）　2—隔板　3—垫块
4—横梁　5—螺栓　6—千斤顶

焊接隔板的脱焊可用角向磨光机，风动砂轮将裂纹清除，用奥 507 焊条冷焊。

（5）铸铁隔板缺陷的处理　铸铁隔板使用时间较长后，静叶浇注处有时出现裂纹，裂纹较多或严重时，应考虑更换新隔板。在更换隔板前，为了在运行中防止裂纹继续发展和静叶片脱落，通常用钻孔后攻螺纹，拧入沉头螺钉的方法来加固。如取直径为 5~6mm 的螺钉，间距约 10~15mm，拧入后必须铆死锉平，并做好防松措施。若裂纹已发展到覆盖在静叶上的铸铁脱开，甚至剥落的程度，则可将脱开或剥落部分车去一环形凹槽后，镶入一相应的碳钢环带，并用螺钉固定点焊。

（6）隔板磨损处理　如磨损轻微，可不作处理，但必须查明原因，采取相应的措施，防止再次发生磨损。如发生严重的磨损，会使隔板产生永久弯曲或裂纹，应仔细清除磨损部位的金属积层，检查隔板本身有无裂纹，并测量隔板的挠度，裂纹可进行补焊处理。已产生永久弯曲的隔板，在隔板强度允许时，可将凸出部分车去，以保证隔板与叶轮必需的轴向间隙。必要时还应做隔板的强度核算及打压试验。严重损坏及强度不足的隔板应予以更换。

（7）隔板静叶局部缺损的处理方法　隔板静叶在运行中由于某种原因（如机组安装或检修后，吹管没有吹净，而主汽门前网子的孔又大了一些或网子后面有作业，留下焊渣，致使其进入汽缸等）可能受到损伤，而产生局部缺损。

1）将缺损部位清理干净，确定缺损程度，如果缺损的面积超过 300mm²，就需要进行补焊，补焊的方法比较复杂，首先需要将缺损部位打磨平滑，并用酒精清洗干净；然后根据制订的焊接措施进行加热，选取合适的焊条进行补焊，补焊以后要进行热处理；在补焊前后要测量隔板变形情况，应采取防止隔板变形的措施，如用加工必要的工具将隔板固定后进行加热、补焊。

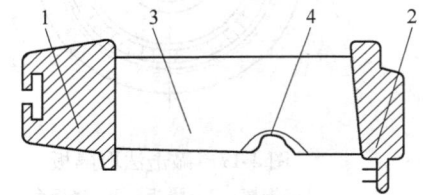

图 4-20　隔板静叶局部缺损的处理
1—隔板体　2—隔板外缘
3—隔板静叶片
4—缺损部位

2）如果缺损的面积在 300mm² 范围内，则无需补焊。一般情况下，检修现场采取的方法是，将伤口用直磨机磨成平滑过渡的形式，如图 4-20 所示的伤口情况。打磨过程为：首先将缺损部位清理干净，用粉笔画出要磨出的形状，之后用直磨机或风动直磨机进行修型，修行过程中要时刻注意不要加力过大，防止扩大磨掉部位范围。磨成形以后要进行清理，将磨出的毛刺清理干净，再用合适的磨头将进、出汽侧平滑过渡。

4.5.3 汽封的检修

1. 汽封检修应具备的条件

1）检修工具准备齐全。
2）解体后，汽封各部间隙测量完毕。
3）汽轮机解体工作结束，将汽封套吊出汽缸。

2. 汽封的拆装

机组每次大修时，均应将轴封和隔板汽封的汽封块拆下进行清理检查，具体拆装工艺步骤如下：

1）拆前应仔细检查汽封齿的磨损情况，做好记录，供分析有关问题时参考。
2）拆下固定汽封的压板。沿各汽封套的各凹槽中取出汽封块，并做好标记，最好采用分环绑孔的方式挂以标牌，或装在专用的汽封盒内并做好标记。
3）拆下的弹簧片按材质和尺寸的不同分别保管，注意不能丢失或混淆。
4）对于因汽封块锈蚀而取不出的汽封块，应先用松动剂或煤油浸泡，用细铜棒插在汽封齿之间，用锤子在垂直方向敲打铜棒来振松汽封块。如果汽封块上下能活动，可用专用螺钉旋具或铜棒倾斜敲打汽封块，使汽封块从槽道中滑出来。严禁用螺钉旋具或锐性工具击打汽封块的端面，防止打伤汽封块。
5）对于汽封块锈蚀严重的，应用松动剂或煤油充分浸泡，然后用 $\varphi 10mm$ 的铜棒弯成相应汽封的弧形，或将报废的汽封块顶着汽封块的端面，用锤子将汽封打出来。锤子打击的力量不能过大，更不能用圆钢代替铜棒。
6）当汽封块卡死取不出时，可用车床将汽封块车去，并做好记录，准备备件。
7）汽封块组装应具备的条件有：①汽封块清理、修理结束，并符合要求；②隔板（隔板套）、汽封套修理及洼窝找中心工作结束；③汽封块的顶隙调整结束；④汽封块与隔板、汽封套轴向间隙配准，动、静部分轴向间隙配准，汽封块整圈膨胀间隙配准。
8）将清扫合格的汽封块背弧和汽封套槽道内涂二硫化钼或高温防锈剂，按解体时所做标记依次回装。汽封块、弹簧片应齐全。汽封块与槽道配合应适当，如果装配过紧，应用细锉刀修锉，严禁将装配过紧的汽封块强行打入槽道内。
9）组装好的汽封块、压块、弹簧片，不得高于汽封套（或隔板）结合面。汽封齿径向和轴向无明显错开现象，汽封块接头端面应研合，无间隙。
10）组装合格后的整圈汽封，总膨胀间隙为 0.30~0.60mm。

3. 汽封的检查、整修

1）检查汽封套、隔板汽封凹槽、汽封块、弹簧片时，确保无污垢、锈蚀、断裂、弯曲变形和毛刺等缺陷。汽封套在汽封洼窝内不得晃动，其各部间隙应符合制造厂的规定，以确保其自由膨胀。
2）弹簧片要用砂布擦干净，检查其弹性。良好的弹簧片应能保证汽封块在对应凹槽内具有良好的退让性能，不合格的应更换备件。注意核对弹簧片的材质和规格，避免将低温处的弹簧片用到高温处。检查弹性的方法是：用手将汽封块压入，松手后又能很快复位，并听到清脆的"嗒"声为好。
3）汽封块梳齿轻微磨损、发生卷曲时，应用钢丝钳扳正扶直，并用汽封专用刮刀将梳齿尖刮薄、削尖，尽量避免将齿尖刮出圆角。如果汽封块磨损严重，应更换备品。

4）对于可调式汽封块，检查时应拆除汽封块背弧的压板及螺栓，将其清理干净，螺孔应用丝锥重新过丝，螺栓涂高温防锈剂后装复。

5）对于通流部分汽封，检查径向汽封齿（阻汽片）是否松脱、倒伏、缺损、断裂，齿尖是否磨损。对轻度摩擦、碰撞造成的磨损、倒伏，应将其扳直去除毛刺；对损坏严重的，应重新镶齿。

6）J形汽封，最容易损坏，应根据损坏程度，予以更换。J形汽封损坏的原因有两个：一是因为蒸汽中带有的铁屑和杂质进入汽封片中所致；二是因为检修中多次反复平直，造成根部断裂。

4. 汽封检修注意事项及质量标准

1）汽封块没有敲击活动之前，不能在汽封端部用铜棒硬性敲击汽封块，防止把汽封块砸变形。另外，不能用螺钉旋具或扁铲打入两块汽封块的对缝处将汽封块撑开，防止损坏汽封块端面和汽封齿。

2）汽封间隙测量时，要仔细检查转子是否在工作位置，汽封齿有无掉齿现象。

3）汽封块安装时，相邻的汽封环接口不能在一条线上，要错开接口，即第一环长的一块放在中间，则第二环就要将长的一块汽封放在端部。这样，相邻两环接口就相互错开。

4）无论是用压铅丝方法测量汽封间隙还是用粘胶布的方法测量汽封间隙，都要注意粘牢，不能有任何松动，否则测出间隙不准确。

5）组装汽封块时，汽封块不能装反。更不能将低温处的弹簧片用在高温处，防止运行中弹力消失，使汽封间隙变大。

6）汽封块装后用手向下压并松开，汽封块应能弹动自如，不卡涩，各段汽封齿的接头处应圆滑过渡，不应有高低。

7）汽封块的压板及其螺钉应低于中分面 0.5~0.8mm。

8）汽封块与隔板体或汽封套的轴向配合间隙为 0.05~0.10mm。

5. 汽封间隙的测量及调整

汽封检修非常重要的工作就是间隙的测量及调整，包括轴端汽封和隔板汽封。通过实践证明，高压缸前汽封间隙每增加 0.10mm，轴封漏汽量就会增加 1~1.5t/h；高压部分各级隔板汽封间隙每增加 0.10mm，级效率将降低 0.4%~0.6%，如果隔板汽封漏汽量增加，转子的轴向推力将加大，在一定程度上会影响汽轮机的安全运行。因此，汽封间隙在每次检修过程中均按标准进行调整。目前，测量汽封间隙的方法较多，现场常用的方法有：用塞尺测量结合面处的间隙、用压铅丝的方法测量汽封上下及各角度的汽封间隙以及用粘胶布的方法测量汽封总体间隙情况三种。

（1）汽封间隙的测量方法

1）用塞尺测量汽封间隙。用塞尺测量汽封间隙分三种情况：一是测量结合面处汽封齿顶隙，二是测量结合面处汽封齿轴向间隙，三是测量汽封块的膨胀间隙。测量汽封齿顶隙时，在汽封块背弧处用一个特制的斜块（铜质、木质或塑料材质）将其楔死，防止塞汽封间隙时，汽封块向后退让，产生假间隙。然后用塞尺一个齿一个齿的测量，并认真做好记录。在测量间隙之前，转子应放在工作位置，即转子推力面要靠在推力工作瓦的工作面上。测量轴向间隙要用到特殊液晶显示楔形尺，用楔形尺测量时，推拉杆要放平，斜面要插到位，否则测出的尺寸不准确。测量膨胀间隙时，应将汽封块组装在汽封槽内，并靠在一起且推向一侧，检查汽封块后面的弹簧片要全部弹起，使得汽封块靠紧汽封槽内侧外弧。测量另一侧汽封块与结合面的高度差，测量高度差时，结合面上放一刀口尺，使得刀口尺与结合面充分接触，用塞尺测量刀口尺与汽封块端部的间隙，即为半圆上汽封块的膨胀间隙；再用同一种方法测量另半圆汽封块的膨胀间隙，两个膨胀间隙之和就是本环汽封的膨胀总间隙。校对汽封的顶隙、轴向间隙和膨胀间隙与检修工艺标准是否吻合，如有偏差需进行调整。

2) 用压铅丝的方法测量汽封间隙。在测量汽封间隙时，为了能够全面、真实地反映汽封间隙情况，需要测量汽封上、下结合面处左下、左上、右下、右上以及四个45°角部位的汽封间隙，用塞尺测量汽封间隙只能测量下半部汽封在结合面处的间隙情况，其他各角度汽封间隙情况均测量不到，因此需要采用压铅丝的方法测量。压铅丝方法测量汽封间隙就是将规格不同的铅丝用胶布粘放在汽封齿上，粘放时要弹性放置，即与汽封齿一样回转放置，端部用胶布（多用白胶布）粘住，将汽封、汽封套就位，吊放转子到工作位置，这样，铅丝就被压出一道道沟。吊出转子，测量汽封沟痕剩余部分厚度，就是汽封对应间隙。压铅丝测量汽封间隙的前提条件是：汽封块背弧侧要先用竹楔、塑料楔或铜楔挤死，使得汽封齿与铅丝之间有作用力时汽封块不向后退让。测量沟痕剩余部分厚度时，卡尺的尺口部位需要很薄，也就是说必须能测量到压出沟痕的底部，否则测出的间隙要大于实际间隙。如果有的单位没有定做专用卡尺，需要在现场进行磨制，铅丝要求磨出的卡尺口要薄，又不能损及尺口。测量汽封间隙时铅丝的放置方法见图4-21。

3) 粘胶布测量汽封间隙。无论是用塞尺测量汽封间隙还是用压铅丝法测量汽封间隙，都不能100%测量出汽封各个部位的动静间隙。用塞尺可以测量出2个位置的汽封间隙，用压出铅丝法可以测量出8个位置的汽封间隙（也可以更多，一般检修要求测出10个位置的汽封间隙）。因此，在测量汽封间隙时，还需要用粘胶布的方法测量出整圈汽

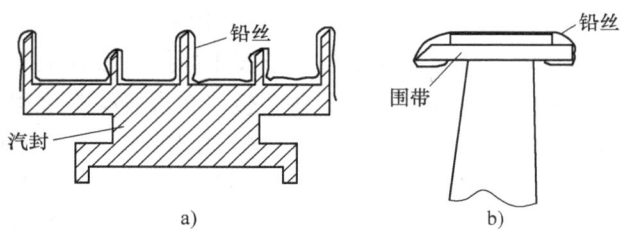

图4-21 测量汽封间隙时铅丝的放置方法
a) 在汽封齿上粘放铅丝 b) 在叶片围带上挂放铅丝

封的最小间隙，以防止某个部位汽封间隙过小，造成运行中动静发生摩擦。测量汽封间隙时，胶布的粘放方法见图4-22。

胶布放置在上、下、左、右四个角度上，有的单位要求在10个角度上都粘上胶布当然更好，但没有必要，上、下、左、右四个角度可以全面反映出转子弯曲、瓢偏、挠度的状况，多了会造成浪费（材料、人工、时间）。胶布一般用白色医用胶布，在粘放前做试验分别测出1层、2层、3层、4层、5层胶布的厚度。测量胶布厚度时，卡尺不能吃力，因为胶布是软件，卡尺吃力就会造成厚度变小。现场使用的胶布一般是1层0.25mm、

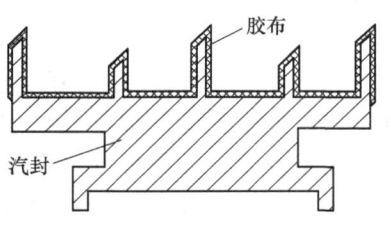

图4-22 测量汽封间隙时胶布的粘放方法

2层0.55mm、3层0.80mm、4层1.10mm。在粘胶布前,汽封表面要清扫干净,不能有灰、锈、油,在清扫干净以后,最好用酒精清洗一遍,再用高压风吹扫一遍。这样,胶布才会粘实,不会翘起,不会出现假间隙。但应注意,汽封块要用楔子顶住,使其不能退让,另外,胶布不能粘在汽封块接缝处。胶布粘好以后,转子汽封凸凹台涂一层红丹粉,吊回转子到工作位置,组合上半部汽封套及隔板套,将转子盘动2圈及以上,在盘动过程中始终都要保持转子在工作位置。吊出转子,检查胶布摩擦痕迹情况。

根据胶布和红丹粉接触程度,判断汽封间隙大小。下面以三层胶布为例介绍:当三层胶布未接触时,表明汽封间隙大于0.75mm;三层刚见红色痕迹为0.75mm;三层有较深红色痕迹为0.65~0.70mm;三层表面压光颜色变紫为0.55~0.60mm;三层表面磨光呈黑色或磨透,第二层刚见红色为0.45~0.50mm。

(2) 汽封间隙调整的原则

1) 因运行时,汽缸上下总存在温差,下缸温度低于上缸温度,故下部汽封间隙应大于上部汽封间隙,且越靠近汽缸中部,下部间隙应越大。

2) 转子正常顺时针旋转,使左侧间隙应大于右侧间隙。

3) 由于转子静挠度存在,使得静挠度最大处的汽封下部间隙应最大,上部为最小。

4) 为了防止汽封与转子之间摩擦,汽封块应留有足够的退让间隙。如某厂BK-100-6型汽轮机规定,各段汽封左侧间隙比右侧大0.15~0.20mm;高压前轴封下侧间隙比上侧大0.30mm;高压隔板汽封下侧间隙比上侧大0.20mm。

(3) 汽封顶隙的调整方法 各制造厂对汽封间隙都有明确的规定值。对于轴端汽封,顶隙一般为0.50~0.70mm;对于枞树形汽封为0.30~0.45mm;对于铜齿的低压汽封为0.30~0.40mm;对于J形汽封为0.40~0.65mm;对于隔板汽封为0.50~0.70mm。机组在实际运行中,汽封齿经常与转子发生摩擦,故各电厂按照机组不同特点和检修积累的经验对汽封标准间隙的分配进行重新调整。在现场检修过程中,应按各电厂给定的汽封间隙标准值进行调整。汽封顶隙的调整可以分为间隙过大调整和间隙过小调整两种情况。

1) 汽封顶隙过大调整。由于汽封齿损坏或汽封块严重变形使间隙严重超标时应更换新汽封块,若汽封间隙超出标准值不是很大时,一般采取加工汽封块定位内弧的方法,如图4-23所示。

2) 汽封顶隙过小调整。由于汽封套或汽封块变形或更换新汽封块时,会使部分汽封间隙过小,因此最合理的调整的方法是加工修整汽封齿,但这种方法要求加工精确度较高、难度较大,而且耗费时间较长。

另一种比较简单、有效的方法是捻挤汽封定位内弧。这种方法在检修现场就可以实现。其具体方法为:先用游标卡尺测量汽封定位内弧与圆弧面 B 之间的距离,然后用尖铲或样冲在定位内弧侧面敲击出冲孔,则定位内侧背弧就会沿径向挤压出一个凸起点,如图4-24所示,测量凸起点与圆弧面 B 之间的

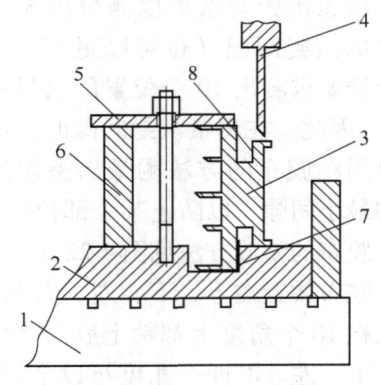

图4-23 间隙大时加工定位内弧示意
1—立式车床转盘 2—专用卡具 3—汽封 4—刀具 5—汽封压板 6—调整垫块 7—调整垫片 8—需加工的定位内弧

距离，两次测量值之差就是汽封间隙在此点增大的值，间隙变化值如果与理想变化值不符，可再进一步调整。若间隙调整过大，可用组锉将凸起点锉掉一点；若间隙调整过小，就再将冲孔冲大一点，直到汽封间隙合适为止。需要注意，在每块汽封上应多捻出几个凸起点，且应分布均匀。汽封定位内弧捻挤后，如果汽封退让间隙小于标准，应将汽封块圆弧面 B 车去相应量，以达到足够的退让间隙。

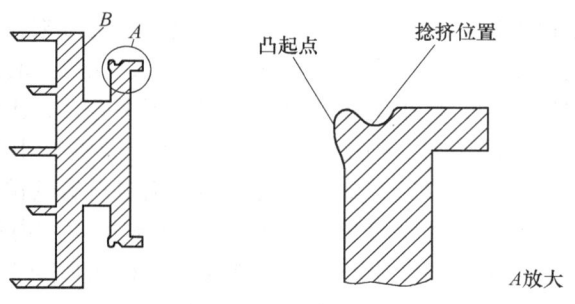

图 4-24　捻挤汽封背弧示意图

这种捻挤方法存在间隙不易调整均匀、汽封背弧容易漏汽以及机组运行时间较长时捻挤的汽封背弧凸起点容易被磨损变形等缺点。

（4）汽封轴向间隙的调整方法　当检修中发现汽封轴向间隙不符合标准时，应予以调整，通常采用轴向移动汽封套或汽封环的方法，也可采用局部补焊或加销钉的方法进行调整。在为了调整汽封轴向间隙需使汽封套向进汽侧方向移动时，不能采用加销钉或局部补焊的方法，必须加装与凸缘宽度相同的环形垫圈，用沉头螺钉固定或满焊后加工的方法进行，以确保进汽侧端面的严密性。对于隔板汽封，不允许用改变隔板轴向位置的方法来调整，可采用将汽封块的一侧车去所需的移动量，另一侧补焊的方法来调整轴向间隙。当隔板汽封轴向间隙与隔板轴向通流间隙调整方向一致时，才能改变隔板轴向位置。

6. 汽封检修过程中特殊问题的处理方法

（1）汽封块锈死的处理方法　汽封块锈死、拆卸不动的现象在检修过程中经常遇到，无论如何敲击汽封块、喷洒各种松动剂都无济于事，汽封块和汽封槽道之间已经锈死。在这种情况下，汽封块的拆卸只能采取破坏性措施，其拆卸方法如图 4-25 所示。用装有定位极限和切割片的角向磨光机，在图 4-25 所示的劈开线位置将汽封块劈开成两半或三半，然后敲击或用铜棒砸出。

（2）上半部汽封定位销锈死的处理方法

1）轴向固定式汽封，如图 4-26 所示。由于其定位螺栓是一根穿透各圈汽封的长螺栓，敲击旋出比较困难，一般情况下锈死的几率比较大，而且锈死后只有钻出来是唯一的选择。钻出又细又长的螺栓比较困难，可以采取焊接加长杆钻头，螺栓孔本身是一段一段的，铁屑会随着钻出孔部分的漏孔处排出。

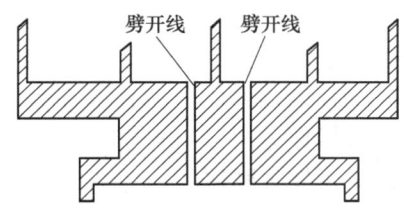

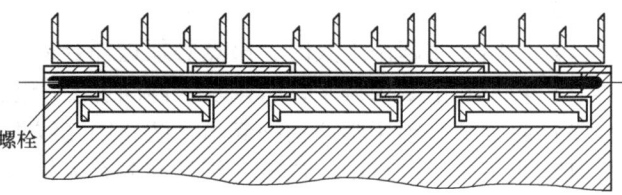

图 4-25　汽封拆卸劈开位置示意图　　图 4-26　轴向固定式汽封结构示意图

2）压销固定式汽封，如图 4-27 所示。如果压销螺栓锈死，采取钻取的方法比较方便，若条件允许，应将汽封套运到装有固定摇臂钻的地方去钻取压销螺栓，如果检修现场有磁座钻也可以在现场钻取。将上半部汽封套翻过来，使得结合面处于水平位置，汽封套下部要垫平稳，在汽封套结合面上吸附磁座钻，将压销螺栓中心找到，用中心钻钻出中心孔，换上合适的钻头，一般钻头直径较螺栓齿根径小 1~1.5mm，磁座钻通电以后，旋转寻找中心，确定没有钻偏的情况下再向下钻，钻孔深度要与螺栓长度基本相同。内孔钻够深度后，将螺纹向孔中心砸，使得螺栓外径明显变小，再将螺栓旋出。清理螺孔，并用丝锥过一遍后再清扫。

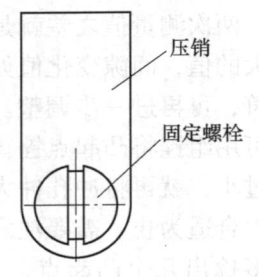

图 4-27　压销固定式示意图

4.5.4　转子的检修工艺

1. 转子起吊工艺及注意事项

（1）起吊前准备工作

1）检查起吊转子专用工具，吊索、钢丝绳应完好无损。

2）安装转子起吊时使用的限位导轨，检查滑动面的光滑度是否良好，并涂润滑油。

3）将放转子用的专用支架放在汽轮机平台的指定位置，支架洼窝上应垫好毛毡等软性材料。

4）确认联轴器螺栓已取出，对轮止口已脱开且不少于 3mm。

5）对于可倾瓦轴承，用压板将前、后轴承下瓦块压好，防止起吊时将瓦块引起损伤。

6）对于带推力轴承的转子应取出推力瓦块。

7）确认各种检修前测量已结束，且记录完整无缺。

（2）转子起吊工艺

1）在整个起吊过程中，应由专人指挥，由熟练的司机操作，并在有关领导监护下进行。

2）用专用起吊工具将转子挂好，微速起吊，刚起吊后，用合像水平仪调整转子水平，应与下缸水平一致，其误差不得大于 0.10mm/m，扬起方向应与下汽缸扬起方向相符，否则不得起吊。

3）转子起吊过程中，在转子前、后、左、右均应派专人扶稳并监视动、静部分之间不应有任何卡涩、碰撞现象，发现问题应立即叫停并汇报起吊指挥人。

4）转子吊出后，应立即平稳地放置在专用转子支架上，支架洼窝上应垫好毡垫，并做好保卫工作。

（3）转子起吊过程中的注意事项

1）使用专用起吊工具时，吊点必须选择合适，不能碰伤轴颈。

2）转子起吊必须调平，否则动、静间容易产生摩擦。

3）起重工必须用哨声指挥起吊，防止因光线不充足引起误操作。

4）起吊转子过程中，汽缸各级处都要有人检查动、静间是否发生摩擦。

5）转子起吊时，联轴器的止口必须脱开。

2. 转子的清理与检查

汽轮机转子的清理，实际上是对叶片的清理。尽管对大容量机组配套的锅炉给水品质要求很高，但是汽轮机经过长期连续运行，在转子和隔板的叶片上均有各种成分组成的结垢。

结垢对汽轮机的效率有很大影响，同时对汽轮机的安全运行也构成严重的影响。由于结垢在蒸汽中的溶解度与蒸汽压力和温度有关，一般在中压和低压部分结垢较严重。对于汽轮机大修来说，为了提高机组内效率和发电的经济性，对整个汽轮机转子叶片的清理是不可忽视的。如果叶片清理质量好，相对内效率可提高0.5%左右。叶片清理方法主要有手工清理、苛性钠溶液加热清洗及喷砂清理等。

1）手工清理。就是用刮刀、砂布、钢丝刷等工具配合直接由人工进行叶片清理，这种方法比较笨拙，在清理量比较小、锈蚀不是很严重的机组中使用，清理得很不干净。

2）苛性钠溶液加热清洗。苛性钠溶液加热清洗是根据叶片上锈垢大多数是 SiO_2（80%以上），其不能溶于水，在检修过程中，用30%~40%浓度的苛性钠（NaOH）溶液加热到120~140℃浸泡叶片，使得 SiO_2 与苛性钠发生化学反应生成硅酸钠（Na_2SiO_3），可以用水冲洗掉。

3）喷砂清理。现场清理叶片的最直接、干净、彻底、方便的方法是喷砂清理叶片法。喷砂是借助风力或水力进行的，此法有较多缺点，如尘土飞扬、环境污染严重、缩短叶片的使用寿命等。为了使喷砂取得较好的效果，必须对砂种、砂粒度、压力、喷嘴形式等进行合理的选择。

(1) 叶片的清理和检查　叶片是汽轮机的重要部件，其清理和检查是最薄弱的环节。由于叶片受力情况比较复杂，工作条件恶劣，因而汽轮机事故多发生在动叶片上。为此，在检修中应特别重视对叶片的检查。在检查时要对叶片进行逐级逐片的检查，用肉眼检查两次，第一次是在转子吊出汽缸后，第二次是在将叶片清理干净之后。

叶片检查的内容包括：

1）重点检查有无裂纹的部位：①铆钉头根部及拉筋孔周围；②叶片工作段向叶根过渡处；③叶片进出口边缘受到腐蚀或损伤的地方，表面硬化区及焊有硬质合金片的对缝处；④叶根的断面过渡处及铆孔处。

2）围带的铆接牢固程度，铆钉头有无剥落及裂纹。

3）拉筋脱焊、断裂、冲蚀的情况。

4）叶片的冲蚀损伤情况。

5）末级叶片司太立合金片有无裂纹、脱落情况。

6）检查叶片积垢情况。

7）叶片振动频率检查。

8）叶根探伤检查。

检查裂纹的方法有：

1）听音法。对带有围带的叶片可用100g重的小铜锤敲打叶片，听其声音，无断裂且连接牢固的叶片，声音清脆，反之声音嘶哑。对声音嘶哑的叶片，可进一步用百分表检查。检查时把表的测量杆顶在铆钉头上，用撬棍轻轻撬围带，若表针摆动，则说明铆钉头已断裂；如果表针不动，而围带与铆钉头之间有移动现象，则说明铆钉头松动。检查拉筋是否断裂及脱焊，可用铜棒直接撬动拉筋。

2）镜检法。叶片清理后，用10倍放大镜检查。若发现有裂纹可疑处，可用细砂布擦亮，再用20%~30%的硝酸酒精溶液浸蚀，有裂纹处在浸蚀后即呈现黑色纹络。

3）着色法。先将叶片清洗干净，然后把叶片浸入渗透剂中约10min或用喷射罐喷刷，经 10min 后用清洗剂洗净，随即在其表面上喷一层显像剂，5~6min 后，有裂纹处在白色表面上显现出红色纹络。

4）光粉探伤法。叶片清洗干净后，涂上荧光粉，然后擦去。将转子或叶片置于暗室中检查。若有裂纹，留在裂纹中的荧光粉会发出光亮。

除上述方法外，在现场还使用各种检查仪进行无损探伤，如磁粉探伤、超声波探伤、光探伤等。

（2）叶轮的清理与检查　叶轮清理随叶片喷砂清理同步进行，具体方法同叶片喷砂清理。汽缸解体以后，测量转子弯曲时，同步进行转子叶轮晃动度及叶轮瓢偏检查。

转子清理后，对叶轮面、叶轮键槽要进行探伤，检查裂纹情况，发现裂纹应及时进行处理。

1）键槽探伤检查。

① 键槽裂纹产生原因有：a. 键槽根部应力集中；b. 加工装配质量差；c. 材料性能差；d. 蒸汽品质不良，在应力集中区产生应力腐蚀，从而加剧应力集中，促使裂纹形成；e. 运行工况变化剧烈，反复出现温差，造成键槽产生疲劳裂纹。

② 叶轮键槽探伤。用超声波进行叶轮键槽探伤，键槽裂纹一般都产生在键槽根部靠近槽底部分。

③ 键槽裂纹的处理方法。键槽裂纹的处理可采用镶套、挖修裂纹法或挖修裂纹补焊法。

2）叶轮轮缘探伤检查。

① 轮缘裂纹产生原因有：a. 轮缘受叶片离心力的作用而承受很大的应力；b. 叶根槽加工倒角不足；c. 表面粗糙或叶片装配不当都会加剧应力集中。

② 叶轮轮缘探伤。用超声波或着色法进行，轮缘裂纹多发生在叶根槽处和沿圆周方向。

③ 轮缘裂纹的处理方法。轮缘发生裂纹后，可根据具体情况采取补焊、更换等方法。

3）叶轮变形检查及校正。

① 叶轮变形检查：a. 测量叶轮各部分晃动度；b. 测量叶轮各个部分的瓢偏度；c. 测量机组轴向通流间隙与上一次大修组装记录比较。

② 造成叶轮变形的主要原因：a. 机组超出应力运行或通流部分严重结垢，致使隔板前后压差过大引起变形，并与叶轮摩擦，引起弯曲。b. 运行中汽缸与转子热膨胀，控制不好或推力瓦烧坏，会导致隔板与叶轮摩擦，引起变形。

③ 变形叶轮的校正。对于变形的叶轮，最好将其取下再进行加热校直，也可以在转子上直接进行冷校，后者仅限于整锻叶轮。

a. 校正碟状变形。首先进行消除应力退火，叶轮下部用 16 个螺旋千斤顶支承外沿，按规定的升温速度升到预定温度后保持恒温一段时间，然后继续升到预定温度，在恒温下加力并保持一段时间，卸力后测量校正结果。如未达到校正要求，可继续进行第二次加力校正，并适当加大压力直至达到校正要求，然后进行稳定退火。当变形较大时，在轮毂处将变形完全校正过来很困难，可将轮毂分成两个区，分区进行校正。

b. 校正瓢偏。根据各部位瓢偏值的不同，叶轮下部的支承千斤顶采用不同的布置以及施加不同的力。然后升到预定温度并保持恒温，先用主千斤顶适当加力，然后把瓢偏最大处的支撑千斤顶向上顶。

c. 用机械加工消除残余变形。由于叶轮变形不规则，用上述方法校正的结果通常仍会有少量残余变形，残余变形量可用机械加工进行消除。为此将叶轮放在立车车床上，按其轮缘找正，加工轮毂端面。如轴孔残余变形量超出锥度的允许值，而且孔的直径小于原始值时，可同时加工轮孔。

4）叶轮松动检查。汽轮机超温、超速运行时，材料蠕胀以及在高温下叶轮发生应力松弛等原因，都可能导致叶轮松动。

叶轮在轴上松动，可通过测量叶轮的瓢偏或从叶轮轮毂膨胀间隙的变化进行检查。对于松动的叶轮可采用在轴孔内镶套的方法，但镶套会减弱轮毂强度，最好是采用金属涂镀来加大轴颈直径的方法。

(3) 转子检查　转子清理工作结束后，应立即进行全面仔细的检查。转子表面检查一般有宏观检查、无损（超声波、磁粉、着色）探伤、显微组织检查、测量检查等几种，下面做简要介绍。

1）宏观检查。宏观检查就是不借助任何仪器设备，用肉眼对转子作一次全面仔细的检查，即对整个转子的轴颈、叶轮、轴封齿、推力盘、平衡盘、联轴器、转子中心孔、平衡重量等逐项逐条用肉眼进行检查。

2）无损探伤。转子应先用"00"号砂纸打磨光滑，然后用着色探伤，若有裂纹，应采取措施将裂纹除尽。对于发现的异常转子或焊接转子，除了宏观检查外，还应对焊缝作超声波探伤。对于叶片叶根的可疑裂纹，还可用 X 光或 Y 线拍摄照片检查。但是射线对微裂纹不敏感，往往不能查明有微裂纹的叶根，最好将叶片拆下逐片探伤。

3）微观检查。对转子的可疑部位，应进行显微组织检查。

3. 转子测量

(1) 轴颈测量检查

1）轴颈扬度测量。轴承解体后，在各联轴器螺栓拆卸之前，将合像水平仪沿轴向放置在轴颈中央，校正水平仪横向水平，调整合像水平仪旋钮，使汽泡处于中间，此时观察窗内的两半抛物线合成一条连续光滑的抛物线，做好读数记录。在测量位置做好记号，将水平仪调转 180°放置原记号位置再测 1 次，以消除误差，并做好记录。记录标明两次测量中的汽泡方向，箭头指向汽泡的一侧，取两次测量结果的代数平均值，即为该轴颈的扬度。

各轴颈的扬度应符合各转子组成一条光滑连续曲线的要求，即相邻轴颈的扬度基本一致。所测扬度与安装或上次大修相比应无大的变化。解体时测量轴颈扬度应考虑温度的影响，一般在室温状态下进行，若轴颈温度高应记下当时的温度。在各转子联轴器螺栓解体脱开后，再复测一次自由状态下的轴颈扬度，并做好记录。

2）轴颈的圆度和锥度测量。测量轴颈圆度和锥度的工作属于正常标准项目。如果汽轮机在运行中有振动，在轴承合金剥落及轴颈研磨前后，应更加仔细地测量轴颈圆度及锥度。圆度和锥度应不大于 0.02mm。

(2) 测量转子各部件的晃动度　晃动就是零件外圆面的径向跳动。测量步骤为：

1）将转体的被测外圆面擦干净。生锈部位允许用细砂布除锈。要求被测面无麻点、缺损。

2）将转子外圆均分为 8～12 等分（可将等分点标在轴端面），并按逆旋转方向编号。

3）将磁力表架吸附在设备的中分面上，百分表表杆正对外圆面的上部（或其他方位）。

4）表杆垂直于被测表面，其延长线应通过轴心，如图 4-28 所示。

5）表杆适当压缩一部分（一般为总量程的 1/2），调表盘使大表针指"50"。

6）顺盘转子一周，百分表指针应回原位。

7）顺盘转子，每转一等分点，记录一次百分表读数，如图 4-28 所示。

8）根据记录计算最大晃动度。

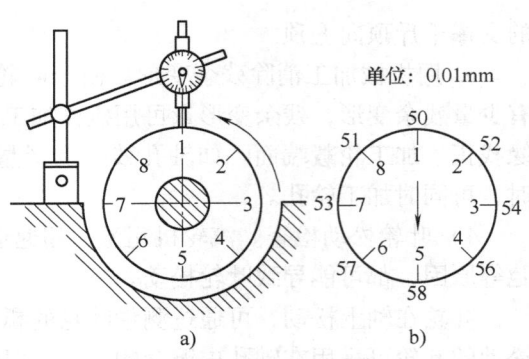

图 4-28 测量晃动的方法

同一直径两数差即为该方位晃动度。其中最大差值即为该转体最大晃动度。

测量的注意事项有：①在测量过程中，不允许转子出现大的轴向窜动；②读数时一定要使表头对准等分点；③在任何情况下转子不允许倒盘。

转子各部位晃动度允许值见表 4-1。

表 4-1 转子各部位晃动度允许值

部位	晃动度允许值/mm	部位	晃动度允许值/mm
整锻转子		套装转子	
轴颈	0.02	联轴器	0.03
叶轮外径	0.04	轴封套	0.05
所有其余圆柱表面	0.03	挡油环	0.05
		叶轮轮毂凸肩	0.10

(3) 测量转子各部件的瓢偏度 瓢偏就是零件端面的轴向跳动。

1）测量步骤：

① 将转体的被测端面擦干净，生锈部位允许用细砂布除锈，要求被测面无麻点、缺损。

② 将转体断面均分 8~12 等分，并按逆时针方向编号。

③ 在转体两侧处于水平位置的两等分点处架百分表 A 和 B。

④ 两表杆垂直于端面，并要求两表杆的触点至轴心的半径相等，如图 4-29 所示。

⑤ 两表杆适当压缩一部分（一般为总量程的 1/2），调表盘使大表针指"50"。

⑥ 顺盘转子一周，两表指示差值应相等。

⑦ 顺盘转子，分别记录两表在各测点的读数。

⑧ 根据记录计算最大瓢偏度。

测量瓢偏的记录方法可用图形记录，如图 4-30 所示。也可用表格记录，见表 4-2。

① 根据图形记录计算瓢偏度。先算出两表在同一位置的平均值，如图 4-30b 所示。再求出同一直径上两数差。其中最大差值及测位就是被测转体端面的最大瓢偏度及最大瓢偏位置，如图 4-30c 所示。

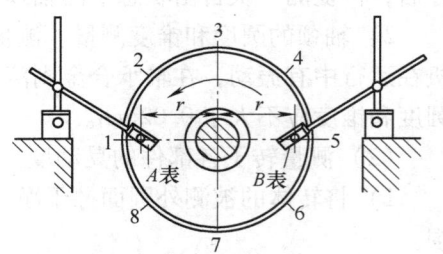

图 4-29 测量瓢偏的方法

② 根据表格记录计算瓢偏度。在计算两表差值时可用 $A—B$，也可以用 $B—A$，但在确定某表值作被减数后，就不再变动。同时应注意在实际测量与计算时可能出现负数，无论是正或是负，均按代数法则进行运算。

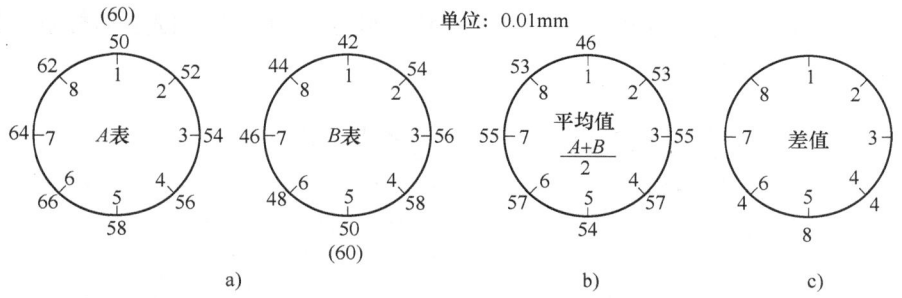

图 4-30　瓢偏测量记录

表 4-2　瓢偏测量记录及计算举例　　　　　　　　　　［单位：（1/100）mm］

位置编号		A 表	B 表	$A-B$	瓢偏度计算
A 表	B 表				
1-5		50	50	0	
2-6		52	48	4	
3-7		54	46	8	瓢偏度 = $\dfrac{最大的 (A-B) - 最小的 (A-B)}{2}$
4-8		56	44	12	
5-1		58	42	16	= $\dfrac{16-0}{2}$
6-2		66	54	12	= 8
7-3		64	56	8	
8-4		62	58	4	
1-5		60	60	0	

2）注意事项：

① 测量时虽然装了两块表，以消除转子窜动对测值的影响，但还是要将转子窜量控制到最小值，以减小测量误差。

② 读数时一定要使表头对准等分点。

③ 在任何情况下转子不允许倒盘。

3）瓢偏度的允许值。转子各部件瓢偏度允许值，见表 4-3。

表 4-3　转子各部件瓢偏度允许值

部　件	瓢偏度允许值/mm
推 力 盘	0.02
联 轴 器	0.03
叶　轮	整锻的 0.03 套装的 0.10

（4）轴弯曲的测量与检修　轴弯曲就是轴的弯曲程度。

1）测量步骤。

① 清理轴表面，将轴沿轴向分成若干测段。测量位置应选在无锈斑、无损伤的光滑轴

段上。

② 将轴端面均分为 8~12 等分。带联轴器的轴可按联轴器的螺栓孔等分，如图 4-31a 所示；不带联轴器的轴，可以键槽为起点等分，如图 4-31b 所示，并按逆时针方向编号。

③ 为了保证在测量时每次转动的角度一致，最好在轴端设一固定的标点。如用划针盘，力表座等如图 4-31b 所示。

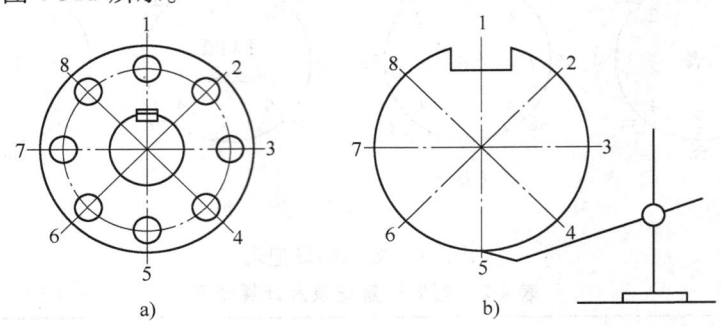

图 4-31 轴端面的等分方法

④ 将百分表装在测量位置上，各表杆要垂直于轴线且延长线应指在通过轴心的同一纵剖面上如图 4-32 所示。

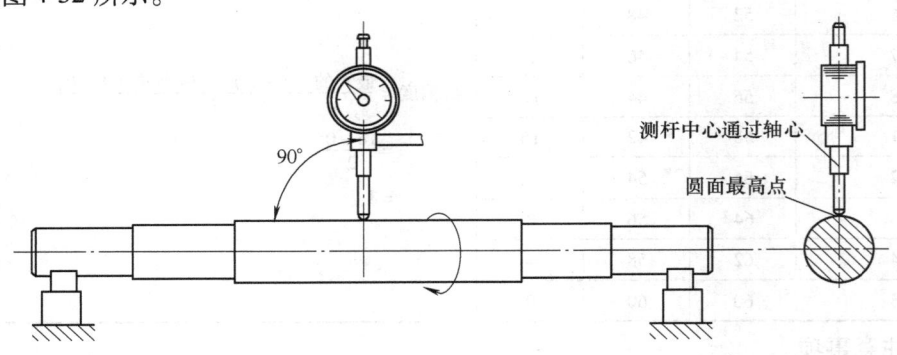

图 4-32 百分表的架装要求

⑤ 各表杆适当压缩一部分（一般为总量程的 1/2），调表盘使大表针指 "50"，然后顺盘一周，各表指针应回原位。

⑥ 将轴按原定旋转方向缓慢转动，依次测出各断面各点读数，并做好记录，如图 4-33 所示。

⑦ 根据记录图计算出每个测段截面的弯曲向量值，计算方法为同直径读数差的 1/2，将各断面弯曲向量图绘在测量记录图的下面，如图 4-33 所示。

⑧ 将同一方位各断面的弯曲值列入直角坐标系，纵坐标表示弯曲值（按一定比例放大），横坐标表示轴全长和各测量断面间的距离（按一定比例缩小）。根据向量图的弯曲值（两支点处弯曲值为 0）可连成两条直线，两条直线交点为近似最大弯曲点，然后在该点两边多测几点，将测得各点连成平滑曲线与两直线相切，构成一条轴的弯曲曲线，如图 4-33 所示。据此曲线的最高（或最低）点，可找出最大弯曲部位和最大弯曲值。

⑨ 其他方位的弯曲曲线也按上述方法绘出。若出现两条直线不能相交的情况，则有两种可能，一是在测量上有差错；二是轴有多个弯。

2）注意事项：参照晃动度的测量注意事项。

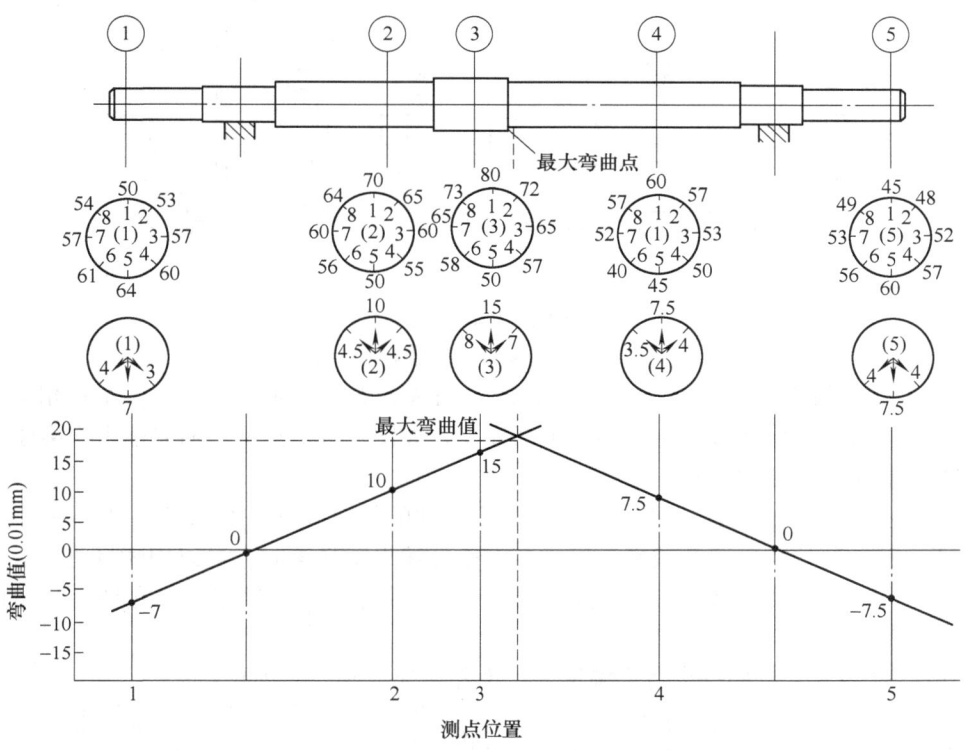

图 4-33 轴弯曲曲线图

3) 直轴方法

① 机械加压直轴法。把轴放在 V 形铁上，两 V 形铁的距离应根据轴的直径和弯曲值而定，一般为 150～200mm。轴的凸面向上并使最大弯曲记号对准压力机的压头，在轴的下方或轴的端部装上百分表，如图 4-34 所示。对过直数据如没有把握或无资料可查时，不要一下就过直，可反复试几次。对于小轴或细长杆件，可用车床进行校直，其效果不

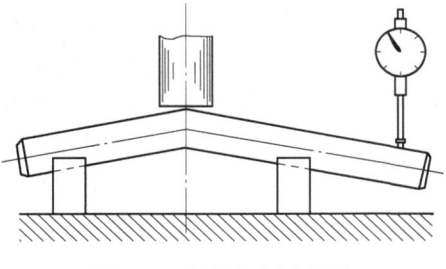

图 4-34 机械加压直轴法

亚于校直机。机械加压直轴，校直后一般不需要进行热处理，但精度不高。常用于阀杆、小型水泵及其他棒类的校直。

② 捻打法直轴。捻打法直轴就是通过捻打轴的弯曲处凹面，使该处金属延伸，将轴校直。此法直轴精度高、应力小、不会产生裂纹，但只适用于弯曲不大、直径较细的轴。操作时将轴放在支座上，最大弯曲点凹部向上，在支座与轴接触处应垫以铜、铝之类的软金属或硬木，轴必须固定牢固。轴的另一端任其悬空，必要时可在悬空端吊上重物或机械加压，以增加捻打效果，如图 4-35 所示。

捻棒可用中碳钢或黄铜制作，捻棒下端面应制成与轴面相吻合的弧形且没有棱角。捻打程序如下：

a. 在轴弯曲部位画好捻打范围，一般为圆周的 1/3，如图 4-36a 所示。轴向捻打长度应根据轴的材料、表面硬度和弯曲度来决定。

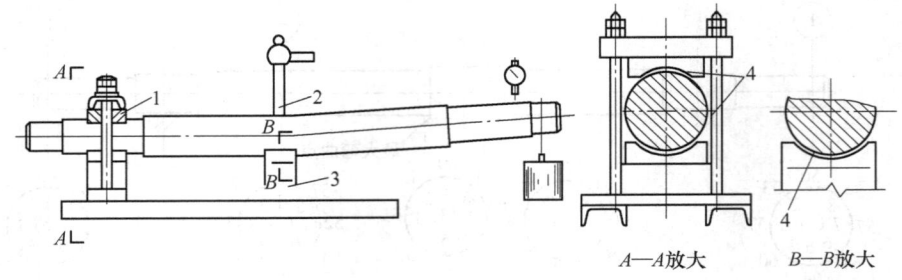

图 4-35　捻打直轴设备
1—固定架　2—捻棒　3—支持架　4—软金属

b. 用 1~2kg 的锤子，靠其自重锤击捻棒。先从 1/3 圆弧的中心开始，左右相间且均匀地锤击。锤击次数应中间多，左右两侧逐渐递减，如图 4-36a 所示。轴向锤击次数也是由中央向轴的两端递减，如图 4-36b 所示。

c. 每捻打完一遍，检查一次轴的伸直情况。轴的伸直变化开始较大，以后由于轴的表面逐渐硬化，轴的伸直也逐渐减慢，经过多次捻打效果不显著时，可以用喷灯将轴表面加热到 300~400℃，进行低温退火、再捻打，捻打到最后时要防止过直，但允许有一定的过直量（0.01~0.02mm）。

d. 最后将轴的捻打部位进行低温退火，消除内应力和表面硬化。

③ 局部加热法直轴。对于弯曲不大的碳钢或低合金钢轴，用局部加热法直轴，既省时又省事。直轴时将轴的凸起部位向上放置。怕受热的部位用石棉制品隔绝。加热段用石棉布包起来，下部用水浸湿，上部不要浸水，并留有椭圆形或长方形的加热孔，如图 4-37a 所示。加热孔周围的保温层不宜太厚，以免妨碍火嘴的移动。加热要迅速均匀，并选用头号火嘴。加热时应从加热孔中

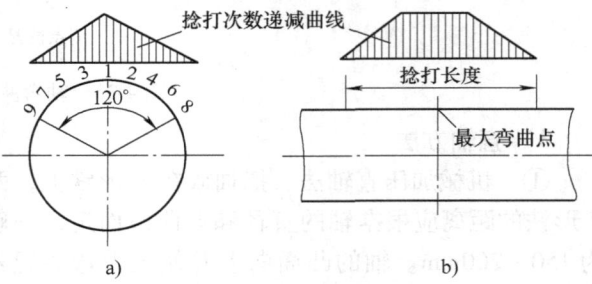

图 4-36　捻打的方法
a) 圆周捻打范围　b) 长度捻打范围

心开始，然后逐渐扩展至边缘，再从边缘回到中心，在此过程中必须防止火嘴停留在某一点不动。当温度达到 600~700℃ 时，即可停止加热，并立即用干石棉布将加热孔盖上，待轴冷却到室温时，测量轴的弯曲情况。若未达到要求的数值，可再重复直一次。如果在原位再次加热无效时，须将加热孔移至最大弯曲处的轴向附近进行加热。

在加热过程中，轴的弯曲度是逐渐增加的。加热完毕后，轴开始伸直。随着轴温的降低，轴不仅恢复到原来弯曲形状，而且逐渐向原弯曲的反方向伸直，如图 4-37b 所示。最后轴的校直状态，要求过直 0.05~0.075mm，这个过直值在轴退火后可以消失。轴直完后，应在加热处进行全周退火或整轴退火。

④ 局部加热加压法直轴。此法与局部加热直轴方法不同之处，是在加热之前利用加压工具使轴的加热部位先受压，压力的大小决定于轴两支点之间的距离、轴的直径及弯曲值。施加的压力，必须在轴完全冷却之后，方允许卸压。至于轴的加热方法、加热温度及退火处理等均与局部加热直轴法相同。局部加热加压直轴法的设备布置，如图 4-38 所示。

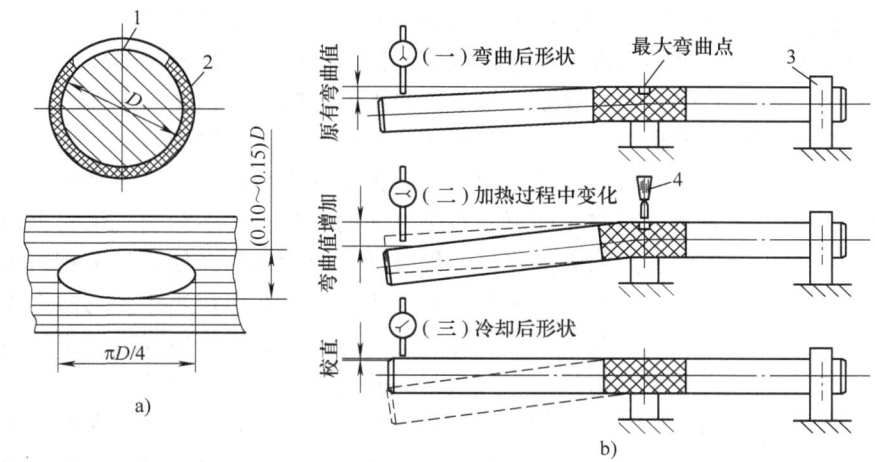

图 4-37 局部加热法直轴
a) 加热孔尺寸 b) 加热前后轴的变化
1—加热孔 2—石棉布 3—固定架 4—火嘴

此法直轴，效果较前几种方法好，但不适于高合金钢及经淬火的轴，而且稳定性较差，在运行中还会产生弯曲。局部加热加压直轴也允许重复加热，一般以三次为限。

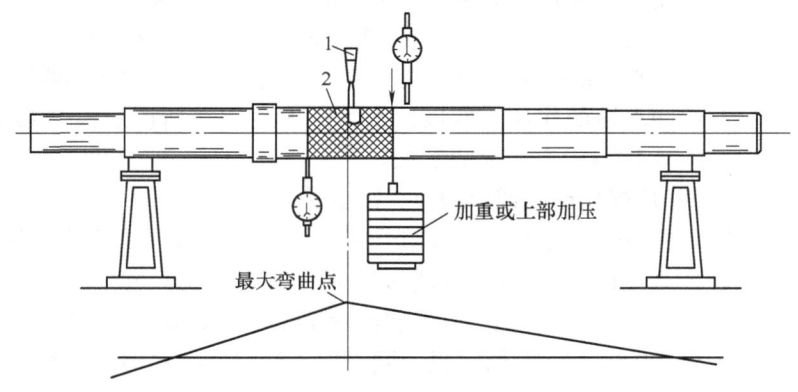

图 4-38 局部加热加压直轴法的设备布置
1—火嘴 2—石棉布

4. 转子缺陷的处理

（1）转子表面损伤的处理 一般来说，转子表面是不允许碰伤的，但是转子在运行中，由于蒸汽内杂质等将转子表面打出凹坑，动、静部分碰磨，会使转子出现表面磨损和拉毛等损伤。工作人员检修不小心也会碰出毛刺、凹坑等损伤。对于这些轻微的损伤，可用细齿锉刀修理或倒圆角，并用细油石或金相砂纸打磨光滑，注意打磨时沿圆周方向来回打磨，不能轴向打磨。最后要复查被修整的部位，应无裂纹存在。

（2）轴颈的研磨 当转子轴颈磨损、拉毛严重或圆度、锥度大于标准时，应用专用工具车削和研磨轴颈。一般情况下该工作可送制造厂进行。

（3）叶片损伤原因分析和处理措施

1) 机械损伤。叶片的机械损伤取决于汽轮机加工制造、安装和检修的工艺质量。由于加工粗糙、安装和检修工艺不严，从锅炉到汽轮机的蒸汽系统中残留有焊渣、焊条头、铁屑等杂物，随高速汽流流过滤网或冲破滤网进入汽轮机，会将汽轮机叶片打毛、打凹、打裂。另外，由于加工粗糙，设计不合理，汽轮机内部残留的型砂、汽封梳齿的碰磨、磨损掉下的铁屑等会将叶片打坏、打伤。由于安装、检修工艺不严，螺母、销子未加保险，运行中因振动而脱落，杂物遗留在汽轮机内部等，也会将叶片打伤、打毛、打裂。

对于叶片的机械损伤，应首先找出原因，然后视情况进行处理。一般来说，对于叶片被打毛的缺陷，仅用细锉刀将毛刺修光即可。对于打凹的叶片，若不影响机组安全运行，原则上不作处理。一般不允许用加热的方法将打凹处敲平，因为加热会使叶片金相组织改变，并且受热不均，会使打凹处受疲劳而产生裂纹。对于机械损伤在出口边产生的微裂纹，通常用细锉刀将裂纹锉去，并倒成大的圆角，形似月亮弯。对于机械损伤造成进、出口边有较大裂纹的叶片，一般采取截去或更换措施。当截去某一叶片时，要作动平衡。

2）水击损伤。汽轮机水击多半是在起动和停机时，由于操作不当，或设计安装对疏水点选择不合理或检修工艺马虎，杂物将疏水孔阻塞而引起的。水骤然射击在叶片上使其应力突增，同时叶片突然受水变冷。故水击往往使前几级叶片折断，末几级叶片损伤。水击后的叶片常使进汽侧扭向背弧，并在进出汽边产生微裂纹，成为疲劳断裂的发源点。另外水击引起叶片振动，首先将拉筋折断，破坏叶片的分组结构，改变叶片的频率特性，进而使叶片产生共振而将叶片折断。

水击损伤的叶片，损伤严重时应予换新。对于损伤轻微的叶片一般不作处理。

3）冰蚀损伤。对于水蚀损伤的叶片一般不作处理，更不可用砂纸、锉刀等把水蚀区产生的尖峰修光。因为这些水蚀区的尖峰像密集的尖针竖立在叶片水蚀区的表面，当水滴撞来时，能刺破水滴，有缓冲水蚀的作用。所以，水蚀速度往往在新机组投产第 1~2 年最快，以后逐年减慢，10 年后水蚀就没有明显的发展。

4）更换叶片。当叶片损伤严重或断裂时，需要更换叶片。

① 根据损坏叶片的组号，先确定对应组号新叶片，将其用汽油或煤油擦洗，去掉保护层，按照图样的配合公差进行仔细查核，且应完全符合所要求的尺寸。

② 拆叶片，必须根据装配图样及记录，结合叶片结构选用必要专用工具，拟订拆装方案。

③ 不同形式叶根在轮缘上装配情况也不同，但不管其结构如何，在组合时叶根间隙都必须相互严密贴合；同时应保证叶片和隔金对转子叶槽的良好贴合，贴合的严密程度可用 0.04~0.05mm 的塞尺来检查。

④ 叶片在径向和轴向的位置要正确。装长叶片时，其进汽边与半径方向通常允许稍有偏差。因此在装新叶片之前，要弄清此项偏差的规定数值（可查阅制造厂的有关图样）。

叶片在径向上的装置情况，可用特制的样板加以检查。

叶片边缘（顶端）径向允许偏差与叶片有效长度及汽轮机转速有关，在 0.3~0.8mm 之间。在检查叶片的轴向位置情况时应注意，叶片的中心线必须与叶轮平面平行，允许偏差与叶片长度有关，在 ±0.3~±0.7mm 之间。

⑤ 全面鉴定叶片安装质量的最可靠标准是检查叶片切向振动静频率。以各叶片组的频率分散度来表示，一般分散度不超过 8%。

频率分散度可用式 4-1 确定，以百分数表示

$$\Delta = \frac{f_{\max} - f_{\min}}{f_{\max}} \times 100\% \tag{4-1}$$

式中 f_{max} 和 f_{min} 分别为全级叶片组中最大和最小振动频率。

频率分散度数值过大，通常表示叶片安装不够严密。若叶根贴合不紧密、拉筋、复环焊接或铆接不良，则需仔细地检查频率分散度超过数值的叶片组，消除产生频率不合格的原因，直到合格。

5. 通流间隙的测量和调整

汽轮机动、静部分间的轴向间隙，顶隙测量的准确性是保证汽轮机组能否安全、经济运行的关键，所以通流间隙的测量及调整必须严格执行检修工艺要求和质量标准，其一般工艺步骤及要求如下：

（1）转子轴向定位　要使通流间隙测量准确无误，必须保证汽轮机转子轴向位置放置正确。一般 300MW 以下机组汽轮机转子的轴向位置以推力轴承工作瓦块为基准定位，并且在推力盘与工作瓦块表面充分靠实，以高压转子第一只危急保安器飞锤朝上为 0° 时测量位置。对于中压转子（或低压转子）通流间隙测量，应在高压转子的正确轴向位置，且各联轴器连接状态下进行，或者以中、低压转子动、静部分无碰摩时先测量一遍通流间隙，并测量转子当时所处的轴向位置，待确定转子正确的轴向位置后，推算出通流间隙。

（2）通流间隙测量　汽轮机转子轴向定位经验收符合设计值时，方可测量通流间隙。按各电厂机组的要求，以第一只危急保安器飞锤或高低联轴器上的记号朝上为 0° 进行测量。

通流轴向间隙一般用楔形塞尺进行测量。测量时按厂家提供的通流部分间隙图纸中的指定位置将楔形塞尺插入动、静叶片的轴向间隙中，把塞尺上的指针向下推至与静叶片或隔板中分面相接触，拧紧螺钉，再取出楔形塞尺，读出指针所指的刻度值，即为该位置的轴向间隙。若静叶片或隔板中分面为斜面时，因楔形塞尺指针推不到位，故所测得的间隙不准，此时应在塞尺的接触面上用粉笔涂一层颜色，然后将尺插入动、静叶片的轴向间隙中，稍用力向下推塞尺，取出后按粉笔颜色痕迹，结合指针读出轴向间隙值，或用外径千分尺测出粉笔痕迹处的厚度，即为该位置的轴向间隙。对于偏离设计值较大的间隙，应查明原因，多测几次，做好记录。

通流部分顶隙测量，在水平左右侧用普通塞尺直接测量，上、下侧顶隙采用压铅丝法测量或用压胶布法测量。

位置通流间隙测量完毕后，将转子顺时针旋转 90°，再测量一次。比较两次测量结果，误差不应大于 0.50mm，否则应查明原因。

（3）通流间隙调整　汽轮机通流间隙一般制造厂家在组装时均已调整好，所以大多数机组通流轴向间隙原则上不必调整。对于个别小于或大于设计值的部位，可作适当调整。通常采用将隔板（或静叶环）出汽侧的测量部位车削至需调整的数值或将单级隔板（或静叶环）轴向定位台一面车削一面补焊加工（或加垫环）的方法调整。对于整根转子各级轴向间隙同时小于或大于设计值时，可改变联轴器间垫片厚度或推力轴承轴向位置进行调整。

4.5.5　轴承的检修

1. 径向支持轴承的检修

（1）支持轴承常见故障及原因　支持轴承常见的故障有轴瓦钨金的磨损剥落、局部熔化（俗称烧瓦）、钨金与瓦壳贫离（俗称脱胎）等。故障的征象是轴承瓦温及出口润滑油温升高，振动加剧。故障的原因如下：

1) 润滑油系统不畅通或堵塞，润滑油变质。
2) 钨金的浇注不良或成分不对。
3) 轴颈与轴瓦间落入杂物。
4) 轴承的安装不良，间隙不当及振动过大等。

（2）轴承解体和检查　一般情况下，当汽缸温度低于150℃左右（各厂规定稍有不同）时，停止盘车和润滑油泵后，才能解体轴承。解体前应准备好轴承图样及检修、安装记录。

1) 轴承解体
① 拆除温度测点接线及保护元件。
② 拆除轴承盖结合面螺栓，吊开轴承盖。
③ 拆除上、下轴承结合面螺栓。对上、下半结合面不在水平方向的三油楔轴承，应先拆顶轴油管，然后抬轴将结合面旋转到水平位置再拆除结合面螺栓、温度测点等，吊去上半轴承。
④ 无承重转子时，可将下半轴承直接吊走；有承重转子时，应将轴颈抬起0.3~0.5mm后，翻出下半轴承后将其吊走。

2) 轴承解体后检查
① 轴承的宏观检查。主要包括：a. 轴承合金表面轴颈摩擦痕迹所占位置是否正确，该处的研刮刀花是否被磨亮；b. 轴承合金面有无划伤、损坏和腐蚀现象；c. 轴承合金面有无裂纹、脱胎、局部剥落现象；d. 垫铁承力面或轴承座洼窝球面上有无磨损和腐蚀，垫铁螺钉是否松动；e. 检查轴承两侧及顶部间隙是否合格；f. 检查轴瓦垫铁与轴承座洼窝有无间隙；g. 检查轴承水平中分面是否存在间隙；h. 对有顶轴油囊的轴承，应仔细检查油路是否畅通，油囊的四周与轴颈的接触面是否接触良好，油囊深度是否合格。
② 轴承合金探伤检查脱胎情况。机组无论是大修，还是小修，轴承合金都需作着色探伤和超声波探伤检查，看其有无裂纹、砂眼、气孔及其脱胎情况。

用着色法检查轴承合金面时，若发现合金表面或瓦口在显像后有红色印痕现象，则表明合金面存在裂纹或瓦口有脱胎现象。印痕较轻，说明轻微脱胎。用超声波探伤合金表面，可以检查出是局部脱胎还是大面积脱胎。

若合金表面裂纹较浅或局部脱胎时，可以对轴瓦进行局部补焊或研刮。若合金大面积脱胎，应对轴瓦重新浇注或更换新轴瓦。

（3）轴颈下沉量测量　轴颈下沉值是监视下轴瓦轴承合金的磨损及垫铁、垫片厚度变化的参数，它是利用安装时每个轴承专门配置的桥规进行监测的，如图4-39所示。将轴承座结合面清扫干净，将桥规底脚放在轴承座结合面打记号的指定位置上，用塞尺测出A的尺寸，并做好记录。记录中一定要写明A数值、轴承号、桥规放置位置和方向等，以便在以后每次测量时相互比较，从而监视轴颈的位置和合金的磨损情况，在调整联轴器中心时尽量予以恢复。转子按联轴器找好中心后，应再次进行测量，作为修后记录。

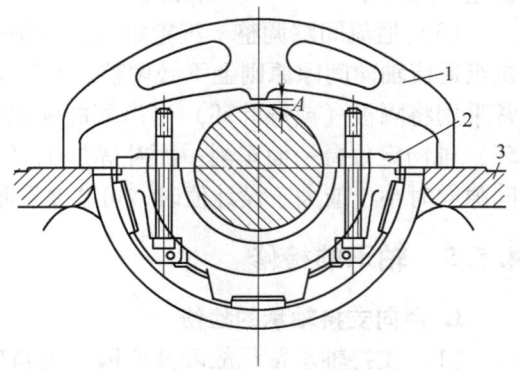

图4-39　用桥规测量轴颈下沉量
1—桥规　2—轴承　3—轴承座　A—隙值

三油楔轴承的轴颈位置测量亦可测轴承阻油边处轴颈的位置。

(4) 轴瓦间隙的测量　轴瓦钨金与轴颈之间的间隙在轴承解体和组装时均应认真检查,并做好记录。

1) 圆筒形轴瓦和椭圆形轴瓦两侧间隙的测量。在室温状态下,揭开上半轴瓦,用塞尺测量下半轴瓦与轴颈两侧间隙,每侧可选取有一定代表性的两个测点(一般在轴瓦的两端),塞尺插入的深度约为轴颈的 1/12～1/10,塞尺厚度从 0.03mm 开始塞,直到塞不进为止,此时塞尺的厚度即为两侧间隙值,应同时做好记录。

2) 圆筒形轴瓦和椭圆形轴瓦顶部间隙的测量。常用压铅丝的方法进行测量。将上半轴承吊开,在轴颈上放两条铅丝,如图 4-40 所示,铅丝直径要大于顶部间隙,把铅丝放在上半轴承有轴承合金的位置 A_1、A_2 处,然后扣上上半轴承,紧固轴承对口螺栓。用塞尺检查水平对口结合面有无间隙,当用 0.03mm 塞尺通不过时可松开对口螺栓,吊开上半轴承,取出铅丝,用外径千分尺测量铅丝的厚度取平均值,便是轴承的顶部间隙值,应同时做好记录。

3) 三油楔轴瓦间隙的测量。三油楔轴瓦的间隙不能用上面方法测量。三油楔轴瓦一般只检查轴瓦的油楔形状是否符合制造厂加工图纸的要求以及轴瓦合金的磨损情况如何。在轴承组合状态下,用内径千分尺检查轴承阻油边的直径,测量值减去轴颈直径,两者之差即为三油楔轴瓦的间隙。注意在测出有磨损痕迹处阻油边的直径时,应先确定磨损量,然后将刀口尺架在前后阻油边上,用塞尺或深度尺检查各油楔深度情况。

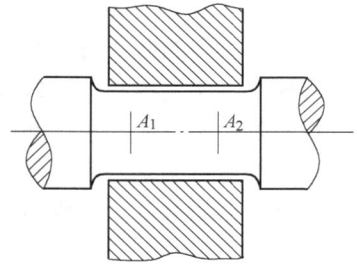

图 4-40　压铅丝位置

4) 四瓦块式可倾瓦间隙的测量。可用深度千分尺测量,如图 4-41 所示。在上半轴瓦的两侧,各有三个小孔,其中两侧小孔是检修时固定瓦块用的,运行时用专用螺塞封堵,在上轴瓦每个可倾瓦块背部都有两个螺孔与这两个小孔相通;中间小孔直接通向可倾瓦块的背部调整垫块,利用此孔可进行间隙测量。将轴瓦所有部件组装好,紧固轴瓦结合面螺栓,将专用的带紧固螺母的全扣螺栓通过两侧小孔与瓦块固定在一起,松开紧固螺母,用铜棒轻轻敲击轴瓦,使轴瓦上部的可倾瓦块完全落到轴上,在中间小孔处用深度千分尺测量小孔边缘到调整垫块的深度值并记录。然后同时均匀紧固两固定螺栓上的紧固螺母,将瓦块上移,直至瓦块不再移动为止。再次测量小孔边缘到调整垫块的深度值并记录。两次测量值的差值即为轴承的间隙。为了减小测量误差,可多测量几次,然后计算几次测量结果的平均值,将其作为间隙的最终值。也可用抬轴法测量间隙。这种方法在轴瓦组合状态下进行测量,测量时在转子轴颈处和轴瓦支持环外圆上各架一只百分表,然后用抬轴架将轴略微提升,同时监视两只百分表。当支持环上百分表指针开始移动时,读出轴颈上的百分表读数,最后将读数减去原始读数,两者之差除以 $\sqrt{2}$(对应四瓦块可倾瓦)即为轴瓦间隙。

(5) 轴瓦间隙的调整

1) 圆筒形轴瓦和椭圆形轴瓦间隙的调整。圆筒形轴瓦和椭圆形轴瓦的间隙可分为左右侧间隙和顶部间隙。经测量发现,轴瓦的间隙不符合标准要求时,应对照上次检修记录查明原因,再作处理。

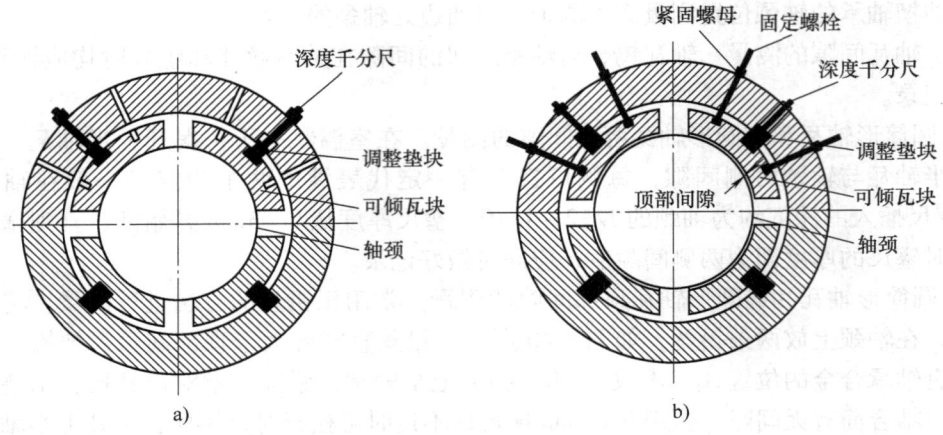

图 4-41 深度千分尺测量可倾瓦间隙的示意图
a）紧固螺栓紧固前测量 b）紧固螺栓紧固后测量

若轴瓦两侧间隙变小或顶部间隙变大，通常是由于下半轴瓦合金磨损所致。若两侧间隙较小，可以修刮两侧合金；若顶部间隙大，则需作局部补焊处理，也可将上轴瓦中分面处通过机械加工方法去掉与超标数值相同厚度的部分。

若两侧间隙较大、顶部间隙偏小或沿轴向塞尺所塞深度偏差较大，则往往是安装问题或上次检修的遗留问题，需重新安装测量。如运行中无异常现象，可不必处理，或者对轴瓦顶部合金进行适当修刮。间隙过大时一般采取现场补焊合金的方法，然后用机床进行标准加工。

若两侧间隙过小，可用刮刀进行刮削，一边刮削一边将瓦翻回轴承座内测量间隙情况，直到合格为止。

若两侧及顶部轴向位置的间隙不同，则往往是安装轴承时位置不正确所致。此时不能盲目修刮轴瓦合金，应先用塞尺检查轴瓦前后两端与轴颈有无脱空现象，如一端有间隙，则需检查轴瓦是否存在垫铁接触不良或销饼憋劲及球面轴瓦就位不正确等现象，如有应加以消除。如果不存在轴瓦的安装质量问题，则可进行下一步的轴瓦合金补焊处理或研刮工作。

当顶部间隙过小时，可在轴瓦结合面加垫调整顶部间隙，偏差多少便加多厚的调整垫片。但所加垫片不宜过厚，而且一定要保证质量。顶部间隙过大时，应采取补焊轴瓦合金的方法，但是补焊上轴瓦还是补焊下轴瓦应根据具体情况确定，若下轴瓦有磨损就补焊下轴瓦，若下轴瓦没有磨损就补焊上轴瓦。

2）可倾瓦间隙的调整。对于轴直径在 400mm 及以下的可倾瓦，其标准间隙为轴直径的 0.13%；对于轴直径在 400mm 以上的可倾瓦，其标准间隙为轴直径的 0.15%，最大允许间隙为轴直径的 0.2%。可倾瓦的瓦块与轴颈的间隙值可通过调整瓦块背部调整块内的垫片来调整，当瓦块与轴颈的间隙超出调整范围时，应更换轴承的瓦块。

（6）轴瓦合金面的研刮

1）圆筒形轴瓦合金面的研刮。单油楔圆筒形轴瓦接触角为 60°，接触面上的接触点应均匀分布，若接触不良，应加以修刮。在轴瓦两端，应有约 10~20mm 宽的合金与轴颈不接触，须留有 0.02mm 的泄油间隙。轴承的进油侧和出油侧，均应修刮出合适的油楔，使轴承有充足的油量，否则会造成运行中轴瓦温度过高，影响轴瓦寿命。

修刮轴瓦合金表面时，应光滑平整，不许有明显的沟痕。具有高速盘车的汽轮机轴承，还有顶轴油孔和顶轴油囊，如图 4-42 所示。

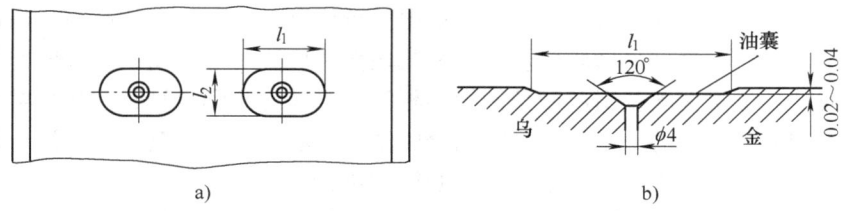

图 4-42 顶轴油囊
a) 轴瓦底部俯视图 b) 轴瓦底部剖视图

修刮轴瓦合金时，务必将顶轴油孔堵住，并且在修刮后和组装前用压缩空气吹干净。顶轴油囊的尺寸必须按图样要求修刮，其深度一般为 0.05～0.15mm，边缘应光滑过渡。若油囊太浅，轴不易被顶起，轴瓦合金与轴稍有研磨时油囊就会被破坏，一般易采用上限数值。若油囊太深则会影响润滑油膜的形成。油囊面积不能太大也不能太小，因油囊本身就影响压力油膜的连续性。如果面积太大，将使油膜浮力不够，破坏油膜；如果面积太小，又顶不起轴颈。油囊面积是根据轴颈载荷和顶轴油压力计算得到的。油囊应处于轴瓦中心对称布置。

2) 椭圆形轴瓦合金面的研刮。椭圆形轴瓦合金面的研刮要求与圆筒形轴承基本相同，只是椭圆形轴瓦的接触角比圆筒形轴瓦略小，一般为 45°～50°。

3) 三油楔轴瓦合金面的研刮。三油楔轴瓦合金面原则上在制造厂加工成形后不再修刮。但在实践中为了节省检修时间，补焊的轴瓦只要严格按照制造图样尺寸修刮是完全可行的。补焊及修刮只允许在有限面积上进行，对于补焊的三油楔轴瓦，首先应将磨损部位补焊，然后参照未补焊的阻油边和图样尺寸，先修刮阻油边，再修刮油楔。总之，油楔是依据正确尺寸的阻油边为基准进行修刮的。

4) 可倾瓦合金面的研刮。可倾瓦的修刮，一般不允许在安装现场进行，如有明显缺陷需作处理时，应取得制造厂同意方可进行。小面积修刮时，可直接进行。大面积修刮应按假轴进行研刮，假轴的直径等于实轴轴颈直径加上轴承标准间隙值，绝不能按转子的轴颈直接进行研刮。

(7) 调整垫块接触面的检查和研刮 为了调整汽轮发电机组轴系的中心，汽轮机轴承均设有供调整用的球面或圆柱面垫块。轴瓦垫铁不仅承受着转子重量及各种动载荷的作用，还负责确定转子的位置，所以其接触情况是否良好直接影响到机组的振动情况及安全运行。因此，每块垫铁应承重均匀，垫铁与轴承座洼窝的接触痕迹应占垫铁总面积的 75% 以上，且接触点应均匀分布。对带有油孔的垫铁，油孔周围接触点一定要严密，以防止润滑油外泄。

轴瓦在承重状态下，垫铁与轴承座洼窝间隙用 0.03mm 塞尺应该塞不进。抬起转子后，最下部垫铁应有 0.03～0.07mm 间隙，两侧垫铁用 0.03mm 塞尺应该塞不进。如不符合要求，应翻出下轴瓦，检查垫铁接触点情况，对垫铁接触面进行研刮。

轴承调整垫块的研刮与其他零件研刮不同。前者必须在载重情况下检查接触情况，后者一般以自重检查接触情况。当接触面存在 0.10mm 以上间隙时，可用锉刀或角向砂轮机进行粗刮。直到间隙小于 0.10mm 时，应复测油挡洼窝中心，并根据洼窝中心改用刮刀精刮。精刮工作首先在轴承座洼窝内涂薄薄一层红丹粉，将轴瓦放进轴承座，放下转子，用起重吊钩将轴瓦在洼窝内往复移动 2~3 次，每次移动量为 10~20mm。然后将转子抬高，取出轴瓦，检查下轴瓦垫块上红丹粉的印痕，并以此为依据进行研刮，先刮较亮的高点，后刮较小的接触点。如此反复进行，直到最后阶段。下轴瓦几块垫块应同时进行研刮，并防止研刮过量及研刮偏斜，使轴瓦位置歪斜及引起四角油楔不相等。当同时研刮下轴瓦几块调整垫块时，应正确确定底部和两侧垫块的研刮量，同时结合联轴器中心、汽缸洼窝中心情况，综合分析和考虑。一般情况下，研刮工作与联轴器找中心同时进行。

（8）轴瓦紧力的测量和调整　轴瓦的紧力就是轴承盖对轴瓦的压力，也就是上轴瓦垫铁处与轴承盖间的配合过盈量。轴承紧力在轴承装配图上有明确的要求。紧力过大可能使轴承盖变形，特别是球面轴瓦将影响其自由调位，紧力过小将引起振动。

需要说明的是，以往球形配合面均采用过盈配合，而现在有些机组采用过渡配合，理由是运行中轴瓦温度高于轴承座温度，考虑了热膨胀的偏差量，最终仍能保证机组运行时轴承与轴承座之间存在一定的过盈量。轴瓦紧力的测量可利用压铅丝方法，如图 4-43 所示。

1）轴瓦紧力的测量方法：①将上、下半轴瓦组装并紧固结合面螺栓；②在顶部垫铁处（球形轴瓦在球面顶部）放两条直径为 1mm 的铅丝；③在轴瓦两侧轴承座结合面的前后放四块厚度相同（0.5mm）并已除去毛刺的不锈钢垫片；④扣上轴承盖，均匀拧紧结合面螺栓，用塞尺检查结合面四角的间隙应均为 0.50mm；⑤松开螺栓，吊开轴承座；⑥测量压扁的铅丝厚度，对每条铅丝应测平均值，再求出两条铅丝的平均值。紧力值 C 等于垫片厚度 A 与铅丝厚度平均值之差，如两厚度差为负值则出现间隙，即

$$C = A - (b_1 + b_2)/2$$

式中　C——紧力值（mm）；

　　　A——垫片厚度（mm）；

　　b_1、b_2——测得每条铅丝厚度的平均值（mm）。

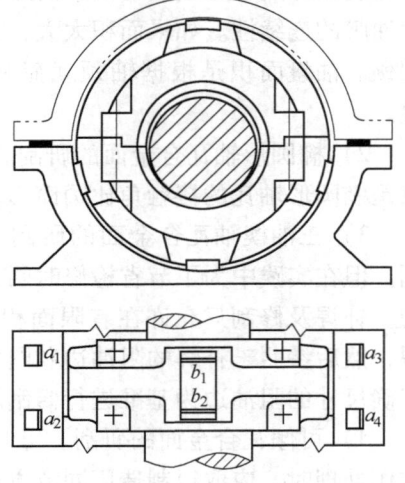

图 4-43　轴瓦紧力的测量方法

对于有两块垫铁的上部轴瓦，因为顶部不能放铅丝，所以铅丝只能放在两侧垫铁的上面。这种情况紧力值应为

$$C = A\cos\alpha - (b_1 + b_2)/2$$

式中　C——紧力值（mm）；

　　　A——垫片厚度（mm）；

　　b_1、b_2——测得每条铅丝厚度的平均值（mm）；

　　　α——垫铁中心线与铅垂线的夹角（°）。

2）测量轴瓦紧力时出现误差原因：①轴瓦组装不正确，如下半轴瓦放置的位置不正确，定位销饼蹩劲，轴瓦结合面、垫铁及轴承座洼窝清扫不干净或有毛刺等；②轴承盖螺栓紧力不足或紧力不均匀，铅丝直径太粗，轴承盖紧力过大使轴承盖或轴承变形，这样测出的压铅丝厚度并不是真实间隙；③铅丝和垫片放置位置不当，垫片表面有毛刺，垫片厚度不均匀；④测量时选点无代表性，如铅丝过长，只测铅丝两端处厚度等。

3) 轴瓦紧力调整方法。若紧力不符合图样规定值时，对于垫铁紧力而言，可调整顶部垫铁下面的垫片厚度，要求每块垫铁下垫片数量不超过三片。对于球面紧力而言，若球形轴瓦紧力过小，可在轴瓦结合面上加与结合面形状相同的铜垫片，但加垫后轴瓦与轴颈间隙应在规定范围内，决不允许将垫片加在球面上，以免影响球面的自由调整作用。若球面紧力过大，可在瓦枕结合面上加铜质或钢质垫片进行调整。

(9) 轴承合金表面局部缺陷的处理

1) 接触腐蚀的处理。轴承垫块与轴承座之间的接触，经过研刮，接触面之间虽然大部分面积已无间隙，但尚有小部分面积接触不会很密合，或轴承垫块与轴承座的装配过盈不够。当机组运行中发生振动时，垫块与轴承座在接触时出现脱开现象。此时轴电流就会对两接触表面产生电蚀，并出现金属熔化而形成表面光亮的凹坑，且表面硬度较高，这种现象通常称之为接触腐蚀。对于接触腐蚀的处理，一般用涂镀或喷涂方法解决。

2) 下轴瓦与轴颈的研刮花纹被磨亮，除三油楔轴承外应用三角刮刀或柳叶刮刀作交叉的轻微修刮，重新刮制花纹，使其表面能存少许润滑油，以减小低速盘车时轴承合金的磨损。

3) 工作痕迹不符合要求，必须进行修刮。若接触区域过大，只需用刮刀将接触过大的部分稍微修刮并使轴瓦两侧圆滑过渡即可。如工作印痕偏前或偏后，则说明轴瓦负荷分配不均，应将下轴瓦就位，盘动转子进行研磨着色，根据着色痕迹进行修刮。

4) 轴承合金如果出现裂纹、碎裂、严重脱胎、密集气孔、夹渣或间隙超过标准时，可根据实际情况，采用局部补焊或整体堆焊的方法进行修复。修补时必须将裂纹、碎裂、脱胎、气孔、夹渣等缺陷，用小錾子或小尖铲轻轻剔干净，并用着色法探伤，查明确实不存在裂纹、脱胎、气孔、夹渣等残留的缺陷后，用酒精或四氯化碳（注意四氯化碳有毒，应尽量少用或采取防护措施）将修补区域擦洗干净。用电烙铁对轴瓦本体进行挂锡，挂锡厚度应小于 0.5mm，并与本体合金咬牢。补焊时，为了防止轴瓦温度过高，而影响其他部分轴承合金的质量，所以必须将轴瓦浸在凉水里，使补焊处露出水面，由熟练的气焊工用小火焰气焊枪进行施焊。施焊应严格控制温度，并经常用手触摸，当没有很烫的感觉时，即施焊处温度不超过 100℃。否则应暂停片刻，用间断法进行施焊。

轴承合金补焊结束，待冷却后应用纯铜棒轻轻敲击，细听声音是否有脱胎现象，然后用刮刀进行研刮，并放在轴承座内，盘动转子，检查接触情况，直至符合标准为止。

当轴瓦间隙过大，采用整体堆焊时，应将轴承合金表面油类清洗干净，然后用局部补焊的工艺进行堆焊，但堆焊必须间断进行。堆焊结束后应按图进行切削加工，最后放在轴承座内，吊进转子，检查接触情况，根据接触情况进行修刮，直至符合要求。

(10) 轴瓦组装

1) 圆筒形、椭圆形轴瓦组装时，先在轴颈上浇少量干净的汽轮机油后再扣上半轴瓦，上半轴瓦扣上以后，提起结合面定位销螺栓，并组合螺栓与螺母。用铜棒或铜锤前、后敲击轴承几次，使轴瓦接触均匀，再紧固螺栓。

2) 三油楔轴瓦由于运行位置与水平结合面呈 35°角，因此在与圆筒瓦同样组装以后要旋转 38°角，组装定位销饼后，再旋回 3°角，使销饼落入轴承座销饼槽内，然后落下大轴。

3) 可倾瓦组装前，要拆下所有瓦块，用压缩空气吹扫干净后，再组装回轴承壳中，回装完瓦块后组装挡油环，最后将轴瓦组装在工作位置，复查上部各瓦块间隙情况。

2. 推力轴承检修

推力轴承常见缺陷一般是瓦块的轴承合金产生磨损、裂纹及电腐蚀。常见故障一般是瓦块轴承合金熔化。下面分两点介绍推力轴承的检修，即推力轴瓦的检查和缺陷的处理。

(1) 推力轴瓦的检查

1) 推力瓦块的检查。瓦块检查的重点是轴承合金表面，应注意检查以下几点：

① 各瓦块上的工作印痕大小是否大致相等，工作印痕不均，则说明在工作中瓦块的负载不均匀。

② 轴承合金表面有无磨损及电腐蚀痕迹。

③ 轴承合金表面有无夹渣、气孔、裂纹、剥落及脱胎现象。

④ 检查瓦胎内外弧及销钉孔有无磨亮的痕迹，如有这种痕迹说明有妨碍瓦块自由摆动的现象。

⑤ 用外径千分尺检查各瓦块的厚度（见图4-44），并作记录，各瓦块的厚度差不应超过0.02mm。但由于瓦壳结构上的原因，如上下瓦壳错位，会使瓦块的厚度不得不产生差额。此时将测出的瓦块厚度值与上次大修记录比较，不应有超过0.02mm的误差，而且各瓦块轴承合金的工作痕迹必须保持均匀。

2) 轴承外壳的检查

① 检查瓦壳结合面定位销子是否由于长期的反复拆卸而发生松动。销子松动应重新配置，以免引起上下两半轴瓦错位。

② 检查瓦壳前后定位垫环的松紧度，以用锤子轻敲能够打动为好。

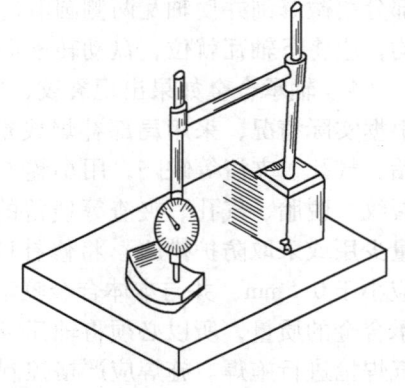

图4-44 测量推力瓦厚度

3) 测量推力间隙。测量工作应在解体前或检修安装完毕后进行。其方法是：在转子的任一端面和推力轴承外壳正前方各架一块百分表，先将转子推向工作位置，调整两表大表针指示均为"0"，然后再将转子推向非工作位置，两表差值即为推力间隙，一般为0.25~0.38mm。推力间隙过小应将调整垫片磨至间隙合格；间隙过大，应更换调整垫片。推力瓦壳窜动量应不大于0.02mm。

(2) 推力轴瓦缺陷的处理　推力轴瓦缺陷的处理主要是修复局部有缺陷的瓦块以及更换不能继续使用或短时间内不能修复的瓦块。

1) 瓦块的局部补焊。瓦块轴承合金表面局部有夹渣、气孔、磨损等缺陷，可作局部补焊。然后在平板上按完好的部分刮平，补焊方法同支持轴承。

2) 更换新瓦块。备品瓦块的厚度都有一定的富裕量。经清理检查确信质量合格后，应先在平板上进行研刮，使其厚度等于上次检修记录值加上0.05~0.10mm的组合研刮裕量，并且应使轴承合金表面与平板达到全部接触。

瓦块在组合状态下进行研刮，是为了消除由于推力盘微小不平从而引起瓦块与推力盘接触不良的现象。研刮时应先将推力轴瓦组合好，边盘转子，边用专用工具将转子推向需研磨的瓦块一侧。转子转动数圈后，拆卸轴承，根据接触痕迹进行修刮。反复进行该工作，直至各瓦块厚度与上次大修记录基本符合，所有瓦块与推力盘全部接触，印痕分布均匀为止。

4.6 基础知识

4.6.1 汽轮机的分类及型号

汽轮机的类型很多，可按不同的方法分类。按工作原理分，有冲动式和反动式；按级数分，有单级和多级；按热力过程分，有凝汽式、背压式、抽汽式、中间再热式；按工质的参数分，有低压、中压、高压、亚临界及超临界（见表4-4）；按主要结构分，有单缸式、多缸式、轴流式、幅流式等；按用途分，有发电用、船用、工业用。

表4-4 各类汽轮机的进汽参数

名称	进汽参数范围		国产机组的进汽参数		额定功率
	压力/MPa	温度/℃	压力/MPa	温度/℃	MW
低压汽轮机	<1.5	<360	1.27	340	≤3
中压汽轮机	2.0~4.0	370~450	2.35 3.43	390 435	<50
高压汽轮机	6.0~10.0	480~535	8.83	535	25~100
超高压汽轮机	12.0~14.0	535~550	12.75 13.24	535 550	>100
亚临界压力汽轮机	16.0~18.0	535~560	16.16 16.64	550 537	>200
超临界压力汽轮机	>22.5	>560			≥300

为了便于识别汽轮机的类别，每台汽轮机都有个产品型号。我国生产的汽轮机所采用的系列标准及型号已经统一，汽轮机产品型号的表示方法是：

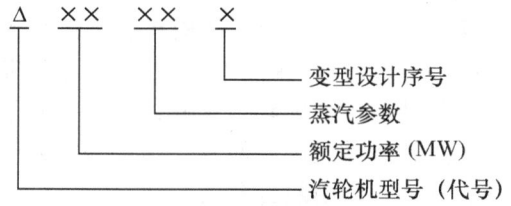

如 N100—8.83/535 型中 N 表示凝汽式，其后紧跟的数码 100 表示汽轮机的额定功率为 100MW，8.83 表示额定进汽压力为 8.83MPa，而 535 表示进汽温度为 535℃。表4-5 列出了国产汽轮机型号（增加代号）及表示蒸汽参数的方法。

表4-5 新型号中表示蒸汽参数的方法

汽轮机型号	蒸汽参数表示方法	实例
凝汽式	主蒸汽压力/主蒸汽温度	3.43/435
中间再热式	主蒸汽压力/主蒸汽温度/中间再热温度	12.75/535/535
一次调整抽汽式	主蒸汽压力/调整抽汽压力	3.43/0.98
两次调整抽汽式	主蒸汽压力/高压抽汽压力/低压抽汽压力	8.83/0.98/0.147
背压式	主蒸汽压力/排汽压力	3.43/0.98

4.6.2 多级汽轮机的结构特点

汽轮机绝大多数是多级的。多级汽轮机由若干级组成，从总体上可分为汽缸、转子、轴承座和盘车装置四大部分，汽轮机的各级叶轮沿轴向依次套装在轴上，套装方法叫做热套。即套装时将叶轮加热到一定温度，装上后由于冷缩而紧固在轴上，对直径小的叶轮可与轴锻成一体，组成转子，由支持轴承和推力轴承支撑定位，轴承置于轴承座内。汽缸是汽轮机的外壳，近似为圆锥体，由进汽部分、汽缸体和排汽室组成，形成能量转换的空间，各级隔板和叶轮都置于汽缸体内。进汽部分装有喷嘴室，第一级的喷嘴叶栅固定在喷嘴室的出口。转子穿出汽缸的部分装有轴封体，与转子对应段构成轴封。汽缸底部开有若干个抽汽口，从级间抽出部分蒸汽，经管道引入回热加热器或向其他设备供热。为便于在汽缸上布置抽汽口，缩小轴向长度，两相邻抽汽口之间的各级隔板，用隔板套支撑定位。隔板套为圆环形部件，通过护环嵌装在汽缸内壁的环形槽道内（隔板也可以直接嵌装在汽缸内壁的环形槽道内）。为了将转子放入汽缸和轴承中，汽缸、隔板套、隔板、轴封体、轴承和轴承座均沿轴线水平剖分成上、下两部分。除隔板和轴瓦外，它们的上下两部分都通过水平法兰用螺栓紧固，以保证结合面的严密性和承载能力。

高参数大功率凝汽式汽轮机内蒸汽的理想焓降很大，级数较多。为了增加汽缸和转子的刚度，需采用多缸结构，各转子分别由轴承支撑，用联轴器连成一个整体。这类汽轮机，蒸汽流量大，排汽压力低，低压级内蒸汽的容积流量 Q_v 很大，需要长叶片构成大的通流面积。由于叶片长度和叶栅平均直径越大，其离心力也越大，因而一般材料的机械强度难以承受这样大的应力，故受材料机械强度的限制。目前级的最大通流面积只能达 $10m^2$。采用单排汽口的汽轮机，相应的最大功率可达 $100\sim150MW$。进一步增大单机功率，汽轮机的低压段必须分流，采用多级排汽口的结构。为缩短机组轴向长度，平衡轴向推力，分流的两个低压级组常对称布置在一个低压缸内。随着排汽口增多，汽缸的数目相应增多，轴向长度加长，故需采用双轴布置，分别拖动两台发电机。

对于大功率超高压中间再热机组来说，汽缸结构几乎无例外地采用双层或多层结构。如300MW 机组，四只汽缸采用内外双层缸。采用双层缸可以大大简化汽缸结构，而且在内、外缸夹层中有压力和温度较低的蒸汽不断流动。这样，不但有利于减小内外缸的缸壁温差，使汽缸热应力减小，还有利于加快起动速度。而且，由于外缸处于较低温度的环境下工作，外缸可采用耐温较低的材料，从而节约耐热合金钢。

4.6.3 汽缸的作用和构造

汽缸的作用主要是将汽轮机的通流部分（喷嘴、隔板、转子等）与大气隔开，保证蒸汽在汽轮机内完成其做功过程。此外，它还要支承汽轮机的某些静止部件（隔板、喷嘴室、汽封套等），承受它们的重量。中小型汽轮机的汽缸通常与轴承座铸成一体，因此，这种结构的汽缸还要承受转子的部分重量。

汽缸通常制成具有水平结合面的水平对分形式，上半部叫上汽缸或汽缸盖，下半部叫下汽缸。上、下汽缸之间用法兰、螺栓联接在一起。法兰接合面要求平整且光洁度极高，以保证上、下汽缸结合后严密不漏汽。

汽缸所用的材料主要决定于蒸汽的温度，普通铸铁只适用于 250℃ 以下；当蒸汽温度在

250℃~300℃左右时，则可采用铸钢或经过一定热处理的优质铸铁；当蒸汽温度在300℃~400℃时，必须使用铸钢；当温度达到400℃~500℃时，应使用合金钢。

为了减少优质金属材料的消耗，还将汽缸分为高、低压两部分。高压汽缸内蒸汽的压力、温度都较高，故须使用较好的铸钢制造；低压缸内蒸汽的压力、温度都很低，故一般用优质铸铁制造。为此，高、低压缸之间有一垂直结合面，要通过法兰和螺栓联接，并加以密封焊。

上汽缸的高压端设有进汽室。有的汽轮机进汽室与上汽缸铸成一体，也有的采用单独铸造的进汽室，这时要用法兰和螺栓与上汽缸联接，如图4-45所示。下汽缸设有抽汽口、疏水口。上、下汽缸内均车有放置隔板用的隔板槽，在汽缸两端中心孔处车有放置汽封套的凹槽。

1. 汽缸的受力分析

了解汽缸在工作时的受力情况，对指导运行和分析事故有很大帮助。下面对汽缸受力情况进行分析。

1）由于汽缸内外的压力差，使汽缸壁承受一定的作用力。高压缸中蒸汽压力高于大气压，汽缸壁受着向外的张力；低压缸中蒸汽压力低于大气压，汽缸壁受着向内的压缩力。由于汽轮机负荷变化时各级的压力发生变化，所以汽缸壁的受力情况也会发生变化。

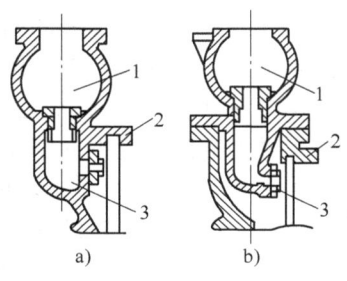

图4-45 进汽室结构
a) 进汽室与汽缸铸成一体的结构 b) 单独铸造的进汽室用法兰与上汽缸连接的结构
1—调速汽门 2—汽缸
3—喷嘴室

2）隔板和喷嘴加于汽缸的力。这是由于隔板两侧的压力差及汽流流过喷嘴时对其产生的反作用力所引起的。这个力也随着负荷的变化而变化。

3）汽缸及汽缸上各固定部件的重量。

4）轴承座与汽缸铸成一体或轴承用螺栓联接在下汽缸上的机组，转子的重量和转子转动时的不平衡力也要加到汽缸上。

5）小型机组的主汽门、新蒸汽管与汽缸连接，这些部件对汽缸盖也有作用力。

6）汽缸在运行中存在温度差而引起的热应力，如：

① 当汽轮机负荷变化时，汽轮机各级温度、压力都要变化，于是汽缸沿长度方向产生温度差，使汽缸材料的热应力增大。

② 由于汽缸内外的温度差，造成汽缸壁上的热应力。

③ 由于汽轮机高压段采用部分进汽，使汽缸壁沿横断面方向的温度不同，从而造成材料内部的热应力。

④ 起动、停机时，上、下汽缸存在温差，从而形成汽缸沿横断面方向的热应力和热变形。

汽缸的热应力和热变形（汽缸各处受热后的变形）在负荷剧烈变动时（如迅速停机，急速起动和暖机不良的情况下起动）最大，也最危险。所以，汽轮机的运行方式、方法一定要根据机组各部分的受热情况来确定。

2. 汽缸的热膨胀及滑销系统

汽轮机在起动、停机和负荷改变时，汽缸各部分的温度要发生很大的变化。随着温度变化，汽缸要发生相应胀缩，如果汽缸胀缩不能合理地进行，将会造成以下问题：

1）汽缸金属热应力过大，以致引起汽缸变形和裂纹，造成汽轮机振动加剧、汽缸漏汽，严重时使汽缸无法工作。

2）汽缸内轴向或顶隙改变，有时会造成汽封和动、静叶的摩碰等严重故障。

为了满足运行要求，汽缸的热膨胀应满足以下要求：

1）温度变化时，汽缸和转子的中心必须始终保持一致，不能因此引起振动和动、静部件的摩擦。

2）温度变化时，不会引起汽缸、轴承座等有关部件的变形、破裂。

3）汽轮机转子和静止部分的轴向间隙合乎要求，保证运行的安全性和经济性。

为了满足上述要求，在汽缸、轴承座和机座间设置有滑销系统。滑销系统中包括：引导汽缸沿横向膨胀的横销；引导汽缸沿轴向膨胀并推动前轴承座轴向移动时，保持轴承座与汽缸中心线一致的纵销；引导汽缸沿垂直方向膨胀，并保持汽缸与轴承中心一致的立销。图4-46示出了国产N6-35-1型汽轮机的滑销系统。该机组高压缸用半圆法兰与前轴承座连接，通过它把汽缸部分重量加在前轴承座上。低压缸通过两侧的机脚支承在两侧的机座上。在高压缸的半圆法兰上设有一个垂直

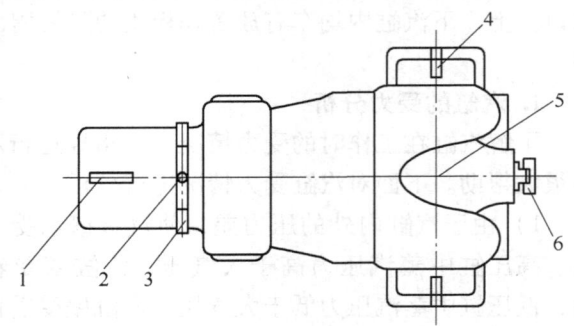

图4-46 N6-35-1型汽轮机的支承及滑销系统
1—纵销 2—垂直方向的销钉 3—水平方向的销钉
4—横销 5—汽缸热膨胀死点 6—立销

的圆柱销和两个水平的圆柱销。在低压缸两侧的机脚和机座的结合面上，各有一个圆柱横销，用以引导汽缸的横向膨胀。这两个横销中心的连线与汽轮机纵向中心线的交点就是该汽轮机的热膨胀死点，汽轮机就以该死点为基准，汽缸的各部分沿着销子限定的方向前后、左右膨胀。一般汽轮机的汽缸热膨胀死点都设在凝汽器中心线附近，这是为了在汽轮机膨胀时，不会影响汽缸排汽口与凝汽器结合面连接的严密性。由于汽缸的热膨胀死点在排汽口附近，所以汽缸的纵向膨胀是由低压端向前轴承方向，并通过半圆法兰推动前轴承座向前移动。这个移动量通常称为绝对膨胀量。为了保证前轴承座移动时中心线不致偏斜，在前轴承座与机座结合面之间还设有纵销。在后轴承座下部设有一个立销，用以引导汽缸在垂直方向热膨胀。

4.6.4 喷嘴和隔板的作用与构造

1. 喷嘴

喷嘴是组成汽轮机的主要部件之一。它的作用是把蒸汽的热能转化成动能，也就是使蒸汽膨胀降压，增加流速，按一定的方向喷射出来，进入动叶片中做功。

喷嘴直接安装在喷嘴室上，这样做的好处是：新蒸汽经过喷嘴后，蒸汽的压力、温度都降低很多（因为中小型汽轮机的第一级多为双列速度级，其焓降大），因此，高压段除喷嘴室和喷嘴以外的汽缸、转子等部件都可以用耐热等级较差的材料制造，从而降低成本；另外，由于蒸汽压力的降低，高压段汽缸壁可以减薄，高压端的汽封可以简化，有利于汽轮机的结构设计和制造。

汽轮机的喷嘴通常都根据调速汽门的个数成组布置，这些成组布置的喷嘴称为喷嘴弧段。每一个调速汽门控制一组喷嘴的进汽量，以此来调整汽轮机的进汽量。因此喷嘴又称为调节级喷嘴。

小型汽轮机的喷嘴的构造如图 4-47 所示。整个喷嘴弧是在内环 2 与外环 1 之间镶入若干独铣制的喷嘴块 4 所构成的，整个喷嘴弧上的喷嘴分成几组，每一组喷嘴与一个调速汽门连通，可控制进汽。

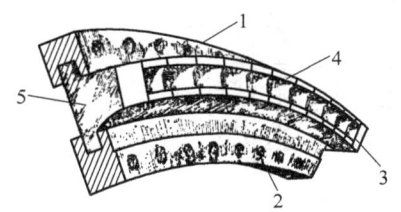 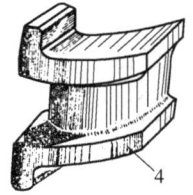 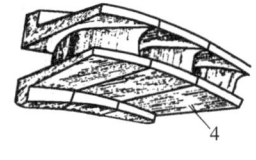

图 4-47　喷嘴弧立体图

1—外环　2—内环　3—首块　4—喷嘴块　5—末块

整个喷嘴弧组成后，喷嘴块与内、外环之间用电焊焊死构成整件，然后用带有锁垫的螺栓紧固在喷嘴箱上。为了严密和拆卸方便，在喷嘴弧与喷嘴箱之间应装有厚度在 1mm 以下并涂有黑铅粉的石棉纸板垫片。

喷嘴由于处在高温下工作，所以使用的材料主要是不锈钢和耐热合金钢。

小型汽轮机喷嘴多采用部分进汽（即不是全圆周进汽），如图 4-48 所示。这主要是因为高压蒸汽的质量体积小，在满足汽轮机所需蒸汽量的情况下，需要的蒸汽流通面积较小，故在保证喷嘴和叶片有一定高度的前提下（可减少流动中损失，并便于加工制造），只有减少喷嘴的数目和所占的弧长。由此形成了第一级或前几级喷嘴采用部分进汽的结构。

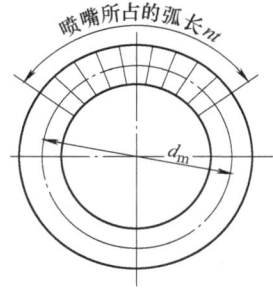

图 4-48　部分进汽示意图

为了说明部分进汽的大小，常引用部分进汽度这一概念，即

$$\varepsilon = \frac{nt}{\pi d_\mathrm{m}} \tag{4-2}$$

式中　ε——部分进汽度；

nt——喷嘴所占的弧长（mm）；

πd_m——平均直径处的圆周长（mm）。

2. 隔板

多级冲动式汽轮机调节级后的各压力级是在不同的压力下工作的，为了保持各级前后的压力差以及装设静叶，汽轮机各级都设有隔板。

隔板是由隔板体、静叶、隔板外缘和隔板轴封等部分组成的。根据蒸汽流量和压力的不同，隔板上的静叶可以采用全周进汽，也可以采用部分进汽方式。隔板制成上、下两部分，在水平结合面处连接，上部隔板装在汽缸盖的凹槽内，下部隔板装在下汽缸的凹槽中。为了保证汽缸大盖揭开时上隔板不致掉下来，在上隔板左、右水平结合面处，用销垫和埋头螺钉紧固在上汽缸上。这个销垫同时还能防止工作时隔板转动，如图 4-49 所示为下隔板用搭子和悬挂销固定在下汽缸中，工作时上隔板的重量由下隔板支承。为了保证上、下隔板轴向对准和严密，在水平结合面处装有平键；为了使上、下隔板横向对准，在结合面处还设有一个圆柱销。

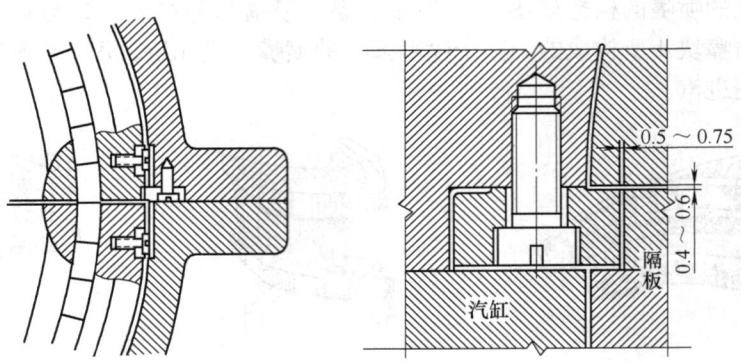

图 4-49　隔板的安装方法

汽轮机起动时，隔板的受热比汽缸快，因此必须考虑到隔板的热膨胀问题。为此隔板与汽缸上的隔板槽间应留有 0.5~1.5mm 的顶隙和适当的轴向间隙。为了保证隔板和汽缸中心对准，下隔板底部与下汽缸间装有圆柱键或平键。

根据隔板所承受的工作温度和蒸汽压差的大小，常采用焊接隔板及铸造隔板。铸造隔板又可分为铸钢隔板和铸铁隔板两种形式。

(1) 焊接隔板

焊接隔板应用在汽轮机的高压段，其结构如图 4-50 所示。它是把预先铣制出的静叶片装在冲有与静叶片断面形状相同的孔的内外钢带上，并用电焊焊牢，然后在与隔板体、外缘找平找正的情况下焊在一起，再经过热处理和机械加工而成的。这种隔板的刚性好，强度大，能保证静叶内汽道表面粗糙度高，形状准确。

隔板前后蒸汽的压力差有时较大，为满足隔板刚度和强度的要求，隔板的厚度必须较大。这样隔板上的静叶长度就要增大，蒸汽在静叶中的流程随之增大，在静叶上、下部出现的蒸汽二次流损失及蒸汽与静叶内壁的摩擦损失亦会加大，从而致使静叶效率降低。为此在一些汽轮机的高压段焊接隔板上，使用窄静叶。这种隔板在窄静叶前设有一些加强筋，以保证隔板的强度。

(2) 铸造隔板

铸铁隔板是将已经加工成型的静叶片在浇注隔板时同时铸入，为了获得较好的浇注性能和力学性能，一般采用 QT-450

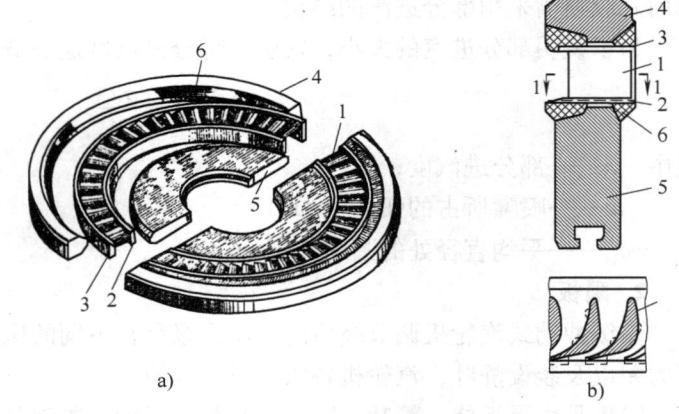

图 4-50　焊接隔板
1—预制的静叶片　2、3—内、外带
4—隔板外缘　5—隔板体　6—坡口

球墨铸铁或合金铸铁；低温部分则采用灰铸铁 HT280～HT480；静叶片一般用 15Cr13 不锈钢制成。这种隔板加工制造比较容易，成本低，但喷嘴叶片的表面粗糙度较高，附加损失大，使用温度一般低于 340℃，所以多数应用于汽轮机的低压部分。

现在国内已经运行的单机运行容量为 300MW 和 350MW 汽轮机的高压隔板大多采用铸钢隔板。因为隔板承受的级前、后压差较大，所以一般情况下隔板做得比较厚，并且使用 CrMoV 合金钢铸造而成，以保证足够的强度和刚度。此类隔板通常用于大型汽轮机高压和中压前几级上。

隔板在汽轮机运行中所受的作用力主要有以下两种：

1）由于隔板前后压力差造成的由隔板中心孔向四周的弯曲力。这个弯曲力的数值很大，如外径 1000mm、中心孔内径 250mm 的隔板，当压力差等于 0.1MPa 时，隔板上所受的力为 75t；当压力差等于 0.2MPa 时，所受的作用力为 150t。隔板的强度和材料主要由这个力决定。

2）隔板上的静叶喷射蒸汽的反作用力，这个力的作用方向与汽轮机转动方向相反。一般地说，这个力作用在汽轮机转动方向相反一侧的隔板锁垫和固定螺栓上。

4.6.5 叶片的结构

1. 叶片的组成

动叶片一般由叶根、工作部分（叶身、叶型部分）、叶片连接件（围带和拉筋）组成，如图 4-51 所示。叶片通过叶根安装在叶轮或转鼓上。由于叶根承受周期性蒸汽作用力和离心力的叠加作用，又具有较大的应力集中，所以叶根结构是否合理，对叶片的安全运行起着重要作用。故现代大型汽轮机叶片大多数采用 T 形、双 T 形和枞树形（侧装式）叶根，如图 4-52 所示。因为 T 形和双 T 形叶根都不用隔金，叶根与叶片制成一体，强度较高，加工和安装简单，适用于较短和中等长度的叶片上。300MW 和 350MW 汽轮机高、中、低压转子叶片绝大多数采用这种叶根。枞树形叶片又称为侧装式叶根，具有很高的强度，应力分布较均匀，能承受较大的离心力和弯曲应力，普遍用于大容量汽轮机调节级的某几级叶片上。300MW 和 350MW 调节级和末级叶片均采用这种叶根。

2. 叶片在叶轮上的固定方式

中、小型汽轮机叶片在叶轮上的固定方式，

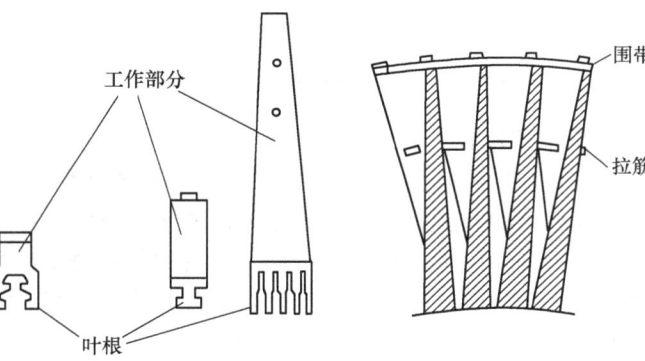

图 4-51 动叶片结构

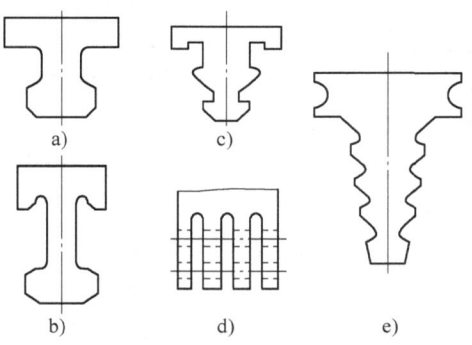

图 4-52 叶根形式
a) T 形叶根　b) 外包 T 形叶根　c) 双 T 形叶根
d) 叉形叶根　e) 枞树形叶根

主要是采用如图 4-53 所示的 T 形叶根埋入式安装法，即在叶轮外缘上开有 T 形叶根槽，叶片从叶根槽上的竖直缺口一片片地将其根部推入 T 形叶根槽里并装紧后，用一个直叶片插入缺口中，用铆钉钉紧。这种方法可以使叶片结构简单、加工方便、工作可靠，普遍用于不很长的叶片的固定。汽轮机的低压级中的叶片长度较大，所以工作时叶片所受离心力很大，作用在叶片的力主要是拉伸应力。为了防止叶轮外缘两侧受叶根拉力的作用而张开，根和轮缘上制成两圈凸肩，如图 4-54 所示，即所谓的外包 T 形叶根安装法。这种装配方式的最大缺点是：叶片拆换必须通过缺口进行，当个别叶片损坏时，不能单独拆换，要将部分或全部叶片拆下重装，增加了拆装工作量。

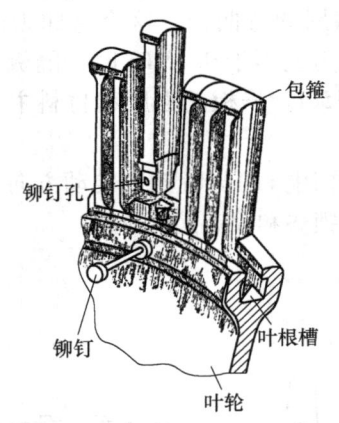

图 4-53 T 形叶根埋入式安装法

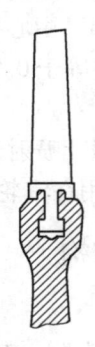

图 4-54 外包 T 形叶根安装法

3. 围带和拉金

有的叶片顶部装有围带，其作用一方面用来增加叶片的连接刚性，改善叶片的振动性能，避开危险的共振；另一方面也可以用来减少叶顶漏汽损失。围带有的是将数个叶片顶部通过专门的铆钉用围带连接在一起，也有的是在每个叶片顶部铣出一部分块式围带，叶片组合后形成一个完整的围带。对于较长的叶片有时不装围带，而在叶高 2/3 处附近装设拉金，以增加叶片的刚性，改善叶片的振动特性。

4. 叶顶

叶顶部分的结构形式有铆钉头、围带与叶片一体及叶顶减薄三种。铆钉头有多种形式，用于反动度小，叶形厚的分段叶片，围带与叶片一体这种结构形式主要适用于末级叶片或较长叶片。无围带的叶片常采用叶顶减薄形式。

5. 动叶和静叶间的关系

汽轮机的静叶片和动叶片是互相联系的，它们之间的配合关系到汽轮机的安全工作和经济性好坏。

（1）动叶片和静叶片的高度配合 动叶片应比静叶片稍高些，这是为了让蒸汽由静叶喷出后尽可能全部进入动叶中工作。若部分汽流不能进入动叶片，则会增加碰撞和漏汽损失。一般汽轮机中，动叶片比静叶片高 2~6mm。但是，动叶片不能过高，因为动叶片过高，蒸汽在动叶片顶部和根部会出现涡流，并增大静叶喷射蒸汽时的抽吸作用，即把静叶和动叶间隙中的散乱蒸汽吸入动叶中，消耗了工作蒸汽的动能，造成所谓的副流损失，如图 4-55 所示。

(2) 静叶和动叶之间的轴向间隙 动、静叶间必须保持适当的间隙，否则叶片无法转动。但是，这个轴向间隙的存在，会造成以下问题：

1）汽流在动、静叶的间隙中发生散乱现象，从而造成漏汽损失。

2）汽流抽吸此间隙中的散乱蒸汽而消耗动能，造成副流损失。

3）汽流在间隙中喷射方向的少许改变，引起蒸汽在叶片进口边的碰撞损失。

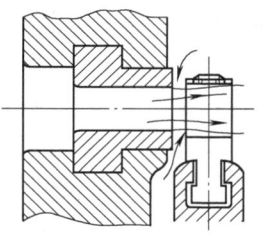

图 4-55 蒸汽进入叶片时的副流损失

同样，由于本级动叶片和下一级静叶间也有间隙，并且一般比本级动、静叶间的间隙还要大，在这个间隙中，由叶片出来的汽流动能就要损失掉一部分，这部分损失叫做余速损失。

在调节级后、抽汽室前及最后一级动叶后等处，由于蒸汽的空间都比较大，所以余速损失也比较大。但在多级汽轮机中，除最末一级的排汽动能不能被利用外，其他各级的部分余速动能能在下一级中得到利用。

为了减少蒸汽在叶片中的涡流损失、撞击损失及尽可能更多地利用余速动能，我们总希望尽量使动、静叶间的间隙减小。但是这个减小也是有条件的，它必须保证高速转动的动叶和静叶不发生摩擦、碰撞。一般汽轮机动叶和下一级静叶间的间隙必须大于推力轴承乌金厚度一定数值，以防止推力轴承乌金熔化后，转子向后移动时使动、静叶碰撞而发生严重事故。表 4-6 给出了青岛汽轮机厂生产的几种小型汽轮机通流部分的间隙值。

表 4-6 青岛汽轮机厂生产的几种小型汽轮机通流部分的间隙

序号	名称	间隙/mm			图示
		N3-24、N1.5-24 型汽轮机	N6-35 型汽轮机	B6-35/5 型汽轮机	
1	调节级第一列动叶间隙 a	1	1	1	
	间隙 b	3	3.0～3.5	2.5～3.5	
	顶隙 c	1.0～1.5	0.8～1.2	0.8～1.2	
2	第 1-4 压力级间隙 d	1	2	2	
	第 5 压力级间隙 d	1	2		
	第 6 压力级间隙 d	1.5	2.5		
	第 7 压力级间隙 d	3	3		
	第 8、9 压力级间隙 d		3		

4.6.6 汽封的作用和结构

1. 汽封的作用

在汽轮机大轴伸出汽缸的两端处、轴穿过隔板中心孔的地方以及通流部分，为了避免转动部件与静止部件的摩擦、碰撞,应留有适当的间隙。但由于压力差的存在,在这些间隙处必然要产生漏汽,造成损失。汽轮机中发生漏汽损失的部位如图 4-56 所示。为了减少这些漏汽损失,在发生漏汽的部位都要装有汽封。

高压端部轴封的作用是减少高压汽缸向外漏汽;低压端部轴封的作用是防止空气漏入低压缸,破坏真空;隔板汽封的作用是减少级间漏汽,维持隔板前后的压力差。轴封漏汽除了使损失增大外,严重时还会使汽轮机功率下降。此外,对汽轮机的安全运行也有很大的威胁。例如高压端部轴封漏汽过大,蒸汽会顺着轴流入轴承中,直接加热轴承同时使润滑油中混合水份,破坏轴承润滑,使轴承乌金熔化造成严重事故。又如隔板汽封损坏,漏汽增大,会增大叶轮前后的压力差,增加轴向推力。低

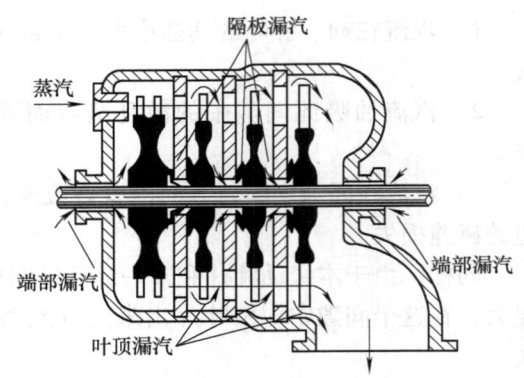

图 4-56 汽轮机各部分漏汽示意图

压端部轴封漏汽过大,会使汽轮机处在低真空下工作,经济性显著下降,排汽温度升高,汽轮机振动加大和轴向推力增加。

通流部分汽封由轴向和径向两部分汽封组成。轴向汽封是由围带进汽侧的尖锐边缘、叶根上车出的密封齿及隔板导叶上、下的凸肩配合组成;径向汽封由镶嵌在隔板伸出的环形盖板上的不锈钢片与动叶围带配合组成;无围带的低压长叶片由叶顶做成指甲状的薄片与隔板伸出的凸缘形成汽封结构。

2. 汽封的工作原理

图 4-57 所示为常用的迷路轴封的工作原理图。在汽轮机大轴上车出很多凸肩,在汽缸的相应部分装有一定数量的轴封片,汽封片与大轴间保持一定的间隙 δ。蒸汽通过间隙 δ 时,受到节流作用使压力下降,流速增加,如图 4-57a 所示。当蒸汽进入轴封片间的小室时,汽流因碰撞、涡流而消耗了动能,流速下降,汽流的动能又转变成热能,但压力不能恢复原值。这样蒸汽通过轴封的流动过程,压力不断下降,流速多次增加与减少,经过最后一级轴封片时的压力和流速都很低,从而使漏过轴封的蒸汽量显著减少。

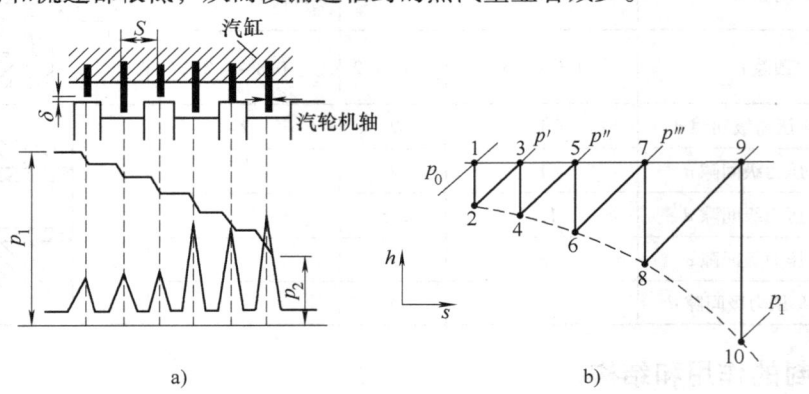

图 4-57 迷路轴封的工作原理示意图
a) 迷路轴封中蒸汽压力、速度变化情况 b) 迷路轴封蒸汽膨胀过程在 $h—s$ 图上的表示

蒸汽在迷路轴封内的膨胀过程如图 4-57b 所示。图中 1—2、3—4、5—6 等线表示蒸汽通过间隙 δ 时的压力下降和速度增加的过程；2—3、4—5、6—7 等线表示蒸汽在小室内速度消失、动能变为热能、使蒸汽焓又增加到原来数值的过程。

由上述可知，轴封片越多，蒸汽压力降得越低，质量体积变得越大，通过最后一个轴封片的速度越小，漏汽量也就越少。因此，工作蒸汽压力越高的汽轮机，高压端部轴封及高压段隔板轴封的轴封片道数就越多。

3. 汽封的结构

汽封按结构形式可分为碳精式、水封式和曲径式（迷宫式）三种。碳精式和水封式应用较少，迷宫式汽封应用广泛。迷宫式汽封可分为梳齿型、枞树形、J 形和蜂窝形汽封。

（1）梳齿形汽封　如图 4-58 所示，梳齿形汽封包括高低齿、平齿、斜平齿三种。高低齿阻汽效果好，但加工费时，通常用在高温、高压部位；平齿、斜平齿汽封一般用在低温、低压部位。

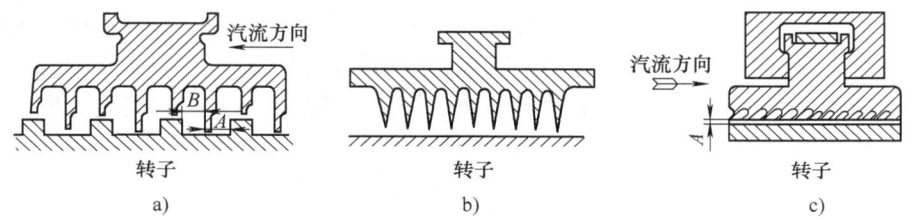

图 4-58　梳齿形汽封
a）高低齿　b）平齿　c）斜平齿

（2）枞树形汽封　如图 4-59 所示，枞树形汽封具有结构紧凑、富有弹性、效率高的优点，但其形状复杂，加工精确度要求高，且造价高，故在电厂中应用很少。

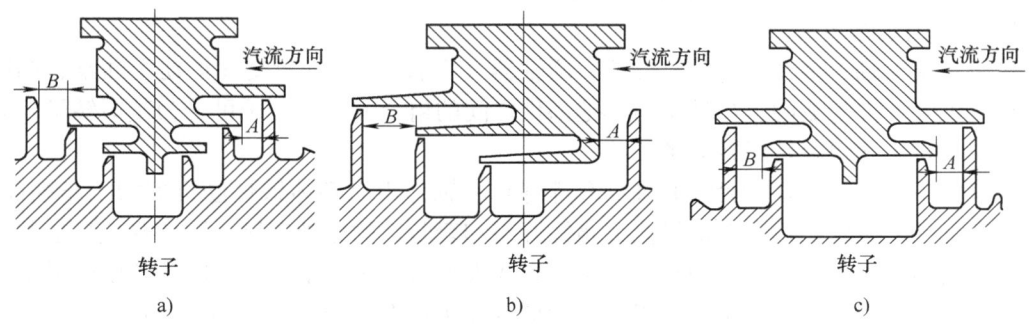

图 4-59　枞树形汽封
a）前轴封　b）后轴封　c）隔板汽封

（3）J 形汽封　如图 4-60 所示。J 形汽封阻汽效果好，制造成本较低，还可使转子轴向长度缩短。但其刚性差，运行时受汽流冲力后容易倒伏，失去阻汽的作用。另外，J 形汽封拆装不便，给安装、检修工作带来困难。

（4）蜂窝形汽封　蜂窝形汽封常用在无围带的自由叶片轴向宽度的连续密封表面。将蜂窝式芯钎焊到基板上制成

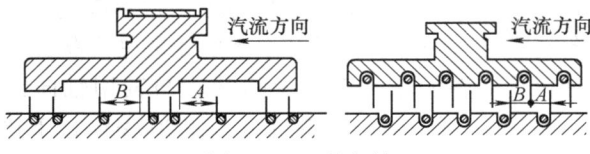

图 4-60　J 形汽封

扇形件并组成密封件，并用一系列加工螺钉装在挡板上。装配后，这些机加工螺钉定位并焊接在挡板上。蜂窝密封扇形件上有槽，用于排除进入蜂窝室内的湿气，如图 4-61 所示。

4. 端部轴封系统

为了合理地利用轴封漏汽，提高机组的经济性，汽轮机端部轴封都设有一套专门系统。

高压端轴封漏汽的压力较高、漏汽量大，可引到压力相当的汽轮机低压段中继续做功，也可以送入专门的轴封加热器或相近压力的回热加热器中加热凝结水，回收热量和凝结水，还可以引到低压端轴封室中作密封用蒸汽。在小型汽轮机中为简化系统，只把高压

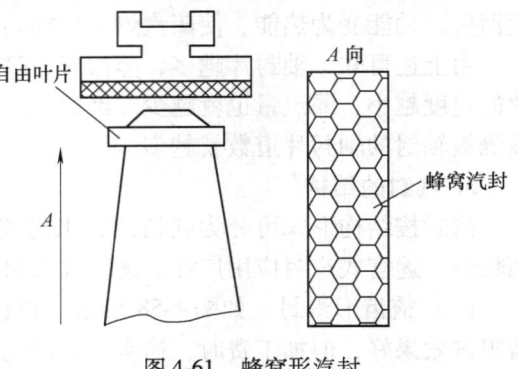

图 4-61 蜂窝形汽封

端轴封漏汽引至低压端轴封中，多余的蒸汽可以送入凝汽器里。中小型汽轮机高压端轴封还没有信号管让少量蒸汽从管中冒出，用来监视高压端轴封的工作。

低压端轴封中的蒸汽是由高压端轴封引来，其中一部分被吸入凝汽器里，另一部分则沿轴封向外流堵死空气流入汽缸的通道，最后由低压端信号管排向大气。

汽轮机起动时，轴封系统还没有蒸汽，要将新蒸汽节流后供给。

4.6.7 转子的结构

汽轮机中所有转动部件的组合体叫做转子。转子的作用是承受蒸汽对所有工作叶片的回转力，并带动发电机、主油泵和调速器转动。汽轮机转子可分为转轮型和转鼓型两种。国产机组都采用转轮型转子，故本书仅讨论转轮型转子。

1. 转子的组合方式

转子是由大轴、轴套、叶轮、叶片、联轴器（靠背轮）、轴封套和带动主油泵、调速器的传动装置等部件组成的。按转子与其他部件之间的组合方式，转子可分为整锻转子、套装转子、焊接转子和组合转子四大类。

整锻转子的叶轮、轴封套和联轴器等部件与主轴是由以整体锻件经机械加工车削而成，没有热套部件。所以，不存在键槽应力腐蚀开裂和套装件的松弛问题。因此现代高参数、大容量机组的高、中压转子都采用整锻转子。现代大型汽轮机，由于末级叶片长度的增加，套装叶轮的强度已很难满足要求，所以机组的低压转子也多采用整锻结构。

套装转子的叶轮、轴封套、联轴器等部件是分别加工后，套装在转子上的。各部件与转子之间采用过盈配合，以防止叶轮等因离心力及温差作用引起松动，并且用键传递力矩。老式机组均采用一个或两个轴向键与转子固定联结，受应力较大的末级叶轮不用轴向键，而在轮毂端面设置一个或两个径向键，这样可以避免在键槽处产生应力集中。当叶轮在轴上的套装紧力消失时，径向键将力矩通过轴封套传递到转子上，轴封套以紧力装在转子上，并采用径向键联结。为了改善轴和套装叶轮的受力状况，新机组的套装叶轮多采用一个径向键，并通过转子两端的轴封套、中间叶轮与轴用轴向键联结。套装转子一般用于工作温度低于400℃ 的中、低参数小功率机组，如 200MW 以下机组的中、低压转子均采用套装转子。

现代汽轮机的转子直径都比较大，特别是大功率汽轮机的转子质量更大，叶轮承受着很

大的离心力。当采用套装结构时,叶轮内孔在运行中将发生较大的弹性形变,因而需要设计较大的装配过盈量,但这样又会引起很大的装配应力。若采用整锻转子,锻件又存在尺寸太大,质量难以保证的缺点,因此采用了分段锻造,焊接组合的焊接转子。但由于焊接转子工作可靠性取决于焊接质量,故要求焊接工艺高,材料焊接性能好,否则工作可靠性难以保证。焊接转子可用于高参数大功率机组的高、中、低压转子,尤其适用于工作在湿蒸汽区质量尺寸大的大功率低压转子。

因转子各段所处的工作条件不同,故在高温段采用整锻结构,而在中、低温段采用套装结构形成组合转子。高温区用整锻可防止叶轮与主轴间的松动,有利于机组快速起动,并选用耐高温性能好的材料;低温区用套装结构可减小整锻转子的质量和尺寸,便于锻件供应,同时由于低温区叶片长,应力大,叶轮可选用常温下强度高的材料。组合转子常用于高参数非中间再热的单缸汽轮机转子,200MW 机组中压转子多采用组合转子。

2. 国产中、小型汽轮机转子结构简介

国产中、小型汽轮机因为都采用冲动式的,所以它们的转子都采用转轮型转子。这里重点介绍青岛汽轮机厂制造的 N3-24 型汽轮机转子。转子是组合式的,共有九级,第一级为双列速度级,其余为压力级。轴为阶梯形的等强度轴,轴全长为 2065mm,在第五、六级叶轮处直径最大为 184mm。轴的材料为 45 号锻钢。全部叶轮都用铬铝合金钢锻制而成,其截面为锥体形。叶轮全部用热套法套装在轴上。除最后三级外,其他各级叶轮之间都装有轴封套,这些轴封套还起保持叶轮之间间隔的作用,以及在套装转子时以调整各级叶轮和隔板之间的间隙距离。为了制造方便,叶轮直径都相同,其圆周速度为 179m/s。

推力盘、前后端部轴封套均用热套法套装在轴上,并装有键。端部轴封套的两端均装有挡汽环,用反扣螺纹固定在主轴上,并用埋头螺钉锁住。

主油泵轴也用反扣螺纹与主轴联接在一起,在主油泵小轴上装有危急保安器飞锤和主油泵叶轮。主油泵轴前又连接转速表小轴,通过蜗母轮组减速带动转速表,在汽轮机轴转速为 5600r/min 时,转速表转速实际上只有 2083r/min,但转速表刻度盘上的指示值为汽轮机的实际转速。

主轴后端装有联轴节(靠背轮)。轴的两端支持在轴承的部位叫轴颈,是轴上加工最精密的部分,轴颈直径为 120mm。

转子的总重量为 1100kg。该转子的装配要求很严格,具体项目有:
1)推力盘端面晃动度≤0.015mm,径向跳动值≤0.05mm。
2)叶轮端面晃动度≤0.15mm。
3)轴封套端面晃动度为 0.01~0.03mm,径向跳动值≤0.04mm。
4)联轴节端面晃动度≤0.04mm,外圆跳动值≤0.05mm。

4.6.8 轴承的种类及结构

1. 径向支持轴承

(1)轴承的作用 汽轮机的轴承分径向支持轴承和轴向推力轴承两种。径向支持轴承用来承担转子的重量和由于转子质量不平衡引起的离心力,并确定转子的径向位置,以保持转子旋转中心与汽缸中心一致,从而保证转子与汽缸、汽封、隔板等静止部件的顶隙在标准范围内。

(2) 轴承的基本工作原理　汽轮机的每个轴承都要承受很高的载荷，并且在轴颈转速很高的条件下工作。轴承的工作必须安全可靠，并且要做到使轴颈与轴承间的摩擦耗功最小。为了满足这两个要求，汽轮机轴承都采用以液体摩擦原理工作的滑动轴瓦式轴承。汽轮机的滑动轴承采用循环供油方式，由专用供油系统不间断地供给压力、温度合乎要求的润滑油。向轴承供油的目的是：润滑轴瓦，在轴颈与轴瓦间形成油膜，避免金属直接摩擦；冷却轴颈，带走轴瓦工作时产生的热量。

轴瓦内油膜形成的原因：轴瓦的孔径较轴颈直径稍大些，静止时轴颈位于轴瓦下部，直接与轴瓦内表面的乌金接触，如图 4-62a 所示，这时轴的中心与轴瓦中心的距离为 OO_1。

当转子刚开始转动时，轴颈与轴瓦之间会出现直接摩擦。但是，随着轴颈的转动，润滑油由于粘性而附着在轴的表面上，被带入轴颈与轴瓦之间的楔形间隙中。在楔形间隙中的油可设想成分为若干层，由轴颈到轴瓦表面各层油的运动速度逐层递减，直接与轴瓦表面接触的油层运动速度为零，直接与轴颈表面接触的油层运动速度与轴颈线速度相同。随着转速的升高，被轴颈带入的油量增多，由于楔形间隙中油的流出口面积不断减小，所以油压不断地升高，当这个压力增大到足以平衡转子对轴瓦的全部作用力时，轴颈便被油膜托起，悬浮在油膜上转动，从而避免了金属的直接摩擦，如图 4-62b 所示。

在转速升高的过程中，轴颈中心移动的路线是 O_1O 半圆弧线。偏心距逐渐减小，而楔形间隙内的油膜却逐渐加厚。

轴承中油膜的各处压力并不一致，其压力分布如图 4-63 所示。润滑油进入楔形间隙后，压力逐渐增大，在经过最小截面处后，油压突然降低为零，而后油压变为负值，这时滑润油可能发生汽化。为此，润滑油的入口不能开在破坏油膜的地方，一般是开在上、下轴瓦接合面处，或油膜压力为负值的地方。

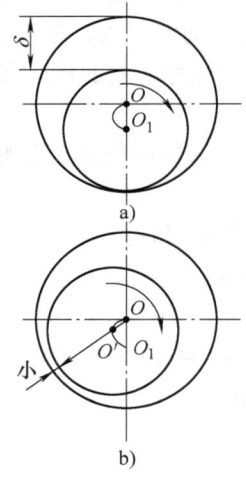

图 4-62　油膜形成的原理

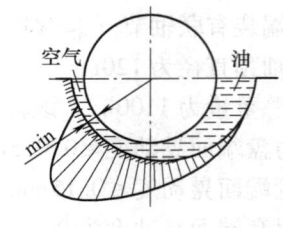

图 4-63　轴承中油膜的压力分布

润滑油压力应保持 0.04~0.05MPa(0.4~0.5kgf/cm²)，以保证润滑油能克服油管阻力进入轴承。润滑油的粘度直接受温度影响，为了使润滑油有足够粘度，汽轮机轴承进油温度应保持在 35℃~45℃ 范围内。

轴承油膜形成的条件及影响油膜压力变化的因素：

① 轴颈必须保持一定的线速度才能形成油膜。主轴转速越高，轴颈线速度越大，油膜的承载力越大。

② 润滑油必须有一定的粘度才能形成油膜。润滑油粘度越大，油膜的承载力越大。但油的粘度太大，会使油的分布不均匀，增加摩擦损失，且不能得到良好的润滑效果。一般情况下油温越低，油的粘度越大。

③ 轴颈与轴瓦间必须形成楔形间隙才能形成油膜。但轴瓦与轴颈间隙要适当，间隙过大会增大润滑油的消耗量；间隙过小又会使油量不足不能达到冷却的目的。

汽轮机轴承的内孔通常为圆形和椭圆形两种。如图 4-64 所示，圆形轴瓦在轴颈静止时其间隙 $a=2b$。上部间隙一般取轴颈直径的 0.002 倍。椭圆形轴瓦在轴颈静止时其间隙 $b=2a$。当轴颈直径大于 100mm 时，上部间隙为轴颈直径的 0.001 倍，两侧间隙应分别是轴径 0.002 倍。椭圆形轴承又叫两油膜轴承，其轴承的支承力和稳定性都较大。

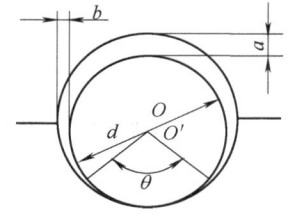

图 4-64　轴瓦间隙

④ 轴瓦内表面应严格修刮，保持光滑。并保证轴颈与轴瓦的接触角不小于 60°~70°。当轴静止时，在 60°~70° 的接触角区域内保持完全接触。轴瓦表面不得有任何沟槽。

⑤ 轴承上负荷越大，油膜形成越困难。轴承上的负荷不能超过油膜所能承受的压力，否则油膜无法建立，轴瓦将烧毁。

此外，轴承长度与轴颈直径的比例也影响油膜的压力，但属设计问题，本书从略。

（3）轴承的种类及结构特点　径向支持轴承的形式很多，按轴承支撑方式可分为固定式和自卫式两种；按轴承油楔构成的数量可分为圆筒形轴承（一个油楔）、椭圆形轴承（两个油楔）、三油楔轴承（三个油楔）、可倾瓦轴承（三个油楔~六个油楔）等。推力轴承中有单一的推力轴承，也有支持及止推联合在一起的综合式轴承。下面对具体的轴承结构加以介绍。

1) 圆筒形轴承。圆筒形轴承的合金内孔是一个圆筒，它是最普通的轴承形式之一。其结构简单，润滑油的消耗量和摩擦损失都较小。但它只在下部形成一个油楔，在高速轻载的工作条件下，油膜刚度差。如图 4-65 所示为固定式圆筒形支持轴承，在国产 50MW、100MW 等汽轮机上应用的较为广泛。固定式圆筒形支持轴承由上下两半组成，并用螺栓和止口连接成一整体。下轴承支持在三个用碳钢制成的垫铁上，垫铁用螺钉与轴瓦固定在一起。垫铁与轴承之间装有垫片，采用增减垫片厚度来调整轴承中心的位置，上轴瓦顶部的垫铁和垫片用来调整轴承与轴承盖之间紧力。润滑油通过轴承水平面下方垫铁进油孔进入，节流孔板用来调节进油量。润滑油进入轴承后，随着轴颈旋转先经轴承顶部间隙，再经轴颈和下轴瓦之间的间隙，然后从轴承两端泄出，由轴承座油腔返回油箱。

自位式圆筒形支持轴承又称为球面支持轴承，广泛应用在低压转子及发电机转子上，其结构与固定式支持轴承基本相同，只是轴承体垫铁外表面以及与其接触的轴承座洼窝均为球面，当转子轴颈倾斜时，轴承可随之转动，自动调位，从而使轴颈与轴承间的间隙在整个轴承长度范围内保持不变。轴承与轴承座之间配合既要求能保证轴承在运行中自由滑动，又不能配合过松，以防止轴承振动。因此，一般情况下，要求自位轴承在冷态时有 0.03~0.08mm 的紧力。

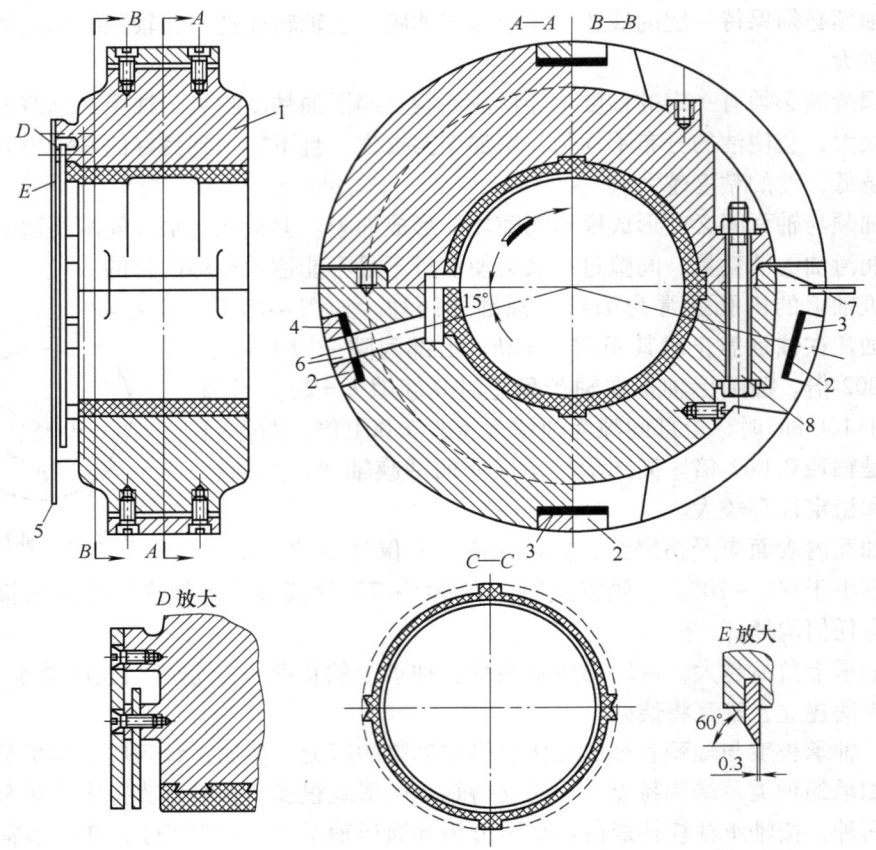

图 4-65 固定式圆筒形支持轴承
1—轴瓦 2—调整垫铁 3—垫片 4—节流孔板 5—油挡 6—进油口
7—锁饼 8—连接螺栓

2) 椭圆形支持轴承。椭圆形支持轴承的合金表面呈椭圆形，其长轴在水平对口位置，如图 4-66 所示。椭圆形支持轴承是随着汽轮机单机容量不断增大和转速不断升高，而在圆筒形轴瓦的基础上发展起来的，被用于功率较大的机组上。轴承的上部和下部各有一个楔形油楔，转子旋转时两个油楔相互作用可得到较好的油膜刚度，使转子不易在垂直方向产生振动，近年来被广泛采用。但椭圆形轴承耗油和摩擦损失都大于圆筒形轴承。

3) 三油楔支持轴承。20 世纪 70 年代初，在国产 125MW、200MW、300MW 汽轮发电机组上应用了三油楔支持轴承。三油楔支持轴承是在合金面上加工出三个油囊，使其运行中形成三个油楔。由于其中一个油楔正处在轴承的水平轴线上，为保持油楔的完整，一般都把三油楔轴承做成中分面跟水平面成 35°的夹角。采用三油楔轴承可提高轴承抗振性能和承载能力，但其结构复杂，给检修工作带来了一定的难度。

如图 4-67 所示为国产 200MW 汽轮机的三油楔支持轴承。轴承在中分面分成 1、2 两半，它们中间加工出一个横截面为矩形的油腔。轴承用润滑油通过节流孔板 4 进入油腔，再从三个油口流进转子与轴承内孔之间的间隙中。当转子旋转起来以后，由于润滑油有粘性，轴颈把润滑油带到轴颈下形成油膜，从而把轴颈托起，产生液体摩擦。润滑油最后从轴承两侧的阻油边与轴颈的间隙流到轴承箱内。在轴承的合金中又加工出三个油槽。油槽的进油口边较

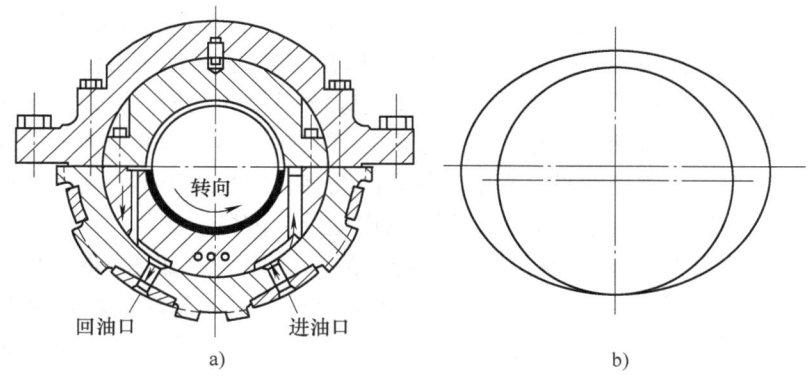

图 4-66 椭圆形支持轴承
a) 整体结构　b) 合金表面形状示意

深,顺着转子旋转的方向逐渐变浅,它们的圆心角分别为 116°、56°、62°。节流孔板 4 用来调整进入该轴承的润滑油的量。当该轴承的油温温升较高时,应换一块孔径较大的节流孔板。为了使转子和汽缸同心,可以改变垫块下调整垫片 5 的厚度。销饼 7 用来防止轴承在其洼窝中转动。

从图 4-67 所示的局部视图 C 中可以看到两个方形的油池。通过一个单独的油管路系统,由顶轴油泵向这里打高压润滑油,额定油压为 20.6MPa,在轴颈下强制形成了油层,把整个转子顶起 0.04~0.06mm,避免了转子由静止到开始转动的过程中轴颈和轴承合金之间发生干摩擦。

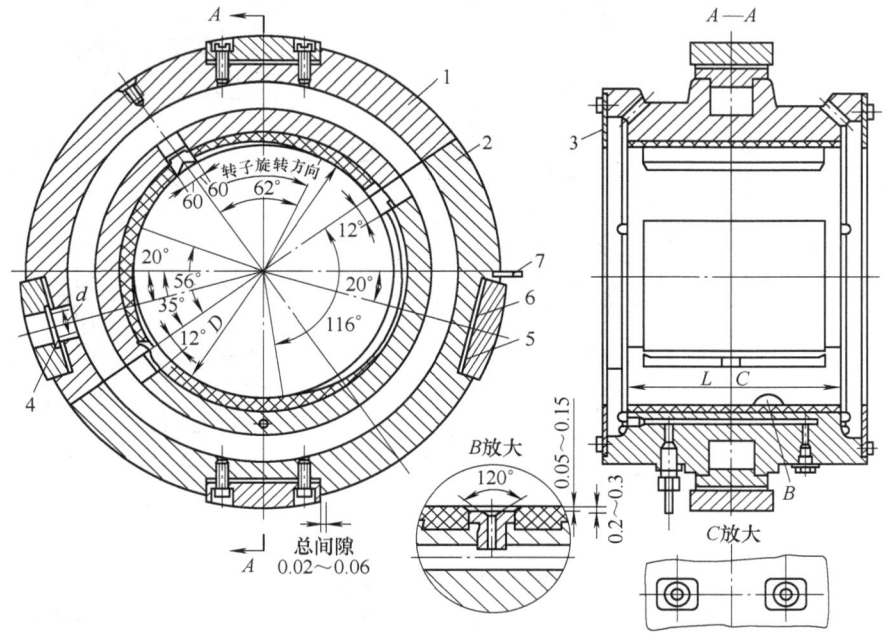

图 4-67 三油楔轴承结构
1—上半轴承　2—下半轴承　3—油封弧片　4—节流孔板　5—调整垫片　6—垫片　7—销饼
B—顶轴油孔详图　C—顶轴油孔

4）可倾瓦轴承。可倾瓦轴承也称密切尔式径向轴承或自动调整中心式轴承。可倾瓦的瓦块可以有 3～12 块，瓦块在支持点上可以自由倾斜。在油层的动压力作用下，每个瓦块可以单独自由地调整位置，以适应转速、轴承负载等动态条件的变化。可以理解为这种轴承每一瓦块的油膜作用力均通过轴颈中心，因此它没有可引起轴心滑动的分力。故这种轴承具有极高的制动性，能有效地避免油膜自激振荡及间隙振荡，同时对于不平衡振动也有很好的限制作用。可倾瓦的摩擦损失较小，但其缺点是制作复杂、价格较贵。

N300-16.67/537/537 型汽轮机高、中压转子的轴承均采用如图 4-68 所示的可倾瓦轴承。该轴瓦是一种小瓦块式结构，轴瓦 2 在圆周上分成四块，每块瓦块均由锻钢件上浇注轴承合金构成。瓦块自由地放置在支持环 1 内，由球面支点块 7 支持，球面支点块与瓦块间有衬板（内垫片）6，球面支点块与支持环间有衬板（外垫片）8，内垫片与球面支点块呈球面接触。因此，瓦块在球面支点块上，能使其在圆周方向上自由倾斜而形成油楔。四个瓦块均有球面支点块，因此形成四个油楔。调整球面支点块的厚度，可保持轴承的规定间隙。为保证拆装后的装配正确，必须将轴承瓦块内垫片、球面支点块及外垫片标志同一序号，并在支持环上打好相应的钢印号码。这样能保证在拆装时不弄错，并且装配在同样的相对位置上。

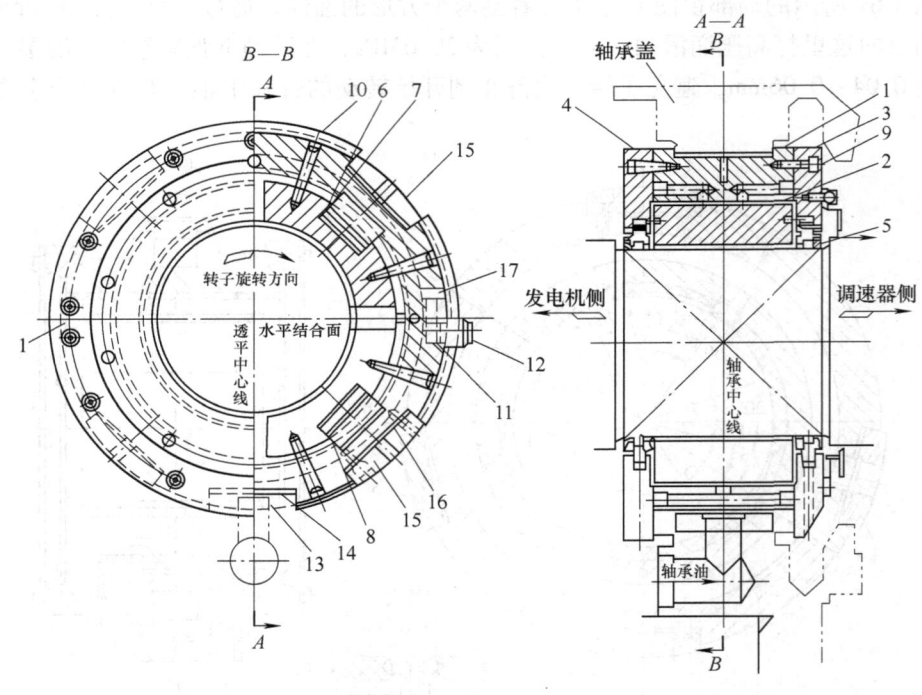

图 4-68 可倾瓦轴承

1—支持环（分成两块） 2—轴瓦 3、4—浮动油挡支持板 5—浮动油板 6、8—衬板
7—球面支点块 9—埋头六角头螺栓 10—临时固定用螺栓 11—平行销 12—防转销
13、15—调整块 14、16—调整垫片 17—六角头螺栓

支持环分成两块，用螺栓 17 连接，由安装在支持环上的调整块 13 支撑在轴承洼窝内，而调整块中的三个，安装在支持环下半部的垂直中心线上以及与水平面成 45°的中心线上，

其他两个安装在支持环上半部与水平面成45°的中心线上。为了保证轴承中心稳定，在各调整块和轴承洼窝之间装有调整垫片14和16，以便轴瓦在垂直及水平方向上能自由调整和移动。另外，在水平结合面的下面插入防转销，以防支持环转动。调整块同样要打上记号，以防拆装时弄错。

润滑油从轴承下面的孔进入，通过调整块中的孔，从支持环两端的环形槽流到轴瓦内部，油被分布到轴颈表面，然后由轴颈两侧流经油挡，从油挡板底部排油孔排出流回油箱。

轴承两端装有浮动式内油挡，浮动油板（油挡环）5固定在油挡支持板3、4上，整个油挡分成上下两半用螺栓直接固定在支持环上。

2. 推力轴承

（1）推力轴承的作用 推力轴承的作用一方面是承受转子上所有的轴向推力；另一方面是确定转子在汽缸内的轴向位置（即确定动叶片和喷嘴间、轴封动、静部分间的轴向间隙）。

冲动式汽轮机转子上的轴向推力包括：蒸汽在叶片上作用力的轴向分力；动叶片有反动度时，动叶前后有压力差存在产生的轴向力；叶轮前后有压力差时，作用在叶轮上的轴向推力。单缸汽轮机的轴向推力总是由高压端指向低压端。

冲动式汽轮机轴向推力的大小往往由几吨到几十吨不等，所以必须设法平衡。一般汽轮机都采用增大高压端轴封套直径的方法，使轴封套两侧的压力差有足够的作用面积，在转子上产生一定的反向轴向推力来平衡掉部分轴向推力。但我们也不能把轴向推力完全平衡掉，还需利用一定的轴向推力来保持转子在工作时的轴向位置。这部分的轴向推力由推力轴承承受。

（2）推力轴承的润滑原理 目前在中小型汽轮机上使用的推力轴承大部分是密切尔式的。它采用扇形推力瓦片（8~10块），其瓦片背面的支点不在中间。如图4-69所示，在转子静止时，推力瓦片的工作面与装在转子上的推力盘是平行的。当转子转动后，推力盘随之转动从而带入推力盘与推力瓦片间的油量随转速的升高而不断增加，同时转子的轴向推力也要通过油层传给推力瓦片，又因为推力瓦片背面的支点不在中间，导致推力瓦片在油压的作用下要发生倾斜，从而形成了楔形间隙。这样由推力盘带入楔形间隙中的油量达到一定时，因楔形间隙造成油的出口面积小而形成有一定压力的油膜，抵制住推力盘，防止它与推力瓦片直接摩擦，使推力轴承在液体内摩擦，并在耗功最小的条件下工作。

当汽轮机负荷、真空及蒸汽参数变化时，转子上的轴向推力也会变化，这时推力瓦片的预斜度还可以自动改变，使楔形间隙中的油膜压力改变，从而平衡变化后的轴向推力。

（3）推力轴承的构造

1）密切尔推力轴承。这种推力轴承在推力盘两侧装有若干块推力瓦块，瓦块可以摆动。推力轴承和支持轴承合为一体的结构称为推力——支持联合轴承，其结构如图4-70所示。

为保证机组运行时的轴向推力均匀地分配至各个瓦块上，通常选用球面支持轴承。轴承径向位置靠轴承外圆的垫块及其垫片来调整，轴向位

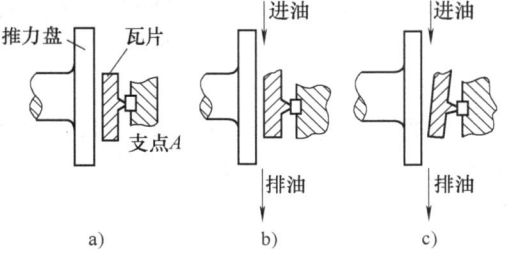

图4-69 扇形推力瓦片上的油膜形成过程
a）转子不动时的情况 b）推力瓦片继续偏转
c）工作时的平衡状态

置靠调整环 1 的厚度来调整。推力瓦块分为工作瓦块 2 和非工作瓦块 3，各有 10 块左右。工作瓦块承受转子的正向推力，非工作瓦块承受部分负荷下可能出现的反向推力。瓦块利用销钉挂在其背部的安装环 10 上。销钉与瓦块上的孔为较松配合，瓦块背面有一条突起的肋条，瓦块可绕肋条稍作摆动，从而使瓦块 2 与推力盘 7 之间形成楔形间隙，建立液体摩擦。

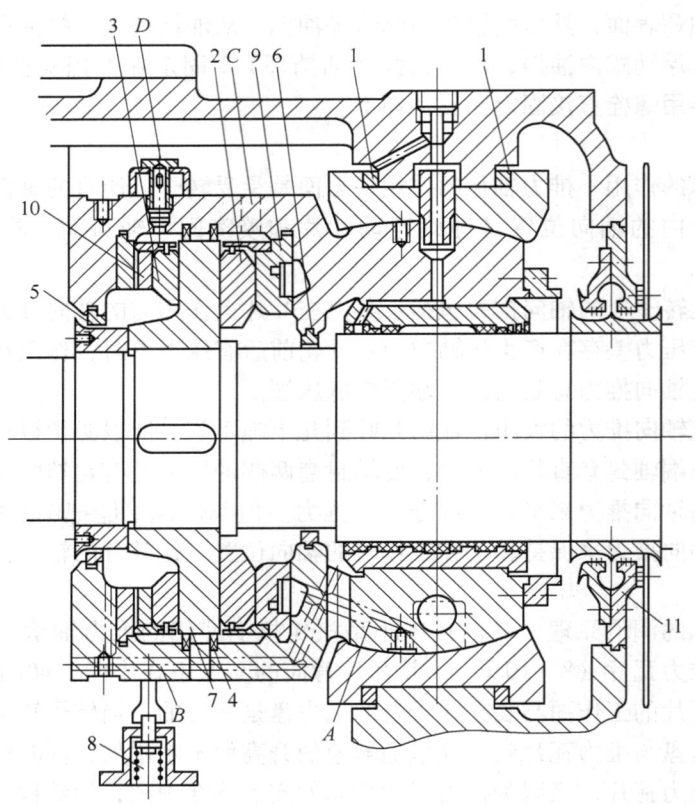

图 4-70　推力—支持联合轴承结构
1—调整环　2—工作瓦块　3—非工作瓦块　4~6—油封　7—推力盘
8—支撑弹簧　9，10—瓦块安装环　11—油挡

为减少推力盘在润滑油中的摩擦损失，用油封 4 来阻止润滑油进入推力盘外缘腔室中。油挡 11 用来防止推力润滑油外泄和蒸汽漏入。

推力轴承前下部的支撑弹簧 8 支持着推力轴承的悬臂重量，使支持轴承部分在轴颈全长上均匀受力。

润滑油从支持轴承下半部左侧的调整垫片中心孔引入，经过轴承环形室分为两路，一路润滑油沿中分面进入支持轴承内，另一路润滑油经油孔 A、B 分别流向推力盘两侧的工作瓦块和非工作瓦块中，最后两路油分别经泄油孔 C、D 流回油箱。

2）独立式推力轴承。推力——支持联合轴承在国产机组上应用相当广泛，50、100MW 机组用于高压转子调速端；200MW 机组用于高、中压转子中间。

目前大功率汽轮机的推力轴承多数采用单支瓦块式，即推力轴承与径向支持轴承是相互独立的，可由活动的瓦块组成。图 4-71 所示为 125MW 和 300MW 汽轮机采用的推力轴承。

汽轮机转子上的轴向推力经过固定在转子上的推力盘传递给其前后的扇形推力瓦块上。经常承受转子轴向推力的一侧称为工作面；另一侧称为非工作面。推力瓦块的数量各不相同，一般为 6~12 块。瓦块通常用 2QSn13-0.5 或 ZQA19-2 的铜合金制成。与推力盘接触处浇有锡基轴承合金。轴承合金的厚度应小于汽轮机叶轮轴向间隙的最小值，一般取 1.5mm。瓦块的背面都有一条由肋条或棱角等形成的摆动线，瓦块工作面按一定的比例分为两部分，如图 4-72 所示。其中，较长的一部分为进油侧，各瓦块靠在支持环上便能沿摆动线稍微摆动形成油楔，在运行中产生油膜，使推力瓦块能承受较大的轴向推力，且最大可达 3.0MPa，设计时一般选用 1.5 ~ 2.5MPa。将推力瓦块用背面的销孔挂在支持环的销钉上固定，可以防止瓦块随推力盘转动，如图 4-72 所示。销孔比销钉大 1.5~2mm，以保证瓦块能自由地摆动。支持环靠在轴承外壳上，改变支持环的厚度，可以调整推力瓦的推力间隙及转子的轴向位置。为了保证各瓦块承受推力均匀，瓦块支持环与外壳间采用球形配合。

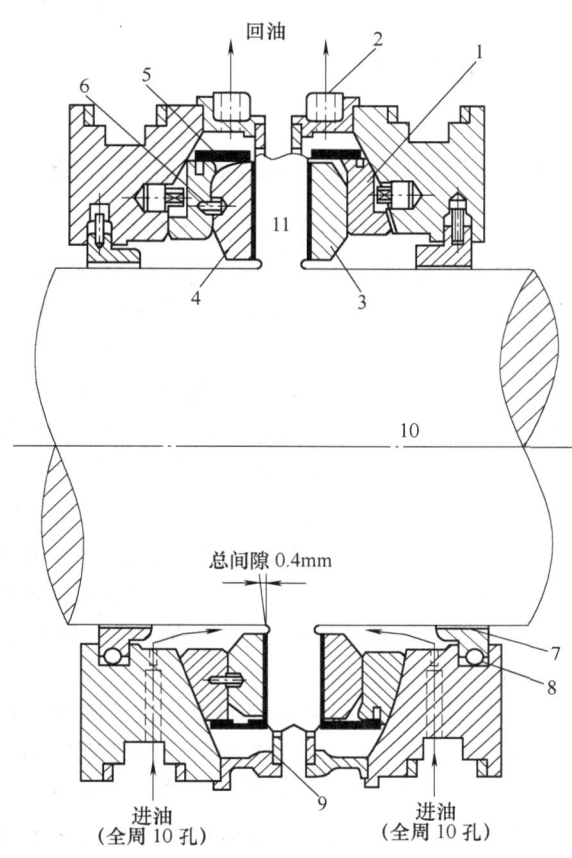

图 4-71 独立式推力轴承
1—推力瓦块安装环 2—调节套筒 3—正向推力瓦 4—反向推力瓦 5—挡油环 6—球面座 7—进油挡油圈 8—拉弹簧 9—出油挡油环 10—汽轮机轴 11—推力盘

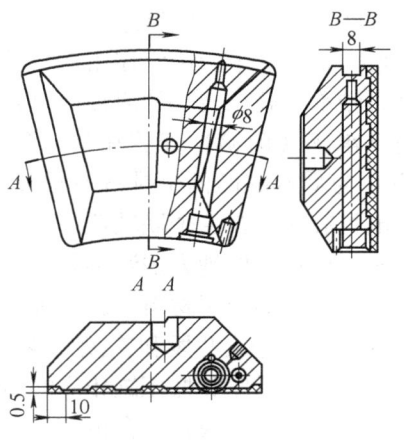

图 4-72 推力瓦块

4.7 知识拓展

4.7.1 国产典型中、小功率汽轮机介绍

1. N100—8.83/535 型凝汽式汽轮机

N100—8.83/535 型凝汽式汽轮机的额定功率（铭牌功率）为 100MW，进汽压力为 8.83MPa，进汽温度为 535℃，额定转速为 3000r/min。在冷却水温为 20℃时，排汽压力为 4.9kPa。

N100—8.83/535 型凝汽式汽轮机是单轴、双缸、双排汽口的冲动式汽轮机，由一个双列速度级和二十四个单列冲动级组成。第 1~15 级置于高压缸内，第 16~20 级和第 21~25 级为两组分流低压级，对称布置于分流式低压缸内。由锅炉送来的新蒸汽，经主汽门和四个调节汽门进入高压缸，逐级进行能量转换，经过第 15 级后从高压缸排出，由两根 $\phi 915$ 的连通管引入分流的低压缸。蒸汽由低压缸的中部进入，平分成两股，在左、右两组低压级内逐级进行能量转换，最后经两端的排汽室分别排入各自的凝汽器。第 4、7、10、13、15、16/21、18/23 级后各有一个抽汽口，抽出部分蒸汽送往相应的回热加热器和除氧器，构成回热加热系统。

该型汽轮机的第一级为双列速度级，喷嘴叶栅分成四段，组成四个喷嘴组，分别固定在四个喷嘴管室的出口，由四个调节汽门分别控制它们的进汽量。在运行中依次开起各调节汽门，使汽轮机的进汽量逐渐增加。第一级叶栅的通流面积随调节汽门开起数目的增多而增大，即该级的喷嘴叶栅参与流量调节，称为调节级。这种调节方式叫做喷嘴调节。其他各级的喷嘴叶栅分别固定在各自的隔板上。高压缸内十四个级的隔板分成五组装在五个隔板套内，低压缸内第 17、18 级和第 22、23 级的隔板分别装在两个隔板套内，其余各级的隔板直接嵌装在汽缸内壁的环形槽道内。各级的动叶栅（第 11~25 级为扭转叶片）分别嵌装在叶轮的外缘。第 1~11 级的叶轮与轴锻成一体以防止叶轮在高温条件下因材料蠕变而松动；第 12~15 级的叶轮则套装在轴上，构成高压转子。低压缸内十个叶轮都套装在另一根轴上，构成低压转子。高、低压转子之间，用刚性联轴器连成一体，由四个支持轴承支撑，以保持其径向相对位置；此外用一个推力轴承来平衡蒸汽作用在转子上的轴向推力，并维持转子的轴向相对位置。该发电机的推力轴承与高压转子的前轴承组合在一起，即推力——支持联合轴承，安放在前轴承座内。前轴承座（前箱）安放在基础台板上，其余三个支持轴承的轴承座（包括发电机的前轴承座）与低压缸的两个排汽室焊成一体。低压转子和发电机转子用半挠性联轴器联接，驱动发电机旋转。在这个联轴器的外圈表面装有盘车齿轮，通过离合器与电动盘车设备相连。在转子穿出汽缸的地方加装轴封，防止蒸汽漏出和空气漏入。

为了加工和运输方便，节省耐高温的金属材料，调节级的喷嘴室要单独铸造，焊在汽缸的进汽端；并将高、低压缸分别沿轴向分成两段和三段，各段间通过垂直法兰用螺栓紧固。高压缸通过前后两对下猫爪安放在前轴承座和低压缸相应的凸台上，并用横销固定它们的轴向相对位置。而低压缸则通过撑脚安放在十块基础台板上。基础台板用地脚螺栓紧固在钢筋混凝土的基础平台上，并二次浇灌混凝土进行加固。整个汽轮机用一系列的滑销固定它与台板的相对位置，图 4-73 是该机组的滑销系统图。

2. N125—13.24/550/550 型凝汽式汽轮机

N125—13.24/550/550 型凝汽式汽轮机是超高压中间再热式汽轮机，其额定功率为 125MW，进汽压力为 13.24MPa，进、再热蒸汽温度均为 550℃，额定再热压力为 2.295MPa，额定排汽压力为 4.9kPa，额定转速为 3000r/min。它由高压缸、中压缸和低压缸组成。高、中压缸合成一个汽缸，中间用隔环和汽封隔开，通流部

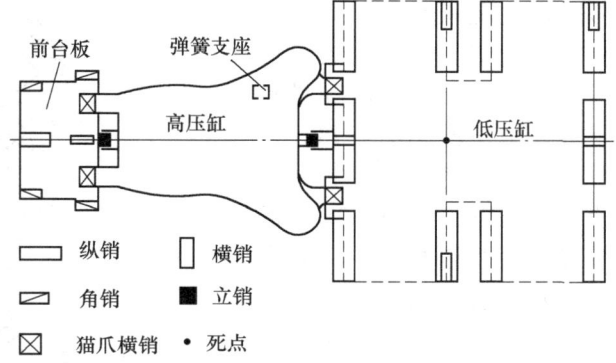

图 4-73　N100—8.83/535 型凝汽式汽轮机滑销系统图

分反向布置，以缩短轴向长度，平衡轴向推力。低压缸为分流式。该汽轮机有三十一级：其中有九级在高压缸中，调节级为单列冲动级；有十级在中压缸内；其余级置于分流式的低压缸内。

由锅炉送来的新蒸汽经两个主汽门和四个调节汽门从高、中压缸中部进入高压缸，逐渐向前流动，进行能量转换，经过第 9 级后从高压缸排出，引入锅炉再热器。再热后的蒸汽由中压截止阀和四个中压调节汽门进入中压缸，逐渐向后流动，经过第 19 级后从中压缸排出。然后蒸汽由接管引入分流的低压缸，并均分为两部分，各通过六个级，最后由两个排汽口排入凝汽器，并且在第 7、9、15、17、19、22/28、24/30 级后各有一个回热抽汽口。

由于主蒸汽压力较高，为降低汽缸厚度，改善起动特性，节省耐高温材料，高压缸采用双层缸结构。在合缸结构的条件下，中压缸也采用双层缸结构。第 1~7 级装在高压内缸中；第 10~15 级装在中压内缸中。高、中压缸的外缸通过上猫爪支撑在外缸的水平法兰面上。为了减少排汽节流损失，低压缸排汽室设计成径向扩压式，故低压缸也采用双层缸结构，并且各级都装在内缸中。内、外缸之间是巨大的排汽通道，以利于扩压，并且可缩短轴向长度。由于低压缸较重，水平法兰较薄、温度较低，不可能也没必要采用猫爪支撑，故外缸通过撑脚直接定位在基础台板上，内缸通过撑脚支撑在外缸的内壁上。

采用双层缸结构后，进汽管要穿过两层汽缸，故必须采用特殊结构。图 4-74 是高压进汽管的结构图，它采用滑套连接，并沿径向布置，以利汽缸自由膨胀；滑套间隙内加装汽封，以便有较好的严密性。中间进汽管也采用类似的结构。图 4-75 为低压进汽管的结构图，由于压力较低，故采用简单的波纹伸缩节进行连接。

高、中压转子为整体锻制的转子，各级叶轮与轴锻成整体；低压转子为焊接转子，两者用刚性联轴器联接，由三个支持轴承支撑。三个轴承座直接放置在各自的基础台板上。推力轴承采用独立结构，布置在中间轴承座内。盘车设备放置在后轴承座的上盖处。

图 4-76 为该机组基础台板和滑销系统的布置图。

3. N200—12.75/535/535 型凝汽式汽轮机

N200—12.75/535/535 型凝汽式汽轮机也是超高压中间再热式汽轮机，额定功率为 200MW。在额定工况下，主蒸汽压力为 12.75MPa，主蒸汽和再热蒸汽温度均为 535℃，再热蒸汽压力为 2.45MPa，排汽压力为 0.0049MPa，额定转速为 3000r/min。它由高、中、低压缸共 37 级组成。高压缸为双层结构，内有十二级，其中九个级置于内缸中，另外三级的

隔板固定在隔板套内，调节级为单列冲动级。中压缸为单层缸，由中压段、低压段和排汽室组成；中压段内有十级，隔板分别置于四个隔板套内；低压段内有五级，第 23～25 级的隔板置于一个隔板套内，其余两级的隔板直接固定在汽缸内壁的槽道内。低压缸与 N100—8.83/535 型汽轮机相同，也是单层分流式，其中有 2×5 个级，第 29、30 级和第 34、35 级的隔板分别置于两个隔板套内。高压转子为整锻转子；中压转子的前七级叶轮与轴锻成一体，后八级的叶轮则套装在轴上；低压转子的叶轮全部采用套装。高、中压转子用刚性联轴器连接，由三个支持轴承支撑；中、低压转子之间用两段空心轴刚性联接，低压转子由两个支持轴承支撑，并通过半挠性联轴器与发电机转子相接。高压转子的轴承安装在前箱内；中压转子的前轴承置于中间轴承座内，而中压转子的后轴承和低压转子的两个轴承的轴承座分别与三个排汽室焊成一体。

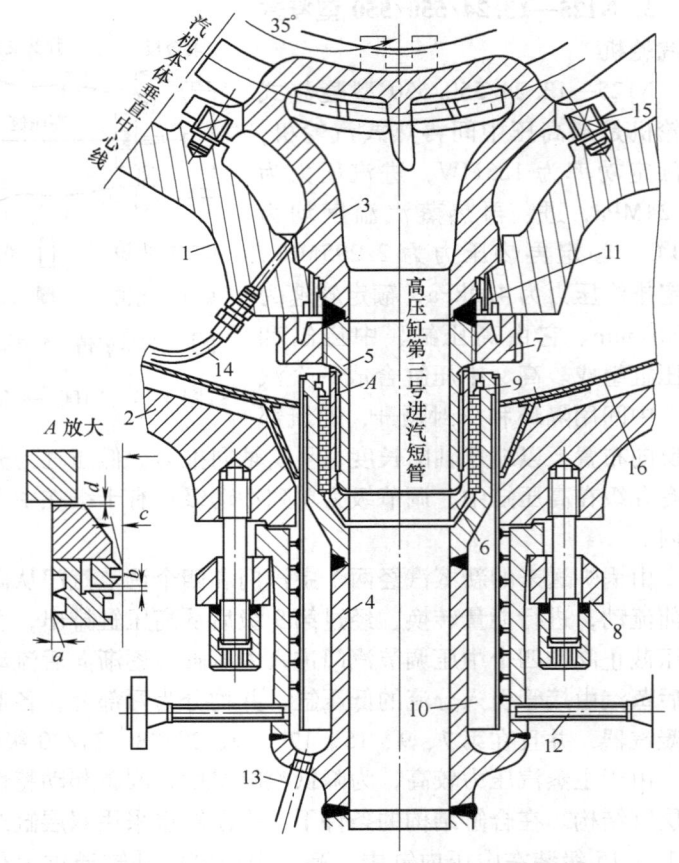

图 4-74　N125—13.24/550/550 型凝汽式汽轮机高压进汽管结构图
1—内缸　2—外缸　3—喷嘴室　4—进汽短管　5—喷嘴室短管　6—密封衬套　7—连接螺母　8—连接法兰　9—汽封　10—遮热套　11—密封环　12—排汽管　13、14—疏水管　15—定位键　16—遮热罩

从锅炉来的新蒸汽经过两个主汽门和四个调节汽门进入高压缸，逐级流动进行能量转换，到高压缸的排汽室，又返回锅炉的再热器，再热后的蒸汽经两个中压截止阀和四个调节汽门又进入中压缸，进行能量转换，然后其中约三分之二从中压缸抽出，经连通管送入低压缸，余下的三分之一继续在中压缸的低压段膨胀做功，最后经排汽口排入凝汽器。进入低压缸的蒸汽均分为两股，各流经五个级，由两个排汽口排入凝汽器。在第 9、12、15、17、19、22、(28/33) 和 (25/30/35) 级后各有一个非调节抽汽口，抽出的蒸汽用以加热给水。

图 4-77 是该机组高压进汽管的结构图，它与图

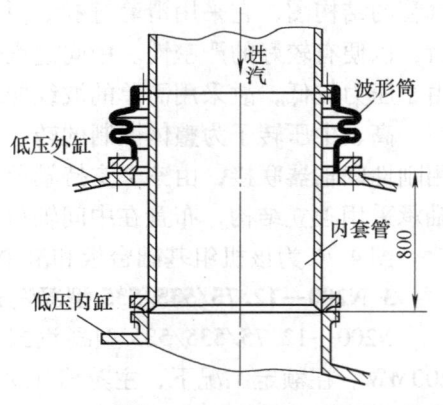

图 4-75　N125—13.24/550/550 型凝汽式汽轮机低压缸进汽管结构图

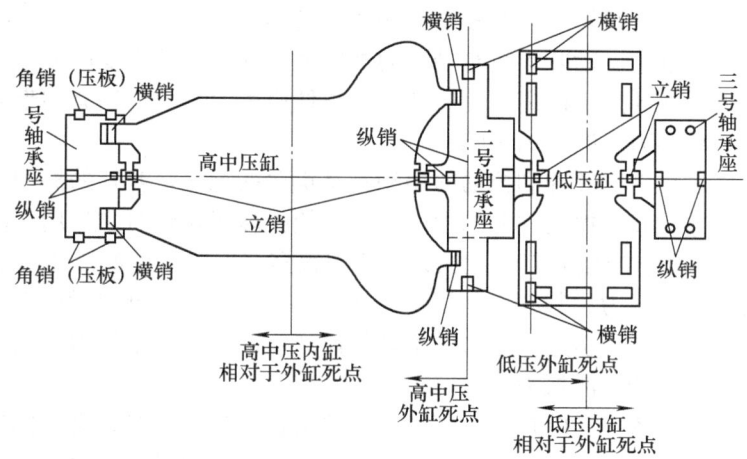

图 4-76 N125—13.24/550/550 型凝汽式汽轮机基础台板和滑销系统布置图

4-74 所示的结构相似,其滑管采用活塞环进行密封。

根据多年的运行经验,N200—12.75/535/535 型凝汽式汽轮机高压缸的内部有所改进,例如:拆除了遮热罩;在内外缸的夹层加焊了阻流环;外缸第一段抽汽口的位置移到阻流环和1号隔板套之间,以减小内缸的内外壁温差,并为安装、检修提供了方便。

另外,东方汽轮机厂和哈尔滨汽轮机厂生产 N200—12.75/535/535 型凝汽式汽轮机在汽缸的支撑方法上有所差别。前者采用上猫爪支撑,后者采用下猫爪支撑。

4.7.2 汽轮机主要零部件用钢及事故分析

1. 汽轮机转子用钢及事故分析

(1) 汽轮机叶片的工作条件及对材料的要求

1) 叶片的工作条件:叶片是汽轮机中将汽流的动能转换为有用功的极其重要的部件。按照工作条件叶片分为与转子相连接并一起转动的动叶及与静子相连接处于不动状态的静叶(又称导叶)。

不同功率的汽轮机中,处于不同级的叶片因工作条件不同,动叶与静叶具有各种不同的结构、尺寸及固定的方法。不同级中蒸汽对叶片的腐蚀与冲蚀作用也不同。

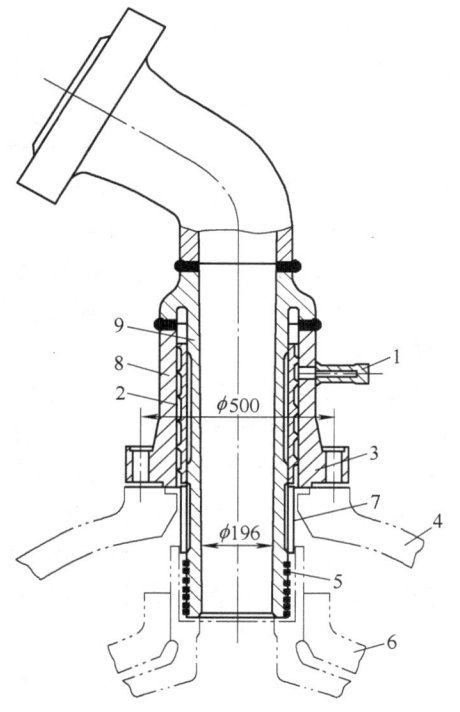

图 4-77 N200MW 机组的高压进汽管结构图
1—抽汽接头 2—螺旋遮热套 3—连接法兰
4—外缸 5—活塞环 6—内缸 7—活塞环
安装套 8—连接管 9—进汽短管

第一级的动叶与静叶所处的温度最高,接近于进口的蒸汽温度;随后逐级降低,至末级则接近100℃或更低一些。叶片是在运动的蒸汽介质中工作的,而各级的蒸汽状态是不一样的。在大多数级中,叶片是在过热蒸汽中工作,而末级叶片是在湿蒸汽中工作。通流部分的不同区段，蒸汽中所含的盐类、氧和凝结水滴的量是不同的。

汽轮机在工作过程中，动叶承受着最大的静应力、动应力及交变应力。叶片越长，转子的直径与转速越大，在叶片上由离心力所产生的拉伸应力便越大。当有围带或拉筋时，还要考虑由它们产生的离心力对叶片的影响。

汽轮机在工作过程中，叶片和拉筋的振动具有重要的意义。叶片的振动是引起叶片断型事故的重要原因。导致叶片振动的总的原因，是汽轮机转子转动时，作用于叶片上的周期性激振力，又称为扰动力。产生周期性激振力的原因很多。因出汽道汽流压力沿节距的不均匀分布所引起的周期性激振力，其频率是转子的转速与静叶片片数的乘积，称为高频激振力。由于隔板通流面积不均匀所引起汽流力的不均匀而产生的周期性激振力，其频率等于转速或转速的简单倍数，称为低频激振力。

如果激振力的频率落入与叶片自振频率相同的共振频率之中时，则振幅就要突然增大至不能允许的程度，从而使叶片产生过大的应力。由于该应力超过允许值的程度不同，在经过一定的时间之后，即会发生叶片的断裂。汽轮机动叶的设计和计算是以汽轮机在运行过程中没有这种危险的共振为条件的。

对于用来制造叶片的金属材料，在性能上应满足以下要求：①良好的常温和高温力学性能；②良好的耐蚀性；③良好的减振性；④一定的耐磨性；⑤良好的工艺性。

2）汽轮机叶片材料介绍。制造汽轮机叶片的材料，主要是含铬13%的铬不锈钢及含铬约12%并加入少量钨、钼、钒、铌等合金元素以提高材料热强性的强化性铬不锈钢。蒸汽温度超过600℃时，一般采用奥氏体耐热钢来做叶片，燃气轮机叶片是用铁基或镍基的耐热合金来制造。国外对于负荷很大的末级叶片，已经开始使用相对体积质量小的铝合金或钛合金。

① 铬不锈钢。对于工作温度在450~500℃的汽轮机叶片，国内外均广泛采用1Cr13或2Cr13的铬不锈钢制造。这类钢还具有较高的热强性又属于马氏体型耐热钢。加入铬的主要目的是提高钢的耐蚀性。

2Cr13钢用于汽轮机中前几级叶片。2Cr13钢由于强度高一些，故用于汽轮机的最后几级叶片。2Cr13钢的最高工作温度为480℃左右，2Cr13钢最高工作温度为450℃，当温度超过500℃时，这类叶片钢的热强性将明显下降。

铬不锈钢抗水冲蚀的能力比较差。防止水冲蚀的方法有两方面，一是改造汽轮机通流部分的结构及消除湿蒸汽；二是增强叶片材料抗水冲蚀的能力。增强叶片材料抗水冲蚀的能力常用的方法是在叶片表面易被水冲蚀的部位焊上高硬度耐磨合金或对叶片进行表面处理。常用的表面处理有氯化、电火花处理或局部淬火等。

② 强化型铬不锈钢。为了提高铬13%型叶片用钢的热强性，在这类钢的基础上加入了少量的铝、钒、钨、镍、铌、硼等元素。钒和铌与碳的亲和力比铬大，加入后能避免铬进入碳化物，让铬充分溶入固溶体发挥防腐蚀和强化作用。因此，强化型铬不锈钢中的含铬量为11%或12%。常用的强化型铬不锈钢有15Cr11MoV、15Cr12WMoV、15Cr12WNbVB、18Cr12WMoNbVB及13Cr11Ni2W2MoV等钢种。

15Cr11MoV钢中加入了钼和钒，钼溶入铁素体，提高了铁素体的强度和再结晶温度；钒与碳形成了稳定性较高、硬度也高的碳化物。我国125MW机组、300MW机组及600MW机组的汽轮机前级动叶片，都是用15Cr11MoV钢制造的。

15Cr12WMoV钢中又多了钨和镍元素，热强性又有提高，可用于580℃以下大功率汽轮机的叶片材料。由于钨、钼、铌都是缩小奥氏体、扩大铁素体区域的元素，当含量较多时会出现过多的δ铁素体，从而降低钢的韧性。为了降低δ铁素体的含量，需要加一些镍元素。

(2) 汽轮机叶片事故分析　按照叶片断裂的性质，叶片断裂可分为长期疲劳损坏、短期疲劳损坏、接触疲劳损坏、应力腐蚀和腐蚀疲劳损坏等。

1) 长期疲劳损坏。长期疲劳是指叶片运行过程中，承受低于叶片原始疲劳极限的应力，经过较长的时间才发生的一种机械疲劳损坏。

例如，因叶片或叶片组存在着某种高频振动而引起共振损坏；叶片表面有缺陷（如夹杂、腐蚀点坑、划痕等），使叶片局部区域产生应力集中而提早发生疲劳损坏；由于运行不正常（如低周波运行、超负荷运行、低负荷运行等），使某些级的叶片应力升高，导致提早破坏。长期疲劳损坏在电厂叶片事故中最为常见。

长期疲劳损坏的宏观特征是断口平整、断面呈细瓷状结构，贝壳纹清晰，疲劳断裂区面积一般大于静撕裂区面积。当应力水平稍高时，疲劳断裂区面积会减小；反之，叶片应力水平较低，破坏时间较长的断口，疲劳断裂区域面积就大一些。因而可从分析断口的疲劳断裂区面积的大小来推断叶片受载应力的大小。

防止长期疲劳损坏的主要措施是：消除共振、提高叶片制造质量、安装质量和运行条件。

2) 短期疲劳损坏。短期疲劳损坏是指叶片在运行过程中，受到外界较大的应力或是较大的激振力，导致叶片只受了较少的振动次数就发生断裂的一种机械疲劳损坏。

例如，由于运行不正常疏水系统发生故障，使水进入汽轮机内，叶片遭到水的冲击而承受较大的应力，随即很快损坏；或是由于设计不良、安装不好存在较大的低频激振力（如转子不平衡而产生的振动；隔板结构不佳或安装不良，存在较大的交变应力；或是喷嘴损坏，使叶片受到不均等），而当低频激振力与叶片的自振频率相同时就会引起共振，会很快导致叶片的断裂。

短期疲劳损坏的宏观特征是：断口表面粗糙，疲劳贝壳纹（又称疲劳前沿线）不明显，在断面上疲劳区面积往往小于最后断裂的静撕裂区面积。在断口的四周伴有宏观的塑性变形，经受水击的叶片断口还呈现"人"字形纹络的特征。

防止短期疲劳损坏的主要方法是：设法消除低频共振和防止水击的发生。

3) 接触疲劳损坏。接触疲劳损坏是由于存在着振动，使毗邻的叶片之间或者叶片和叶轮之间产生往复的微量位移，从而相互接触摩擦的一种机械疲劳损坏。接触应力往往是由于叶根齿部设计不合理或是安装不良所产生的。叶根的接触面因振动而进行往复循环的摩擦，造成根部表面层金属晶体的滑移和硬化，接触摩擦到一定次数后，硬化层会出现显微裂纹，继续不断地接触摩擦会使显微裂纹不断扩展，最终发生接触疲劳断裂。

接触疲劳损坏的宏观特征：断口具有贝壳状特征，并往往伴有因摩擦氧化而产生的斑痕。接触疲劳损坏地显微裂纹呈簇状，大体上互相平行，并与摩擦应力垂直。

防止接触疲劳损坏的措施是：消除共振（特别是切向振型）；提高汽轮机的安装质量；设法增大叶根的接触面积；改善叶轮与叶根接触面的接触状况，使叶根齿部在工作状态下尽量保持均匀的接触；避免局部点或区接触应力的集中。

(3) 转子的工作条件及对材料性能的要求　汽轮机转子是主轴和叶轮的组合部件，转子是汽轮机设备的心脏。随着高温高压大容量锅炉汽轮机机组的发展，汽轮机转子的重量和尺寸也越来越大。

高压蒸汽喷射到工作叶片后，转动力矩由叶轮传到主轴。主轴不但承受转矩和由自重引起的弯矩作用，而且因为主轴较长，过热蒸汽自第一级至最末级叶轮其温度是逐渐在降低的，由于这种不均匀的温度分布，主轴还要承受温度梯度所造成的热应力。此外，主轴还要受到因振动所产生的附加应力和发电机短路时产生的巨大扭转应力及冲击载荷的复杂作用。

叶轮是装配在主轴上的，在高速旋转时，圆周线速度很大，由于离心力的作用产生巨大的切向和径向应力，其中轮毂部分受力最大。叶轮也要受到振动应力和毂孔与轴之间的压缩应力。

高参数大功率机组的转子因在高温蒸汽区工作，还要考虑到材料的蠕变、腐蚀、热疲劳、持久强度、断裂韧度等问题。

制造汽轮机转子的材料要求：

1) 严格控制钢的化学成分。钢中含硫量不大于 0.035%（酸性平炉钢）或 0.030%（碱性电炉钢）；铜的含量应低于 0.25%；含锡的钢材，钼的含量不允许低于下限，钢中的气体（如氢等）应尽量低。

2) 综合力学性能要好。既要强度高，又要塑性、韧性好。沿轴向和径向的力学性能应均匀一致，要求轮毂与轮缘之间的硬度偏差不超过 40HBW，轮毂或轮缘本身各点的硬度差不得超过 30HBW，而且要求主轴两端面硬度值的偏差不超过 40HBW。此外，还要求材料的缺口敏感性小。

3) 有一定的抗氧化、抗蒸汽腐蚀的能力；对于在高温下运行的主轴和叶轮，还要求高的蠕变极限和持久强度，以及足够的组织稳定性。

4) 不允许存在白点、内裂、缩孔、大块非金属夹杂物或密集性细小夹杂物等缺陷。

5) 有良好的淬透性，良好的焊接性能等工艺性能。

(4) 汽轮机转子用钢介绍

汽轮机转子的材料是按不同的强度级别选用的。转子用钢一般都属于中碳钢和中碳合金钢，只有制作焊接转子时，为了保证焊接性能才适当降低含碳量（例如选用 17CrMo1V 钢）。

功率较大的汽轮机其转子用钢都含有一定量的铬、镍、钼、锰等合金元素，加入这些元素可以提高钢的淬透性，增加钢的强度。其中钼可以减小钢的回火脆性，铬、钼、钨、钒则可提高钢的热强性。

汽轮机组功率不同，转子的制造方法也不同。小功率机组主轴与叶轮分开制造，而后用热套法整装成转子；中等功率机组，转子采用一部分叶轮与主轴锻成一个整体（一般是高压段），另一部分叶轮采用热套法整装；大功率机组，高压转子为整体锻造，而低压转子是焊接而成的。

34CrMo 钢用于工作温度 480℃ 以下的汽轮机的主轴有较好的工艺性能和较高的热强性，长时期使用组织也比较稳定。若工作温度超过 480℃ 时热强性就有明显降低。

17CrMo1V 钢用于工作温度 520℃ 以下的汽轮机、燃气轮机和压气机的焊接转子。对 17CrMo1V 钢焊接时，必须严格控制预热温度，焊后应立即进行高温回火。

27Cr2Mo1V 钢中铬、铂、钼的含量均较多，有较好的制造工艺性能和热强性，可用来制造工作温度 540℃ 以下的汽轮机整锻转子和叶轮。若用来制造转子和叶轮，均需要经过两次正火加回火处理。第一次正火 970~990℃ 空冷，第二次正火 930~950℃ 空冷，回火 680~700℃ 炉冷。

34CrNi3Mo 钢是大截面高强度钢，具有良好的综合力学性能和工艺性能，国内外曾用来制造发电机转子和汽轮机整锻转子及叶轮，工作温度限制在 400℃ 以下。一般是在调质状态下使用，840~870℃ 油淬，560~650℃ 回火。这类钢因为含镍量高，所以无回火脆性倾向。

33CrMoWV 钢是我国自行研制的无镍大锻件用钢，已在 50MW 以下汽轮机中大量应用，可替代 34CrNiMo 钢。调质工艺为 950℃ 油淬，580~660℃ 空冷或炉冷。油淬时应有足够的深冷度，以获得较好的心部性能。

18CrMnMoB 钢也是我国研制的无镍少铬大锻件用钢，加入硼可以增加淬透性，也是 34CrNi3Mo 钢的代用钢。

20Cr3MoWV 钢是一种热强性较高的低合金耐热钢，因为此钢中含钒量比 33Cr3MoWV 钢高，因此弥散硬化的效果就好。用于制造工作温度低于 550℃ 的汽轮机和燃气轮机整锻转子和叶轮等大锻件。

550~600℃ 温度范围的大锻件，国外过去一直采用奥氏体钢，12% 为转子用钢，但价格昂贵，如英国的 H46、前苏联的 ЗИ802、ЗИ756、美国的 C422 钢等。

(5) 汽轮机转子事故分析　汽轮机转子的金属事故主要是叶轮与主轴（转子）的变形与开裂。

1) 主轴（转子）的变形。汽轮机主轴由于出厂时残余应力较大，运输或安装不当（热套时由于加热和冷却不均匀而产生的局部热应力）以及运行不良（动、静部件单侧摩擦所造成的局部膨胀）等，均可能引起主轴的变形。

当主轴（转子）发生弯曲变形时，需要进行校正，通常称为"直轴"。对于小功率汽轮机碳钢转子，可采用局部加热法予以校直。对于大功率汽轮机主轴（转子），则必须采用"松弛法"进行校正。

2) 主轴（转子）的断裂。汽轮机转子是高速转动的部件，主轴的断裂会造成严重的事故，国内外都曾发生过这类事故，必须引起高度的重视。主轴（转子）产生裂纹的原因大致有以下几种：

① 结构不良。如两截面交界处过渡圆角太小、机械加工粗糙，有尖锐刀痕等，导致严重伤应力集中，从而在交变载荷作用下断裂。

② 腐蚀介质的影响。主轴运行或停机时接触蒸汽、油和水等腐蚀介质，表面形成腐蚀坑或腐蚀裂纹。

③ 材质不良。

④ 运行不当。运行时有超温或超速现象，起动和停机过快引起过大的内电应力等。

3) 叶轮的变形与开裂。叶轮的变形破坏了转子的动平衡，运行中会产生很大的振动，因此，变形后也必须进行校正。叶轮，特别是末级叶轮，在长期运行过程中键槽处容易出现裂纹，当裂纹达到一定深度时，整个叶轮会飞裂。引起叶轮开裂的主要原因是：

① 键槽处加工质量差，应力高度集中产生裂纹源。

② 材料的综合力学性能差，强度偏高，塑性和韧性偏低，脆性大，加速裂纹的扩展。

③ 机组停机保养不善或介质腐蚀性较大，造成应力腐蚀。

防止叶轮开裂的措施是：注意停机时的保养工作，防止产生腐蚀；提高冶金质量和键槽的加工粗糙度；大修时加强对后几级叶轮的探伤检查，及时对已经产生裂纹的叶轮进行补焊修复或者换上新的叶轮。

2. 汽轮机静子用钢及事故分析

（1）静子的工作条件　汽轮机静子（汽缸、隔板、蒸汽室等）部件是在高温高压或一定的温差、压力差作用的条件下长期工作的。

汽缸是汽轮机的重要部件，通常分为上、下两部分。汽缸工作时受到汽流的压力，这种压力在汽缸的前部最大，沿轴线向后逐渐降低，因此在汽缸壁上所受的力是变化的。

汽缸内温度场分布也比较复杂。例如：汽缸前后存在着温度梯度，在大功率高参数凝汽式汽轮机的中压缸中，从蒸汽入口到出口的温度差超过500℃；低压缸则在真空条件下工作，承受着外部空气的压力。

汽缸形状复杂，尺寸和重量大，从而造成铸件生产上的困难。在结构上，缸壁较厚，且又厚薄不均匀、拐角多，从法兰到汽缸的过渡区域截面变化很大，容易产生铸造缺陷和很大的局部应力。

（2）静子材料的要求

1）足够高的室温力学性能和较好的热强性。

2）有一定的抗氧化性能，良好的组织稳定性和抗热疲劳能力。

3）具有尽可能好的铸造性能及良好的焊接性能。

（3）静子零部件用钢　工作温度不同，静子的材料也不同。中、小功率汽轮机的低压缸还可用灰铸铁或耐热合金铸铁来制造。

对于工作温度在425℃以下的汽轮机的汽缸、隔板、主蒸汽阀等零部件，可以用ZG25钢铸造。然后在900℃退火或900℃正火再在650℃回火6~8h。铸件在机械加工或补焊后应再650~680℃退火6~8h。

ZG20CrMo钢用于工作温度在500℃以下的汽缸、隔板、主蒸汽阀等，铸件在900℃正火，650~680℃回火；经机械加工或补焊后应在650~680℃退火4~8h。

ZG20CrMoV钢用于工作温度在540℃以下的汽轮机静子，该钢含有钒元素，因而热强性有了提高。但是铸造性能和焊接性能要比ZG20CrMo钢差一些，应严格控制焊前预热（300~350℃）和焊后消除应力的退火处理。

ZG15Cr1Mo1V钢含铬钼比ZG20CrMoV钢高，因而就有更高的热强性，可用于制造570℃温度以下的汽轮机静子。其铸造性能和焊接性能比ZG20CrMoV钢稍差一些。

对蒸汽参数为560~580℃、主蒸汽压为23.5MPa（240大气压）的大功率汽轮机汽缸则要求用更高的热强性材料来制造，国外是采用ZGCr11MoVB钢这一类的强化型马氏体耐热钢来制造。

4.8　常见故障及案例分析

4.8.1　汽轮机的热变形

1. 汽缸热变形

汽缸热变形是由上、下缸温差和法兰变形引起的。一般上、下缸最大温差发生在调节级区域。因上缸温度高于下缸温度，上缸的热变形量大于下缸，这就引起汽缸向上拱起，出现拱背变形，使下缸底部动、静体之间的顶隙减小，甚至发生动、静体摩擦。汽缸的拱背变形如图 4-78 所示。所以停机后应及时将盘车装置投入其中，以减小上、下缸温差。

上、下缸温差产生的原因有：

1）由于下缸布置有抽汽和疏水管道等，因而上、下缸具有不同的散热面积和重量。在相同加热或冷却条件下，上缸温度要比下缸高。

2）汽轮机内部因蒸汽上升凝结时的放热大于凝结水下流时的放热，又因汽轮机 0m 层气温比运行层低，致使在汽缸外部冷空气由下而上流动而冷却下缸。这样在汽缸内外形成的水气流动，致使上缸的温度高于下缸。

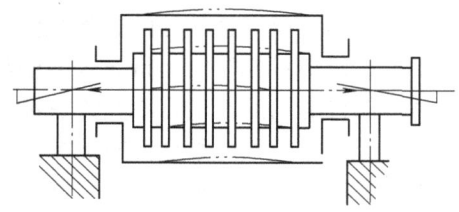

图 4-78　汽缸的拱背变形

3）下缸保温条件较差，又连接有抽汽管道等，这不但使保温不易严密，而且保温也易于脱落，致使下缸散热较快。

为了控制上、下缸温差在规定范围内，在起动时，必须严格控制温升速度；应尽可能同时投入高压加热器，下缸的疏水门应打足；安装时，下缸应采用优质保温材料，或加厚下缸的保温层厚度。此外，应设法改进保温结构，以改善下缸表面的贴合和避免脱落。还可在下缸下部装设挡风板，以减小对流通风对下缸的冷却。

2. 怎样在运行中发现汽缸变形

1）汽缸变形时，可能造成汽缸水平或垂直结合面不严密而漏汽。这种漏汽多发生在高、低压端轴封附近。有时也会导致因蒸汽漏入轴承中而使润滑迅速受到破坏。

2）低压缸变形可能造成空气漏入凝汽器，使真空遭受破坏。

3）汽缸变形严重时，会造成轴封的磨损和汽缸内动、静部分的碰撞，并使机组的振动加大。

3. 造成汽缸变形的原因

1）运行时，汽缸温度长时间超过材料允许温度。

2）汽缸隔板与汽缸内壁的顶隙过小，使隔板膨胀时顶住汽缸。

3）汽缸外部的保温材料不好或部分脱落，造成汽缸各部分温度偏差过大；或冬季在汽轮机车间打开了一扇窗户使冷风吹到汽缸一侧。

4）滑销卡涩，不能保证汽缸的正常膨胀。

4. 怎样发现汽缸裂纹

汽缸出现裂纹后，往往首先使汽缸保温材料局部潮湿、渗水，然后逐渐漏汽；低压汽缸出现裂纹会漏入空气，使真空下降。

5. 汽缸产生裂纹的原因

1）汽缸材料质量不好，尤其是老、旧汽轮机的铸铁材料因蠕胀而裂开。

2）汽轮机运行方式不合理，如：在暖机不良的情况下开机；负荷经常剧烈变动；汽轮机常受水冲击；排汽温度过高时，汽缸突然受冷（如循环水泵停止工作导致真空过低排汽温度较高时，突然又投入循环水泵）。

3）汽轮机长期剧烈地振动。

4）转动部件损伤后，强力地冲击汽缸。

鉴于以上各种造成汽缸损伤的原因，在汽轮机运行中应注意以下几点：

1）按汽缸材料和结构特点，科学地规定其工作最高温度界限，运行时严格注意，不允许长时间超过此温度。

2）定期监视汽缸各处的热膨胀值。

3）尽量防止汽轮机运行方式的剧烈变化；

4）保持滑销的清洁，不允许有油污卡涩；

5）经常监视汽缸结合面有无漏汽、渗水现象；

6）保持汽缸保温良好并尽量防止严冬时冷风吹至汽缸一侧；

7）经常注意机组各处的振动和异音，发现异常，及时分析处理。

6. 法兰热变形

大容量中间再热式汽轮机的高中压汽缸的水平法兰厚度约为汽缸壁厚的 4 倍，因此法兰的变形会影响汽缸的变形。在起动时，法兰处于单向加热状态，其内外壁会形成明显的温差，这除了会引起热应力外，还会沿法兰的垂直和水平方向引起热变形。尤其是法兰的水平变形，往往会影响到汽缸横截面的变形，对汽轮机的安全威胁较大。

起动时，由于法兰内侧的温度高于外侧，其内侧的热膨胀值大于外侧，使得法兰在水平方向发生热变形，如图 4-79 所示。法兰的这种变形又会影响到汽缸各横截面的变形，由图 4-79 可见，汽缸中间段横截面变成了立椭圆（如图中粗实线所示），即垂直方向直径大于水平方向直径，而且上、下法兰间产生内张口；而汽缸前后两端横截面则变形为横椭圆，即水平方向直径大于垂直方向直径，而且上、下法兰间产生外张口。前者使水平方向动、静部分顶隙变小，后者使垂直方向顶隙减小。如果法兰热变形过大，就有可能引起动、静体间的摩擦，同时还会使法兰结合面局部发生塑性变形，上、下缸结合面出现永久性的内外张口，如图 4-80 所示，这样就会出现法兰结合面漏汽、螺栓被拉断或螺母结合面被压坏等现象。为了使法兰内、外壁的温差控制在 80~100℃ 以内，在起动时要控制好温升速度，而且要正确使用法兰螺栓加热装置。

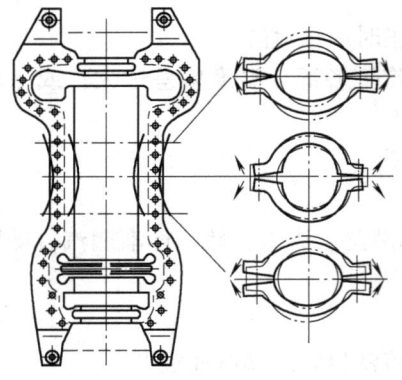

图 4-79 起动时法兰、汽缸的热变形

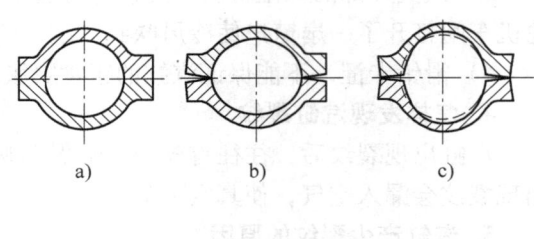

图 4-80 法兰和汽缸的永久变形
a）产生永久变形前的情况 b）外张口 c）内张口

7. 转子热弯曲

上、下缸温差会使汽缸发生拱背变形，同样会引起转子的热变形。转子在其热挠度较大的情况下起动，不仅可产生动、静体间的摩擦，其偏心值产生的不平衡离心力也将使汽轮机发电机组产生剧烈振动。因此对转子的热挠度有非常严格的限制。起动盘车时,转子偏心值应不超过 0.25mm;机组冲转时,转子的偏心值应小于 0.05mm。然而,转子的最大弯曲偏心值不易直接测量,现场通常用装在轴径附近某处千分表测量其挠度来计算。

4.8.2 通流部分积垢及损伤

汽轮机的通流部分是指汽轮机内部喷嘴、静叶和动叶所组成的蒸汽流通部分。通流部分的工作状况是直接影响机组安全和经济运行的关键,应予以足够重视。

1. 通流部分的冲蚀和腐蚀

(1) 冲蚀 冲蚀是蒸汽对喷嘴、静叶片、动叶片表面的一种机械性损坏。冲蚀现象一般在汽轮机低压段较严重,这是因为汽轮机低压段蒸汽湿度越来越大,在后几级中有小水珠和较大的水滴出现,这些水珠和水滴被高速蒸汽携带着流过喷嘴、静叶片和动叶片表面,使它们表面受到严重的撞击、侵蚀。这种冲蚀现象使得喷嘴、叶片表面变得粗糙,增大了汽流的摩擦损失,严重时可把叶片冲刷出一定深度的凹痕及缺口,使叶片强度降低。喷嘴和叶片被冲蚀的程度与蒸汽的体积质量和湿度有关,蒸汽的湿度越大,含盐量(指蒸汽中含有的碳酸钙、碳酸钠和硫酸钙等)越多,其冲蚀越为严重。

另外,由于水珠的重量大,被蒸汽带动时其流速小于蒸汽的流速,所以进入动叶时的相对速度方向与蒸汽不一致,水珠的相对进入角大于蒸汽,因而打到叶片的背面,以致低压段动叶片背面的顶部受到严重的冲蚀。

高压段叶片被冲蚀的可能性较小,这是因为高压段长期在过热蒸汽下工作,不存在水滴。但是,有些机组因经常操作不合理或蒸汽品质长期不合格,也会造成高压段严重的冲蚀。高压段被冲蚀的原因如下:

1) 进入汽轮机的新蒸汽质量长期不符合要求,如汽压、汽温过低和蒸汽中夹杂水分,以及气流长期以不正确的方向进入叶片和喷嘴。

2) 虽然蒸汽品质良好,但长期在低负荷下工作,焓降比较集中地发生在调节级,因此这一级喷嘴的射流速度比正常运行时高很多,不但喷嘴排汽口受到冲蚀,而且射入动叶片的进汽角也要改变,使叶片受到冲蚀。

一般情况下减轻通流部分被冲蚀的办法:对高压段是严格掌握锅炉和汽轮机的合理运行方式,保证汽轮机进汽压力和温度合格含盐量最少,合理地调整汽轮机负荷,减少机组的起、停次数,尽量避免在低负荷下工作等;对低压段是在低压端加装去湿装置,规定在一定负荷下打开低压汽缸疏水门以排出疏水,叶片使用强度大、质硬和耐冲蚀的材料,以及在叶片背面顶部镶装硬质合金等。

(2) 腐蚀 汽轮机通流部分的腐蚀,包括金属锈蚀和电化腐蚀。

金属锈蚀发生的主要原因是锅炉给水处理的不好,蒸汽内含有碱性或酸性物质使金属锈蚀。此外,最常见的是蒸汽内含有二氧化碳(CO_2)和空气,空气中的氧和二氧化碳起化学反应使金属锈蚀。如果蒸汽内含有氮的酸类,则对叶片的锈蚀作用更强,尤其在低压区会发生严重的锈蚀。如果蒸汽中含有氧化氮气体也会使金属锈蚀,这时若还有二氧化碳,则锈蚀更为严重。另外,若停机后主汽门关不严,蒸汽漏入汽轮机,也会造成通流部分锈蚀。防止通流部分锈蚀的措施是:

1) 认真监督锅炉给水的品质,定时进行给水和蒸汽化验。

2）主汽门必须关闭严密，停机后应打开汽缸疏水门，长时间停机还应通热风干燥。

3）采用抗锈蚀的材料制造叶片。

电化腐蚀主要是由于外来的杂乱电流所引起的，它的伤痕是针孔或虫蛀形孔。这种腐蚀多数伴随锈蚀现象发生。杂散电流的来源很多，一般是由于主轴在复杂散乱磁场中的电磁感应作用而引起的，也有可能是由励磁机和发电机转子上漏过来的直流电所引起的。由于原因很难肯定，所以也难预防。但在机组检修时，尽量搞好发电机和励磁机的绝缘是很有必要的。

2. 通流部分的积垢

汽轮机的任何一级都有积垢的可能性。通流部分积垢，会造成以下不良影响：

1）喷嘴，叶片表面由于积垢而变得粗糙，使汽流的摩擦损失加大，效率下降。

2）由于通流部分积垢，汽流通流面积减小，使汽轮机功率减小。

3）由于隔板上的喷嘴积垢，汽流通流面积减小，压力差增大，增大了隔板的弯曲应力。动叶上积垢，同样会增大叶轮前后的压力差，从而使转子上的轴向推力增大，严重时甚至会使推力瓦片的乌金熔化。

4）有些水垢还有腐蚀作用，使叶片强度降低，导致叶片在工作时容易断裂。

通流部分积垢的原因主要是给水内含有大量的无机盐类，其来源是未经处理或处理不合要求的补充水。在中、低压锅炉中，无机盐类之所以会由蒸汽带走，主要是由于汽水分离效果不好被潮湿蒸汽溶解的原因。

在锅炉过热器内或蒸汽管道内沉积下来的水垢，当锅炉负荷变动或起动时，也会被蒸汽带出积在汽轮机的喷嘴和叶片上。当锅炉运行不正常时，例如汽包中发生泡沫、汽水共腾等现象时，则使汽轮机有更多的积垢机会。因此，叶片积垢的问题不只是牵涉到锅炉补给水的纯度问题，还与锅炉的构造及运行有关。

汽轮机通流部分的积垢，一般动叶片比静叶片严重得多。分析其原因，主要是由于静叶中汽流速度大，蒸汽中带来的盐分不易聚积下来，而动叶片中蒸汽作功后流速下降，易于聚积。动叶片的积垢，还由于离心力的作用而使它的积沉厚度由叶根向叶顶不等。积垢的原因不同，其颜色和形状也不同，常见的一种白色积垢不但积聚在动叶甚至连整个转子凡有蒸汽达到的地方都会沉积，这种积垢多是由于补给水中所含的钠盐（钠、硫酸钠和氧化钠等）引起的。还有一种积垢，在打开汽缸、转子暴露在空气中颜色逐渐由无色变成白色，这是因为这种积垢的成分是氢氧化钠，在空气中会逐渐变成碳酸钠的缘故。

除白色积垢外还有深色的积垢。有时会看到棕色像锈斑一样的积垢，这种积垢多半是铁的氧化物与其他盐类的混合物。

积垢的清除一定要根据积垢的成分来决定。可溶于水的积垢，可以用低温的湿蒸汽来清洗掉。这时汽轮机应减低负荷，以低速运转，然后进行冲洗。

湿蒸汽的获得，要根据锅炉情况而定，如果锅炉不能供给低温湿蒸汽，就要在主蒸汽管道上加装喷射凝结水制成湿蒸汽的冲洗装置。冲洗汽轮机时，应根据凝结水水质的化验确定冲洗的情况，开始时凝结水含盐量增多，但到一定时间后如果凝结水含盐量不再增加，则这时说明冲洗已经完毕。

对于不溶解于水的积垢，可用手工和机械方法清除。近年来也有用10%的氢氧化钠（烧碱）溶液加热清洗的。但使用这种方法一定要控制溶液的浓度，防止机件被腐蚀。

用这种方法清洗后,应将汽轮机内部用清水多次洗净。

3. 通流部分的机械性损伤

(1) 调节级的摩擦和碰撞 调节级喷嘴与动叶片的间隙虽然很小,但正常运行时它们之间发生摩擦、碰撞的机会却极为少见。因为在正常运行情况下,汽轮机转子的轴向推力方向总是由高压端向低压端的,转子的反方向位移只有在机组突然甩负荷、高压轴封严重损坏及调节级叶轮前因凝汽器抽吸作用而压力下降时才可能发生。

调节级喷嘴和动叶片发生摩擦、碰撞时,汽缸内部的声音及转子轴向位移都会发生显著变化,汽轮机运行人员发现这种情况时应果断行动,破坏真空紧急停机。

(2) 压力级的机械性损伤 压力级的机械性损伤有两种:一种是由于隔板损伤引起的;另一种是由于动叶片损伤引起的。

隔板的损伤主要是发生变形、弯曲和裂纹。当发生这些故障时,会造成隔板轴封的损坏、隔板和叶片的摩擦和碰撞、汽轮机的轴向推力增加以及推力轴承损坏等。

汽轮机运行中,发现汽缸内部有间歇声响,轴承振动剧增,在接近额定负荷时,推力轴承温度升高,负荷降低后上述现象也随着消失,说明可能是隔板弯曲变形引起隔板轴封磨损。

隔板弯曲变形的原因,除了隔板机械强度或材料不合格、隔板在汽缸中留有的间隙不够等制造和安装上的原因外,也可能是由于运行不合理引起的。本书就运行方面的原因分析如下:

1) 隔板上静叶积垢严重,隔板前后压力差增大,将隔板压弯曲。
2) 锅炉运行不好,进入汽轮机的蒸汽带水,由于水珠速度较蒸汽低而阻塞静叶通道,增大隔板前后压力差,将隔板压弯。
3) 运行时间太久,铸铁隔板由于材料的蠕变而弯曲变形。一般汽轮机铸铁隔板在连续运行 50000~80000h 后,便可能出现隔板材料金相组织变化,隔板胀大变形、弯曲。

隔板弯曲如果是暂时性的,可以适当地用减少负荷、清洗积垢和在运行中防止水冲击事故等措施来防止。但如果隔板的变形是永久性的,而且已使轴封间隙、隔板与叶轮之间的间隙减小到危险程度时,则必须停机检修。

隔板产生裂纹,多数是由于材料弹性疲劳引起的,运行中不易发现,只有在运行情况逐渐恶化、汽耗率加大、轴封破坏、叶轮与隔板有显著的摩擦时,才会在运行中发现。

此外,隔板和叶片的机械性损伤,还可能是由于叶片或围带的折断部分、汽缸内部松动掉下的零件被蒸汽冲动而打坏的;有时还由于推力轴承损坏、转子轴向位移,而使动叶片与隔板发生碰撞或摩擦等。这些情况可由汽轮机负荷变化时,内部发生不正常的响声并随着转子轴向位移增大来得知。发生这类问题时,必须紧急停机,进行检修。

4.8.3 轴封损坏

轴封的间隙很小,除因检修、安装和结构方面造成的故障外,由于运行上的问题也可能使轴封损坏,影响汽轮机正常工作。

1. 轴封损伤的外部症状

轴封信号管冒汽量异常增多,轴承润滑油中进水,轴封内部有碰触声响,严重时汽轮机振动加大。

2. 造成轴封损伤的具体原因

1) 转子受热弯曲或永久变形，引起轴封磨损。多数情况是由于在停机不久转子热弯曲最大时再次起动所造成的。有时也可能是由于汽轮机的振动较大，使汽轮机轴的局部地方与轴封摩擦所引起的。

2) 汽缸变形，轴封的某一侧磨损。

3) 汽缸保温不好、热膨胀不均匀，引起轴封的碰触、磨损。

4) 汽轮机长时间空转，排汽温度过高，突然又很快地升高负荷，使温度发生很大的变化，气缸很快地被冷却，而下汽缸的支撑部分仍维持着较高的温度，这时轴封下半部将发生碰触、磨损并引起汽轮机的振动。

5) 由于积垢使轴封环卡死、失去弹性，在轴封发生碰触时轴封片没有退让的作用。

6) 由于不遵守汽轮机运行规程而引起转子和汽缸的不均匀热膨胀，使轴封磨损。

3. 防止轴封损伤的办法

1) 汽轮机转子在弯曲或振动超过允许值的情况下不准运行。

2) 经常检查给水及蒸汽的品质，以防汽轮机内部结垢。

3) 不允许汽轮机运行工况经常发生剧烈的变化。

4) 经常注意保持汽缸的保温完整。

5) 不允许汽轮机长时间空转及在排汽温度过高、排汽温度剧烈变化的情况下长时间运转。

6) 防止转子发生较大的轴向位移，轴向位移超过允许值时，必须迅速停机。

在运行中发现轴封有严重碰触和损坏的征象时，应采取果断措施，迅速停机检查。

4.8.4 转子大轴弯曲

汽轮机转子在制造前后都经过极为严格的检验，所以大轴由于制造原因产生的折断、变形是很少见的。但是，转子因运行操作不合理，发生事故的可能性却是有的。运行中转子发生的主要事故是大轴弯曲。

1. 大轴弯曲的原因

1) 汽轮机停机后，转子在冷却过程中，汽缸下部较汽缸上部冷却得快，形成汽缸上、下的温度差，这样，由于静止的转子上半部温度高于下半部，其热膨胀程度不同，使得大轴向上弯曲。在停机一段时间后（小型转子为 2~4h，中型汽轮机为 3~10h），转子向上弯曲值达到最大值。若超过这段时间后，转子的弯曲值又逐渐减小，直到上、下缸温度一致时，转子又重新伸直。汽轮机从停机到大轴弯曲到最大程度的时间要由试验得知。

对于没有连续盘车（电动盘车）装置的汽轮机，在转子弯曲较大的一段时间内是不允许起动的。因为这时起动将会使轴封磨损，叶轮、隔板、动叶之间发生摩擦和碰撞，甚至会引起很大的振动及转子的永久变形等严重故障。在特殊情况下，若必须起动汽轮机时，则应适当延长暖机升速和带负荷的时间。

2) 汽轮机起动时由于操作不合理（如转子在静止时暖机，转子静止时长时间地向轴封送汽），造成汽缸内上、下温度不一致，引起转子弯曲变形。

3) 由于暖机不够充分，在转子热弯曲较大时起动汽轮机，导致大轴和轴封片摩擦，使大轴局部受热产生不均匀的热膨胀而引起轴的弯曲变形，如图 4-81 所示。由于轴的弯曲加剧了摩擦，使轴的弯曲力不断加大，当其弯曲力超过了材料的弹性限度，就会形成轴的永久变形。

4）由于运行时振动较大，造成转子弯曲。发生这种情况时，其振动值是随着转速的升高而加大的。这时应立即停机，否则会造成轴、轴封、动叶片、叶轮和隔板的严重损坏。

5）在制造和检修时。叶轮、轴套等套装件在轴上装配尺寸不对，紧力不合适，运行一段时间后，因轴内应力过大而弯曲变形。

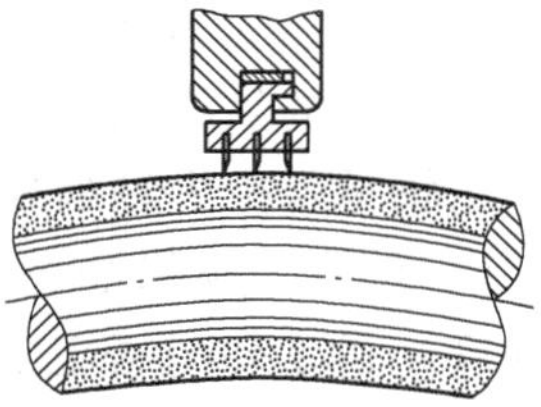

图 4-81　主轴与轴封片摩擦使轴受热不均造成轴的弯曲变形情况

2. 预防大轴弯曲的措施

1）根据转子的结构特点，科学地制定规程，严格规定起动条件、操作程序、暖机升速、超越临界转速和带负荷的时间界限。

2）明确规定热态起动时的注意事项、控制时间和操作方式。

3）严禁在机组受到水冲击和振动较大的情况下继续运行。

4）检修前后都要严格地检查转子的弯曲情况。当转子上更换零件时，一定要严格按规定尺寸装配，凡加热过的地方应设法消除应力。

4.8.5　主轴承和推力轴承故障

主轴承和推力轴承能否正常工作除了决定于它们的制造、安装和检修方面的质量外，还决定于汽轮机工况的变化和供油系统能否顺利地供油。运行中对主轴承和推力轴承的监视项目主要有轴瓦温度、润滑油进油情况和温度、轴承振动及其内部有无异音等。

1. 主轴承故障

1）润滑油油量不足或中断，会引起轴承温度升高，严重时会使乌金熔化，其主要原因多是主油泵及供油管路出现故障。

2）润滑油不清洁，油中有杂质带入轴承，导致破坏油膜使乌金熔化。

3）轴承振动过大，引起乌金脱落、裂纹，破坏油膜。

4）润滑油中有水，使油的粘性下降，进而在轴瓦内不能形成油膜。

5）冷油器工作失常，使轴承进油温度过高。

6）轴承外壳热变形过大，造成转子轴颈与轴瓦的接触面受力不均匀，并且使轴瓦沿长度方向上不能全面与轴颈接触，引起乌金部分磨损和发热。

2. 推力轴承故障

推力轴承出现故障的主要危害是使推力瓦片乌金熔化，这时应尽快地去掉汽轮机的负荷并快速停机，否则将严重损坏到汽缸内的通流部分。

造成推力轴承故障的原因是轴向推力增加，使推力轴承过负荷，将推力瓦片的乌金熔化。轴向推力增加的原因很多，常见的有下述几点：

1）当汽轮机发生水冲击时，大量水珠被蒸汽带入汽轮机，水珠对动叶片的轴向分力很大；同时由于水珠流速慢，堵塞了动叶通道，增加了动叶前后的压力差，使轴向推力加大。

2）隔板轴封间隙增大，漏汽增多，使叶轮前后压力差加大。

3）隔板结合面间隙过大，漏汽增多。

4）动叶通道结垢，蒸汽通流面积减小，叶轮前后压力差加大。

5）新蒸汽温度急剧下降，转子收缩快于汽缸，由于靠背轮对转子位移有制动作用，故推力轴承上承受的轴向推力增加。

润滑油的供给系统不正常，也必然造成推力轴承发生故障，这里不再重复。

主轴承及推力轴承故障的预防措施：

1）注意监视供油设备（主油泵、辅助油泵、冷油器、减压阀、溢油阀、油箱、注油器及油管）的工作是否正常。

2）不断地监视轴承温度，特别是推力轴承温度，只要有少许的升高都可能使乌金熔化，发现轴承温度升高时，必须查明原因，予以消除。

3）定时测量轴承的振动值和转子的轴向位移值，并注意汽轮机各监视段的压力变化，发现异常应查明原因，果断处理。

4.8.6 案例分析

案例 1：1999 年 3 月一台 C6-3.43/0.981 机组作空负荷清洗。此台机组在冬季供热是一段抽汽满负荷运行，并且低压调速气门经常处于全关位置，从而使进入低压段的蒸汽量较少。在冬季供暖结束后，一段抽汽退出时出现异常状况。由于监视级压力过高，为保证机组安全必须降低负荷运行。其主要参数指标中正常额定运行工况与异常情况对比如表4-7所示。

表4-7 正常额定运行工况与异常情况对比

工况 参数	负荷/kW	进气压力/MPa	进汽温度/℃	进汽流量/(t/h)	真空/MPa	一抽压力/MPa
正常工况	6000	3.43	435	30	0.084	1
异常工况	5600	3.43	435	30	0.086	1.2

经停机拆开低压调速汽门检查，发现低压段通流部分积盐较严重，通流面积减少，阻碍了蒸汽进入低压段，从而使负荷降低，一段抽汽压力升高。针对此种情况，此台机组的通流部分应进行清洗。若采用机械方法清洗，则需要机组进行大修（而此台机组在冬季供热高峰之前刚大修完，除通流部分积盐外，其他方面运行均正常）。机组大修则需停运较长时间，这会降低全厂的发电出力，影响其经济性，所以说此种方法不可行。但由于全厂主蒸汽系统采用母管制，依靠锅炉来降低进入汽轮机的蒸汽温度会影响到其他机组的正常运行，若再在主蒸汽管上加装喷水装置，其工作量也较大，且难以实施。根据这一实际情况，工作人员决定采用在开机时降低冲转蒸汽温度的方法来进行清洗。选择冲转时的蒸汽压力3.0MPa、温度260℃（规程规定压力3.43MPa、温度350℃）转速600~800r/min，延长暖机时间20分钟。在其过程中监测推力轴承温度、轴向位移及油压的变化。暖机结束后按正常起动程序升速至额定转速，机组各方面运行正常，并列后带负荷至额定6000kW，机组各方面参数指标恢复正常。

案例 2：1994 年内蒙古丰镇发电厂 2 号汽轮机大轴弯曲事故

1. 事故经过

1994 年 2 月 13 日 2 号炉过热器集汽联箱检查孔封头泄漏，2 号机滑停检修。2 月 14 日

0时40分2号机加热装置暖管，0时55分负荷滑降至70MW，倒轴封，1时00分停高加，1时01分负荷降至50MW，停2号低加疏水泵，1时03分发电机解列，1时07分汽轮机打闸，1时14分投盘车，1时25分停循环泵做防止进冷水、冷汽措施。惰走17分钟，盘车电流36A，大轴晃动0.048mm，高压内缸内壁温度406℃，高压外缸内壁上、下壁温分别为416℃、399℃，高压外缸外壁上、下壁温均为344℃，中压缸内壁上、下壁温分别为451℃、415℃。2月14日锅炉检修结束，21时00分点火升压。2月15日0时15分准备冲动。

冲动前2号汽轮机技术状况：大轴晃动0.05mm，整体膨胀20mm，中压缸膨胀12mm，高压内缸胀差1.0mm，中压缸胀差-0.3mm，低压缸胀差-1.1mm，高压内缸内壁上、下温差0，表指示温度均为282℃［高压内缸内上壁温度一个测点已坏（共4对测点元件），热工人员将上缸温度表电缆也接在了下缸温度测点上，因此实际指示的全是下缸温度］，高压外缸上内壁温度293℃，下缸内壁温度293℃，中压缸上内壁温度268℃，下缸内壁温度210℃。润滑油压0.11MPa，油温42℃，调速油压1.8MPa。

21时00分轴封送汽管道暖管（汽源由1号机2抽供），22时00分轴封送汽，开电动主闸门旁路门暖管至主汽门前，22时15分开电动主汽门，关旁路门，管道疏水倒疏扩，22时17分投至Ⅰ级旁路（减温水未投）、Ⅱ级旁路，22时40分法兰加热管道暖管。

冲动前蒸汽参数：主汽温度：左侧372℃，右侧377℃；再热汽温度：左侧340℃，右侧340℃；主汽压力：左侧2.7MPa，右侧2.7MPa。

0时35分开始冲动，0时37分升速至500转/分，2瓦振动超过0.10mm（最大到0.13mm）打闸停机，0时57分转速到零投至盘车装置（惰走7分钟），盘车电流34A，大轴晃动指示0.05mm。

经全面检查未发现异常，厂领导询问情况后同意二次起动。

第二次冲动前2号汽轮机技术状况：大轴晃动0.05mm，高压缸胀差2.5mm，中压缸胀差1.0mm，低压缸胀差2.7mm，高压内缸上内壁温度320℃，下缸内壁温度320℃，中压上缸温度219℃，下缸127℃，串轴-0.05mm。真空73.32kPa，油温40℃，调速油压1.95MPa，润滑油压0.108MPa。

第二次冲动的蒸汽参数：主汽温度：左侧400℃，右侧400℃；再热汽温：左侧290℃，右侧290℃；主汽压力：左侧3.5MPa，右侧3.5MPa。

3时10分冲动，3时12分转至500r/min，2瓦振动0.027mm，3时25分转速升至1368r/min，3瓦振动0.13mm，立即打闸，开真空破坏门。3时40分投盘车装置（惰走15分钟），盘车电流34A，做防止进冷汽措施，大轴晃动指示0.05mm。

6时30分抄表发现晃动表指示不正常，通知检修处理（晃动表传杆磨损，长度不足且与大轴接触不良），9时0分处理好，晃动传动杆处测的大轴实际晃动值0.15mm，确认大轴弯曲。

解体检查设备损坏情况：高压转子调节级处是最大弯曲点，最大弯曲值0.39mm，1-2级复环铆钉有不同程度磨损，高压缸汽封18圈被磨，隔板汽封9圈被磨，磨损3.5mm，均需要更换。

2. 原因分析

1）2月14日机组停运后，汽轮机缸温406℃，锅炉的低温（350℃）蒸汽经轴封供汽门漏入气缸，汽缸受到冷却，大轴发生塑性弯曲（为防止粉仓自燃，2月17日锅炉点火烧粉压力升至 0.5MPa 时，发现了轴封供汽门漏汽），解体检查发现轴封供汽门不严密。

2）第一次起机时和第二次起机前大轴晃动度指示一直为 0.05mm（实际上大轴晃动表传动杆已磨损，不能真实反映出大轴晃动的实际值），运行人员没有及时分析和发现大轴晃动表失灵，造成假象。

3）第一次冲动按规程热态升速，2 瓦振动超过 0.1mm，最大至 0.13mm。打闸停机后在没有查清 2 瓦振动真正原因的情况下又决定第二次冲动，使转子弯曲进一步加大，停机盘车过程中发现有金属摩擦声。

3. 暴露问题

1）大轴晃度表传动杆磨损、损坏。在两次起机前大轴晃度值一直是 0.05mm 没有变化，起动时又没有确认大轴晃动表的准确性，误认为大轴晃度值 0.05mm 为合格，反映出工作人员在工作中存在麻痹思想。

2）高压内缸内上壁一个温度测点元件损坏，热工就将其温度表电缆并接在高压内缸内下壁温度测点上，使得高压内缸内壁上、下温差不能真正地反映出来。

3）执行规程不严格。第一次起动过程中，2 瓦振动超过 0.1mm（最大 0.13mm），打闸停机后，没有认真分析找出原因和进一步确定主要表计（如大轴晃度表、缸温记录表）的准确性，也没有采取一定的措施，盘车不足 4 小时，就盲目地进行第二次起动。

4）生产管理存在问题。如运行人员监盘抄表不认真、停机后维护质量差，致使在高压缸进入低温蒸汽后，缸温记录表不能反映出缸温的变化；运行人员分析能力差，停机后高压内缸内壁上、下温差一直为零，运行人员没有认真的分析和及时发现问题；2 号机大轴晃动表传动杆早已磨损一直无人知道，轴封供汽门不严未能及时处理。

4.9　课外作业

1. 解释汽轮机型号 C50-8.83/0.118 的意义？
2. 汽轮机主要由哪些部件组成？
3. 为什么大功率机组需采用多缸结构？
4. 汽封的作用和类型？
5. 隔板和轴封的汽封块安装应符合哪些要求？
6. 汽轮机叶片上的硬垢可以用哪些方法清除？
7. 常见滚动轴承的损坏现象有哪些？
8. 叶片检查包括哪些项目？
9. 使用千斤顶时有哪些主要注意事项？
10. 隔板外观检查的重点有哪些？
11. 试简述如何查找汽缸裂纹？
12. 分析汽轮机转子的结构组成、大、小修项目、常见故障有哪些，如何处理？
13. 分析汽轮机组径向支持轴承和轴向推力轴承的作用、种类、常见故障与危害。

情境 5　汽轮机调速系统检修
(Situation 5　Turbine Speed-governing System Maintenance)

汽轮机调节的任务就是及时调整汽轮机内功率，使它能满足外界负荷变化的需要，同时保证转速不超过允许范围。此外，为保证汽轮机设备运行安全，还设有各种保护装置（如超速保护、轴向位移保护及低油压保护等）。机组在正常调节过程中，要求汽轮机调速系统能平稳的开起或关闭高、中压主汽门及调节汽门。在机组或系统发生事故情况下，为了保证机组和系统的安全，要求调节及保安系统执行机构能既快速又可靠地完成高、中压主汽门及高、中压调节汽门的快速关闭动作。可见，调速系统是汽轮机的中枢指挥系统，它的工作正常与否，直接关系到汽轮机能否正常运行。因此，汽轮机调速系统的检修具有相当重要的地位。

5.1　职业能力特征

本职业要求能熟练掌握汽轮机调速系统及其部件的检修工艺和技能，并能在汽轮机调速系统的定期检修和日常维修中灵活运用，保质保量地完成汽轮机调速系统的解体、测量、清理、维修和组装工作。应具有分析、判断汽轮机调速系统运行异常情况，及时正确处理故障的能力；具有参与、组织汽轮机调速系统及其相关设备、系统试验的能力；具有正确领会和应用专业技术文件的能力；具有良好的钳工操作及测量工具的使用能力；具有用精练的语言进行工作联系与交流的能力；具有二维和三维几何体想象能力及良好的识图、绘图能力；具有专业必备的计算能力。对于高级工及以上等级人员还要求具有根据汽轮机调速系统相关试验结果进行分析和缺陷、故障处理的能力，以及参与生产组织、技术管理的能力。

5.2　情境描述

在职业能力特征的指导下，检修项目、要求和注意事项让学生先明确汽轮机调速系统的检修特点、质量要求、检修内容、大小修项目和注意事项；检修工艺要求学生学会调节部件（调速器、错油门、油动机）、配汽机构检修（操纵机构、调速汽门）、汽轮机保护装置（危急保安器、危急遮断油门、轴向位移保护装置）及主汽门、油系统（油箱、冷油器、管道及附件）的基本检修工艺；基础知识帮助学生认识汽轮机调速系统的功能、组成部分、典型的液压调速系统（高速弹性调速器、径向泵、旋转阻尼）、汽轮机保护系统及主要装置；知识拓展分析了采用汽轮机油和抗燃油供油系统，简单介绍了数字式电液调节系统，以200MW机组为例分析了 DEH 调节系统；常见故障及案例分析以现场调速系统负荷及转速大幅度波动为例引导学生根据现象进行原因分析及制定检修方案；课外作业要求学生掌握调速系统调速器、错油门、油动机、调速汽门、保护装置等各组成部分的作用、结构组成、工作性能和常见故障。

5.3 检修项目及要求

5.3.1 调速系统的要求

1) 当主汽门全开时,调速系统应能维持汽轮机的空负荷运行。

2) 当汽轮机从满负荷突然降到空负荷运行时,调速系统应能维持汽轮机的转速在危急保安器的动作转速以下。

3) 当危急保安器动作后,应能保证主汽门关闭严密。当汽轮机负荷改变时,调速汽门应均匀、平稳地移动,在系统负荷稳定的情况下调节系统不应摆动。要求主汽门和调速汽门的各活动部位没有卡涩和松弛现象。

4) 调速系统的迟缓率应降至最低程度,最好是 0.2%~0.4%,且不超过 0.7%。调速器的速度变动率一般为 3.5%~6%,过大易引起超速,过小易造成调节系统的不稳定。

5) 调速汽门的重叠度必须适宜。若重叠度大对机组的安全运行有好处,但节流损失大,经济性较差;若无重叠度时,经济性较高,但运行稳定性较差。一般是当第一个调速汽门的门后与门前压力比为 0.9 时,下一个调速汽门开起比较恰当,所以调速汽门的重叠度为:

$$\Delta = 1 - \frac{P_{后}}{P_{前}} = 10\%$$

5.3.2 调速系统的检修要求

根据上述要求,调速系统的检修主要包括清洗零件、检查各组合件的配合精度及磨损程度以及对整个调速系统进行调整和试验。为此,凡参加检修的人员必须对该系统的原理、结构、各零件的作用、公差配合、拆装顺序及质量要求有彻底的了解;在解体时对零件的位置、配合间隙要有详尽的记录,但不允许随便在零件上打记号。

在解体、组装调速系统的过程中,必须使用专门的配套工具。拆下的零件应放置在专门的零件箱内,对于精密零件应特别注意保护。

检修前还应了解调速系统在运行中的一些问题。在停机前应把各种负荷下的调节油压、油动机行程、调速汽门开度等重要数据记录下来。必要时还应测试调速器的速度变动率及作其他试验。

5.3.3 调速系统大、小修检修项目

调速系统具体的小修项目见表 5-1,大修项目见表 5-2,表 5-3。

表 5-1 调速系统小修项目

部件名称	检修内容
1. 调速设备	1) 清扫、检查各部件有无磨损情况,测量各部间隙和尺寸 2) 清扫、检查配汽装置、自动主汽门、调速汽门各部的完好情况,测量各部间隙和尺寸
2. 保安设备	清扫、检查保安部件有无磨损和缺陷情况,并测量内部间隙
3. 供油系统	1) 清扫、检查各部件、过压阀、自起动装置、油滤过网,测量有关部件和尺寸 2) 检查循环过滤汽轮润滑油

表 5-2 调速系统大修项目

标 准 项 目	特殊项目
1）清洗、检查调速系统的所有部套，检查保护装置及试验装置，测量间隙和尺寸，必要时修理和更换零件 2）检查调速器、危急保安器及其弹簧，必要时作特性试验 3）检查配汽机构 4）调速系统静态特性、汽门严密性、危急保安器灵敏度等常规试验及调整	1）更换调速保安系统 2）整组部套 3）作机组调速系统甩负荷试验

表 5-3 油系统大修项目

标 准 项 目	特殊项目
1）清理、检查调速油系统、润滑油系统及其设备部件，测量有关部件的间隙和尺寸，必要时修理及更换零件，对冷油器进行水压试验 2）清理、检查密封油系统及其设备部件，必要时修理、更换零部件 3）检查循环过滤汽轮机油	1）冷油器换芯 2）更换润滑油 3）清扫全部油管道

5.3.4 液动元件检修特点

液动元件工作质量的好坏直接影响调节、保安系统的安全、可靠性，检修时必须注意以下事项：

1）凡能改变调节系统特性的部件，如弹簧紧度调整螺栓、垫片、连杆等零件的尺寸和相对位置，拆装时必须进行测量，做好详细记录。

2）解体时，必须测量和记录每个部件的间隙和必要的尺寸，如错油门门芯间隙、过封度、行程等，油动机活塞间隙、行程，调节汽门行程、门杆间隙、弯曲度等。

3）拆下的零件应分别放置在专用的零件箱内。对于精密零件应特别注意保护，并用干净的白布或其他柔软的材料包住，拿取时应十分小心，防止碰撞、损坏。

4）滑阀、活塞、活塞杆、活塞环、套筒、弹簧等部件应仔细进行检查，确保无锈蚀、裂纹、毛刺等缺陷，滑阀凸肩应保持完整，无卷边、毛刺。

5）滑阀、活塞上的排气孔、节流孔应清理干净，以免堵塞油路，影响正常工作。

6）滑阀、套筒、活塞、活塞杆及外壳体的凹窝、油路孔口等应用汽油仔细地清洗，用白布擦拭，用面团粘净。

7）复装滑阀及活塞时，应在滑阀、活塞、活塞杆等活动部位浇以汽轮机油。滑动及转动部分应灵活、无卡涩与松动现象，全部行程动作应灵活、准确。

5.4 注意事项

1）严格执行《电业安全工作规程》和工作票制度。

2）布置工作的同时，强调安全措施和注意事项，并积极开展"三不伤害"活动，对发生的不安全情况，及时按"三不放过"原则分析处理。

3）进入检修现场戴好安全帽，工作时思想和精力要集中，一起工作的人员要相互提醒、相互关照。严格执行各项规章制度，反对习惯性违章，反对不良工艺行为，不断提高自己的安全意识和自我保护能力。

4) 对电动工具, 安全带等安全用具使用前应认真全面的检查和试验, 保证合格、完好, 切不可疏忽大意。

5) 认真执行脚手架制度, 防止高空摔跌、高空落物。

6) 认真执行防火、防止损坏设备等有关规定。凡有油的设备解体时, 均应考虑放油措施, 一旦漏出, 要及时擦干净。若有油的保温层需要更换, 存油不要随便乱倒, 应倒在专用的容器里或指定的地方。拆下的零件必须摆放整齐, 妥善保管, 防止碰伤、污脏或丢失。

7) 检修前, 检修人员必须对设备的构造、功能、系统、布置、拆装程序、检修工艺等有充分的了解, 不允许有任何盲动行为。对压缩力大的弹簧应用专用的拆卸工具进行拆装。禁止用带毛头的抹布或纱头清理调速部件。

8) 设备拆去后的洞口、管口等要及时加封并贴上封条, 严禁异物落入设备内。

9) 接触高温物体应穿合适的工作服, 谨防烫伤。

10) 地面有孔洞工作的设备, 周围应设安全围栏。

11) 保持现场整洁, 做到工完料尽场地清。

5.5 检修工艺

5.5.1 调节部件检修

1. 调速器检修

调速器是转速敏感元件, 用来感受汽轮机转速的变化, 并将转速变化量进行转换、放大后控制调节汽门开度, 调整汽轮机进汽量, 从而起到调节汽轮机转速的作用。

调速器分为机械式（离心式）、液压式和电子式三种。下面介绍机械式（离心式）和液压式调速器的检修。

(1) 离心式调速器检修 离心重锤式调速器结构, 如图 5-1 所示。这种调速器的特点是相互活动零部件较多, 因而检修时应准确地测量其间隙, 如集电环与环套的轴向间隙、重块角杆与销轴间隙等。若间隙超过规定值, 则应更换零件, 不允许采用其他的修理办法（如补焊、镶套等）。解体后用煤油清洗油垢, 然后仔细检查零件的锈蚀情况, 要特别注意检查活动零件的磨损情况。检查主弹簧有无裂纹, 但注意不许随意拉、压。调速器水平轴与铜瓦4 的顶隙一般为轴径的 $0.1\% \sim 0.15\%$。调速器的轴向窜动量 δ 应在 $0.06 \sim 0.12$ mm 较为适宜, 窜动量越大越会引起调节系统摆动。若窜动量 δ 不适宜, 可用垫片调整。组装时在活动零件上要浇注润滑油, 并要求各油孔畅通。

如图 5-2 所示为离心钢带式调速器结构图。该调速器固定在主油泵轴上, 在制造厂已经调整好, 检修时一般不予以分解, 但应做如下检查:

1) 用放大镜仔细检查弹簧及钢带表面有无裂纹, 检查钢带和弹簧是否变形。

2) 检查两端飞锤有无松动现象, 一般应该捻死并保持拉伸弹簧两侧均匀, 即如图 5-2 中 $a_1 = a_2$。检查其他紧固件如销钉等是否可靠。

3) 检查调速块与喷嘴相对应处的偏斜, 不应大于 0.04mm。如分解调速器与主油泵时, 应做好装配位置记号及垫片厚度记录, 组装后应保证调速块与喷油器的间隙与拆前相同。

调速块与喷油器之间有轻微摩擦时, 应用细油石磨光调速块, 调速块磨损严重时可更

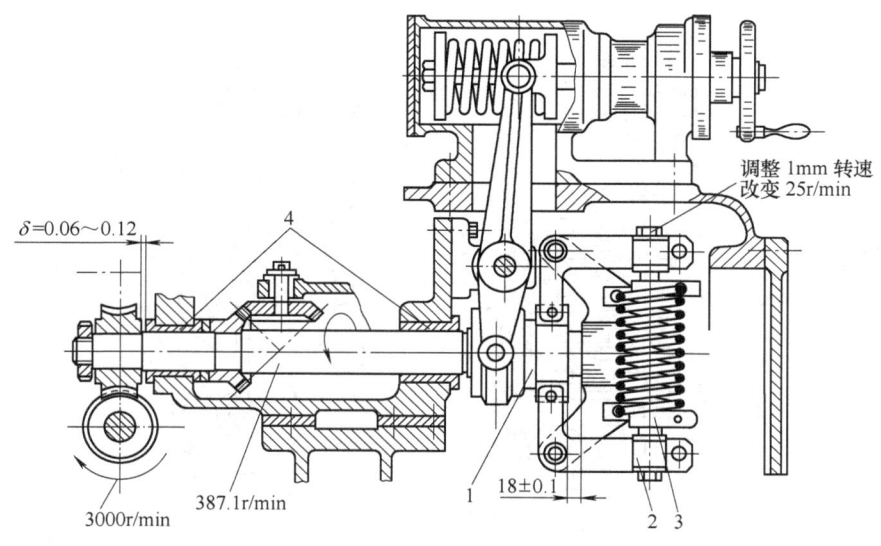

图 5-1 离心重锤式调速器结构
1—集电环　2—重块　3—弹簧卡　4—铜瓦

换。但其他零件，如弹簧和钢带损坏时，应与调速器一起整件更换，并经厂家试验、调整合格。更换后安装时，应保证调速块与喷油器之间的安装间隙值符合要求。

（2）调速器错油门组检修　调速器错油门组的结构如图 5-3 所示，其检修工艺如下：

1）检查调速块与喷油器的安装间隙值，并做好记录。将错油门组上的连接油管拆除，卸下错油门组，按如下步骤进行：

① 检查连接三个错油门的杠杆是否有弯曲变形，各铰链的轴承是否转动灵活，并应清理干净。

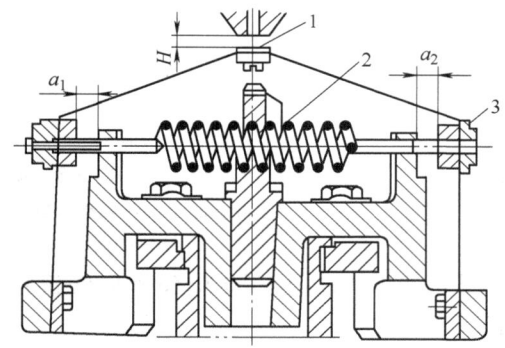

图 5-2 离心钢带式调速器结构
1—调速块　2—弹簧　3—离心重块

② 测量调速器错油门连杆的长度，检查各错油门的门芯是否灵活，拆开后检查是否有侧面磨损的情况，并检查有无毛刺、锈蚀、碰伤等缺陷。如有上述情况，应用细油石或细水砂纸轻轻打磨。不允许用粗油石和锉刀打磨。打磨好后，用白布擦拭干净，不允许用棉纱或粗布擦拭。

③ 各空气孔和节流孔均应畅通，调速器错油门的进油滤网应清洁、干净。

④ 组装错油门和套筒前，应先用煤油洗净外壳，用面团粘净后用压缩空气吹干净。确认各通道畅通后，将门芯上浇上干净的汽轮机油，然后将门芯装入套筒。

⑤ 组装好后应测量跟踪错油门、同步器错油门和调速器错油门的行程，确保其符合出厂图样要求。

⑥ 组装后的错油门组，应将所有的油管接头用白布扎封好。

2）错油门就位后、紧螺栓前应将销钉打入，对称将螺栓拧紧。

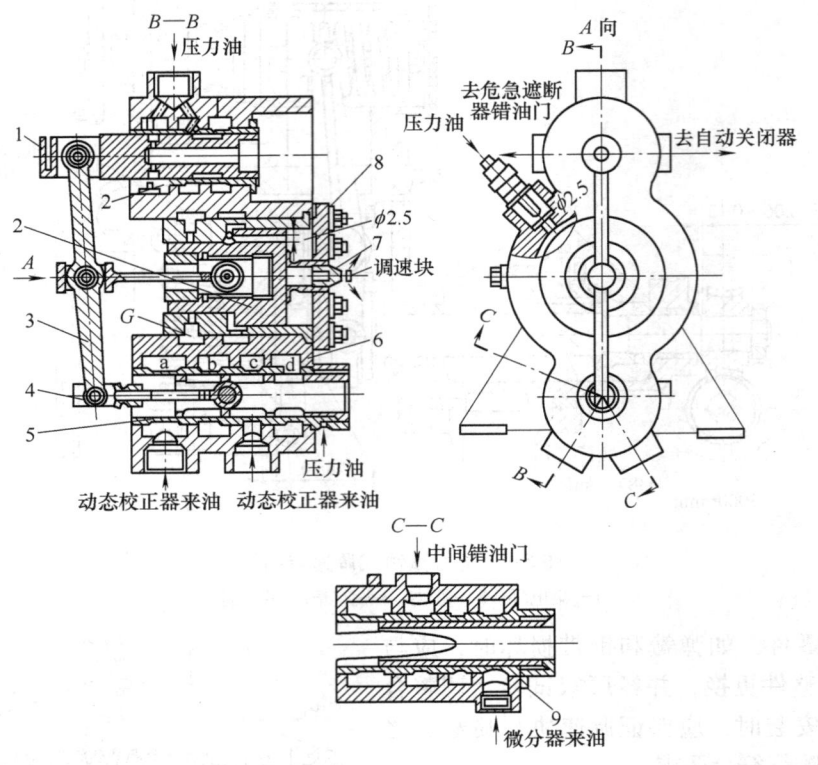

图 5-3 调速器错油门组结构
1—控制错油门 2—随动错油门 3—杠杆 4—调整螺母 5—分配错油门
6—壳体 7—喷油器 8—端盖 9—限位块

3) 如果错油门在 3000r/min 时的位置不对时,可调整调速器错油门活塞上的调节杆、调速器喷嘴间隙。

(3) 液压调速器检修 液压式调速器是利用油柱旋转时产生离心力的原理把感受的转速变化信号转换为油压变化信号。其优点是动作灵活、可靠,结构简单,布置方便,没有铰链等摩擦元件和减速装置。缺点是离心油泵工作有时不稳定,即当转速不变时,油泵出口油压有时会产生低频周期性的波动,影响汽轮机的稳定运行。常用的液压调速器有脉冲泵式和旋转阻尼式两种。

1) 径向钻孔泵。径向钻孔泵也称为脉冲泵或调速泵,其结构如图 5-4 所示。它与主油泵装在同一泵壳内,泵轮与主油泵泵轮装在同一根轴上,径向钻孔泵的工作原理和性能与离心泵相同,即泵的出口油压与转速的平方成正比。同时径向钻孔泵有一个很大的优点,就是它的出口油压仅与转速有关,而与流量几乎无关,其特性曲线在工作油量范围内比较平坦。解体时应拆除与泵壳体相连接的所有管路附件,松开结合面螺栓,揭开上盖,吊出转子。其检修工艺要求如下:

① 将转子放在支架上,清理干净后,测量晃动度与轴的弯曲,最大弯曲不应超过 0.03mm。叶轮外圆和密封环处的晃动度不应大于 0.05mm。

② 密封环应光滑完整,无裂纹、脱胎等现象,且与转子的轴向和顶隙应符合厂家要求。

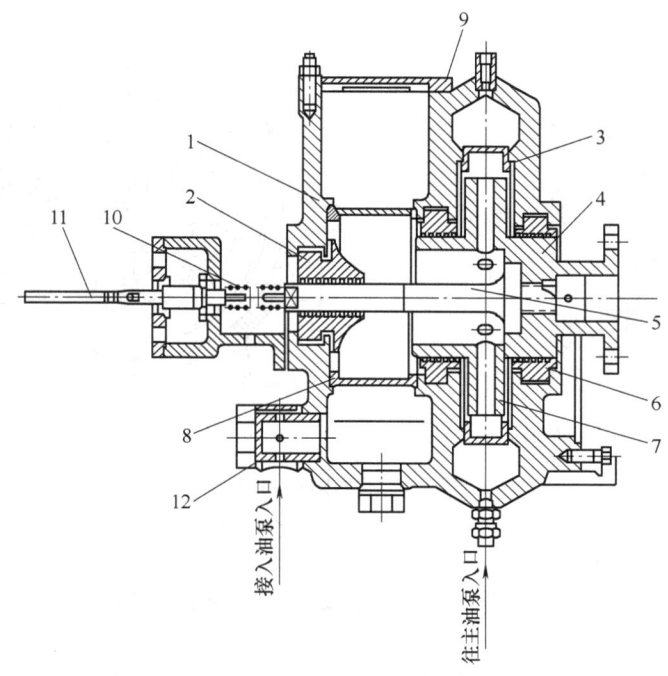

图 5-4 径向钻孔泵
1—壳体 2、6、7—油封 3—稳流网 4—泵轮 5—导流杆 8—入口网
9—溢油盖 10—弹性联轴器 11—导杆 12—特制连接管

③ 轴的表面、叶轮表面及流道内应光洁、无磨损、伤痕,叶轮无松动。

④ 稳流网应清理干净。

⑤ 与泵连接的油管应清理干净、畅通。

⑥ 组装扣盖时,水平结合面应保证严密,紧固好 1/3 螺钉后用 0.05mm 塞尺检查。如果塞尺不通,则严密性合格。根据要求,决定结合面是否抹涂料。如抹涂料,涂料层应薄而且结合面螺栓应对称紧匀。

2) 旋转阻尼。如图 5-5 所示,它与主油泵装在同一轴上,并与汽轮机主轴刚性连接。
检修要求如下:

① 一般情况下不拆卸阻尼管,只用压缩空气吹干净并检查各通道畅通,如有损坏或其他原因时,可更换阻尼管。

② 转子吊出后及时用白布包好阻尼体和主油泵叶轮,检查各阻尼管是否封牢,不可松动。

③ 密封环应光滑完整,无裂纹及脱胎现象。

④ 轴的最大弯曲不应超过 0.03mm,阻尼体晃动度应不大于 0.03~0.05mm。

⑤ 该环的轴向、顶隙应符合规定。间隙过小易磨损;过大则漏油量大。特别是旋转阻尼器密封环的间隙,过大则使节流针型阀开起过大,使其节流作用差而失去稳流作用,对来自主油泵油压的波动无法抑制,易产生一次油压的波动;过小则使针型阀开起过小,导致油柱未充满,油流不稳定。一般密封环顶隙为 0.05~0.13mm;密封环轴向间隙为 0.025~0.077mm;两侧油挡顶隙为 0.05~0.13mm。当其顶隙超过 0.2mm 时,可采取堆焊轴承合金

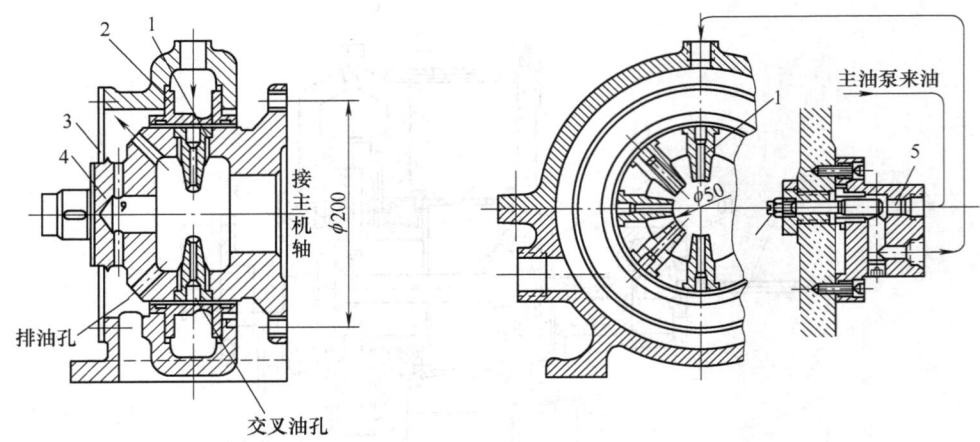

图 5-5 旋转阻尼器结构
1—阻尼管　2—密封环　3—油挡　4—阻尼体　5—针型阀

的方法来缩小间隙或者更换。

⑥ 扣盖时，应检查水平结合面严密性，紧好 1/3 螺栓后用 0.05mm 塞尺检查，若塞尺不通，则严密性合格。

⑦ 主油泵来油经过的针形节流阀阀杆螺纹应无损伤且转动灵活，检修时应做好记录，不得随意改变节流阀位置。

2. 错油门及油动机检修

调速器所传送的集电环位移或油压变化的信号，其功率很小，依靠它无法直接带动调速汽门的起闭，因此在调节系统中需要设置一级或几级中间放大机构。具有一级放大的调节系统，其放大机构由错油门与油动机组成；具有二级放大的调节系统，其中压力变换器为第一级放大机构，错油门和油动机为第二级放大机构。现代汽轮机多采用二级放大调节系统。

错油门按其工作原理可分为断流式和继流式两种。一般断流式错油口作为最后级的放大，如操纵调速汽门的油动机错油门。继流式错油门多用在中间级放大，如调速错油门、联合错油门等。

（1）错油门检修　检修错油门时，在分解前应做好相对记号，测量好定位尺寸。如果错油门是一般清洗，其套筒不需抽出，只有在更换新汽轮机润滑油或需测量套筒油口尺寸时才将套筒取出。套筒与壳体的配合多用过渡配合（$\dfrac{H7}{jS6}$）或间隙配合（$\dfrac{H7}{h6}$、$\dfrac{H7}{h11}$）。过渡配合用于小直径套筒，间隙配合用于大直径套筒。由于配合间隙很小，因此在拆装套筒时不要歪斜，并用专用工具进行。

错油门拆下的部件用煤油清洗，应仔细检查其棱角是否锋利，表面无擦伤、毛刺和腐蚀。如错油门的棱角变钝（无快口）或出现凹坑，应更换；如表面有擦伤，可用金相砂纸打磨。用压缩空气吹通各孔眼，并用细白布擦干净后放置在专用箱内。错油门壳体可先用软化水冲洗，然后用压缩空气吹去积水并喷入汽轮机润滑油以便组合。

错油门及其套筒的间隙不必每次大修都进行测量。只有解体后发现有磨痕等异常现象时，先用细油石及水砂纸将磨痕打磨光，再用外径千分尺测量门芯的外径，要求对称测点不少于四点；用内径千分尺测量套筒的内径，要求测上、中、下三个部位，每个部位的对称测点不少于四点，检查其圆度和锥度。

错油门与套筒的重叠度测量，可分开进行，也可在组合状态下进行。分开测量时，用游标卡尺测量错油门油槽各段尺寸，如图 5-6a 所示。利用专用量具测量套筒内各槽口的尺寸，如图 5-6b 所示。专用量具应具有较高的精度，否则测量的误差会很大。

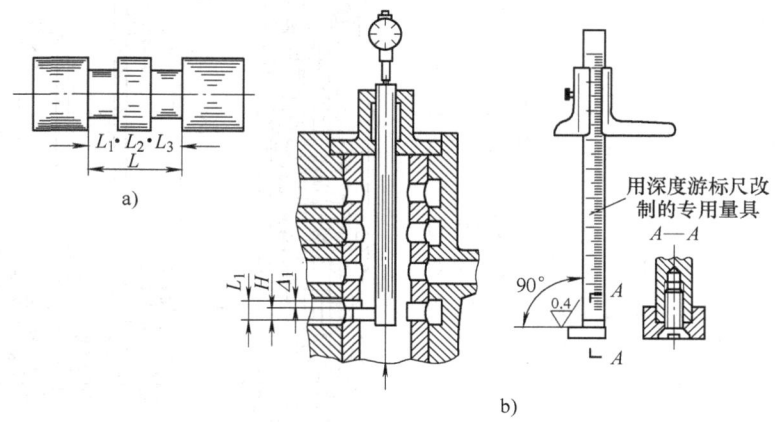

图 5-6 错油门与套筒油槽尺寸的测量
a）测量错油门油槽尺寸 b）测量套筒槽口尺寸

在组合状态下测量时，先在错油门端头放置深度游标卡尺（或用百分表），如图 5-7a 所示。移动错油门直到油口中能透过光亮为止，并记下深度游标卡尺数值。再反方向移动错油门，直到油口另一侧通光，仍记下深度游标卡尺数值。两次数值之差即为错油门重叠度。

错油门重叠度及其顶隙各厂均有规定。错油门一般顶隙 $\Delta = 0.05 \sim 0.15 \text{mm}$，也有的按错油门直径 2‰ 选择。断流式错油门的重叠度一般选择 $\Delta_1 = \Delta_2 = 2\Delta$，如图 5-7b 所示。

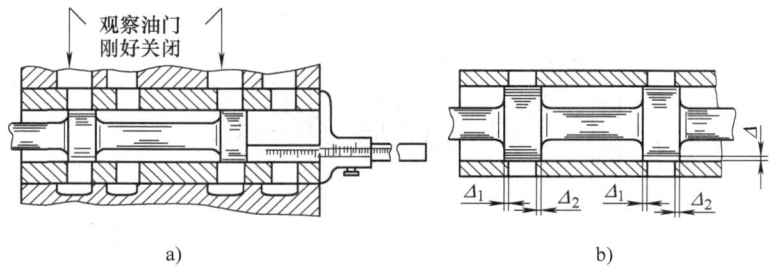

图 5-7 透光法测量错油门重叠度
a）用透光法测量 b）错油门重叠度

装复前先将错油门喷上清洁的汽轮机润滑油。组装后应检查错油门的灵活程度，即将错油门外壳置于与水平成 30°角，错油门应能靠自重滑移其全程。组合时无垫片的结合需涂上一层涂料，涂料不宜过多，以防涂料粘住错油门或进入油中，影响调速系统的正常工作。

当更换错油门与套筒时，最好是成套更换，单换一件很难符合要求。成套更换时，应将新旧尺寸进行比较，当符合要求后方可更换。

（2）油动机检修　油动机是用来开关自动主汽门、调速汽门及旋转隔板的驱动机构。按其运动形式可分为往复式和回转式两种，往复式又分为单侧进油和双侧进油两种。

单侧进油式油动机多用在自动主汽门上。其优点是当油系统发生断油故障时，仍可靠弹簧力量将汽门关严（如图 5-8 所示）。双侧进油式油动机与单侧进油式油动机大致相同，所不同的是活塞上下以油压相平衡。这种油动机具有工作稳定、动作迅速、力量大的优点，能满足调速汽门起闭的要求。目前国产汽轮机多采用这种结构。

回转式油动机的结构与其调速系统的原理如图 5-9 所示。这种油动机由于转动件较多，故容易漏油，该机又必须装在调速汽门附近，故易发生着火事故。

油动机的检修工艺如下：

1）往复式油动机

① 在解体前应做好相对记号，反馈部分在拆下之前应测量定位尺寸，并附图记录，以备复装使用。

② 对单侧进油式油动机，关闭方式是用弹簧来进行关闭，因此在分解油室上盖时，须用两根长丝杆来放松弹簧，直松到其无压缩状态为止，如图 5-10 所示，以防松开上盖螺栓后，弹簧顶出上盖造成人身或设备损伤事故。弹簧应无裂纹，弹性良好，弹簧自由长度应符合设计要求。

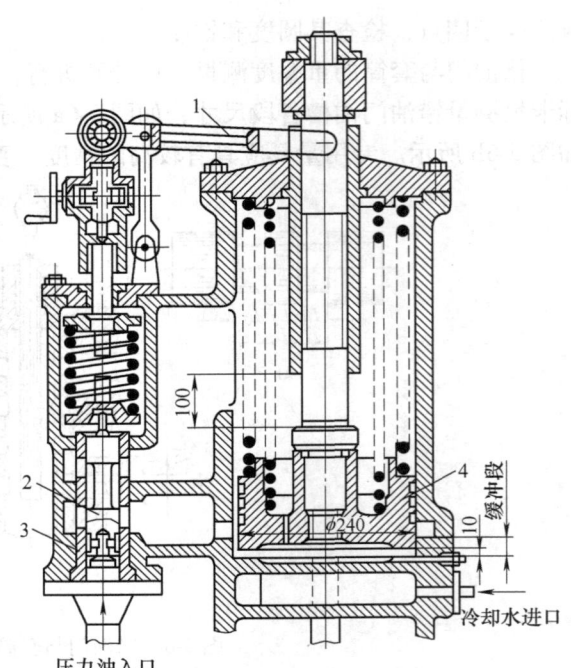

图 5-8 单侧进油式油动机（主汽门上部结构）
1—反馈杠杆 2—错油门 3—节流孔板 4—活塞

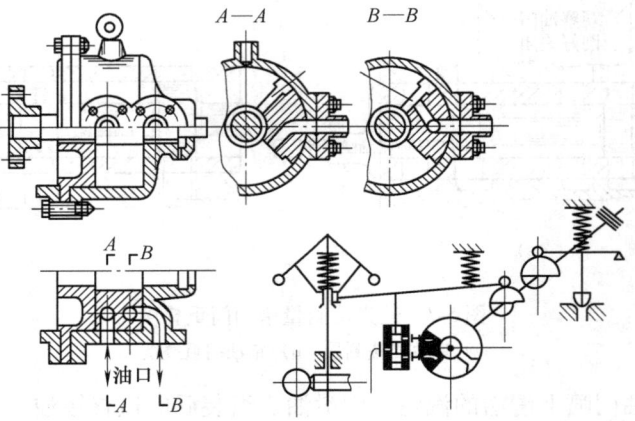

图 5-9 回转式油动机的结构及其调速系统原理示意图

③ 油动机在解体前应将油动机外壳的油垢和尘土清理干净，以防在解体时落入油动机中。油动机解体后应用煤油清洗零件上的油泥和锈垢，并检查各零件的磨损和锈蚀情况。

④ 检查油动机活塞和胀圈有无磨损、裂纹。胀圈应弹性良好、无卡涩现象且与外壳接触良好，活塞与活塞杆的装配良好无松动现象。胀圈在一般情况下不要拆下以免损坏。必须

拆下时，应小心地将胀圈从环槽内撬出，注意不要撬出太多、撬起太高或别劲，以免胀圈断裂损坏。

⑤ 活塞杆与套筒有轻微摩擦时，可用细油石打磨光滑。若活塞杆磨损严重，可采用镀铬或喷涂工艺恢复原尺寸。活塞杆与套筒的顶隙一般为 0.10~0.20mm。如果套筒磨损严重，间隙过大时，应更换套筒。套筒与外壳采用 $\frac{H7}{m6}$ 配合。当发现套筒10与活塞杆9的单侧磨损是由于活塞杆受力后偏离中心而造成时，可移动连接杠杆的支座位置（见图5-10），使活塞杆在工作时不受蹩，调整好后拧紧支座螺钉，重新装配支座的定位销。除此之外，可采用增加润滑油的方法减少摩擦。如图5-11所示的方法把油动机活塞杆的漏油油位憋高，从而增加润滑达到减少摩擦的目的。

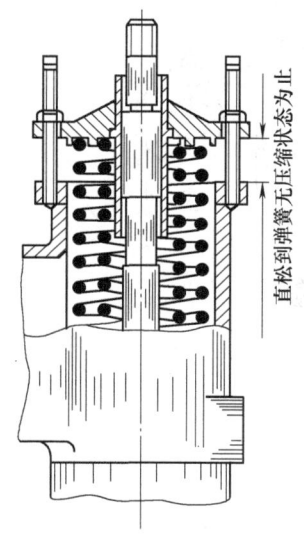

图 5-10 长丝杆放松弹簧　　图 5-11 双侧进油式油动机加高活塞杆漏油油位的方法

⑥ 对设备各零件应仔细检查，各弹簧应无变形、裂纹，弹性良好，弹簧的自由长度应无变化并符合图样尺寸要求。各部件应完整无损，固定连接件应牢靠紧固，活动连接件应灵活稳定。

⑦ 组装前应将各零件清理干净。清理时取出堵布，清除油污。管子孔洞用压缩空气吹干净，很小的油眼、排气孔可用喷烟检查，保证畅通无阻。构件和油室用面团粘净并涂上汽轮机油。

⑧ 组装时，要求活塞上相邻胀圈对口应错开120°~180°。油动机端盖结合面应涂以薄薄一层涂料。如有垫片时，应保持原垫片的厚度。活塞杆的密封一般用油麻或毛毡填料。

2) 回转式油动机的检修。回转式油动机的检修主要是检查旋转活塞与液压缸的间隙及旋转活塞的窜动量。间隙值可参考下列数据进行调整：轴与轴孔间隙为0.05~0.10mm；旋转活塞与液压缸间隙为0.10~0.20mm；旋转活塞窜动量为0.10~0.20mm。

油动机内的隔板与转轴间的密封片应接触良好，密封片的弹簧松紧度要适中。若转轴隔板处轴表面有损伤时，可用半圆胎模进行研磨、修刮。油动机装好后应旋转灵活、无卡涩，并且无漏油现象。

5.5.2 配汽执行机构检修

1. 传动机构检修

传动机构分凸轮传动机构和杠杆传动机构。

（1）凸轮传动机构检修　凸轮传动机构如图 5-12 所示。这种机构的凸轮回转角多为 130°，其特点是用凸轮的型线和阀门型线共同保证配汽机构特性。

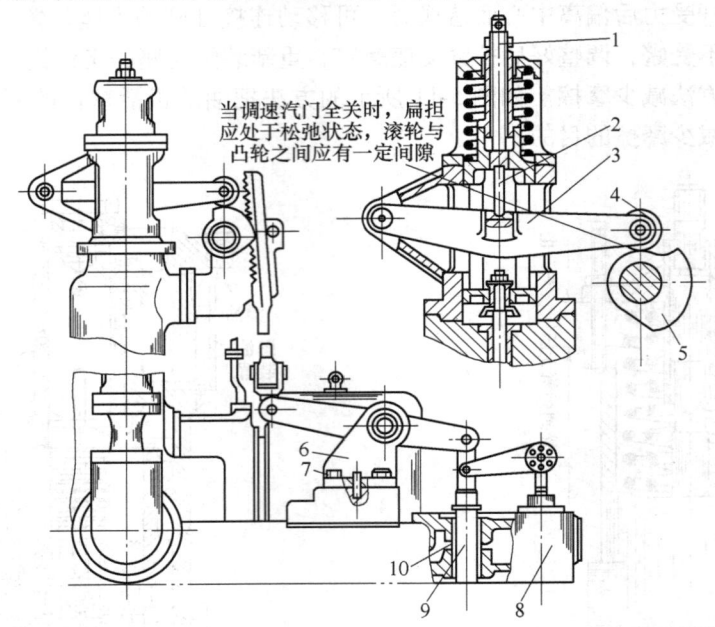

图 5-12　凸轮传动机构
1—调整螺杆　2—球头支柱　3—横杠杆　4—滚轮　5—凸轮　6—支座
7—定位销　8—错油门　9—油动机活塞杆　10—套筒

凸轮轴装置在单独的铸钢架上，在凸轮之间装有滚动轴承，在齿轮架两侧装有铜瓦。传动机构各活动部位大都采用滚针轴承。

检修前应测量凸轮之间及凸轮与轴承之间的相对位置，组装时要准确的保持其相对位置不变，并要特别注意凸轮的方向不要装反。对各滚动轴承应认真进行检查、清洗和更换。因这些轴承处在高温区，在组装时应考虑轴与轴承的膨胀。对于中间几个轴承由于工作温度较高，可采用干黑铅粉或二硫化钼粉涂擦以保持润滑。为了防止滚动轴承因过热而退火，应尽量降低轴承工作区的温度，使轴承能用润滑脂润滑。可采用向轴承壳内通凝结水的方法，使轴承温度不至过高。此外，应加强调速汽门的保温。

组装滚针轴承时，在外套或内套上涂上润滑脂，然后将滚针一个接一个的粘贴在其间。应注意在滚针之间要留有间隙，不能卡死。

齿轮架的铜瓦由于润滑条件差，最易磨损，因而每次大修都需更换。为了解决铜瓦的磨损，有的厂将铜瓦改成滚动轴承，效果良好。

解体后检查各零件的锈蚀、磨损及变形程度；滚轮 4 应灵活、不松动；球头支柱 2 的半圆头与横杠杆 3 上的凹窝内应接触良好、无压伤变形。各部件检修、清理完毕后，可擦干黑铅粉进行组装。

凸轮与横杠杆（俗称扁担）及滚轮组装好后，用调整螺杆1将凸轮5与滚轮4之间的间隙调至0.1～0.3 mm（注意此时凸轮轴的位置必须是在零位）。也就是说，在调速汽门全关时，汽门上的弹簧弹力全部作用在汽门的门芯上，此时横杠杆上不受力，滚轮与凸轮之间处于松弛状态（见图5-12所示的放大图）。

（2）杠杆提升式传动机构检修　此机构的油动机通过提升杠杆传动调速汽门，如图5-13所示。

各汽门的开起顺序是以门杆上椭圆孔的长短顺序来控制。汽门的关闭是依靠汽门上的弹簧弹力。

检修时应注意连接销轴的磨损情况，要求连叉形接头能灵活转动，但并不松动，叉形接头销子方向应与杠杠垂直，球形接头应灵活、无卡涩、无松动。滚针轴承应无磨损，保证灵活、无卡涩。吊环的上、下部分间隙应符合制造厂要求。如上、下部分间隙检修不符合图样要求，应用调节套筒调整。

2. 调速汽门检修

调速汽门在正常运行时，用于调节汽轮机的进汽量，以适应负荷的要求；在发生事故时切断汽轮机的进汽。高压汽轮机的调速汽门常采用单座式梨形汽门和带有减压阀的单座式汽门（如图5-14所示）。

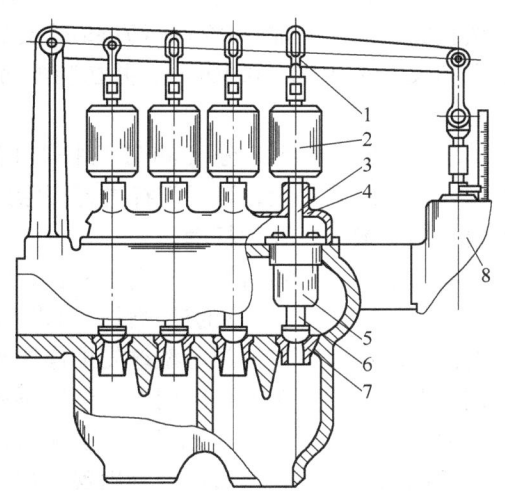

图5-13　杠杆提升式调速汽门
1—椭圆孔吊环　2—弹簧室　3—门杆　4—汽封壳
5—门杆套　6—门芯　7—门座　8—油动机

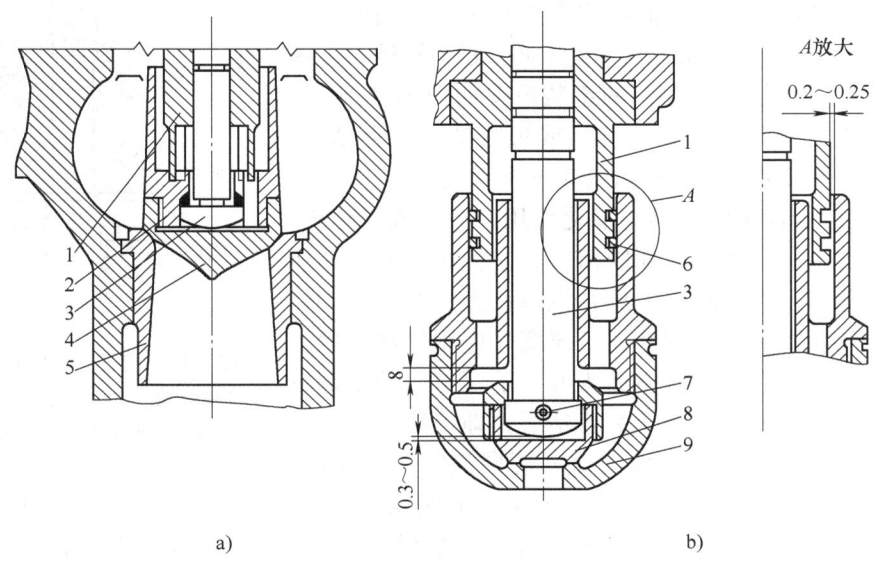

图5-14　调速汽门
a）单座式梨形汽门　b）带有减压阀的单座式汽门
1—门杆套　2—垫圈　3—门杆　4—门芯　5—门座　6—活塞环　7—防转销钉　8—减压阀　9—主门芯

调速汽门的检查与修理方法如下：

1）仔细检查蒸汽室内壁有无裂纹。如有裂纹时，应根据具体情况采取防止裂纹发展的措施或进行补焊处理。

2）检查阀座与蒸汽室的装配是否松动。若有松动，应取出阀座对其表面进行补焊。焊后按孔的实际尺寸加 0.04～0.07mm 过盈量进行车加工。装配时先将阀座用二氧化碳冷却至比孔的尺寸小 0.05～0.10mm，并在装配面涂以猪油，然后对正迅速装入，装好后将封口面捻死。

3）用内、外径千分尺测量门杆与门套间隙，该间隙值一般为门杆直径 0.08%～0.12%。若间隙过大，可对门杆进行喷涂处理，加大门杆磨损部位直径。当门杆的磨损量过大时，应更换门杆及门杆套。

4）测量门杆的弯曲度，其值不应大于 0.06mm。

5）检查门芯与门座的严密性。若发现汽门不严密时，则必须对门芯、门座进行修理与研磨。门芯的修理应按门芯型线先配作样板，然后按样板精车门芯。门座的研磨应按门座型线制作胎模，再用胎模研磨门座。然后再将门芯与门座着色配磨并检查接触情况。

6）对减压阀单座式汽门，应检查门杆套上的活塞环，由于该活塞环长期在高温下工作，所以在活塞环经常活动处易出现磨损、台阶，在关闭汽门时会发生活塞环卡涩和断裂故障。有些厂为此取消活塞环，用缩小顶隙方法来代替活塞环的作用，如图 5-14b 所示。

检修这类汽门时，还应测量减压阀行程、门杆空行程、密封面接触及检查销钉磨损情况。销钉的作用只是防止减压阀与门杆的相对转动，在开关汽阀时销钉不应受力。门杆装在减压阀中应有 0.3～0.5mm 的位移量，如图 5-14b 所示。

7）在组装门杆上部的零件时，应将螺母压紧在 T 形套上并配好锁紧销，螺母下面的凹形垫圈 4 与上夹圈 5 应留有间隙 $a = 0.05～0.07$mm。挡汽盘应完好无锈蚀，若有明显锈蚀应进行更换。此部位的组装情况如图 5-15 所示。在组装过程中若遇到间隙 a 不合格或锁紧销对不上销孔，可修刮凹形垫圈或将门杆台肩进行车削予以调整。

8）门盖结合面由于受高温氧化作用，会生成氧化皮。当发现氧化皮沿结合面的表面脱落时，应把结合面上的所有氧化皮清除掉，然后将门盖放在汽室面上进行对研。根据结合面的接触情况，选用磨料。研磨时应用倒链将门盖吊起，并使门盖刚刚接触汽室面为好；不可将门盖全部重量压在汽室面上进行研磨。研磨合格后，即可洗净磨料进行组装。组装时，先在结合面上涂一薄层汽缸用的涂料，

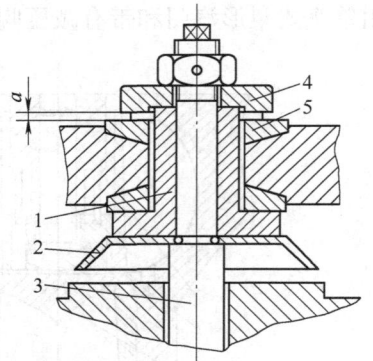

图 5-15 门杆上部零件的组装
1—T 形套　2—挡汽盘　3—门杆
4—凹形垫圈　5—上夹圈

用冷紧方法紧蒸汽室端盖螺栓。在按计算弧长旋紧以前，应事先预加一力矩。对 M42～M48 螺栓，由一人用 700mm 长的扳手对称拧紧，紧到用 0.03mm 塞尺塞不进，即达到预紧所需的初应力，再按计算弧长紧好全部螺栓。

3. 自动主汽门检修（the Automatic Main Steam Valve Repair）

自动主汽门的作用是，当汽轮机发生故障时，快速切断汽轮机的进汽。此门的特点是动作迅速，一般只需零点几秒钟即可关闭。若自动主汽门不漏，转子下降的转速则不低于

500r/min。

高压汽轮机所采用的自动主汽门有双座阀及带减压阀的单座阀两种。近年来多采用后者，图 5-16 所示为单座阀的一种形式。

主汽门上部的提升机构，多采用单侧进油式油动机带动，油动机通过拉杆及弹性连接件与主汽门门杆相接。

（1）主汽门的检查与修理

1）在解体时，应测量阀门的全行程、减压阀行程及门杆空行程，还应测量门杆与门杆套的间隙以及减压阀导向部位的顶隙。由于主汽门在运行时总是处于全开位置，因此活动部位的磨损不会严重，但应注意其各种间隙。尤其是减压阀导向部分的顶隙，处在高温蒸汽状态下表面起氧化作用，生成一层氧化膜，并逐渐增厚，造成此间隙变小。因此在检修时应将氧化层打磨掉，保证有足够的间隙。

2）测量主汽门门杆的弯曲值，要求最大值不超过 0.06mm。

3）检查主汽门的门座是否松动。检查时可用锤子敲打门座，听其声响。若发音嘶哑，则说明门座配合不紧已松动，这时应用如图 5-17 所示的工具将门座拉出，并用检修调速汽门门座松动的方法进行修复。装复时用四个大号氧乙炔加热嘴，将主汽门外壳内、外两侧加热，同时用二氧化碳冷却门座，当套装间隙达到 0.20～0.30mm 时，即迅速装入。如发现门座配合不紧而又尚未松动时，可以采用电焊将门座与外壳点焊数点，以防门座在运行中抬起。

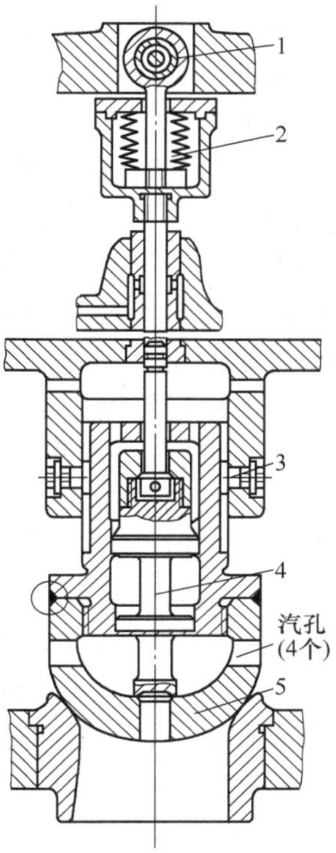

图 5-16　自动主汽门
（单座带减压阀式）
1—连接环　2—缓冲盘形弹簧
3—键　4—减压阀　5—主汽门门芯

4）检查主汽门的门芯与门座及减压阀的门芯与门座的接触情况。如果减压阀的密封面接触不良有连通麻点或沟槽时，应将主汽门门芯与导向部分的焊接处 A 锯开（见图 5-17），卸下球形主汽门门芯并取出减压阀，然后将减压阀的密封面和主汽门门芯内的密封面（也就是减压阀的门座）在车床上车光，车后再进行对研。如果密封面麻点不深，则不必车削，直接对研即可。研磨时必须先清除密封面处的氧化膜，然后再进行对研。因主汽门较重，在研磨时应用倒链将门芯吊起，让门芯刚刚接触到门座，这样研磨时就不会因门芯的重量使密封面拉毛。

5）吊出自动主汽门的蒸汽滤网，并检查网子是否完整。如发现网子损坏严重，应更换新网。

6）大修时需检查主汽门门体是否有裂纹。门体的裂纹多产生在与门体相连接的进出口管道内壁、门体底部内、外侧、浇冒口周围、制造厂补焊区。如发现裂纹，必须进行处理，其处理方法与汽缸的裂纹处理方法相似。

7）主汽门结合面高压螺栓的拧紧方法可参照汽缸结合面紧螺栓的原则进行。由于主汽门下部周围地方狭窄，给紧结合面螺钉增加困难，因此最好是使用风扳紧螺钉，尽量少用大锤敲击。

自动主汽门经过检修后应保证：所有的法兰结合面不漏汽；开起时压力油能顺利地顶起

活塞，各油管、油接头不漏油；各活动部件如活塞、活塞杆、门杆、导向装置等在起闭时无任何卡涩现象；主汽门关闭迅速，门芯与门座接触严密；外观清洁、无油污。

（2）主汽门与调速汽门严密性试验

1）自动主汽门严密性试验是在额定蒸汽参数、真空、转速的条件下，调速汽门处于全开状态，关闭主汽门，并同时记录汽轮机转速下降速度与时间的关系，并绘制惰走曲线。绘制出的惰走曲线应与制造厂提供的曲线相符。

2）调速汽门严密性试验条件与上述相同。主汽门处于全开状态，关闭调速汽门，然后记录惰走与时间的关系，并绘制惰走曲线。所得的惰走曲线应与主汽门严密试验所得的惰走曲线基本一致。

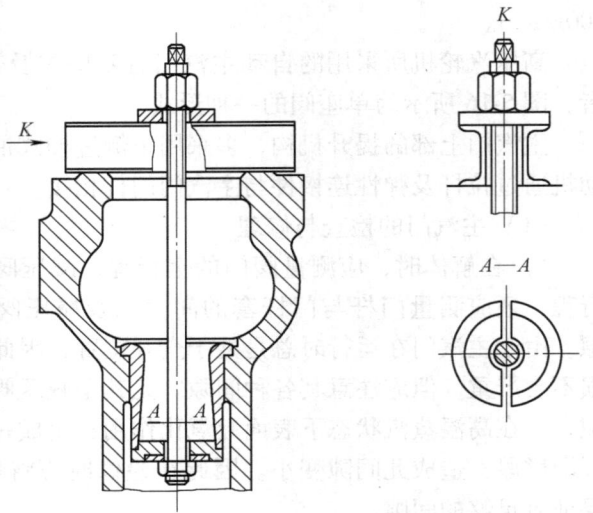

图 5-17 取门座的工具

（3）主汽门关闭时间试验 自动主汽门除了要求严密外，还要求动作迅速，从保护装置动作到主汽门全关的时间应符合设计要求（一般应小于 0.5~0.8s）。关闭时间是用来判断其动作迅速性是否符合要求。试验分别在静止状态（无蒸汽作用力时）和空负荷状态（额定蒸汽参数时）下进行。

其测量方法有两种：用电秒表测量和用录波器测量。用电秒表测量方法如下：

在手拍保险时，同时接通电秒表线路，使电秒表开始记数；当自动主汽门的油动机完全关闭时，经全关位置触点接通电秒表另一线路，使电秒表停止。电秒表所记录时间即为油动机关闭时间。油动机的终端电触点不要采用硬触点，以免影响油动机到终端时的动作。

5.5.3 汽轮机保护装置检修

为了保证汽轮机的安全运行，除了调速系统外，在机组上还装置了各种不同功能的保护设备。对这些保护设备总的要求是：反应灵敏，动作迅速、可靠，不误动作。

现代汽轮机的主要保护装置有：超速保护装置、轴向位移保护装置、容量限制器、低真空和低汽压自动卸负荷装置、油压调整器、低油压保护装置及各种信号报警装置等。其中以超速保护装置、轴向位移保护装置最为重要，现将这两种装置的检修分述如下：

1. 超速保护装置检修

超速保护装置由危急保安器、传动放大机构及切断进汽设备三部分组成。

（1）危急保安器检修 危急保安器有飞锤式和偏心环式两种。

为了安全起见，在汽轮机上都装设两只独立工作的危急保安器。它们均装在与汽轮机主轴刚性联接的短轴内。两飞锤（或飞环）相差180°装配。

除危急保安器本体外，还设置了在带负荷情况下试验危急保安器的充油装置。向危急保安器内充油其结果是使飞锤（或飞环）的离心力增加，因而可在不超速的情况下试验危急保安器的动作是否正常。另外，也可根据充油试验中飞锤（环）动作转速预测超速试验中飞锤（环）动作转速的范围。两个充油嘴是用三通阀供油，可分别试验两个危急保安器，据此也可以知道其动作顺序。两个飞锤（环）的动作转速之差不应超过 50r/min，且动作转速应符合厂家的要求。

危急保安器的检修工艺如下：

1）在分解前先做好记号，两个危急保安器的零件不要搞乱。

2）分解后应清洗零件上的油垢，清理毛刺，检查弹簧应无裂纹、变形，端面应平整。检查并测量弹簧的自由长度，弹簧在弹簧室中安装时应无歪斜、磨损现象。对飞锤式危急保安器的调整堵一般不取出清理，以免改变动作转速。但大修时应检查并测量调整堵内孔与飞锤的配合间隙，间隙过大容易卡涩。此间隙不要超过 0.2mm，间隙过大时应更换。

3）飞锤底座与飞锤接触时应平整无磨损，组装时注意弹簧不要歪斜，调整堵应用止动螺钉锁紧。

4）偏心环式危急保安器应检查导杆与衬套的磨损与腐蚀情况，要求调整螺钉螺扣完整。组装时按拆前标记装好，并用螺钉锁紧。

5）飞锤（或飞环）与汽轮机轴的接触应无摩擦或腐蚀，危急保安器轴端晃度不得过大，一般不超过 0.03~0.06mm。

6）偏心环式危急保安器，嵌入轴的偏心飞环与轴的间隙应符合制造厂的规定。

7）飞锤（飞环）的最大行程应符合要求，通常为 5~6mm。

8）组装时调好危急保安器与连杆的间隙，一般应为 0.8~1.2mm。具有喷油试验装置的危急保安器，喷油器与进油处必须对正，间隙也应符合厂家要求，危急保安器杠杆与联动杆应用圆柱销固定，三者成为一体，并且移动灵活。三通转换油门应严密不漏，油门开关的位置应准确无误。排油孔应畅通，保证充油试验后能将油排完。

（2）危急遮断油门检修　危急遮断油门是危急保安器的传动及放大机构，其结构如图 5-18 所示。

在调速汽门全开的情况下，从危急保安器动作到主汽门完全关闭，其间转速升高值不应超过 2%，挂钩的动作时间应为 0.2~0.3s。为此挂钩与危急遮断油门应满足以下要求：

1）挂钩与飞锤（飞环）的间隙应符合制造厂的要求，无规定时一般应为 1.0~1.2mm。当飞锤动作后，应保证挂钩脱钩。搭扣啮合切口的角度和深度要正确，且棱角分明。挂钩和搭扣受冲击的表面应淬火。

2）危急遮断油门应关闭严密，不得漏油。在脱扣后遮断油门应动作迅速、排油畅通、油道严密不漏。活塞行程应符合要求。

3）错油门的搭扣与挂钩啮合时，错油门与门杆顶部螺母应留有间隙 $a = 1\text{mm}$（见图 5-18）。

离心式危急保安器做压出试验时，压出后不能复位，其原因可能是：①油囊中的泄油孔不畅通，油未泄走；②工作油路和试验油路未完全切断。

（3）超速保护装置常见缺陷

1）危急保安器超速试验时不动作，或动作转速高低不稳。其可能原因是：①弹簧预紧力太大；②危急保安器锈蚀并卡住；③撞击子间隙太大，撞击子偏斜。

2）做危急保安器的充油动作试验时，充油后飞锤（飞环）不动作。其原因除上述外，还有就是充油系统有问题，如无油、油未充进油环。

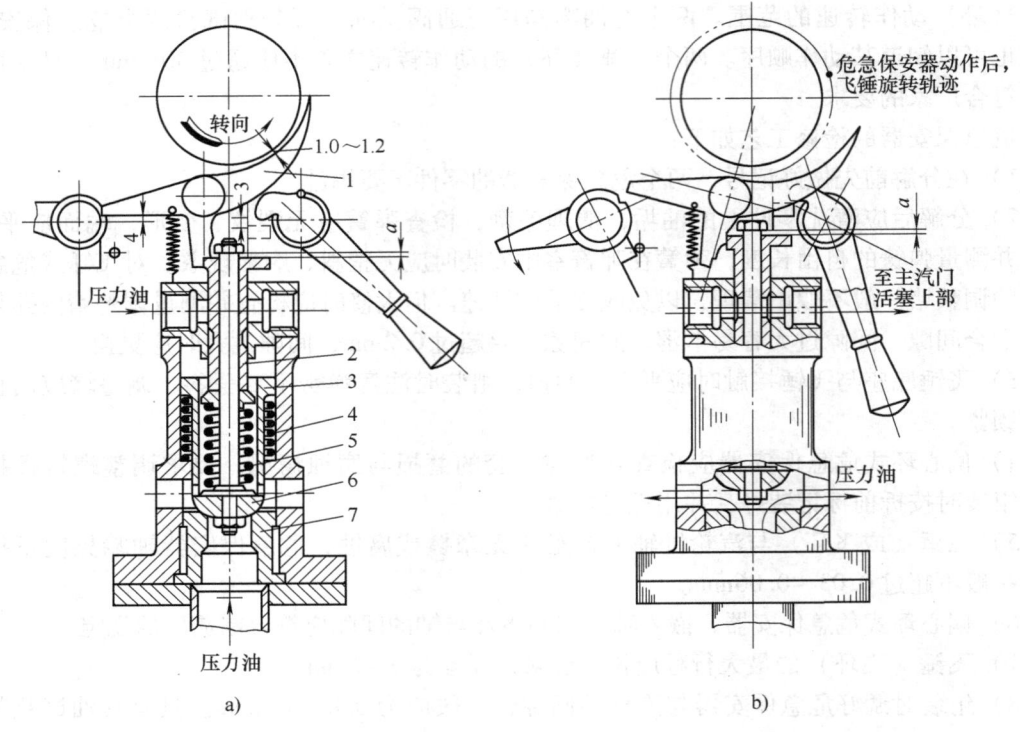

图 5-18 危急遮断油门及挂钩装置结构图
a) 运行状态 b) 动作后状态
1—挂钩 2—错油门 3—活塞（门芯上部） 4—外弹簧 5—内弹簧 6—门芯 7—门座

3) 飞锤（飞环）已撞击挂钩但传动机构不动作。其主要原因是：①飞锤（飞环）行程不够或飞锤（飞环）与挂钩的间隙过大；②挂钩与搭扣啮合过深，挂钩受撞击后，挂钩与搭扣尚有部分啮合；③危急遮断油门卡涩或油路不通。

4) 汽轮机未超速而危急保安器动作。其原因可能有以下几点：①前轴承振动过大或轴端晃动度过大；②遮断调整螺母自动松开或弹簧失去弹性、断裂；③挂钩与搭扣啮合深度不够或啮合角磨圆、啮合角度不对；④挂钩的拉簧松弛或脱落。

5) 保护装置挂不上闸。挂不上闸有两种情况：一种是挂钩与搭扣无法啮合；另一种是挂钩能与搭扣啮合，但主汽门开不起来。前一种情况主要是挂钩的啮合处磨损或挂钩弹簧力量不够。后一种情况可能是：①活塞的门芯 6 与门座 7 不严，或危急遮断油门外弹簧 4 弹力与油门下的油压两项之和大于内弹簧 5 的压力，挂钩虽然啮合，但门座处还是泄油；②错油门的门杆长度不够，挂钩挂上后门杆上部螺母与错油门无间隙（见图 5-18 a），结果是错油门被门杆拉起，使错油门处排油，建立不起开起自动主汽门的油压。

(4) 超速保护装置调试 为了确保超速保护系统的动作可靠，当调节系统大修后、长期停机或事故停机及正常运行达到规定的小时后，都须进行超速保护装置试验。试验分为手动、充油和超速三种。

手动试验可在机组不转动的情况下进行。手动试验的目的主要是检查手动机构、挂钩机构、危急遮断油门、主汽门等的动作情况。试验时，将挂钩挂上，起动辅助油泵，然后用手打动跳闸机构，随即检查各部分的工作情况。

充油试验可分别在空负荷及带负荷时进行试验。试验方法是将被试验的危急保安器脱扣装置从正常运行系统中切除，并使其投入试验系统，然后向试验的危急保安器内充油进行试验，试验完毕后再将其投入正常运行系统。用同样的方法对另一只危急保安器进行试验。在做试验时，未做试验的危急保安器必须处于正常工作状态。

超速试验用于测量危急保安器的实际动作转速。该试验在汽轮机空转时进行。其方法是用同步器将转速升到上限，再用超速试验装置缓慢地提升转速，使危急保安器动作并记录其动作转速。若转速已达到危急保安器动作转速值而不动作，则应立即手动打闸停机，绝不可继续升速试验，并查明危急保安器不动作的原因。

当危急保安器动作转速不符合要求时，可按以下方法进行调整：

1）当制造厂提出了旋转螺母一圈能使动作转速改变多少时，就按提供的数据进行调整。

2）在无制造厂提供的数据或更换了原配弹簧时，可用两次试转法确定调整圈数。设第一次测得危急保安器动作转速 n_1，旋转调整螺母 L 圈（一般 $L<1$）后测得动作转速为 n_2，危急保安器的动作转速为 n，则应改变调整螺母的圈数 L_x 为：

$$L_x = L \frac{n^2 - n_1^2}{n_2^2 - n_1^2}$$

2. 轴向位移保护装置调整与修理

轴向位移保护装置有电磁式、液压式、机械式三种，高压汽轮机多采用前两种。

（1）电磁式轴向位移保护装置检修　该装置是根据电磁感应原理制成，其外形与原理如图 5-19 所示。在山形铁心中部导磁柱上绕有初级线圈，通入 24V、50Hz 的交流电。由于导磁柱上有大小相等但磁通方向相反的两个串联线圈，当汽轮机轴上的轮盘处于正中位置时，两侧线圈的感应电势大小相等，方向相反，线圈两端的电位差为零。当转子发生轴向位移时，一侧间隙减小，磁通增大，所感应的电势增大，而另一侧则相反。这样在次级线圈就会产生电压，该电压的大小反映轴向位移的大小。当轴向位移达到危险数值时，电压达到一定数值，可通过控制回路使磁力断路油门动作，关闭主汽门和调速汽门。

在检修时，电磁发信装置一般不用解体，但在吊汽轮机转子前应将这部分整体拆下，防止碰坏。对转子上的轮盘用光油石磨去毛刺。

组装时要将汽轮机转子推向推力轴承非工作瓦面一侧，然后用塞尺测定 a、b、c 的间隙（见图 5-19）。不同机组其值不同，实际每次检修后只需保证 a、c 值。若 a 值不符合要求时，可改变调节螺杆 4 的位置进行调整。由于调整调节螺杆时，山形铁心呈弧形位移，会使两侧铁心端面与转子上的轮盘不平行，但在调整数量很微小时影响不大。若需大调时，应平移发讯器底盘，重配定位销。调整 c 值时，可改变底盘下面的垫片厚度。

大功率汽轮机上多采用电磁式轴向位移保护装置，它由轴向位移发讯器和磁力断路油门两部分组成。如图 5-20 所示为磁力断路油门结构图，其上部为一个用 220 伏直流电源工作的电磁铁。在正常工作时，电磁铁线圈不通电，活塞被弹簧压在下限位置，安全油和二次油均与回油管路隔开；当电磁铁线圈通电时，电磁铁将活塞提起，安全油和二次油都与回油管路相通，使汽轮机自动主汽门和调节汽门关闭，进而停止汽轮机的运行。由于直流电磁铁的线圈受温升的限制，通电时间不能太长，因此在直流回路中装有时间继电器，以便在磁力断路油门动作以后的一段时间内切断直流电源。当电源切断后，磁力断路油门的活塞在弹簧的作用下重新复位。显然,其他保护装置所发出的电气信号也可以通过磁力断路油门使汽轮机停机。

如图 5-21 所示为青岛汽轮机厂磁力断路油门结构图。正常工作时,油门活塞 2 在弹簧 3 的作用下处于图示位置,来自危急遮断油门的高压油经油口 B、C 至主汽门。当手动或其他原因接通了牵引电磁铁的电路后,电磁铁带电,依靠磁力将油门活塞吸起并切断高压油的通路,使主汽门的高压油经油口 C、D 泄走并流回油箱,因而主汽门迅速关闭。由于在油门活塞上移的同时接通了油口 B、A 的通路,高压油经此油路流至脉冲油路,使脉冲油压上升,调速汽门关闭。这样磁力断路油门动作时,主汽门和调速汽门同时关闭,起到在需要时能紧急停机的保护作用。

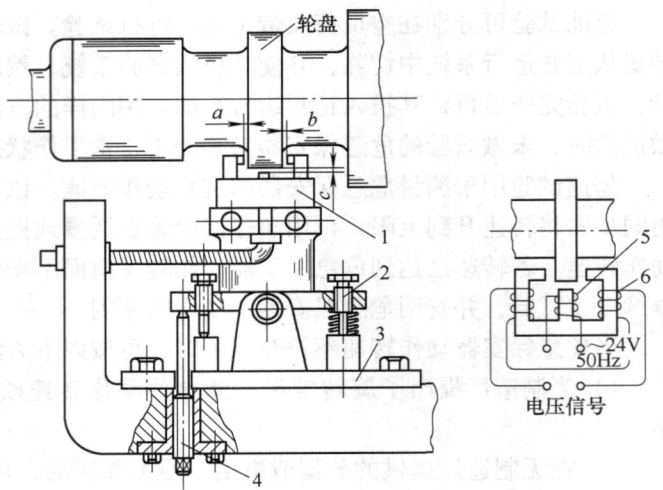

图 5-19 电磁式轴向位移保护装置(电磁发信装置部分)
1—发讯器 2—止动螺钉 3—底盘 4—调节螺杆
5—初级线圈 6—次级线圈

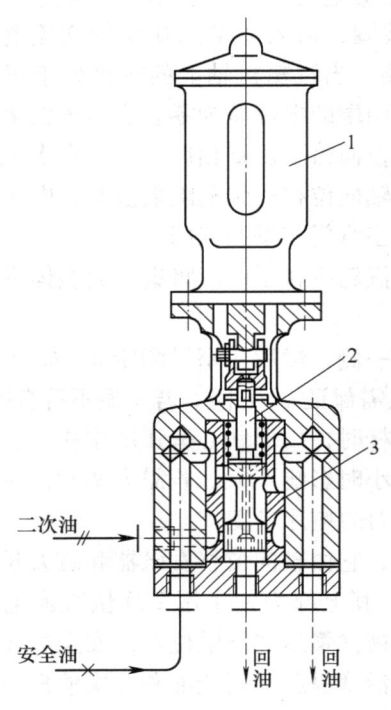

图 5-20 磁力断路油门结构图
1—电磁铁 2—活塞 3—套筒

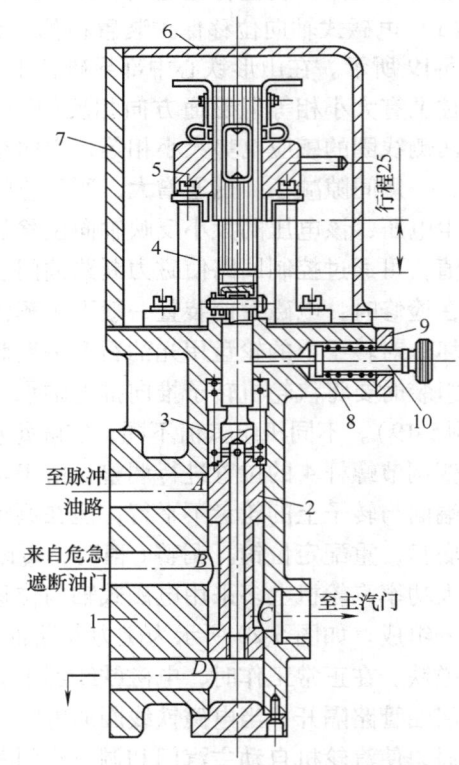

图 5-21 青岛汽轮机厂磁力断路油门结构图
1—壳体 2—活塞 3—弹簧 4—撑脚 5—牵引电磁铁
6、7—盖板 8—小弹簧 9—螺母 10—卡销磁力断路油门卡销 10 的作用：当电磁铁将油门活塞 2 吸起后，卡销 10 便在小弹簧 8 的作用下卡入油门活塞的凸肩上，使得即使此时电磁铁失去电源，油门活塞由于卡销的支撑仍处于断开位置，从而保证了磁力断路油门动作的可靠性。

司机在磁力断路油门动作后，欲重新起动汽轮机，必须注意先断掉电磁铁的电源，并将卡销 10 向外拔出后才能使油门活塞在弹簧力的作用下复位，接通高压油路。

磁力断路油门的保护作用因电磁铁的电源接点位置不同而不同。他可以接在司机表盘上，供司机手动停机用；也可以作为主控室远方操作停机用。

（2）液压式轴向位移保护装置检修　该装置的结构如图 5-22 所示。当转子处于正常位置时，从油嘴喷出的油量很少，使经过节流垫 3 至第一错油门活塞下的油压克服弹簧弹力把活塞顶起，这样从危急遮断油门来的压力油经第一错油门 1 进入第二错油门的活塞上部，并将活塞下压，使压力油通过第二错油门 2 进入自动主汽门，将主汽门油动机顶起，使主汽门处于工作状态。当转子移开时，油嘴与轴端面的间隙增大，排油量增加，节流垫后油压降低，使主汽门自动关闭。试验时可用手动装置将喷嘴旋进或退出，试验后用定位顶丝将喷嘴锁紧。

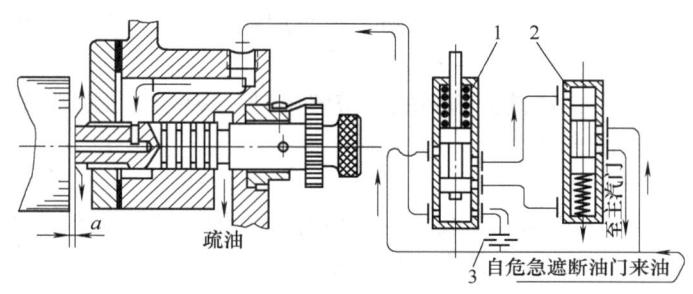

图 5-22　液压式轴向位移保护装置结构
1—第一错油门　2—第二错油门　3—节流垫

检修该装置时，在调整好喷嘴位置后应将定位顶丝拧紧。为了防止转子窜动磨损喷嘴，油嘴与轴面的间隙 a 应大于推力间隙（见图 5-22），同时各错油门应清洗干净，各部分的油孔、油通道应畅通、清洁。检修完毕后应做试验。

5.5.4　油系统检修

汽轮机油系统的作用是供给调节系统的动力油和机组的润滑油。油系统工作的正常与否直接关系到整个机组的安危。要求油系统在任何情况下，绝不能中断供油，同时要求整个系统不漏油，即使是轻微的滴漏也不允许。因为漏油除了影响润滑效果不佳和调整信号不准外，还可能造成火灾事故。因此对油系统的检修要求是：清洁干净、不滴不漏、工作可靠。

1. 油箱清洗与检修

油箱的结构如图 5-23 所示。在每次大修或因油质劣化更换新油时，都应把油箱里的油全部放出，进行彻底滤扫。其清扫方法如下：

1）先拆除油位指示器的信号电源。放完油后，打开油箱盖、人孔盖，取出滤网、浮筒及注油器等附件。然后打开底部放油门，用 100℃ 左右热水把沉淀的油垢杂质冲洗干净。

2）工作人员须穿上耐油胶鞋和专用工作服从人孔下去，用磷酸三钠水溶液或清洗剂进行擦洗，直到污垢全部清除后，再用干净无棉毛的白布擦净。为了除去油箱内部残存的细小杂物，还要用面粉团将内壁仔细的粘一遍。

3) 检查油箱内防腐漆是否完好。如发现脱落严重，应重新涂上防腐漆，以防油加速氧化。

4) 检查油位指示器的浮筒是否完好，要求浮筒不漏、无变形。油位指示器组装后，应上下活动自如，无卡涩；高、低油位的电气接点要接触良好，指示正确。

5) 滤网取出后用热水冲洗，并用压缩空气吹净。如滤网局部破裂，可进行补焊；如破裂严重，应进行更换。滤网一般采用铜丝布，污段用 200～400 目（14～20 孔/cm^2），净段用 800～1000 目（28～32 孔/cm^2）。

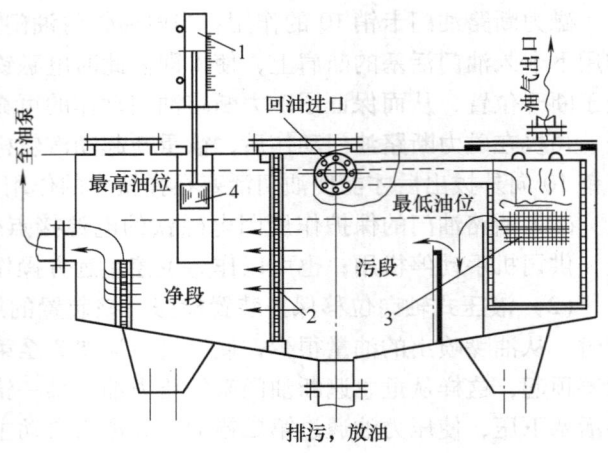

图 5-23 油箱结构
1—油位指示器 2—细滤网 3—粗滤网 4—浮筒

6) 注油器一般不用解体清洗。如因故障需解体时，应注意保持喷嘴与喉部的距离。通常此距离为 1.8～2 倍喉部直径。

2. 主油泵检修

汽轮机的主油泵多数采用离心油泵。主油泵既和主轴连接，又和弹性调速器、脉冲泵、旋转阻尼等调速部件连接在一起。其主要用途是提供调节保安系统用油及射油器的动力油，使用工质为汽轮机油。

主油泵的结构主要有双侧进油和单侧进油两种。双侧进油离心式主油泵由泵壳、前、后轴瓦、泵转子、空心轴、工作轮、上盖、前、后密封环组成，如图 5-24 所示。其检修要点如下：

1) 主油泵解体前应测量转子的推力间隙，此间隙不宜太大，一般应在 0.08～0.12mm，运行中最大不超过 0.25mm。如推力瓦磨损导致间隙太大，应采取堆焊的方法进行处理。在补焊时应注意转子的轴向位置不要改变，以防改变调速器夹板与喷嘴的间隙。

2) 检查主油泵轴瓦及推力瓦。检查轴承合金表面工作痕迹所占位置是否符合要求；轴承合金有无裂纹、局部脱落及脱胎现象；合金表面有无磨损、划痕和腐蚀现象；测量轴瓦间隙应符合要求。

3) 测量密封环间隙。密封环间隙因机组不同各制造厂都有规定，

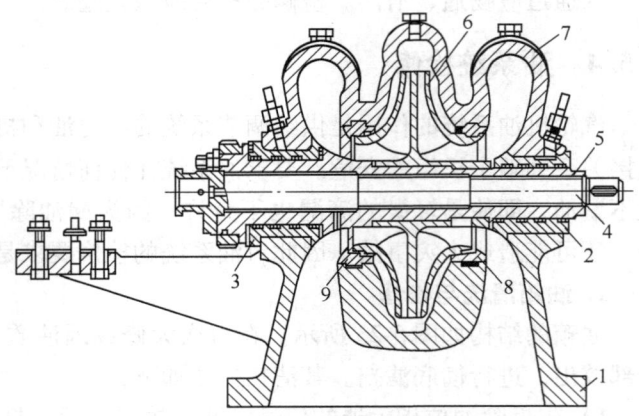

图 5-24 双侧进油离心式主油泵
1—泵壳 2、3—前、后轴瓦 4—泵转子 5—空心轴
6—工作轮 7—上盖 8、9—前、后密封环

一般密封环间隙为 0.40~0.70mm。

4）用千分表测量并检查叶轮的瓢偏及晃度，晃度应大于 0.05mm。

5）检查主油泵叶片有无气蚀和冲刷。如气蚀和冲刷严重，应加以处理或更换配件。

6）检查泵的结合面应严密。清理干净后紧好螺钉，0.05mm 的塞尺塞不进为合格。

7）全部结合面螺钉紧好后，泵的转子应转动灵活，出口止回阀应严密、灵活、不卡涩。

单侧进油主油泵如图 5-25 所示，它由泵体、密封环、叶轮、旋转阻尼密封环、油封环等组成。该主油泵为悬臂式，与主轴成刚性联接，无支持轴承。其检修要点如下：

1）检修时注意各部件的拆前位置，做好记号，定位环的上、下半环不要装错，短轴的限位螺钉应记好位置。

2）检查密封环是否有磨损，间隙是否合乎要求。如果磨损严重，间隙增大时应采取堆焊法进行处理。

3）组装前要用红丹粉检查泵

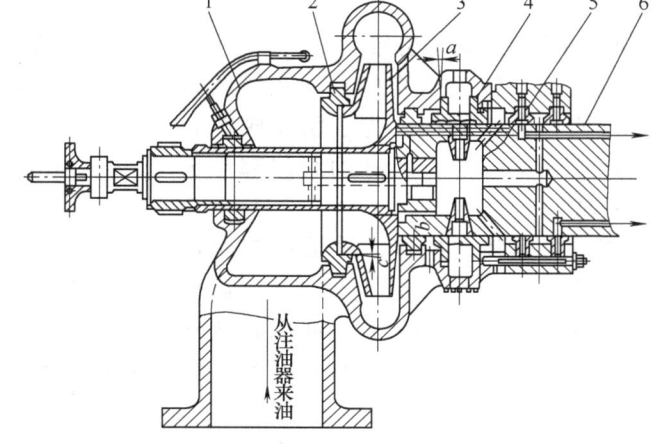

图 5-25 单侧进油主油泵
1—泵体 2—密封环 3—叶轮 4—旋转阻尼
密封环 5—油封环 6—阻尼体

轮端面与短轴端面、轴套与泵轮外端面的接触情况，要求沿圆周方向均匀接触，否则应进行研刮。

4）组装时要测量轴弯曲，其值应小于 0.05mm。小轴的弯曲应小于 0.03mm。

3. 冷油器检修

冷油器的结构如图 5-26 所示。通常冷油器的下管板与下水室直接用法兰连接，并采用石棉板或橡胶垫密封。上管板与上水室的连接采用弹性连接结构，以适应芯子与外壳的膨胀差。

（1）油侧清洗　清洗油侧的油污有以下两种方法：

1）将芯子放在盛有质量分数为 3%~5% 磷酸三钠溶液的铁箱内，加热至沸腾。保持 2~4h，再吊出芯子用凝结水冲净。用化学试剂检验应无碱性反应。

2）用苯和酒精混合液清洗，比例为 2∶1。清洗时外壳与芯子不分解，将冷油器放倒。向内注入苯和酒精混合液，浸泡 8 h 后倒出。再将冷油器解体，用热凝结水冲净。用化学试剂检验应为中性。用苯清洗效果较好，但苯价格高且有毒，而且油精易着火，操作也复杂。

（2）水侧清洗　铜管内水垢的清洗可按照凝汽器铜管的清洗方法进行。由于冷油器铜管少而便，大都采用捅杆和刷子带水捅刷。

冷油器清洗完毕后，将盖子与芯子一齐组合好，出、入水口法兰加上堵板，然后作 0.3MPa（3kgf/cm^2）的水压试验，保持 5min，检查铜管有无渗漏、破裂或胀口不严等现象。铜管的更换工艺均按凝汽器铜管检修工艺进行。

组装时应注意法兰记号,上、下水室方向不得装错,保证流程准确。内部(主要是油侧)应仔细检查不得有杂物,隔板的距离应按原样调整好。各水、油、空气等阀门及表座、表门应严密不漏。组装好后,即可吊装就位并紧固好地脚螺钉。

4. 油管道及附件检修

(1) 油系统阀门修理 油系统的阀门多是明杆铸铁阀门。为了防止阀芯脱落而造成断油事故,所有的阀门都是水平设置或倒置。

阀门的拆装与检修,按情境二所述进行操作。为了确保阀杆不漏油,盘根盒中的盘根最好采用碗形耐油橡胶或聚四氟乙烯垫圈,它不但密封效果好,而且开关灵活。

(2) 油管道清洗与检修 为了消除油管道渗漏,在检修前必须记录运行中渗漏的地方,以便在检渗时消除缺陷。油管道的拆装检修与一般管道的拆装检

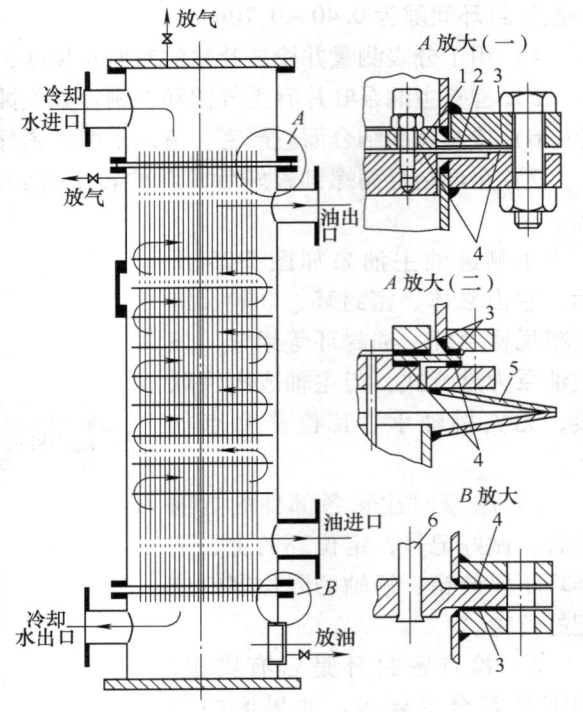

图 5-26 冷油器结构
1—压环 2—黄铜板 3—胶皮垫 4—耐油垫
5—伸缩节 6—铜管

修(除垫料外)均相同。目前油系统所用的垫料多采用隔电纸垫及耐油橡胶石棉垫,也有使用液体垫料(609 液态密封胶)的。使用隔电纸垫时应涂以漆片;用耐油橡胶石棉垫时,两侧涂以少量的汽轮润滑油,便于日后拆除。高压油管道的垫子厚度不要超过 0.8mm;低压油管道不要超过 2mm。

油管道可以用中温中压蒸汽冲洗。冲洗时将蒸汽管与被冲的油管用卡子固定牢,打开蒸汽阀门吹 2~3 min,然后再调头吹洗一次即可。也可以用 100℃ 左右的热水洗去油垢,对粗油管应用布团反复拉,直至用白布拉后无锈垢颜色为止。对细油管可将白布团塞在管的一端,用压缩空气将布团吹至另一端。反复清洗干净后,将油管内喷上干净的汽轮机润滑油,用干净塑料布或牛皮纸将管口封好。

对于新的管子必须先用喷砂器将管子喷出金属光泽,并用钢丝刷刷去坡口和凹处的残渣,然后用布加汽轮机润滑油拉洗,最后还要用蒸汽吹净。

5. 油循环

油系统检修结束后,为保证油系统的清洁必须进行油循环,过滤系统中的杂质。过滤的方法有以下两种:

1) 在各轴承下瓦两侧间隙内用布条塞好,以免杂质落入瓦内。再将轴承上盖扣上,起动电动油泵,以高速油流冲洗管道及轴承室,把杂质带回油箱进行过滤。循环 4~8h 后停止油泵,将各轴瓦正式组装好。

2) 在各轴承进油管法兰中临时加装滤网,并在滤网前后各加装一只压力表,然后起动

电动油泵进行循环。根据滤网前后压力差,清扫滤网,直至油压不升为止。也可只在滤网前加装一只压力表,但效果不如装两只压力表好。

无论采取哪种油过滤法,在油循环后都需将油箱滤网取出清扫。

调节系统也需进行油循环,要求循环油压最好为工作油压的 1.5~2 倍,也可以取工作油压。调节系统油循环可与其调试同时进行,在循环油压不变的情况下,循环时间不得少于 8h。

此外,汽轮机润滑油也称透平油,是重要的工业用油。因此在油系统的检修工作中,应爱惜它,要求做到:

1) 将油系统中的存油全部放入专用油桶中,并注意不要将不同品质的汽轮机油混合。
2) 不许随意用汽轮机润滑油清洗零件、洗手。
3) 重视汽轮机润滑油的过滤、再生工作,做好油的重复使用工作。

5.6 基础知识

5.6.1 汽轮机调节、保安系统功能

1. 调速功能

在生产现场,人们把汽轮机调节系统叫做调速系统,顾名思义,也就是调节汽轮机的转速。这是汽轮机调节系统最基本的功能。在机组并网以前,人们可以按照需要设定转速和升速率,对汽轮机转速进行控制。在机组并网后,为保证机组功频特性,其"速度变动率"允许在额定转速的 4%~5% 范围内变化。在机组失去负荷转速飞升时,汽轮机调节系统能够限制机组最高飞升转速不超过额定转速的 108%,以保证机组的安全。汽轮机手动起动时,由运行人员根据汽轮机起动状态选择转速设定值和升速率,从而控制汽轮机起动、升速、暖机、快速通过临界转速,直至完成定速。

2. 同期

在发电机并网前,同期装置通过对电网频率和发电机频率的偏差比较,自动校正转速设定值,使发电机频率跟随电网频率变化,且保持高于电网频率约 0.02~0.1Hz,直至完成并网。该功能也可由运行人员手动控制同期进行。

3. 并网后负荷调节

汽轮机组并网后,其调节有如下三种方式:

(1) 闭环系统调节(CCS) 在 CCS 方式时 DEH 接受 CCS 系统给出的指令来调节阀门开度(包括机跟炉和炉跟机两种方式),此时 DEH 只充当 CCS 系统的执行部分。

(2) 负荷自动调节(ALR) 在 ALR 方式时,DEH 系统按照运行人员给出的负荷变化率将机组带到所要求的负荷定值,负荷定值可由运行人员根据运行情况具体设定。

(3) 手动调节(一种阀位控制) 在手动调节方式时,由运行人员操作阀位增减按钮调整负荷。

4. 阀门管理

现代运行的大功率汽轮机组,普遍采用高压缸全周进汽和部分进汽两种起动、运行方式。采用高压缸全周节流进汽方式时,高压调节阀接受相同的阀位指令,同时动作;采用高

压缸部分进汽方式时,四个高压调节阀的阀位指令各不相同,部分进汽方式采用的是喷嘴调节。汽轮机起动时,通常采用全周进汽和部分进汽方式,当机组带到一定负荷后,再转换至部分进汽方式。负荷大于7%时,允许从全周进汽转换至部分进汽方式。如果汽轮机为自动起动方式,当转换条件满足时,则转换自动进行。

5. 机组自动起动功能

汽轮机自动起动功能可以使汽轮机组起动过程从暖机、升速、并网、带负荷直至事先设定的目标负荷各个步骤都自动操作完成。在起动过程中,每一步操作都有相应的信号提示,操作人员可以按照信号提示操作其按钮,按预定程序控制执行操作。

6. 应力计算功能

汽轮机在起动或变工况时,由于汽轮机热惯性大,特别是转子,如果蒸汽温度变化快,汽轮机内部温差较大,将产生过大的交变应力。经过多次升、减负荷循环易产生热疲劳裂纹,加快机组疲劳损坏。循环次数与应力大小关系很大,循环次数相当于机组寿命。例如机组按寿命10000次起停进行设计,如果热应力控制不当,实际使用寿命可能只剩下几千次。所以现代大型机组的控制系统都强调对机组的使用寿命进行管理。在 DEH 控制系统中,ATC 通过控制汽轮机速度级的温度变化速度来达到控制热应力的目的。通过控制负荷变化量和变化速率来实现机组的使用寿命管理。

ATC 工作原理是根据机组各级温度计算高、中压转子的实际应力,然后与许用应力进行比较,得出应力裕度,再将它转化为负荷的目标指令的变化率,通过 DEH 去控制机组升速率和负荷变化率。

7. 汽轮机组调节系统保护功能

汽轮机是在高温、高压、高转速下运行的热力转动机械,它的安全、可靠运行对整个机组以至于整个电网都具有十分重要的意义。汽轮机组调节系统的保护装置和各种信号设备、保护系统、自动调节系统联合在一起,组成了完善的控制保护系统。这些保护功能包括:汽轮机轴向位移超值或推力轴承油温超值;汽轮机相对膨胀超限;汽轮机振动大超限;机组轴承乌金温度高超限;润滑油压低;EH 油压低;汽轮机转速高于109%～111%额定转速时;危急(保安)油压低;凝汽器真空低;低压缸排汽温度高;汽轮机转速信号通道故障;机械跳闸;电磁阀电源故障;阀门控制器电源故障;超速保护装置动作;给水泵跳闸;循环水泵跳闸;凝结水泵跳闸;发电机定子冷却水中断;发电机跳闸;锅炉主燃料跳闸。

汽轮机运行中遇到上述任何一种故障,保护系统都会动作,跳闸停机。为了实现上述调节、保护功能,必须配置完善、可靠的控制执行结构,这就是汽轮机的调节及保安系统。

8. 快关功能

调节系统的"快关"功能是在事故情况下迅速关闭高、中压调速汽门和联动发电机跳闸开关。

5.6.2 调速系统的组成部分

对于各种类型的调速系统,不论其实际构造怎样,一般都由四大部分组成。

1. 感应机构——调速器(或调压器):它能够感受被调参数的变化,并将它转变为其他物理量,传给传动放大机构。

2. 传动放大机构——错油门、油动机:它接收感应机构传来的信号,并加以放大,然后传给执行机构。

3. 执行机构（配汽机构）——调节阀及传动装置：它接收传动放大机构传来的信号，并以此来改变汽轮机的进汽量。

4. 反馈机构——油口、杆杠或凸轮：利用错油门、油动机本身的反馈使错油门滑阀返回中间位置。

5.6.3 典型的液压调速系统

1. 高速弹性调速器液压调节系统

1）主要部件（如图5-27所示）：调速器（高速弹性调速器1）、随动方向控制阀2、分配滑阀3、同步器4、油动机滑阀5、油动机6、反馈滑阀7、调节阀8。

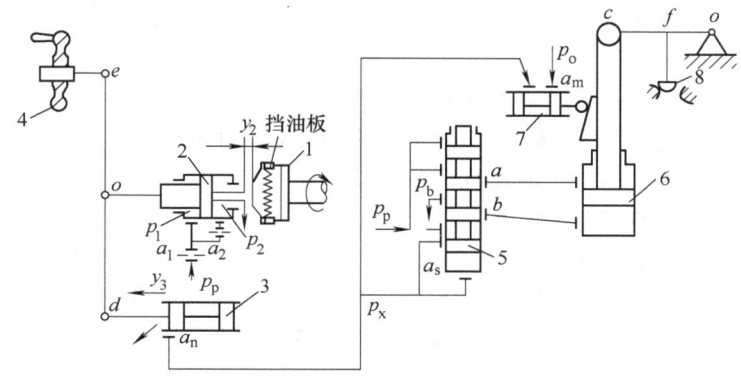

图5-27 高速弹性调节系统

2）油路：高压油p_o、p_p，排油p_b，控制油p_x。

3）工作原理：

① 在任意稳定工况下，转速 n 一定，油动机滑阀在中间平衡位置，高压油不流动。其余各部件都有相应位置。

② 当外界负荷 N 减小，转速 n 上升，调速器重块向外扩张，挡油板右移，随动滑阀右移。由于杠杆作用，使分配滑阀右移，油口 a_n 开大，泄油量增加，控制油压 p_x 下降，滑阀下移，打开 a、b 油口，高压油 p_o 进入油动机上油室，下油室与排油管相通，活塞在压差作用下向下移动。关小调节阀，汽轮机功率减小。在油动机活塞下移的同时，由于斜板作用，反馈滑阀右移，开大反馈油口 a_m，p_x 进油量增加。油压 p_x 增加，滑阀上移回中，切断 a、b 油口，高压油不流动，油动机在某一位置。

③ 当外界负荷 N 增加时，机组转速 n 下降，调速系统各部分调节过程相同，而调节方向相反。

2. 径向泵液压调速系统

1）主要部件（如图5-28所示）：径向泵1、压力变送器2、滑阀3、油动机4、调节阀5、反馈油口6、传动杠杆7。

2）油路：泄油口 a_n、反馈泄油口 a_m、控制油压 p_x。

3）工作原理：

① 稳定运行时，滑阀上、下油压差产生的作用力与上部的弹簧力相平衡，滑阀处于中间位置，遮断了通向油动机上、下腔室的油路 a 和 b，油动机活塞稳定在某一位置不动。

② 负荷减小，汽轮机转速升高时，径向泵出口油压升高，压力变换器活塞上的力平衡被破坏，活塞上移，使其控制油的泄油口 a_n 变小，控制油压 p_x 升高，滑阀上移，打开通向油动机的油路 a 和 b，液压油进入油动机活塞下部。油动机活塞上腔室通回油，油动机活塞上移，汽轮机发出的功率减小，使新的功率和外界负荷相适应。

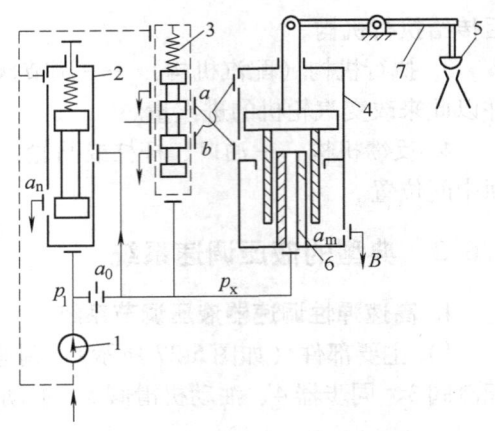

图 5-28　径向泵液动调速系统原理图

③ 当负荷增加时，动作反之。

④ 反馈调节：当油动机活塞上移时，带动活塞下部套筒上移，开大了这个套筒所控制的控制油泄口 a_m，使控制油压降低。当控制油压 P 恢复到原来数值时，滑阀又回到中间位置，重新关闭去油动机的油口，油动机停止移动。

3. 旋转阻尼液压调速系统

1）主要部件（如图 5-29 所示）：主油泵 1、旋转阻尼 2、放大器 3、滑阀 4、油动机 5、调节阀 6、继动器 7、静反馈弹簧 8、动反馈弹簧 9、放大器平衡板 10、主同步器 11、副主同步器 12、可调支点 13、固定支架 14、反馈杠杆 15。

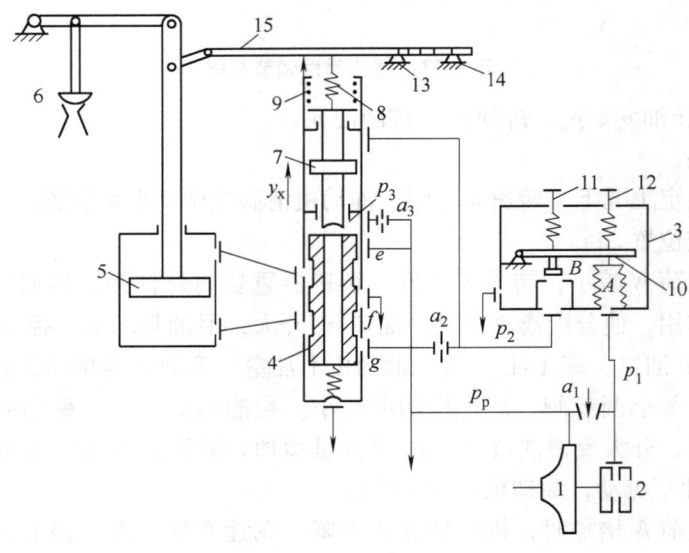

图 5-29　旋转阻尼液压调速系统图

2）油路：一次油压 p_1、二次油压 p_2、三次油压 p_3。

3）工作原理：

① 负荷减小时，机组转速升高，离心力增大，一次油压 p 增大，一次油压 p 经波纹管

A 作用在平衡板 10 上。当 p_1 升高时破坏了平衡板的力平衡，使其逆时针旋转，二次油压 p_2 下降，破坏了继动器活塞上二次油压作用力与反馈弹簧 8、9 作用力的平衡，于是继动器活塞上移，三次油的泄油间隙增大，三次油压 p_3 下降，滑阀 4 在其下部弹簧的作用下向上移动，打开油口 e 和 f，油动机活塞下移，减小汽轮机发出的功率，直至与外界负荷相平衡。

② 负荷增加时，调节过程相同，变化方向相反。

③ 反馈调节：在油动机活塞下移的同时，带动反馈杠杆 15 逆时针转动，使反馈弹簧 8 的作用力减小，继动器活塞下移。待继动器活塞回复到动作前位置时，三次油压 p_3 恢复到原来的数值，滑阀 4 回到中间位置，调节过程结束。

5.6.4 液压调节系统的特性

1. 静态特性曲线

汽轮发电机组转速与功率的关系曲线称为调速系统的静态特性曲线，如图 5-30 所示。

2. 速度变动率 δ

当汽轮机单机运行，电功率从零增加到额定值时，转速相应从 n_1 变到 n_2，转速的改变值 $\Delta n = n_1 - n_2$ 与额定转速之比的百分数称为调节系统的速度变动率（或称为转速不等率），即

$$\delta = \frac{n_1 - n_2}{n_0} \times 100\% \tag{5-1}$$

1) 带基本负荷的机组，要求负荷稳定，则速度变动率 δ 大一些好。

2) 带尖峰负荷的机组，要求负荷适应性好，速度变动率 δ 小一些。

3) 速度变动率 δ 大，则机组甩负荷后的转速飞升大，容易超速，故要求速度变动率 [δ = (4~5)%]。但速度变动率 δ 大，调速系统稳定性好；速度变动率 δ 小，调速系统稳定性差，故要求速度变动率 δ 不小于 3%。

4) 静态特性曲线的合理形状（如图 5-31 所示）：在 0 负荷附近（$10\% N_0$），局部速度变动率 δ' 要求大一些，以便于机组并网；在额定负荷附近，局部速度变动率 δ' 也要求大一些，为的是使机组在经济负荷下稳定运行，提高效率；在中间应较平滑，但不允许有平直段，以免负荷不稳定。

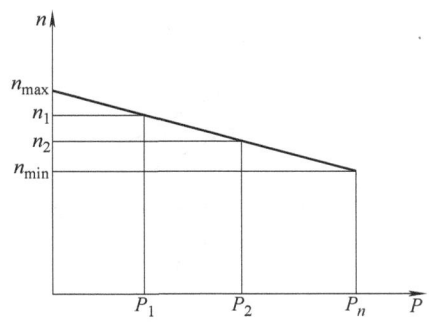

图 5-30 静态特性曲线

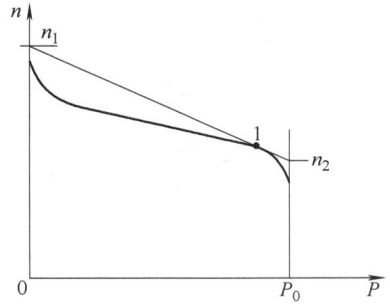

图 5-31 静态特性曲线的合理形状

3. 迟缓率 ε

由于摩擦、间隙、滑阀过封度及油的粘滞力的影响，调节系统的静态特性曲线不是一条，而是一条静态特性带（如图 5-32 所示），这种现象称为调节系统的迟缓现象。通常用迟缓率来衡量迟缓程度，在同一功率下因迟缓而出现的最大转速变动量与额定转速的比值百分数被定义为迟缓率，即

$$\varepsilon = \frac{\Delta n_\varepsilon}{n_0} \times 100\% = \frac{n_a - n_b}{n_0} \times 100\% \quad (5-2)$$

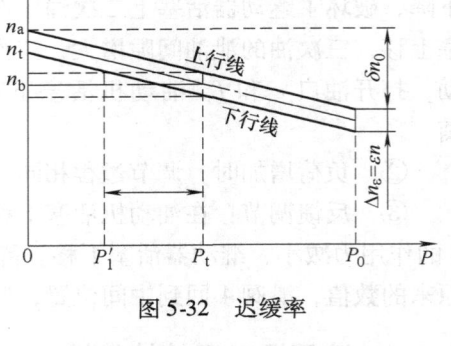

图 5-32 迟缓率

机组单机运行时，迟缓会引起转速自发变化（即转速摆动）；机组并网运行时，迟缓会引起功率自发变化（即功率飘移）。

调速系统的迟缓率为各部件迟缓率的累积。为了减小负荷摆动，一般要求 ε 不大于 0.5%，最好 ε 不大于 0.3%。要减小迟缓率，则应在各元件的设计、制造、安装和运行四个方面予以减小。

5.6.5 同步器

1. 同步器的作用

1）单机运行的机组，当功率由 P_1 上升到 P_2 时，转速（频率）将由 n_1 降为 n_2，这样就不能满足供电质量的要求。而同步器则可以平移调速系统的静态特性曲线（即用同步器改变机组的进汽量），使机组的转速（n_1）不变，如图 5-33 所示。

2）并列运行的机组，可以用同步器调整网内各机组的负荷，使之按给定负荷运行，调整电网频率，以维持电网稳定在额定范围之内，这种用同步器调频的方式称为"二次调频"。如下图 5-34 所示，有两台并列运行的机组，功率分别为 P_1、P_2。可以用同步器增加 ΔP 给 1 号机，而使二号机减少 ΔP，而使总的功率不变，转速（频率）不变。

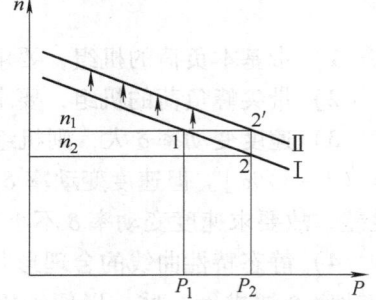

图 5-33 静态特性上工况变动过程

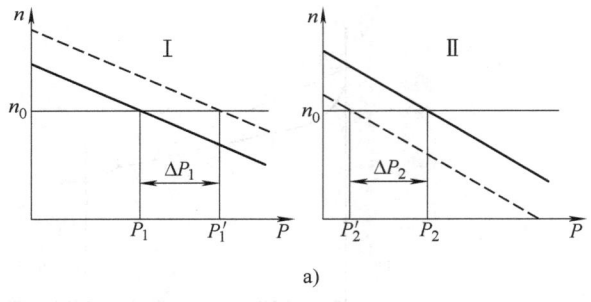
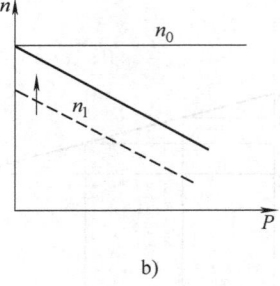

图 5-34 同步器调整并网机组的负荷分配

3）机组起动时，可以用同步器改变进汽量以增加转速，使之从 0 转速上升直到与额定转速同步。

2. 同步器的工作范围

为了满足在额定参数、额定转速下机组能从满负荷到 0 负荷稳定运行，同步器的工作范围（如图 5-35 所示）至少是等于或大于调速系统所控制的转速范围。

1）上限位置：应能保证在电网频率升高、初参数偏低而背压升高时，能使机组带满负荷。

2）下限位置：应能保证在电网频率下降、初参数上升而背压下降时，能使机组减负荷到零。

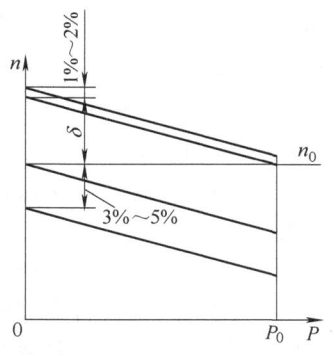

图 5-35　同步器的工作范围

5.6.6　汽轮机的保护系统及主要装置

1. 汽轮机的保护系统

为了确保汽轮机的运行安全，防止设备损坏事故的发生，除了要求调速系统动作可靠以外，还应该具备必要的保护系统。保护系统的作用是对主要运行参数、转速、轴向位移、真空、油压、振动等进行监视，当这些参数值超过一定的范围时，保护系统动作，使汽轮机减少负荷或者停止运行。保护系统对某些被监视量还有指示作用，对维护汽轮机的正常运行有着重要意义。

现代汽轮机的保护系统一般具有以下几方面的保护功能：

1）超速保护：当汽轮机转速超过一定范围时，危急保安器（又称超速保安器）动作，通过液压传递关闭主汽门，停机。

2）低油压保护：当轴承润滑油压低于一定数值时，先后起动交流润滑油泵、直流事故油泵，直至停机。

3）轴向位移和胀差保护：当汽轮机的轴向位移和胀差达到一定数值时，发出警报信号；增大到更大数值时，使汽轮机停止运转。

4）低真空保护：当凝汽器内真空低于某一数值时，发出警报信号；若真空继续降低到另一数值时，停止汽轮机运转。

5）振动保护：当汽轮机振动超过安全范围时，使汽轮机停止运转。

6）热应力保护：当汽轮机转子或汽缸的热应力超过安全范围时，限制汽轮机功率或转速的变化速度。

7）低汽压保护：当主蒸汽压力低于某一限制时，开始减少汽轮机功率；主蒸汽压力进一步下降到低于某一限度时，停止汽轮机运转。

8）防火保护：在发生火灾被迫停机时，安全油失压，防火保护动作，切断去油动机的液压油，并将排油放回油箱，防止火灾事故的扩大。

2. 保护系统的主要装置

（1）自动主汽阀

1）自动主汽阀的作用及要求。自动主汽阀的作用：当任一保护装置动作后，迅速的切断进入汽轮机的蒸汽，停止机组的运行。对自动主汽阀的要求是：

① 在任何紧急情况，特别是在油源断绝时，自动主汽阀仍能迅速关闭。因此，自动主

汽阀一般都是利用弹簧的弹力来关闭的。为了可靠起见，一般采用双弹簧结构。

② 有足够大的关闭力和快速性。一般要求在主汽阀全关以后，弹簧对汽阀的压紧力留有 500~800 公斤的裕量，从保护装置动作到主汽阀全关的时间应小于 0.5~0.8 秒。

③ 有隔热防火措施。由于自动主汽阀一般是由液压油开起的，而主汽阀的温度很高，因此，自动主汽阀的油压操动机构必须有良好的密封装置，且操动机构与主汽阀之间要有隔热措施。

④ 要有在正常运行中活动自动主汽阀的装置，以防自动主汽阀长期不动而造成卡涩。

⑤ 主汽阀应具有足够的严密性。在高压汽轮机中，要保证主汽阀完全严密不漏是很困难的，一般要求在额定参数时，主汽阀全关后（调节汽阀全开），机组转速能降到 1000 转/分钟以下。

此外，还要求主汽阀具有良好的型线以减少节流损失；采用有预启阀的阀芯，以减少开起时需要的提升力，使操纵装置结构紧凑。

2）自动主汽阀的结构及工作原理。自动主汽阀一般是由主汽阀及其操纵装置（自动关闭器）组成，其结构形式很多。

图 5-36 所示为中压汽轮机常采用的自动主汽门操纵座的结构图。活塞 1 与活塞杆 3 相连，活塞杆 3 的下端与主汽阀阀杆连接，在活塞上部有弹簧 5，装有操作手轮的螺杆 4 通过推力滚珠轴承 8 与罩盖 2 连接，不动的套筒螺母 6 通过螺纹与螺杆 4 联接。当转动手轮时，螺杆旋转上移或下移，罩盖随之上、下移动。汽轮机正常运行时，液压油克服弹簧力将活塞顶至开起位置。当保护装置动作以后，液压油迅速泄掉，活塞下落（罩盖不动）使主汽阀关闭。如欲重新开起主汽阀时，应先按顺时针方向转动手轮，使罩盖下落套住活塞凸出部分并将孔 a 遮住，再操作保护装置，使液压油进入活塞下油室。然后按逆时针方向缓慢转手轮，活塞在油压的作用下随之缓慢上升，主汽阀便能缓慢开起。开起时，手轮不能转动过快，否则会由于罩盖上升速度太快，活塞跟不上而使液压油从孔 a 泄走，导致活塞重新下落。在运行中，为了避免卡涩，要求每天活动一次自动主汽阀，其操作方法为顺时针及逆时针方向缓慢地转动手轮，使活塞及其所带的主汽阀阀杆上下活动。

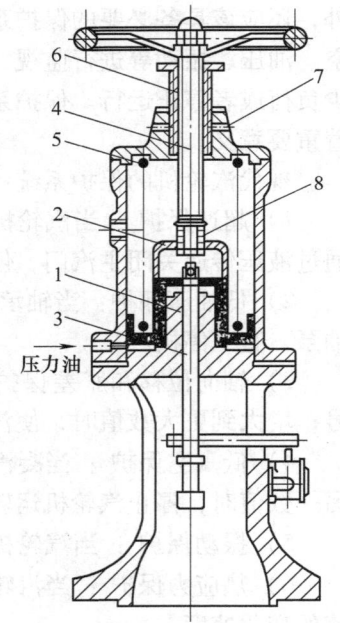

图 5-36 中压汽轮机自动主汽门操纵座结构图
1—活塞 2—罩盖 3—活塞杆
4—螺杆 5—弹簧 6—不动的套筒螺母 7—定位螺杆
8—推力滚珠轴承

图 5-37 所示为哈尔滨汽轮机厂生产的 N100-90/535 型汽轮机采用的自动主汽门操纵座的结构图，它装在主汽阀的阀盖上。操纵座主要由油动机、主错油门和活动错油门等组成。油动机的活塞杆通过上横梁 13、下横梁 12 和两侧拉杆（与上、下横梁构成长方形框架，图中未绘出）与主汽阀的阀杆连接在一起。要开起主汽阀时，可操作同步器，使主错油门活塞下部控制油压升高，活塞上部的弹簧被压缩，活塞逐渐上移。当控制油压达到 8.6kg/cm² 时，油口 11 开始打开，控制油经过节流油口 7 和油口 11 进入油动机活塞 16 的下部，活塞在油压的作用下，克服弹簧组 14 的压力向上移动，带动主汽阀杆上移，开起主汽阀。当油动机活

塞上移时，通过反馈杠杆 8 压缩反馈弹簧，使主错油门活塞 10 下移，油口 11 又重新关闭。因此，不同的油动机活塞行程对应着不同的控制油压。主汽阀全开时，控制油压为 14.7kg/cm²。

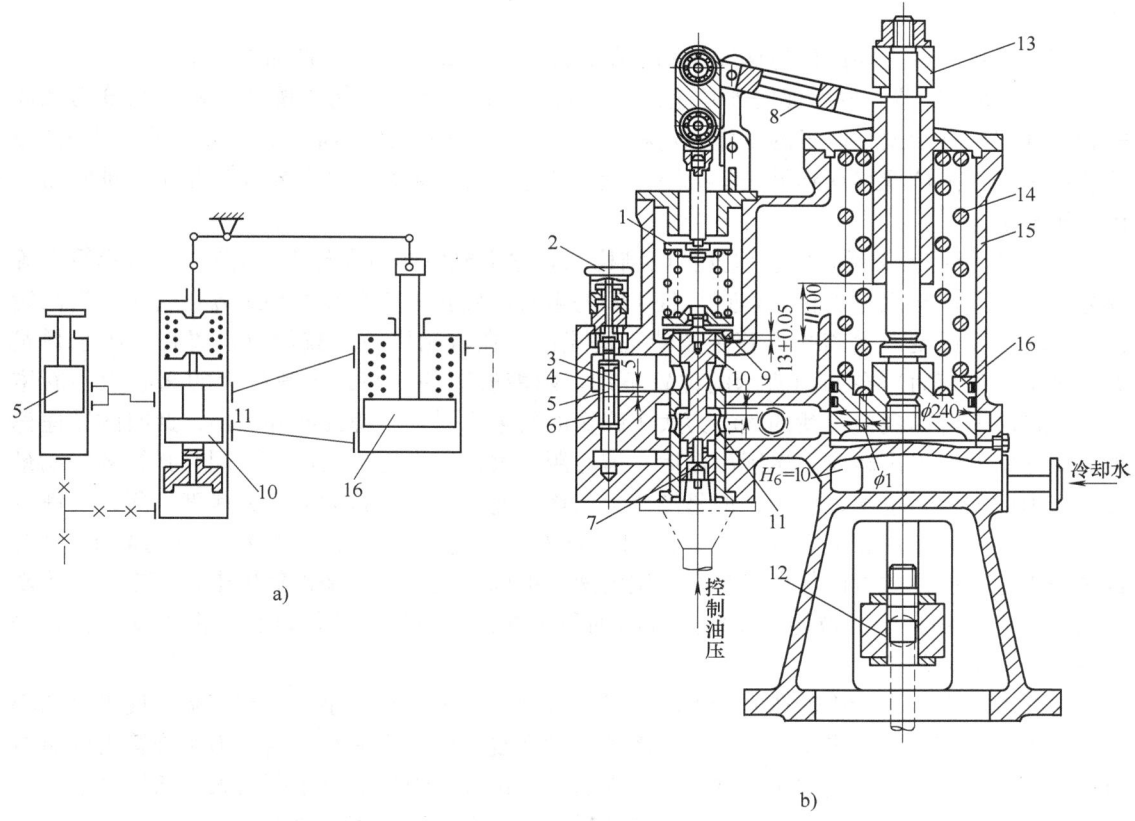

图 5-37 高压汽轮机自动主汽门操纵座
a）原理图　b）结构图
1—弹簧座　2—手轮　3、4、11—油口　5—活动错油门活塞　6—活动错油门　7—节流油口　8—反馈杠杆　9—上部限位环
10—主错油门活塞　12—下横梁　13—上横梁　14—弹簧组　15—油动机　16—油动机活塞

当保护装置动作时，主错油门活塞下部控制油与排油连通，主错油门迅速下移，使油口 11 与排油相连，油动机活塞下部油经过油口 11 排走，活塞在弹簧弹力的作用下迅速下移，使主汽阀关闭。

在运行中，为了防止卡涩需要活动主汽阀时，可先将销子抽出，逆时针转动手轮 2，活动错油门活塞 5 随之上移并将油口 4 打开，主错油门活塞下部油压降低，使油动机活塞下移 15mm 左右，然后再顺时针转动手轮，重新关闭油口 4，油动机活塞即回到原来位置。若逆时针转动手轮 2，一直使油口 4 和 3 都打开时，将使主汽阀完全关闭。为了缓和操纵座关闭时主汽阀阀芯对阀座的冲击，当主汽阀接近全关时，油动机活塞下部排油口被封死，活塞下部的油只能从活塞周围 0.32~0.40mm 的间隙和 ϕ1mm 的放气孔中排走，使关闭速度降低，起到缓冲作用。自动主汽门操纵座下部的水室用来隔断主汽阀的辐射热量，防止自动主汽门操纵座的温度过高。

（2）超速保护装置　一个设计良好的调节系统，在机组甩全负荷时，能将汽轮机最高转速控制在 109% n_0 之内。但是万一调节系统失常不能控制转速，而使机组转速升高到超过材料允许的数值,将会造成严重的转子损坏事故。为确保机组安全,汽轮机都配备了超速保护装置(属遮断保护)。一旦汽轮机转速上升到 $(1.10 \sim 1.12) n_0$ 时,超速保护装置动作,使机组紧急停机。

超速保护装置主要由危急保安器和危急遮断油门组成。下面分别加以介绍:

1) 危急保安器。危急保安器是超速保护装置的转速感受机构,按其结构特点分为飞锤式和飞环式两种形式,两者的工作原理相同,均属于不稳定调节器,工作时飞锤(或飞环)只能从一个极限位置移动到另一个极限位置。危急保安器装在由靠背轮和汽轮机主轴联为一体的短轴上。

图 5-38 所示为飞锤式危急保安器的结构图。它主要由调整螺母 1、飞锤 2、压弹簧 3 等部分组成。飞锤与汽轮机转轴垂直,且飞锤的重心与旋转中心存在偏心距 r_0。这样,当汽轮机转动时,飞锤便产生离心力并企图使飞锤飞出。在汽轮机转速较低时,离心力小于弹簧力,飞锤被弹簧力压在如图所示的位置不动。随着转速的升高,飞锤产生的离心力不断增大,一旦转速升高到使飞锤的离心力大于弹簧的约束力时,飞锤便向外飞出,此时的转速称为危急保安器的出击转速。飞锤出击后,偏心距增大,离心力随之增大,同时弹簧的压缩量增加,因此弹簧力也随之增大,但是离心力的增大速度大于弹簧力的增大速度,所以飞锤一经出击,就一直运动到被限制为止(碰到凸肩 F)。危急保安器的这种性质称为静不稳定,这种静不稳定的性质可以保证飞锤在一定转速下准确地出击。飞锤迅猛出击,打击危急遮断油门(见图 5-40)上的拉钩,使危急遮断油门脱扣,危急遮断油门动作,泄去安全油,关闭主汽门,紧急停机。

切断汽源后,汽轮机转速开始下降,随之飞锤离心力不断减小。当转速降到使飞锤离心力小于弹簧约束力时,飞锤开始回复,随着飞锤回复,偏心距减小,离心力和弹簧力同时减小,但离心力的减小速度大于弹簧力,而弹簧力超出离心力的部分不断增大,所以飞锤一旦回复便一直运动到原来位置。飞锤回复时的转速称为危急保安器的复位转速。

图 5-39 所示是飞环式危急保安器的结构图。套在短轴上的飞环,其重心与轴旋转中心存在着偏心距,当汽轮机转速升高到出击转速时,飞环出击。

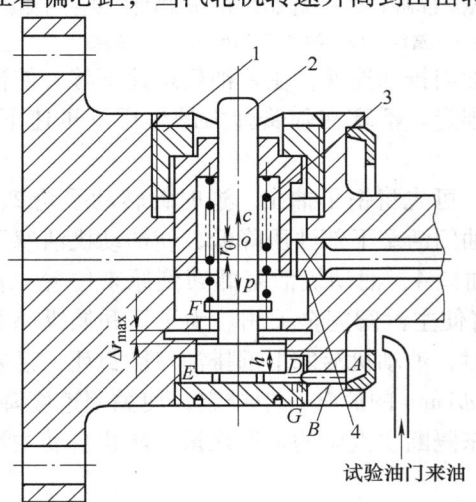

图 5-38 飞锤式危急保安器结构图
1—调整螺母 2—飞锤 3—压弹簧 4—键

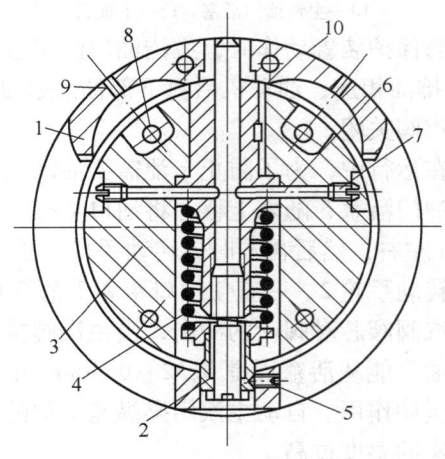

图 5-39 飞环式危急保安器结构图
1—飞环 2—调整螺母 3—主轴 4—弹簧 5—螺钉
6—圆柱销 7—螺钉 8—孔口 9—泄油孔口 10—套筒

2）危急遮断油门。危急遮断油门是接受危急保安器的动作使自动主汽阀和调节汽阀关闭的机构。它与危急保安器共同组成超速停机保护装置。危急遮断油门的结构形式很多。

图 5-40 所示为上海汽轮机厂采用的危急遮断油门的结构图。它主要由挂钩 1、活塞 2、壳体 3、压弹簧 4 和扭弹簧 5 等组成。在正常运行中，活塞被拉钩顶住处于图 5-40 所示的位置。

此时，二次油和安全油均不与回油管路相通，二次油和安全油压保持正常数值。当危急保安器动作，撞击子飞出打在拉钩上时，拉钩将逆时针方向旋转而脱钩，活塞 2 在压弹簧 4 的作用下向上移动到上限位置，安全油与下部回油相通，二次油与 C 室排油相通，使自动主汽阀和调节汽阀关闭停机。若需重新起动时，可操作复位装置，使复位油进入 A 室，将活塞压下，挂钩 1 受扭弹簧 5 的作用顺时针方向旋转，重新顶住活塞，然后断开复位油，危急遮断油门便处于工作位置。

图 5-41 所示为哈尔滨汽轮机厂采用的危急遮断油门的结构图。它主要由小活塞 6、弹簧 2、套筒 3 和大活塞 4 等组成。两个完全相同的危急遮断油门并联在一起，分别接受两个危急保安器的动作信号。

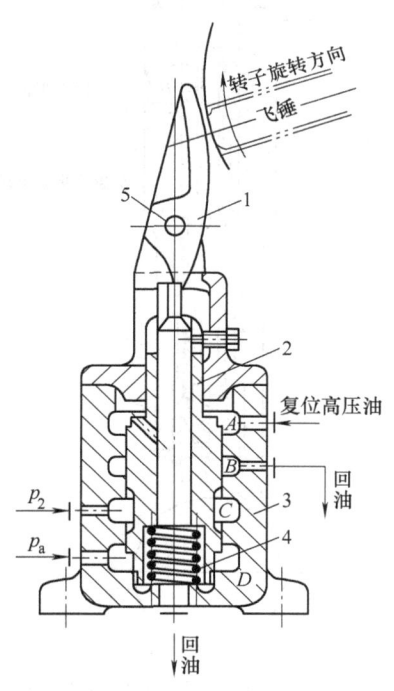
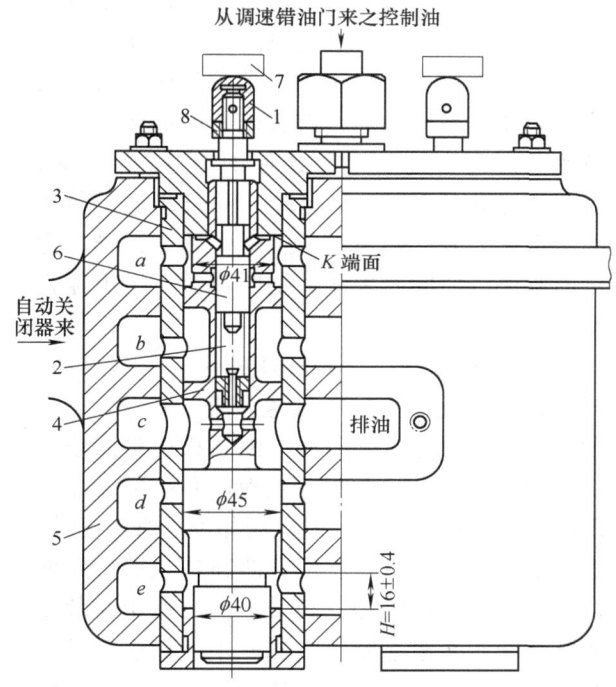

图 5-40　上海汽轮机厂危急遮断油门结构图
1—挂钩　2—活塞　3—壳体　4—压弹簧　5—扭弹簧

图 5-41　哈尔滨汽轮机厂危急遮断油门结构图
1—罩螺母　2—弹簧　3—套筒　4—大活塞　5—壳体
6—小活塞　7—杠杆　8—调整环

在正常运行时，大活塞 4 由于下部面积（$\phi 45 \sim \phi 40$）上的油压（工作油压）作用力大于上部面积（$\phi 45 \sim \phi 41$）上的油压（亦为工作油压）作用力，使大活塞向上紧密地压在研磨面 K 上，小活塞 6 通过弹簧 2 被推至上部，切断油室 a 通往大活塞上部环形油室 A 的通路，环形油室 A 中的油从小活塞上的槽中排出，危急遮断油门处于如图 5-41 所示的工作位置。当危急保安器动作时，通过杠杆 7 将小活塞下压，油室 a 通过油孔 g 与环形油室 A 相通。油室 A 的油压增加，将大活塞压下到下止点（大活塞行程为 16mm），油室 b、d 与排油室 c 相通，使自动主汽阀操纵座活塞下部的油和脉动油泄掉，自动主汽阀和调节汽阀关闭。若需重新起动，可操作同步器（逆时针方向旋转）将油室 a 的油压降低，大活塞在油室 e 的油压作用下又被顶至上部，小活塞在弹簧的作用压力下也同时复位，油室 a 与环形油室 A 断开，危急遮断油门重新处于工作位置。

图 5-42 所示为全液压调节系统的危急遮断油门，在危急遮断油门的壳体 6 的互为 90°的两个断面上，分别开有油口 B 及油口 A、C，套筒 7 的上端用螺纹与大弹簧罩 5 相连，下端通过销轴 10 与拉钩 12 相连，在正常工作位置时，拉钩卡在盖板 11 上，此时大弹簧 4 给大弹簧罩向上的作用力由拉钩平衡，使套筒处于平衡位置，油口 A、C 相通，来自轴向位移遮断器的高压油经此油路去磁力断路油门，经磁力断路油门后再去主汽门。

当危急保安器动作时，飞锤飞出撞击危急遮断油门的拉钩，使拉钩脱落，于是套筒就在大弹簧的作用力作用下向上移动，从而切断了 A、C 油口通路，也就是切断了高压油去主汽门的通路。同时，自动主汽门活塞下的高压油经油口 C 及套筒上的回油口 D 泄回油箱，自动主汽门因失去高压油而迅速关闭。与此同时，危急遮断油门套筒的上移还使油口 A、B 接通，高压油经此油口 A、B 与脉冲油路相通，脉冲油压迅速上升，调速汽门迅速关闭。这样，主汽门调速汽门同时关闭，切断汽源，机组停止运行。

在 DEH 系统中，对转速的保护是多重的。机械超速遮断系统与电超速系统（ETS）互为独立，采用的是与润滑油主油泵相连接的油系统。图 5-43 所示为机械超速遮断系统的工作原理图。当机组正常运行时，脱扣油母管中的油，自主油泵出口管径节流后分两路进入危急遮断油滑阀，其中一路经二级节流后，作用在危急遮断油滑阀并使之紧压在阀座上，把滑阀的泄油口关闭；另一路只经一级节流，引入超速保护试验滑阀，再进入危急遮断滑阀。由于危急遮断滑阀左侧面积小于右侧的面积，所以油压的作用力把滑阀推向左侧，使蝶阀紧压在阀座

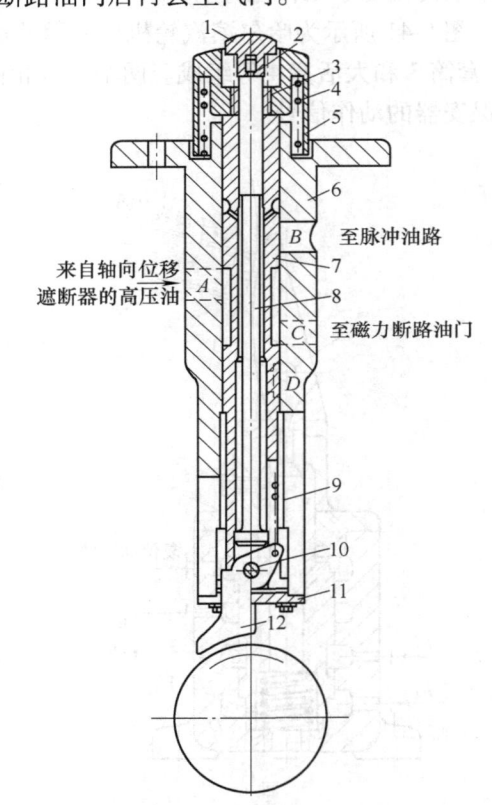

图 5-42 全液压调节系统的危急遮断油门
1—小弹簧罩 2—小弹簧 3—紧定螺钉 4—大弹簧
5—大弹簧罩 6—壳体 7—套筒 8—芯杆 9—拉力
弹簧 10—销轴 11—盖板 12—拉钩

上，堵住了泄油孔，从而使脱扣油母管中的油压等于主油泵出口的油压，遮断系统处于等待备用状态。

当机组正常运行时，飞锤因偏心所产生的离心力，不足以克服弹簧反方向的约束力，飞锤不能出击；当机组超速时，随着转速的升高，离心力和约束力随之增加，当离心力大于约

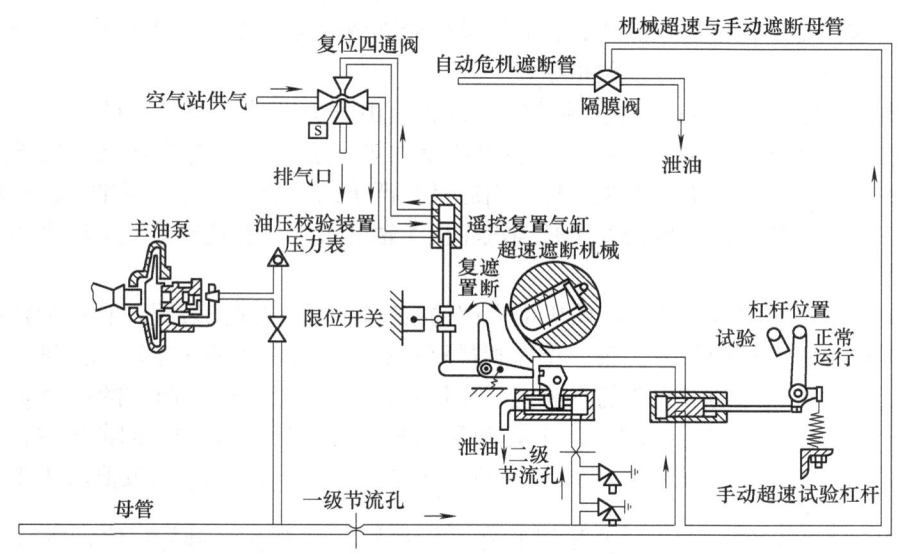

图 5-43 机械超速遮断系统的工作原理图

束力时,飞锤外移,偏心距加大,根据飞锤的设计特性,到达额定的转速后,离心力增加的速度超过约束力增加的速度,于是迅速克服约束力而使飞锤击出,击出的飞锤作用在脱扣板机上,使板机围绕其短轴旋转,带动危急遮断滑阀向右运动,蝶阀随之离开阀座并泄油,导致机械脱扣油母管中的油压降低,通过隔膜阀的作用,使汽轮机紧急停机。

当机械遮断系统动作,汽轮机停止进汽后,转速将逐渐下降,当降到离心力接近弹簧的约束力时,根据飞锤的设计特性,由于离心力的降低速度较约束力降低的速度快,弹簧的约束力使飞锤退回到击出前的原位,其对应的转速称为复位转速,考虑到重新并网的方便,一般复位转速稍高于额定转速。

由于脱扣板机动作时可使曲臂脱钩,曲臂受弹簧拉力的作用而向下转动,所以当飞锤复位以后,若要重新建立脱扣油压,运行人员必须复位挂闸,使曲臂转动并重新返回到挂钩位置,此时危急遮断滑阀才能在油压的作用下向左移动,使蝶阀重新压在阀座上并建立脱扣油压,继续行使超速遮断保护功能。

手动复位即用手推动手动遮断和复位螺杆至"复位"位置,可使危急遮断滑阀左移,滑阀中的蝶阀压在阀座上,阻止了机械超速和手动停机总管中的脱扣油泄掉,并且使隔膜阀下移,自动停机危急遮断油路(AST 油管)的油压重新建立,此时机组才能重新开机。

除了就地手动复位外,为了在控制室进行操作,还设有遥控复位装置。该装置主要由四通电磁阀及遥控复位汽缸组成。在复位挂闸前,电磁四通阀断电,由空气站来的压缩空气经过四通电磁阀进入汽缸下部,汽缸活塞上部与大气相通,将活塞推到高限,并可由行程开关指示出汽缸内活塞位置是否在正常位置。欲重新挂闸复位时,在控制室内按下复位按钮,使四通电磁阀通电,则四通阀改变其通道位置,将压缩空气通到汽缸上端,而下端通大气,压缩空气推动活塞下移,经过杠杆使手动遮断与复位螺杆转动到复位的位置上。让遮断滑阀复位,重新建立起机械超速和手动停机母管中的油压,手动遮断与复位螺杆亦回到正常位置,这时行程开关指出挂闸复位状态，并且使四通电磁阀断电，这时压缩空气又改通汽缸活塞下部，汽缸活塞恢复到正常位置。此后，只要危急遮断滑阀仍旧关闭，复位手柄就一直保持在正常位置，等待下一次的遥控复位指令。

（3）轴向位移保护 汽轮机主轴的轴向位置是由推力轴承严格定位的。但在运行中往往由于某些事故（例如水冲击、振动、润滑油断油等）会使巴氏合金熔化，转子发生轴向窜动，导致动、静间隙消失而发生摩擦，引起极为严重的事故。因此，对轴向位移应进行监视和保护。轴向位移保护装置的作用是当汽轮机主轴的轴向位移达到危险值时发出信号，并使汽轮机紧急停机。

图 5-44 所示为国产 200MW 汽轮机上应用的液压轴向位移保护装置，它包括轴向位移测量阀和轴向位移遮断阀两部分。轴向位移测量阀是利用随动滑阀原理来跟踪主轴位移的。油压为 p 的压力油进入随动滑阀 2 的右腔室，作用在面积 F_a 上，产生向左的推力 $p_p F_a$；然后通过活塞上的节流孔 f_a 进入左腔室，并从喷嘴与被测端面的间隙 δ 排入回油通道，于是在左腔室形成油压 p_2，作用在面积 F_b 上，产生向右方向的推力 $p_2 F_b$，p_2 的数值取决于间隙 δ 的大小，当 $P_2 = \dfrac{F_a}{F_b} p_p$，时，滑阀活塞达到平衡。由于 F_a、F_b 和 p_p，都为定值，所以 p_2 亦为定值，则随动滑阀与被测端面保持固定的相对位置，其距离为 δ。

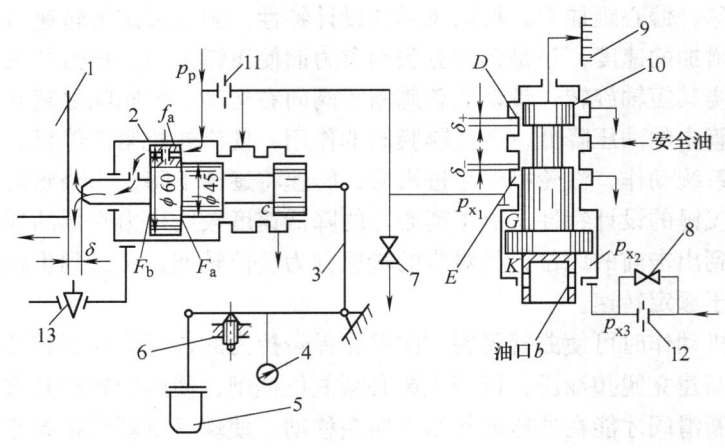

图 5-44 随动滑阀式液压轴向位移简化系统
1—主轴上的凸缘 2—随动滑阀 3—杠杆 4—指示仪表 5—位移传感器 6—调整螺钉
7—调零小阀 8—调幅小阀 9—刻度盘 10—轴向位移遮断阀 11、12—节流孔 13—节流阀

若主轴被测端面发生位移，例如向右移动，则 δ 减小，P_2 增大，使活塞右移，于是 δ 又逐渐增大，直到 δ 和 P_2 都恢复到动作前的数值为止。由此可知，随动滑阀活塞的位移量等于主轴被测端面的位移量，这就是随动滑阀的测量原理。

液压油还经节流孔 11，然后从控制油口 c 和调零小阀 7 泄油，形成油压 p_{x_1} 至轴向位移遮断阀 10 的油室 G，去控制轴向位移遮断阀。当随动滑阀活塞右移时，控制油口 c 开大，p_{x_1} 降低。反之亦然。

轴向位移遮断阀 10 的 G 腔室通控制油压 p_{x_1}，p_{x_1} 对活塞产生一个向下的作用力；压力油

p_0 经节流孔 12 和阀 8 进入 K 腔室,然后从油口 b 排去,在 K 腔室形成油压 p_{x_2},p_{x_2} 对活塞产生一个向上的作用力。由于活塞上下腔室的作用面积相等,故平衡时 $p_{x_1}=p_{x_2}$。当 p_{x_1} 变化时,危急遮断阀活塞产生运动,当汽轮机转子的轴向位移达到 +1.2mm 和 -1.65mm 时,p_{x_1} 变化使遮断阀活塞行程超过 δ_+ 和 δ_-,排油口 D 或 E 打开,泄掉安全油,使危急遮断滑阀动作,机组停机。危急遮断阀活塞移动时改变了油口 b 的泄油面积,亦改变 p_{x_2} 的值,直至 $p_{x_2}=p_{x_1}$,活塞停止动作,所以油压 p_{x_2} 总是跟随 p_{x_1} 变化的。小阀 7 用来调整危急遮断阀活塞的零位,小阀 8 用来调整 p_{x_1} 的变化量与危急遮断阀活塞行程变化量之间的关系,节流阀 13 是静态试验时用。

轴向位移测量阀的右端连接杠杆,在 2∶1 的位置上有百分表一个,就地指示位移数值;在 1∶1 的杠杆位置上,有差动变压器式传感器,将位移变为电厂信号输给远方指示仪表。

(4) 低油压保护装置　润滑油压过低将使汽轮机轴承不能正常工作,情况严重时不但会损坏轴瓦,而且会造成动、静部分摩擦等恶性事故。因此润滑系统中都装有低油压保护装置,如图 5-45 所示。低油压保护装置的作用如下:

1) 当润滑油压低于正常要求的数值时,首先发出报警信号,提醒运行人员注意并及时采取措施。

2) 当油压继续下降至某一数值时,自动投入辅助油泵以提高油压。

3) 辅助油泵起动后,如果油压仍继续下降到某一数值时,掉闸停机并停止盘车。

图 5-46 所示为 N100-8.83/535 型和 N200-12.75/535/535 型汽轮机采用的波纹筒式低油压保护装置结构示意图。它由三组继电器组成,各组结构相同,均由波纹管、弹簧、芯杆、微型开关组成。润滑油通入壳体内,油压作用在波纹管上,克服弹簧力,使波纹管连同芯杆一起向左移,到达左极限点位置,芯杆压住微型开关的触点,使继电线路断开。当油压降低时,在弹簧力作用下,芯杆右移,离开微型开关触点,使线路闭合,发出信号。三个微型开关额定的油压值不同,分别起不同的作用:

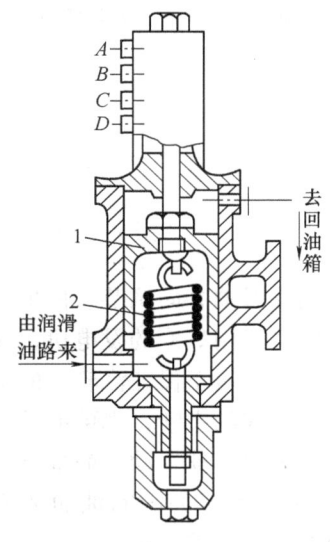

图 5-45　弹簧式低油压保护装置
1—活塞　2—弹簧

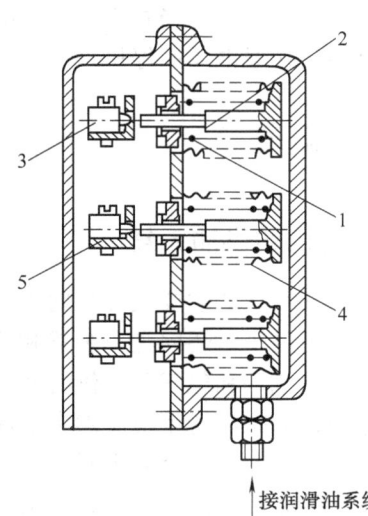

图 5-46　波纹筒式低油压保护装置结构示意图
1—弹簧　2—芯杆　3—微型开关　4—波纹筒　5—角钢架

1) 当润滑油压低至 0.05MPa 时，第一组继电器接通，起动交流润滑油泵，并发出"润滑油压低至 0.05MPa"的信号。

2) 当润滑油压低至 0.04MPa 时，第二组继电器接通，发出"润滑油压低至 0.04MPa"的信号。与此同时，一方面起动直流润滑油泵，另一方面接通磁力遮断装置电路，紧急停机。

3) 当润滑油压低至 0.03MPa 时，第三组继电器接通，发出"润滑油压低至 0.03MPa"的信号。同时停止盘车电动机，只能手动盘车。

（5）低真空保护 汽轮机运行中，因各种原因会造成真空降低。真空降低不仅会影响机组出力、降低经济性，而且真空降低过多还会因排汽温度升高和轴向推力增加影响汽轮机的安全。因此，较大功率汽轮机均装有低真空保护装置。当真空降到某一数值时能自动停机。低真空保护装置的形式很多，如图 5-47 所示为单筒波纹管式低真空保护装置的结构。

它主要由弹簧 1、波纹管 2 和微动开关 4、5 等组成。波纹管外部汽室与凝汽器喉部相通，随着真空数值的变化，波纹管相应伸、缩，通过芯杆 3 带动支架 8 移动。当真空正常时，触头 7 不与微动开关 4 接触，处于断开位置，而微动开关 5 则被支架 8 压住，处于闭合状态；当真空降至一定数值时，波纹管受压收缩，带动芯杆下移，支架 8 与微动开关 5 脱开，发出真空低的声光报警信号；当真空进一步降至规定极限值时，芯杆触头 7 与微动开关 4 接通，使磁力断路油门接通电源而停机。

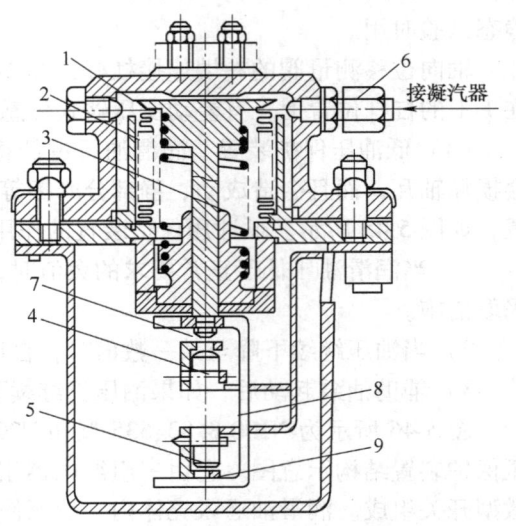

图 5-47 单筒式波纹管式低真空保护装置结构
1—弹簧 2—波纹管 3—芯杆 4、5—微动开关
6—接头 7—触头 8—支架 9—触头

5.7 知识拓展

5.7.1 汽轮机的供油系统

汽轮机供油系统的主要任务是向机组各轴承提供足够的润滑油并向调节、保护系统提供动力油，在机组盘车时还向盘车装置和顶轴装置供油。对有些采用氢冷的发电机，还向氢气环式密封瓦的空气侧和氢气侧提供密封油。供油系统的正常工作对于保证汽轮机的安全运行具有重要作用，如果润滑系统突然中断油流，即使只是很短时间的中断，也可能发生严重事故。首先是轴承的巴氏合金因中断冷却而熔化，机组的转子失去支撑，动、静部分发生严重磨损。而调节系统断油，整台机组将失去控制。发电机氢密封系统如因断油而造成氢气泄漏，则容易引起爆炸。因此保证油系统的正常工作对机组的安全至关重要。

在液压调节系统中润滑系统和调节系统均由统一的汽轮机油系统供给。在电液调节系统中，采用了透平油供轴承润滑系统用油，高压抗燃油供调节、保安系统用油的供油方式。

1. 采用汽轮机油的供油系统 (Turbine Oil)

油系统的主要设备一般有主油泵、注油器、辅助油泵、油箱及冷油器等。图 5-48 所示为某机组的供油系统。

主油泵和液压油分三路：一路供调节系统用油；一路作为注油器的动力油，抽吸油箱中的油供主油泵入口；一路经冷油器供各轴承作为润滑油。

机组起动时，由辅助油泵供油。当汽轮机达到一定转速后，便可以停止辅助油泵供油，由汽轮机主轴驱动的主油泵供油。当汽轮机主油泵发生事故或油系统大量漏油必须停机时，要将辅助油泵投入运行。当润滑油压降到一定程度时，辅助油泵自起动或由人工操作。

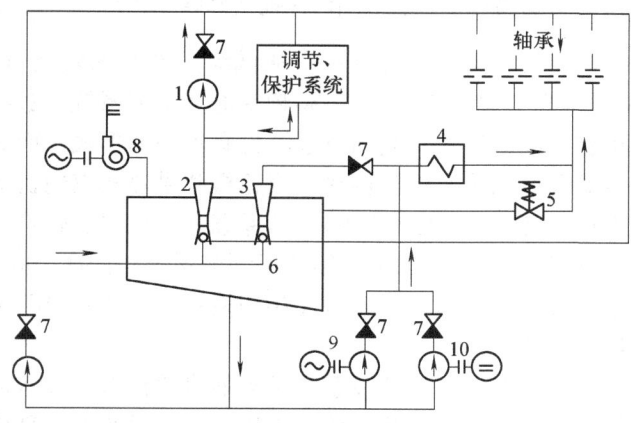

图 5-48 汽轮机的供油系统
1—主油泵 2、3—注油器 4—冷油器 5—过压阀 6—油箱
7—逆止阀 8—排烟机 9—交流润滑油泵
10—直流润滑油泵

2. 抗燃油供油系统 (Anti-fuel)

图 5-49 所示为抗燃油供油系统组成及配置。

抗燃油（EH）供油系统的作用是提供高压抗燃油，以驱动伺服执行机构，调节各蒸汽阀开度，同时保持 EH 油的正常理化特性。该系统主要由抗燃油箱、抗燃油泵、蓄能器、充气阀、电磁操作配压阀、液动止回阀、三通阀、液位计、过滤器、低工作油压遮断器、冷油器、排烟风机、溢流阀等组成。其中蓄能器的作用是当机组甩负荷或紧急停机、油动机快速动作、调节保安系统瞬间大量耗油时，及时地向调节保安系统释放大量油量，补充抗燃油泵供油量的不足，满足油动机快速关闭的需要。

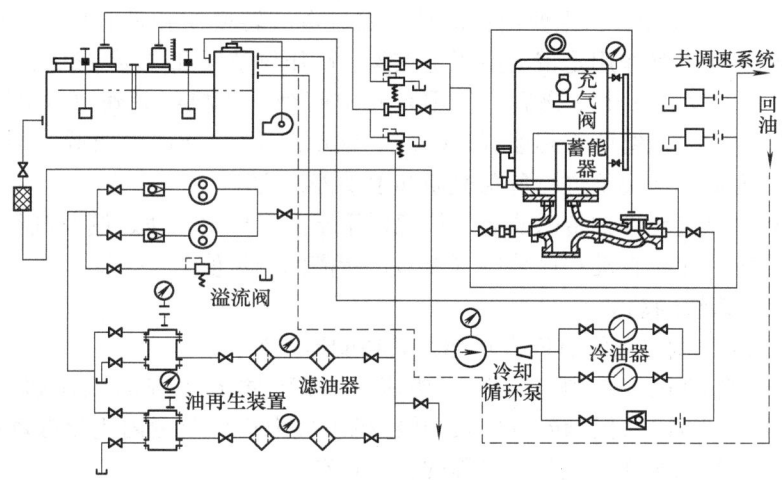

图 5-49 抗燃油供油系统组成及配置

5.7.2 数字式电液调节系统 DEH 简介

汽轮机的调节系统有一个从低级到高级的发展过程。根据发展过程来分，可分为液压（机械液压）调节系统、功率-频率电液调节系统、数字电液调节系统。根据功能的不同，汽轮机有不同的形式，其调节系统也有不同的形式。而非中间再热汽轮机的液压调节系统是最基本的调节系统。中间再热式汽轮机和供热式汽轮机的调节系统是根据不同的功能需要，在非中间再热汽轮机的液压调节系统基础上增加了一些部件（环节）而成。例如，国产100MW 及以下机组都是采用液压调节系统；国产 200MW 机组配备有液压调节系统和功率—频率电液调节系统，二者可互相切换；国产 300MW、600MW 大型汽轮机组都普遍采用数字电液调节系统。

汽轮机数字电液调节系统是当前汽轮机调节技术的新发展，集中了两大新成果：计算机系统和高压抗燃油系统。使得汽轮机调节系统有关部件尺寸小、结构紧凑、调节质量大大提高。

1. DEH 调节系统的组成

国产引进型 300MW 汽轮机组的 DEH 调节系统，是根据美国西屋公司 DEH-3 型的功能原理研制开发而成。

300MW 汽轮机组的 DEH 调节系统主要由五大部分组成：

1）电子控制器：主要包括计算机、混合数模插件、接口和电源设备等。集中布置在 6 个控制柜内。其作用是给定、接受反馈信号、逻辑运算和发出控制指令等。

2）操作系统：主要设备有操作台盘、图像站的显示器和打印机等。其作用是为运行人员提供运行信息、监督、人机对话和操作等服务。

3）油系统：汽轮机调节用油与润滑油分开。高压油（EH 油系统）采用三芳基磷酸酯抗燃油，为调节系统提供控制与动力用油。

EH 油系统作用：EH 油系统通过接受调节器或操作盘来的指令对机组进行控制。

润滑油系统作用：为轴承润滑油系统提供汽轮机润滑油。

4）执行机构（油动机）：主要由伺服放大器、电液转换器和具有快关、隔离和逆止装置的单侧油动机组成。其作用是带动高压主汽阀、高压调节阀和中压主汽阀、中压调节阀。

5）保护系统：设有 6 个电磁阀。作用是其中两个用于机组超速（103%）时关闭高、中压调节阀。其余用于机组严重超速（110%）、轴承油压低、EH 油压低、推力轴承磨损过大、凝汽器真空度低等情况下进行危急遮断和手动停机之用。

此外，还有些测量元件如传感器等。传感器用于测量机组转速、调节汽室压力、发电机功率、主汽压力等汽轮机自动程序控制（ATC）所需的测量值。

2. DEH 调节系统的功能

总体来说，DEH 调节系统有四大功能，其功能形式为：

（1）汽轮机自动程序控制（ATC）功能　DEH 调节系统的汽轮机自动程序控制（ATC）是通过状态监测、计算转子应力，并在机组应力许可范围内优化起动程序，用最大的速率、最短的时间来实现机组起动过程的全部自动化。

ATC 允许机组有冷态起动和热态起动两种方式。冷态起动包括盘车、升速、并网和带负荷。其各种起动操作、阀门切换等全过程均由计算机自动控制完成。在机组正常运行过程中，还可以实现 ATC 监督。

（2）汽轮机的负荷自动调节功能　汽轮机的负荷自动调节有两种情况：冷态起动时，机组并网带初负荷（5%额定负荷）后，负荷由高压调节阀控制；热态起动时，机组负荷未达到35%额定负荷以前，负荷由高、中压调节阀控制，35%额定负荷以后，中调阀全开，负荷只由高压调节阀控制。

当机组处于负荷控制阶段，DEH 调节系统具有下述功能：

1）具有操作员自动、远方控制和电厂计算器控制方式，以及它们分别与 ATC 组成的联合控制方式。

2）具有自动控制（A 和 B 机双机容错）、一级手动和二级手动冗余控制方式。

3）可采用串级或单级 PI 控制方式。当负荷大于10%以后，可由运行人员选择是否采用调节级汽室压力和发电机功率反馈回路，也就是决定采用何种 PI 控制方式。

4）可采用定压运行或滑压运行。当采用定压运行时，系统有阀门管理功能，以保证汽轮机能获得最大的效率。

5）根据电网的要求，可采用调频运行方式或基本负荷运行方式，设置负荷上、下限和其速率等。此外，还有主汽压控制（TPC）和外部负荷返回（RUNBACK）等保护主要设备和辅助设备的控制方式，运行控制十分灵活。

（3）汽轮机自动保护功能　为了避免机组因超速或其他原因遭受破坏，DEH 的保护系统有以下三种保护功能：

1）超速保护（OPC）：当机组转速达到103%时，快关中压调节阀；当机组转速在（103%～110%）范围内时，超速控制系统通过 OPC 电磁阀快关高、中压调节阀，实现对机组的保护。

2）危机遮断控制（ETS）：当 ETS 系统检测到机组超速达到110%或其他安全指标达到安全界限后，通过 AST 电磁阀关闭所有的主汽门和调节汽门，实现紧急停机。

3）机械超速保护和手动脱扣：机械超速保护为超速的多重保护，即当转速高于110%时，实现紧急停机。手动脱扣是当保护系统不起作用时进行手动停机，以保证人身和设备的安全。

（4）机组和 DEH 系统的监控功能　监控功能在起动和运行过程中对机组和 DEH 装置两部分运行状况进行监督。其内容包括：操作状态按钮指示、状态指示和 CRT 画面，其中对 DEH 监控的内容包括重要通道、电源和内部程序的运行情况等。CRT 画面包括机组和系统的重要参数、运行曲线、潮流趋势和故障显示等。

3. DEH 系统的运行方式

为了确保 DEH 系统控制的可靠性，DEH 系统设有四种运行方式，机组可以在其中任何一种方式下运行，其顺序为：

二级手动⇔一级手动⇔操作员自动⇔汽轮机自动（ATC），相邻两种运行方式互相跟踪，并且可以无扰切换。此外，在二级手动以下还有一种硬手操，它作为二级手动的备用，但二者不能跟踪和切换。

（1）二级手动　运行方式是跟踪系统中最低级的运行方式，仅作为备用运行方式。它全部由成熟的常规模拟元件组成，以便在数字系统出现故障时，自动转入模拟系统控制，确保机组安全可靠。

(2) 一级手动　一级手动是一种开环运行方式，运行人员在操作盘上按键就可以控制各阀门的开度，各按键之间逻辑互锁，同时具有操作超速保护控制器（OPC）、主汽阀压力控制器（TPC）、外部触点返回（RUNBACK）和脱扣等保护功能。此运行方式作为汽轮机自动（ATC）方式的备用。

(3) 操作员自动　操作员自动方式是 DEH 调节系统的最基本的运行方式，用这种方式可实现汽轮机转速和负荷的闭环控制，并且具有各种保护功能。该方式设有完全相同的 A 和 B 双机系统，双机容错，具有跟踪和自动切换功能，也可以实现强迫切换。在这种方式下，目标转速和目标负荷及其速率均由操作员给定。

(4) 汽轮机自动（ATC）　汽轮机自动是最高一级运行方式。此时包括转速和负荷及其速率都不是来自操作员，而是由计算机程序或外部设备进行控制。因此它是最高一级运行方式。

4. DEH 调节系统的控制模式

DEH 的控制器，是 DEH 调节系统的核心。它有两种控制模式：

(1) 主汽阀（TV）控制模式　主汽阀控制又有两种控制方式：

1) 主汽阀自动（AUTO）方式亦称为数字系统控制方式。当计算机发出指令进行控制时，称为汽轮机主汽阀自动控制（ATC）方式；当由操作员在操作盘通过计算机进行控制时，称为汽轮机主汽阀操作员自动控制。

2) 主汽阀手动方式。此时数字系统不参与，而是通过模拟系统对机组进行控制。主汽阀控制系统用于起动升速和机组跳闸时进行紧急停机。在冷态起动开始阶段，是由主汽阀控制汽轮机的转速，调节阀处于全开状态；当转速达到 96% 时，转速控制由主汽阀切换到调节阀，然后主汽阀全开，直到并网带负荷运行。在此期间只要不出现机组跳闸，机组始终由调节阀进行控制。

(2) 调节阀（GV）控制模式

1) 调节阀自动（AUTO）方式：调节阀自动（AUTO）方式是计算机参与的控制方式，即数字系统运行。在负荷控制阶段，GV 有以下五种运行方式：操作员自动控制方式（OA）、遥控方式（REMOTE）、电厂计算机控制方式（PLANT COMP）、自动汽轮机控制方式（ATC）、电厂限制控制方式。

2) 调节阀手动方式：在调节阀手动控制方式下，计算机不参与控制，而是由运行人员发出指令，通过模拟系统输出的信号进行控制。

因此，不管是主汽门（TV）控制还是调节汽门（GV）控制，都有数字控制和模拟控制两种方式。它们之间应设有数/模（D/A）转换和跟踪系统，便于在系统或运行方式变化时实现无扰切换。

5.7.3　200MW 机组 DEH 调节系统

调节保安系统取消了以往 200MW 机组配有的凸轮配汽机构，更换了高、中压油动机和阀门操纵座，实现了每个调节汽阀配备一个独立的高压伺服执行机构；高、中压自动关闭器也采用了开关式高压抗燃油机构；增加了 OPC 超速保护和 AST 跳闸装置，保留了传统的透平油危急遮断装置，并通过薄膜阀与高压抗燃油系统相连。

电液伺服执行机构是 DEH 控制系统的重要组成部件之一，该机组的 DEH 系统共有 14

只执行机构，分别控制两个高压主汽阀、4个高压调节汽阀、两个中压主汽阀、4个中压调节汽阀和两个低压抽汽调节汽阀。其中1只高压主汽阀和两只高压调节汽阀布置在一起构成一个高压联合进汽阀，1只中压再热主汽阀和两只中压再热调节汽阀布置在一起构成一个中压联合进汽阀，高、中压联合进汽阀和两只低压抽汽调节汽阀分别布置在高压缸、中压缸及低压缸两侧。

每个执行机构上都装有一只油动机，油动机主要由液压缸及弹簧组成，其开起靠抗燃油压力驱动，而关闭靠油动机上的弹簧力。液压缸是单侧进油式。由于油压很高，油动机及控制机构均做得很小。油动机与一个控制块连接，在这个控制块上装有隔离阀（截止阀）、快速卸荷阀和单向阀，加上不同的附加组件（如伺服放大器、伺服阀等组件），就可组成两个基本形式的执行机构，即开关型和控制型执行机构。此外，油动机在快速关闭时，为了使蒸汽蝶阀与阀座的冲击应力保持在允许的范围内，在油动机活塞尾部采用了液压缓冲装置，可以将大部分动能在冲击发生前的瞬间转变成液体的能量。

高压主汽阀和一般机组的自动主汽阀相同，当机组发生故障紧急停机时，安全油失压，经过卸荷阀使主汽阀自动关闭。

高压调节汽阀能根据运行方式的不同要求，用单阀节流调节方式四个调节汽阀同时动作，也可用多阀喷嘴调节方式依次动作。

高、中压主汽阀执行机构因无伺服放大器、伺服阀等组件，属开关型执行机构，因此高、中压主汽阀只有开、关两个位置。而高压调节汽阀、中压调节汽阀及低压抽汽调节汽阀执行机构有伺服放大器、电液伺服阀、线性差动位移传感器等组件，均属于控制型执行机构。

（1）高压自动关闭器执行机构　两个高压自动关闭器执行机构分别安装在机组左、右两侧的高压主汽阀—调节汽阀组上，其工作介质为14MPa的抗燃油。该执行机构属于开关型执行机构，阀门只有全开或全关两个位置。

该执行机构主要由油动机、控制块、阀门活动试验电磁阀、开关电磁阀、卸荷阀、截止阀和单向阀等组成。控制块是用来将所有部件安装及连接在一起，也是所有电气触点及液压接口的连接件。由于没有控制功能，所以不必装设电液伺服阀及其相应的伺服放大器。

油动机活塞杆与高压主汽阀杆直接相连，油动机为单侧进油式油动机，高压抗燃油提供开起主汽阀的动力，卸荷阀泄油可使油动机下腔室的动力油失压，依靠弹簧力的作用，快速关闭高压主汽阀。

起动时DEH控制系统来的控制信号送入高压自动关闭器执行机构，则开关电磁阀（为二位二通常闭电磁阀）动作，使其排油通道关闭。此时高压抗燃油经节流孔进入该执行机构的液压缸和卸荷阀的下部，在油压的作用下，该执行机构克服了蒸汽作用在阀门上的作用力、摩擦力、阀门本身的重力和操纵座弹簧力而开起主汽阀。当主汽阀运行到限位行程后，操纵座上的行程开关触点闭合，同时发出一个节点信号给DEH表明该主汽阀已全开。节流孔是用来限制油动机进油量的，其作用一是开门时使汽阀缓慢开起，避免冲击；二是在危急遮断系统动作、大量卸去油动机下腔室的高压油并关闭主汽阀时，避免大量的高压油又从隔离阀涌入，使高压主汽阀的关闭速度减慢，造成超速。

在油动机的液压缸旁有一个卸荷阀，当汽轮机发生危急情况时自动停机危急遮断油

（AST 油）卸去后，卸荷阀快速打开，迅速卸去执行机构活塞杆下腔的液压油，则主汽阀在弹簧作用下将迅速关闭，以实现对机组的保护。在卸荷阀动作的同时，工作油还可排入油动机的上腔室，从而避免了回油旁路的过载。

在卸荷阀的顶部有一个松动试验电磁阀（也为二位二通常闭电磁阀），该电磁阀通过一个节流孔与卸荷阀上腔的自动停机危急遮断油（AST 油）相连。当需要对主汽阀进行松动试验时，DEH 控制装置发出一个信号，该电磁阀打开后将引起卸荷阀上腔的自动停机危急遮断油（AST 油）油压跌落，卸荷阀微许打开，将执行机构活塞杆下腔的压力油卸去一部分，使主汽阀在弹簧力的作用下关闭一定的行程，以达到主汽阀松动试验的目的，防止主汽阀卡死。

(2) 中压自动关闭器执行机构　两个中压自动关闭器执行机构分别安装在机组左、右两侧的中压主汽阀上，其工作介质也为 14MPa 的抗燃油。该执行机构也属于开关型执行机构，主要由油动机、控制块、阀门活动试验电磁阀、开关电磁阀、卸荷阀、截止阀和单向阀等组成，其工作原理和主要部件与高压自动关闭器执行机构的工作原理相同。

(3) 高压调节汽阀执行机构　高压调节汽阀的执行机构属于连续控制型执行机构，可以将高压调节汽阀控制在任意的中间位置上，成比例地调节进汽量，以适应负荷变化的需要。

高压调节汽阀的执行机构主要由液压缸、线性位移差动变送器（LVDT 也称线性位移差动传感器）、快速卸荷阀、截止阀、过滤器、单向阀（逆止阀）、电液伺服阀、解调器和伺服放大器等组成。其中解调器和伺服放大器安装在 DEH 控制柜中。该执行机构安装在蒸汽阀的弹簧室旁，油动机活塞杆经连杆与主汽阀相连。油动机的弹簧是拉弹簧。

经过计算机运算处理后的开大或者关小调节汽阀的电气信号（阀位指令信号）经伺服放大器放大后，在电液伺服阀中将电气信号转换为液压信号，使伺服阀的主滑阀移动，并将液压信号放大后，控制高压油的通道，使高压油进入油动机活塞下腔室，油动机活塞向上移动，经杠杆带动调节汽阀使之开起；或者使液压油从活塞下腔室放去，借助弹簧力使活塞下移，关闭调节汽阀。由此可见，油动机是单动式，每一只油动机控制一只阀门。当油动机活塞移动时，同时带动线性位移差动变送器中的线圈，将油动机活塞的机械位移信号转换成电气信号，作为负反馈信号与由计算机处理送来的信号相加。由于两者极性相反，实际上是相减，只要其差值不为零，伺服阀就控制着油动机的活塞移动。只有在原输入信号与反馈信号相加后，使输入伺服放大器的信号为零时，电液伺服阀的主滑阀才能回到中间位置，不再有高压油通向油动机下腔或使液压油从油动机下腔泄出。油动机活塞停止移动，其活塞及阀门停留在 DEH 控制器所要求的位置上，从而控制了阀门的开度及汽轮机的进汽量。

当汽轮机转速超过 103% 额定转速或发生故障需紧急停机时，危急遮断系统动作，使超速保护（OPC）母管油卸去，执行机构的卸荷阀快速动作，迅速泄去油动机活塞下腔室中的液压油，在弹簧的作用下，使油动机及相应的进汽阀门迅速关闭。从油动机下腔室泄去的油一部分去活塞的上腔，另一部分去排油管路。

(4) 中压调节汽阀执行机构　中压调节汽阀执行机构的油动机安装在中压调节汽阀的弹簧室上，活塞杆经连接器与再热汽阀阀杆相连，活塞杆在油压作用下克服弹簧力向上动作开起汽阀；相反，当油动机活塞下腔室中的液压油泄去时，在弹簧作用下使活塞杆向下关闭汽阀。该执行机构也属于控制型，可以将阀门控制在任意的中间位置上成比例地调节进汽量，以适应负荷变化的需要。

中压调节汽阀执行机构的工作原理及主要部件与高压调节汽阀的相同。为了保证机组的经济性，再热调节汽阀在正常运行时保持全开位置，以减少通流节流损失，但是当带低负荷，或突然甩全负荷，或机组转速超过额定转速的3%，或机组突然甩去大部分负荷但又将很快恢复时，则再热调节汽阀可依据不同情况关小、短期关闭或关闭，以维持电网的稳定，防止超速。

（5）低压抽汽调节阀执行机构　低压抽汽调节汽阀执行机构属于控制型执行机构，可以将低压抽汽调节汽阀控制在任一位置上，成比例地调节抽汽量以适应汽轮机抽汽运行的需要。其油动机的弹簧是压弹簧。

该执行机构的工作原理及主要部件与高压调节汽阀执行机构的相同。

5.8　常见故障及案例分析

5.8.1　常见故障

调速系统由于检修调整不当及长期运行常会发生以下异常现象：

1. 不能维持空负荷运行

当自动主汽门全开后，调速汽门的进汽量大于额定转速下空负荷时所需要的蒸汽量。其原因可能是：

1）调速汽门本身不严，在关闭状态下漏气。

2）提升汽门的凸轮与滚轮之间冷态间隙留得不合适或凸轮角度安装得不对油动机关闭调速汽门侧的富裕行程不够，调速器集电环的富裕行程不够，调速汽门的弹簧紧力不够，油动机克服蒸汽压力不足等均会造成调速汽门关闭不严密。

3）调节系统中有的部件被卡住或调速器的弹簧紧力过大。

2. 汽轮机带不上满负荷

当同步器摇至上限时，汽轮机不能带上满负荷，主要原因是调速器集电环下限富裕行程不足或有些上限位点的同步器限制器装置不当。

3. 调节系统经不起甩负荷

当汽轮机的发电机突然甩去全负荷时，将引起危急保安器动作，其原因是：调节系统迟缓率或速度变动率太大，或调节部件卡涩；调速器调整不正确（如同步器的上限位置不当等）或油动机关闭时间太长。

4. 调节系统内油压低

调节系统内油压低的原因如下：

1）高压油管道系统有漏油处或轴承润滑油量过大，或者错油门芯与套筒、油动机活塞与缸壁的间隙过大也将引起漏油量过多。

2）主油泵的主要间隙调整不当或磨损，主油泵入口被堵塞或有空气漏入以及系统的周波过低均会造成主油泵出力不足。

5. 仅在某一负荷时调节系统摆动

这一现象发生的原因多是某一部位的调节零件有问题。如某一调速汽门卡涩；某调速汽门凸轮型线不佳、有突变区或凸轮磨损；某一区域内反馈调整不正确，以及调速汽门重叠度过大等。

5.8.2 案例分析

案例 1：2001 年 7 月某自备电厂一台 C12—3.43/0.98 机组在试运过程中，调速系统曾发生过负荷和转速大幅度波动故障，后经处理得以消除，机组顺利投入运行。

1. 现象

此台机组在运行中未并入电网，只带厂用电单机运行。在低负荷时，机组运行正常，随着用电量的增加，机组在电负荷超过 2500kW 时，出现了转速波动现象，转速波动幅度大约 15 转左右，并且随着电负荷的升高，转速波动的幅度也随之加大，至 4000kW 负荷时，转速波动的幅度已达 60 多转，无法正常运行。

2. 故障分析

针对可能造成汽轮机的发电机组负荷或转速波动的主要原因，分析如下：

此台机组发生的负荷、转速波动，从运行实际情况来分析，机组在额定转速以及低负荷时，调节系统均表现稳定，转速负荷无波动现象，可以说此台机组迟缓率过大的情况不应存在。

机组在低负荷（1000kW 以下）时正常运转，转速、负荷变化平稳。负荷增至 2500kW 后，转速发生波动，并且随负荷增大转速波动也相应增大。由此可以判定机组的速度变动率过小，并且应是局部的速度变动率过小。局部速度变动率发生改变，则与调节汽门的重叠度有关。

通过以上分析，此台机组转速、负荷发生摆动的主要原因应是调节汽门重叠度过大所致。虽然在安装时调节汽门重叠度是按照制造厂规定进行调整的，并且每个调速汽门门杆上的调整螺母已锁紧，再用电焊将螺母与螺杆焊住，但是在运行中仍有一些原因使调速汽门的重叠度发生了改变，从而使机组转速、负荷发生了大幅度的摆动。基于以上分析，决定停机对调速汽门进行检查处理。

在停机冷却以后，打开前箱、蒸汽室检查调速系统各滑阀和调速汽门，发现 2 号和 3 号调速汽门的调整螺母焊接处已开裂，其重叠度发生改变，而其他调速滑阀则无异常。

造成调速汽门调整螺母松动的原因：一是调速汽门门杆上的两个螺母没有相互锁紧；二是在用电焊进行焊接时，使用的电焊条材料与螺母、门杆的材料不一致，机组在受热时，螺母、门杆和焊接材料的膨胀幅度不一样，致使焊点开裂，调节螺母产生松动，从而使调速汽门的重叠度发生改变。在负荷增加到 2 号和 3 号调速汽门工作区域时，转速、负荷产生了波动。

经过相应处理，重新调整 2 号和 3 号调速汽门的重叠度后，机组再次起动，调速系统故障消除，顺利投入正常运行。

案例 2：某 B0.75—2.4/0.49 机组，通流部分只有一列喷嘴和一列复速级组成。经过一段时间的运行之后，在达到相同的进汽压力、温度和进汽流量时，机组所发出的功率却逐渐降低。若要机组负荷达到相同的负荷，则机组的进汽量相应要增加较多，在负荷达到额定时，进汽量比设计值增加约 3t/h。

故障分析：根据此现象对机组进行全面检查，操作同步器使负荷变化时，油动机、调速汽门等部件动作正常，机组各项参数也表现较正常，只是进汽量比运行初期增加较多，由此判断可能是通流部分漏汽较多，造成了蒸汽做功能力的降低。停机进行检查，发现喷嘴组与汽缸相连接的垫片部分破裂，使进入汽轮机的部分蒸汽未经过喷嘴而流出，未在喷嘴中降压增速形成高速汽流进入复速级动叶片中做功，从而造成进汽量增加而输出功率并未增大的现象。对喷嘴前垫片更换后机组投入运行，其汽耗降低，达到设计数值。

5.9 课外作业

1. 错油门的作用是什么？错油门按控制油流的作用分哪几种形式？
2. 汽轮机供油系统的主要任务有哪些？
3. 同步器的作用是什么？
4. 调速器的作用是什么？
5. 传动放大机构由哪几部分组成？
6. 调速系统的基本任务是什么？
7. 配汽机构包括哪几部分？常见的有哪几种形式？配汽机构的任务是什么？
8. 试述离心飞锤式危急保安器的拆装步骤。
9. 调速系统有哪些最基本的组成部分？
10. 对自动主汽门有何要求？自动主汽门在哪些情况下自动关闭？
11. 调速系统为什么要设超速保护装置？
12. 同步器工作范围应如何考虑？同步器上、下限不合适有何影响？
13. 离心飞锤式危急保安器飞锤与调整螺母的配合间隙应为多少？间隙太大有什么不好？
14. 试述离心飞锤式危急保安器的构造和工作原理？
15. 试分析调节阀门杆断裂的原因？
16. 分析主汽门操纵座为什么要设置冷却装置？活塞上的小油孔起什么作用？
17. 分析为什么错油门滑阀要有一定的过封度？如何提高调速系统的灵敏度？
18. 分析防止汽轮机超速事故有哪些措施？手动危急遮断器的用途是什么？
19. 分析磁力断路油门上的卡销起什么作用？磁力断路油门动作后如何复位？

附 录

附录 A 锅炉、汽轮机大小修标准项目

一、锅炉小修标准项目

水冷壁小修标准项目
a. 受热面扫灰；
b. 清除受热面结焦；
c. 检查受热面；
d. 根据有关部门的要求割管取样；
e. 校正管子；
f. 水压试验。

省煤器小修标准项目
a. 受热面扫灰或水冲洗；
b. 检查受热面；
c. 检查防磨罩；
d. 水压试验。

冷灰斗小修标准项目
a. 喷嘴的检修；
b. 各阀门的检修；
c. 耐火塑料的检修。

喷燃器小修标准项目
a. 一次风防磨套的检修；
b. 喷嘴的检查与更换(挖补)；
c. 内、外套修补、防磨；
d. 配风装置检查与调整；
e. 检查校正喷燃器；
f. 喷燃器检查及清油焦。

除尘器小修标准项目
a. 溢流槽检修；
b. 拦灰栅检修；
c. 各阀门的检修；
d. 系统漏风堵塞检修；
e. 运行试验。

看火孔小修标准项目

过热器小修标准项目
a. 受热面扫灰或水冲洗；
b. 检查受热面；
c. 更换个别有缺陷的管子及取样；
d. 更换烧坏或脱落的定位板、梳形卡子；
e. 校正管子；
f. 水压试验。

空气预热器小修标准项目
a. 受热面扫灰、水冲洗；
b. 冷风道伸缩节检修；
c. 检查受热面的堵塞和腐蚀磨损情况；
d. 检查每箱之间焊缝。

防爆门小修标准项目
a. 清扫防护罩的积灰；
b. 检查灵活性和严密性；
c. 外部保护罩的检修。

排粉机小修标准项目
a. 叶片检查补焊及更换；
b. 风箱衬板检查、补焊及更换；
c. 轴承检查、换油；
d. 冷却水系统检查处理；
e. 找中心；
f. 试运行。

磨煤机小修标准项目
a. 齿轮、钢瓦、轴承等磨损检查或更换；
b. 各部螺栓的检查加固；
c. 齿轮转动情况检查或更换组合件,对轮找中心；
d. 根据运行时间,检查钢球的粉碎程度并筛选钢球；
e. 试运行并做记录。

吸风机小修标准项目

a. 检查各看火孔门；
b. 结合面加石棉绳。

送风机小修标准项目
a. 调节门开关灵活性校对、检查及修理；
b. 轴承滚珠磨损检查及换油，轴瓦要根据运行情况处理；
c. 调整测量传动部分间隙；
d. 轴承冷却水管吹扫及水门修理；
e. 试运行。

a. 检查及修理外壳使其密封；
b. 外壳的磨损检查及其局部修理；
c. 检查叶轮磨损情况及补焊；
d. 检查轴颈、轴承的状态；
e. 检查及调整挡板的开关程度；
f. 检查冷却水装置；
g. 联轴器找中心；
h. 试运行并记录。

二、锅炉大修参考项目

1. 汽包

标准项目	特殊项目
（1）检查和清理汽包内部的腐蚀和结垢，检修人孔门 （2）检查汽水分离装置和内部焊缝 （3）检查清理水位表连通管、压力表管接头、加药管、排污管、事故放水管等内部装置 （4）检查清理支吊架、顶部波形板箱及多孔板等，校准水位指示计	（1）更换、改进或检修大量汽水分离装置 （2）拆卸50%以上保温层 （3）汽包补焊、挖补及开孔

2. 水冷壁管和联箱

标准项目	特殊项目
（1）清理管子外壁焦渣和积灰，检查焊缝和鳍片 （2）检修管子外壁的磨损、胀粗、变形、损伤、烟气冲刷和高温腐蚀，水冷壁测厚，更换少量管子 （3）检查支吊架拉钩及联箱支座，检查膨胀间隙 （4）调整联箱支吊架紧力 （5）检查、修理和校正管子、管排及管卡等 （6）打开联箱手孔或割下封头，检查清理腐蚀、结垢，清理内部沉积物 （7）割管取样。	（1）更换联箱 （2）更换水冷壁管超过5% （3）水冷壁管酸洗

3. 过热器及联箱

标准项目	特殊项目
（1）清扫管子外壁积灰 （2）检查管子磨损、胀粗、腐蚀、弯曲情况，测量壁厚及蠕胀 （3）检查、修理管子支吊架、管卡、防磨装置等 （4）检查、调整联箱支吊架 （5）打开手孔或割下封头，检查腐蚀情况，清理内部结垢 （6）测量在450℃以上蒸汽联箱管段的蠕胀，检查联箱管座坡口 （7）校正管排 （8）割管取样 （9）更换少量管子 （10）检查出口导汽管弯头、集汽联箱焊缝。	（1）更换管子超过5%或处理大量坡口 （2）挖补或更换联箱 （3）更换管子支架及管卡超过25% （4）增加受热面10%以上 （5）过热器酸洗

4. 减温器

标准项目	特殊项目
（1）检查修理减温器联箱、进水管，必要时更换喷嘴 （2）检查修理支吊架	（1）更换减温器芯子 （2）更换减温器联箱或内套筒

5. 省煤器及联箱

标准项目	特殊项目
（1）清扫管子外壁积灰 （2）检查管子磨损、变形和腐蚀，更换不合格管子及弯头 （3）检查支吊架、管卡及防磨装置 （4）检查、调整联箱支吊架 （5）打开手孔，检查腐蚀、结垢情况，清理内部 （6）校正管排	（1）大量处理有缺陷的蛇形管坡口或更换管子5%以上 （2）省煤器酸洗 （3）整组更换省煤器 （4）更换联箱 （5）增、减省煤器受热面超过10%

6. 汽水门及汽水管道

标准项目	特殊项目
（1）检查安全门、水位计 （2）检修各常用汽水阀门 （3）检修电动汽水门的传动装置 （4）对不常解体的阀门加盘根并校验灵活 （5）检查调整膨胀指示器 （6）测量高温高压蒸汽管道的蠕胀 （7）高压主蒸汽管法兰、螺钉、温度计插座外观检查 （8）检查调整支吊架 （9）检查修理消声器及其管道 （10）检查流量测量装置 （11）检查高温高压法兰、螺栓 （12）抽查高温高压主汽管、主给水管坡口，测量弯头壁厚 （13）检查排污管、疏水管、减温水管等的三通弯头壁厚及焊缝； （14）安全门校验、整定试验	（1）更换主汽管、主给水管段及其三通弯头、大量更换其他管道 （2）更换高压电动主汽门或高压给水门，DN50以上阀门及DN20以上电动门的更换 （3）割、换高压高温管道监视段

7. 空气预热器

标准项目	特殊项目
（1）清除空气预热器各处积灰和堵灰 （2）检查、更换部分腐蚀和磨损的管子、传热元件，更换部分防腐套管 （3）做漏风试验并检查、修理伸缩节 （4）检查、修理进、出口挡板、膨胀节	（1）更换整组防磨套管 （2）更换管式预热器10%以上管子

8. 燃烧设备

标准项目	特殊项目
（1）检修喷燃器，更换变形严重的喷嘴，喷口检查补焊 （2）清理燃烧器周围的结焦	（1）更换整组燃烧器，更换1/3及以上的燃烧器 （2）更换风量调节挡板超过60% （3）更换一次风管道或弯头

9. 给煤和给粉系统

标准项目	特殊项目
（1）清扫及检查煤粉仓，检查粉位测量装置、吸潮管、锁汽器 （2）对下煤管和煤粉管道缩口、弯头、膨胀节等处的磨损进行修理或更换 （3）检修给煤机、给粉机 （4）检修防爆门、风门及传动装置 （5）清扫、检查消防系统 （6）检查风粉混合器。	（1）更换整条给煤链条 （2）更换煤粉管道20%以上 （3）工作量较大的煤粉仓修理

10. 磨煤机及制粉系统

标准项目	特殊项目
（1）清除球磨机和制粉系统的漏风、漏粉、漏油及修理防护装置，检查、修理风门、挡板、润滑系统、油系统等 （2）检修旋风分离器、粗粉分离器及木屑分离器 （3）球磨机 1）检修大小齿轮、对轮及其传动、防尘装置 2）检查筒体及焊缝，检修钢瓦、衬板、螺栓等，选补钢球 3）检修润滑系统、冷却系统，进、出口螺旋管、椭圆管及其他磨损部件 4）检查滚动轴承、液压泵站、各部螺栓等 5）检修球磨机减速箱装置 6）检查空心轴及端盖等	（1）检查、修理基础 （2）修理轴瓦、球面、乌金或更换损坏的滚动轴承 （3）更换球磨机大齿轮或大齿轮翻面，更换整组衬瓦、大型轴承或减速箱齿轮 （4）更换台板，重新浇注基础 （5）更换或改进旋风分离器或粗粉分离器

11. 各种风机（引风、送风、排粉机）

标准项目	特殊项目
（1）修补磨损外壳、衬板、叶片、叶轮及轴承保护套 （2）检修出口挡板及传动装置 （3）检修转子、轴承、轴承箱及冷却装置 （4）检修润滑油系统 （5）控制系统检查测试 （6）风机叶轮动平衡校验	（1）更换台板、叶轮、外壳、重浇基础 （2）滑动轴承重浇乌金

12. 除尘器

标准项目	特殊项目
（1）清除内部积灰，消除漏风 （2）检查喷嘴、供水系统及水膜试验 （3）修补麻石块、水帘、锁气器和下灰管	（1）修补烟道及除尘器本体 （2）更换大面积麻石块

13. 燃油系统

标准项目	特殊项目
（1）检修油枪、燃油雾化喷嘴及油枪连接装置 （2）检修进风调节挡板 （3）油管及滤网清理 （4）检修燃油调节门及进、回油门 （5）检修燃油速断阀、放油门、电磁阀	整组更换燃油喷燃器

14. 刚架、炉墙、保温

标准项目	特殊项目
（1）检修看火门、人孔门、防爆门、伸缩节、消除漏风 （2）检查、修补冷灰斗、水冷壁保温及炉顶密封 （3）局部刚架防腐 （4）修补保温，补刷残缺涂装 （5）疏通及修理横梁的冷却通风装置 （6）检查钢梁、横梁下沉弯曲情况	（1）校正钢架、横梁下沉或弯曲 （2）拆修保温层20%以上 （3）重做炉顶密封 （4）锅炉本体炉壳或钢架全面涂装

15. 其他

标准项目	特殊项目
（1）锅炉整体水压试验检查承压部件的严密性 （2）漏风试验 （3）检修吹灰器 （4）检查、修理灰渣系统及装置 （5）检查膨胀指示器 （6）检查加药及取样装置 （7）检查、修补烟道 （8）检修灰沟 （9）检查风道系统 （10）按照金属、化学监督及锅炉压力容器监察的规定进行检查	（1）锅炉超水压试验 （2）烟囱检修 （3）化学清洗

三、汽轮机小修标准项目

1. 本体小修项目表

部件名称	检修内容
（1）轴承及油挡	1）清扫、检查轴承及油挡有无磨损、脱胎、裂纹等缺陷，测量轴承及油挡的各部间隙及紧力，必要时应进行调整、修刮和补焊 2）轴承箱清扫
（2）推力轴承	清扫、检查推力轴承有无磨损、脱胎、裂纹等缺陷，测量轴承各部间隙及紧力，必要时要进行修刮和调整补焊
（3）回转设备	1）清扫、检查齿轮、蜗母轮、滚动轴承导向套等部件的磨损情况，必要时修理 2）处理漏油
（4）高压加热器	1）打压查漏 2）安全门及一次门检修
（5）主抽器	1）打压查漏 2）安全门及一次门检修

2. 调速设备小修项目表

部件名称	检 修 内 容
（1）调速系统	1）清扫、检查各部件有无磨损情况，测量各部间隙和尺寸 2）清扫、检查配汽装置、自动主汽门、调速汽门、各部的完好情况，测量各部间隙和尺寸
（2）保安系统	清扫、检查保安部件有无磨损和缺陷情况，并测量内部间隙
（3）供油系统	1）清扫、检查各部件、过压阀、自起动装置、油滤过网，测量有关部件和尺寸 2）循环过滤汽轮机润滑油
（4）低加	1）打压查漏 2）安全门及一次门检修

四、汽轮机大修标准项目

1. 汽缸

标准项目	特殊项目
（1）检查、修理汽缸及喷嘴，清扫、检查汽缸螺栓、疏水孔、压力表孔及温度计套管 （2）清理、检查隔板套、隔板及静叶片，测量隔板挠度，必要时处理 （3）清理、检查滑销系统 （4）测量上、下缸结合面及纵、横向水平 （5）测量、调整隔板套及隔板的洼窝中心 （6）检查、更换防爆门膜片，检查喷水装置 （7）高中压进汽短管密封更换 （8）修补汽缸保温层	（1）更换部分喷嘴组 （2）修刮汽缸结合面 （3）更换汽缸全部保温层 （4）补焊汽缸大量裂纹 （5）更换隔板套、隔板 （6）吊开轴承箱，检查、修理滑销系统或调整汽缸水平 （7）更换高温合金钢螺栓超过30%

2. 汽封

标准项目	特殊项目
（1）修理、检查、调整、少量更换轴封、隔板汽封 清理、检查汽封套； （2）测量轴封套变形，测量、调整轴封套的洼窝中心	更换汽封超过30%

3. 转子

标准项目	特殊项目
（1）检查主轴、叶轮及其他轴上附件，测量及调整通流部分间隙、轴颈扬度及对轮中心（轴系） （2）检查、测量轴颈锥度、圆度及转子弯曲，测量叶轮、联轴器、推力盘的瓢偏度、晃动度 （3）修补、研磨推力盘及轴颈 （4）清理、检查动叶片、拉筋、复环、铆钉、硬质合金片，必要时对末级叶片进行防蚀处理 （5）部分叶片测频，叶片、叶根探伤检查 （6）对需重点监视的叶轮键槽、对轮联结螺栓，探伤检查	（1）叶片调频 （2）对轮铰孔 （3）更换全部联轴器螺钉 （4）转子动平衡 （5）大轴内孔探伤 （6）直轴 （7）重装或整级更换叶片 （8）更换叶轮

4. 轴承

标准项目	特殊项目
（1）清理、检查支持轴承、推力轴承，必要时进行修理 （2）测量、调整轴承及油挡的间隙、轴承紧力 （3）清扫轴承箱	重浇轴承乌金或更换轴承

5. 盘车装置

标准项目	特殊项目
检查和测量齿轮、蜗母轮、轴承、导向滑套等部件的磨损情况，必要时修理、更换	更换整套盘车装置

6. 调速系统

标准项目	特殊项目
（1）清洗、检查调速系统的所有部套，检查保护装置及试验装置，测量间隙和尺寸，必要时修理和更换零件 （2）检查调速器、危急保安器及其弹簧，必要时作特性试验 （3）检查配汽机构 （4）调速系统静态特性、汽门严密性、危急保安器灵敏度等常规试验及调整	（1）更换调速保安系统 （2）整组部套 （3）机组调速系统甩负荷试验

7. 油系统

标准项目	特殊项目
（1）清理、检查调速油系统、润滑油系统及其设备部件，测量有关部件的间隙和尺寸，必要时修理及更换零件，对冷油器进行水压试验 （2）清理、检查密封油系统及其设备部件，必要时修理、更换零部件 （3）循环、过滤汽轮机油	（1）冷油器换芯 （2）更换润滑油 （3）清扫全部油管道

8. 汽水管道系统

标准项目	特殊项目
（1）检查、修理主汽门、旁路门、抽汽门、抽汽逆止门、调速汽门、安全门 （2）检查、修理高低压旁路系统管道和阀门 （3）检查、修理空气门、滤水网、减温减压器 （4）主蒸汽管道蠕胀测量 （5）检查、调整管道支吊架、膨胀指示器 （6）修理、调整阀门的驱动装置	（1）更换 DN200 以上高压阀门 （2）更换主蒸汽管、给水管及其三通、弯头 （3）大量更换高、中、低压管道 （4）调整、更换运行 20 万小时以上的主蒸汽管道的支吊架

9. 凝汽器

标准项目	特殊项目
（1）清洗凝汽器，根据需要抽取铜管进行分析检查，必要时更换少量损坏的铜管 （2）检查、修理凝汽器水位计 （3）凝汽器水室防腐处理 （4）检查凝汽器喉部膨胀节 （5）检查真空系统，消除泄漏 （6）凝汽器灌水查漏 （7）检查、修理胶球清洗装置	（1）更换铜管 20% 以上 （2）铜酸洗

10. 抽气器及真空泵

标准项目	特殊项目
（1）检修主抽气器 （2）清洗、检查射水泵和射水冷却器	更换抽气器

11. 回热系统

标准项目	特殊项目
（1）检查、修理抽汽回热系统 （2）检查、修理回热系统设备的附件 （3）加热器筒体、疏水弯头测厚，焊缝探伤 （4）加热器水压试验，消除泄漏	（1）更换热交换管子超过10% （2）改进加热器疏水系统

12. 水泵

标准项目	特殊项目
（1）检查、修理凝结水泵、疏水泵、给水泵以及其他水泵，必要时更换叶轮、导叶 （2）检查、修理或更换水泵出、入口门、止回门、入口滤网、润滑油泵 （3）清理、检查润滑油系统 （4）水泵组对轮中心	更换水泵叶轮轴及轴承

13. 除氧器

标准项目	特殊项目
（1）检查、修理除氧器及其附件，校验安全阀 （2）检查、修理除氧头配水装置	（1）除氧器超压试验 （2）改造除氧头 （3）处理大量焊缝 （4）更换除氧器填料

14. 循环水系统

标准项目	特殊项目
（1）检查、修理循环水泵及出口蝶阀 （2）检查、清理循环水管道，检修阀门 （3）检查、修理一次滤网 （4）检查并少量更换水塔填料、配水装置、除水器 （5）冷却水塔水池清淤	（1）更换叶轮及轴承 （2）循环水管道大面积防腐 （3）更换循环水管道、阀门 （4）大量更换水塔填料、配水装置、除水器 （5）水塔筒体、立柱防腐

15. 其他

标准项目	特殊项目
（1）按照金属、化学监督及压力容器监察的规定进行检查 （2）汽轮机效率试验	

附录 B 检修常用工具及量具

一、手工工具

1. 扳手与螺钉旋具

1）固定开口扳手（见图 B-1a）又称呆扳手，有单头、双头及单只、成套之分。

2）梅花扳手（见图 B-1b）的工作部位是封闭的，其受力情况优于开口式。由于其工作部位内孔有 12 个角，故柄部只要能位移 30 度角，就能拆装螺母。又因扳手头部下弯，故拆装位于凹处的六角螺母，特别方便。其规格以内孔六边形对边宽称呼。

3）套筒扳手（见图 B-1c）是由套筒、手柄、连接杆和万向接头等件组成。套筒扳手除具有梅花扳手的优点外，特别适用于各种位置（如狭小位置、凹下、转角等处）拆装螺母。套筒的规格与梅花扳手相同。

4）活扳手（见图 B-1d）的主要优点是通用性大。在螺母尺寸不规范、数量不多时，用它较为方便。为了防止在拆装螺母时损坏扳手，一般不宜将扳手开到最大开度扳螺母，而只用最大开度的 3/4 来扳螺母；同时也不允许用大规格活扳手紧小螺母。活扳手的使用范围见表 B-1。

表 B-1 活扳手适用范围

活扳手规格	最小限定螺纹规格	最大限定螺纹规格
100×13（4″）	M4	M6
150×18（6″）	M5	M8
200×24（8″）	M6	M10
250×30（10″）	M10	M16
300×36（12″）	M12	M18
350×46（15″）	M18	M24

5）扭力扳手（见图 B-1e），该图所示的扭力扳手是一种老式结构，其转矩值不能根据需要进行调整，并且无转矩控制装置。目前在国外普遍使用的是一种转矩可调，并能控制转矩的扭力扳手，有的还可自动记录螺栓的转矩，但价格太高，在国内难以推广。从技术工艺规范的要求来看应该普及扭力扳手的应用，以改变现在紧螺栓凭"自我感觉"无据可查的工艺状况。

6）内六角扳手（见图 B-1f）仅适用于内六角头螺栓的拆装。使用时要求扳手与螺栓六角孔的配合不能松动，否则会将六角孔拧成圆形，失去其拆装功能，给拆装工作增添麻烦。

7）螺钉旋具（见图 B-1g）称呼甚多，其功能是拆装小直径螺钉。螺钉旋具的工作头分平口和十字形两类。

2. 扳手与螺钉旋具的使用注意事项

1）使用扳手时，不允许加套管，以增加其力臂（专用呆扳手除外）；不允许用锤子锤

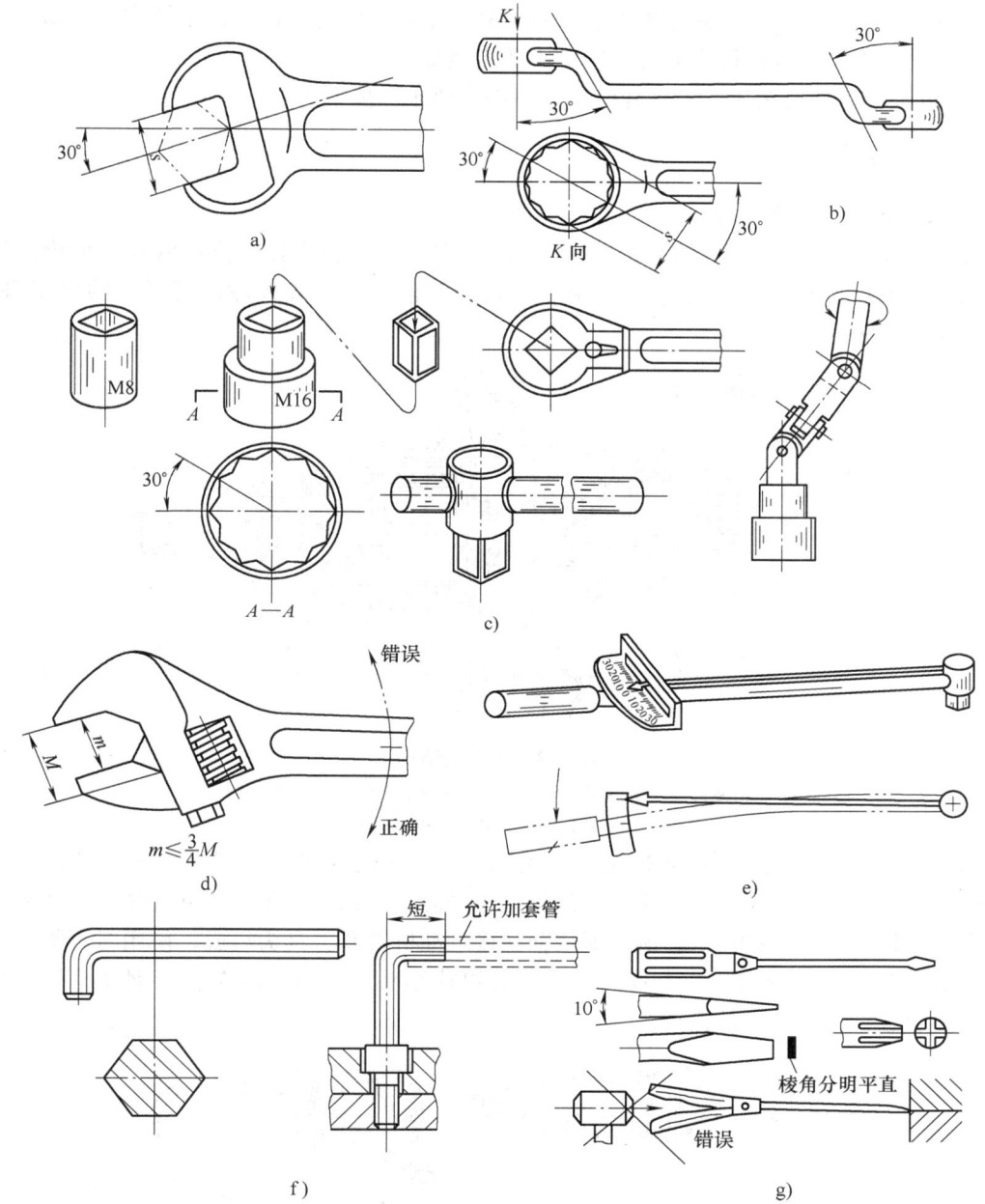

图 B-1 扳手与螺钉旋具
a) 固定开口扳手 b) 梅花扳手 c) 套筒扳手 d) 活扳手 e) 扭力扳手（不可调试）
f) 内六角扳手 g) 螺钉旋具

击扳手手柄，以冲击力松紧螺母。

2) 使用扳手时应注意扳手活动块的位置，不允许反用，其夹口的开度应与螺母两对边距离一致并要求夹紧（见图 B-1d）。

3) 松紧螺母（尤其是松紧大的螺母）时，应注意人体的操作姿势，以防一旦发生扳手滑脱，螺栓拧断或突然松动，人的手臂将顺着力的方向高速前冲，身体也会因失去平衡而沿着力的方向跌倒，造成伤手甚至更大的人身事故。正确的姿势应用一只手抓住固定物或身体靠着固定物，以控制人的稳定姿势，同时不要突然加力。

4）扳手不许作榔头用，木柄螺钉旋具不许当錾子、撬棍用。

二、电动工具

1. 常用电动工具的种类

（1）手电钻　手电钻的结构如图 B-2 所示，它分为手提式和手枪式两种。手枪式的钻孔直径一般不超过 6mm。手电钻不仅用于钻孔，而且还用于代替做旋转运动的手工操作，如研磨阀门、胀管等。

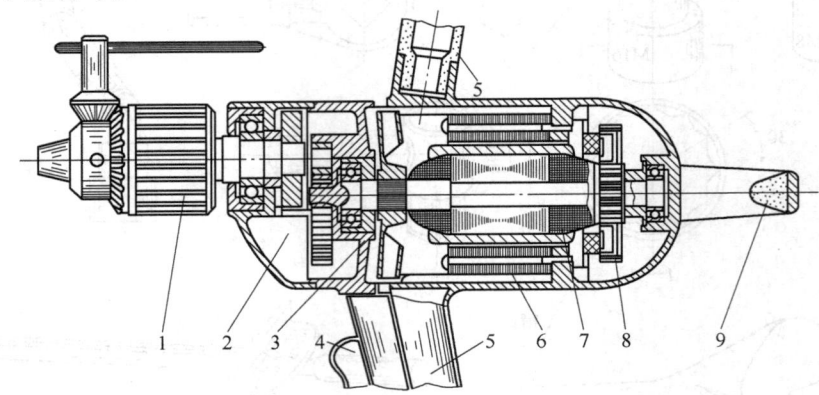

图 B-2　手电钻结构
1—钻夹头　2—减速箱　3—风扇　4—开关　5—手柄　6—定子
7—转子　8—整流子　9—顶把

（2）手提式砂轮机　手提式砂轮机（见图 B-3a）用于对大型、笨重、不便搬动的金属件表面进行磨削、取出飞边、毛刺、清理焊缝以及除锈、抛光等加工。除此之外，还有一种软轴式砂轮机（见图 B-3b），它由一根软轴联接电动机轴和工具头组成，使用时只需握持住工具头即可对工件进行加工。工具头可以任意更换磨头、铣刀、纱布、轮钢丝轮等各种工具，以适应各种特殊加工的需要。

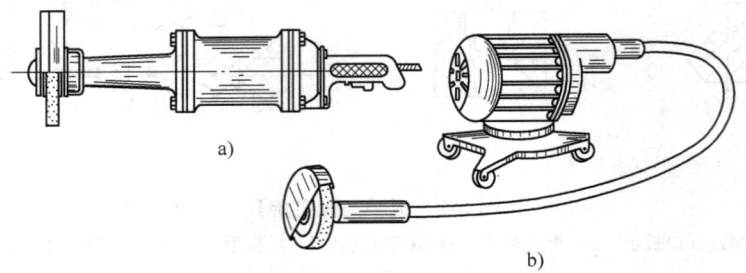

图 B-3　手提式与软轴式砂轮机外形
a）手提式砂轮机　b）软轴式砂轮机

（3）电动扳手　在检修中由于各种螺钉种类繁多且地点分散，一般不采用电动扳手。但对于大转矩、高强度螺栓，可采用定转矩电动扳手，用这种扳手拧螺栓时转矩达某一定值后，控制箱自动切断电源，电动机停止转动，这只螺栓也就拧紧。每个螺栓的紧力基本一致。定转矩电动扳手最大转矩达1200N·m。

(4) 电锤 电锤用于清除铁锈、水垢、金属结瘤、焊疤、毛刺、锅炉打焦、地面开孔等作业。电锤是一种冲击电钻（见图B-4），它作冲击—旋转运动，也可做纯旋转或纯冲击运动。采用何种运动可根据作业情况自行选用。

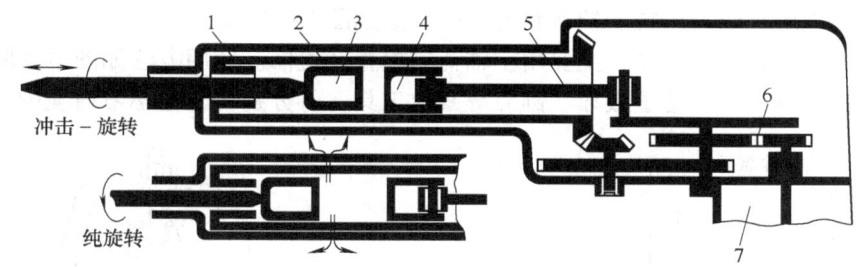

图 B-4 电锤结构示意
1—旋转轴（汽缸） 2—排气孔 3—锤头 4—活塞 5—曲柄机构 6—减速箱 7—电动机

2. 使用电动工具应注意的事项

1）电源电压应与电动工具铭牌规定电压相符，开关、电缆完好无损，接地可靠。使用三相（380V）电源的电动工具，接通电源后应点开关，检查其旋转方向。

2）根据电动工具的功能及规格，正确选用与其相配套的工作头，并用随机配套的专用工具将工作头可靠地安装在电动工具轴头上。所谓工作头，是指直接对工件进行各种作业的工具统称，如钻头、套筒、砂轮、磨头、胀管器等。

3）所有的电动工具在工作时，均会产生较大的旋转扭力，通常携带式电动工具都是靠手的力量控制其旋转扭力，旋转扭力的大小决定于工作头的切削量。为了人身的安全和保护电动机不会因超载而烧毁，以及延长工作头的使用寿命，必须严格控制作用在电动工具工作头上的压力。

4）使用时应待电动工具的转速到达额定转速后再进行工作。在使用中若发现转速明显下降，手感扭力增大，则说明电动机超载，应迅速减轻作用在工作头的压力，待电动机转速正常后，再慢慢施力。使用时如发现电动机停止旋转，应立即关掉电源，并查明停止旋转的原因。

5）电动工具不宜长时间地使用，其使用时间视其机壳温度而定，一般以机壳的温度感到烫手为上限。

6）造成电动机工具超载、发热及效率低下的另一重要原因是工作头已失去切削功能，如钻头磨损或烧损，砂轮自砺性减退等。因此应及时更换、修磨已失去切削功能的工作头。

7）养成保存说明书的习惯，以便日后查询。同时应保存好电动工具的随机夹具，工具及备件（如碳刷）。

8）移动电动工具时，应一手握住其手柄，一手牵引电缆线，不许拿着工具拖电缆线或用电缆线拖拉电动工具。

9）工作结束后应立即切断电源，卸下工作头，盘卷好电缆线，再将电动工具装入专用箱内。

10）电动工具应定期检查电气部分的绝缘，并对机械部分定期加油。

三、其他工具

（1）拉子　主要用于拉取套装件如联轴器、滚动轴承等，有两爪和三爪两种。在使用拉子时，要求拉子的丝杆中心对正轴中心，爪钩的爪面与套装件的接触应使钩尖受力为好，并且每个爪钩受力应一致。用拉子拉取套装件的方法如图 B-5 所示。

（2）铁马　抬轴专用工具，主要用于轴瓦的检查及检修。使用方法如图 B-6 所示。另外还有管子割刀、管子钳、管子板牙、刮刀等其他工具，将分别在其他学习情境中介绍。

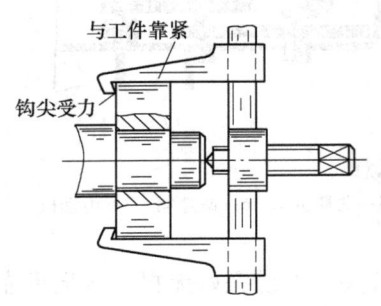
图 B-5　用拉子拉取套装件方法

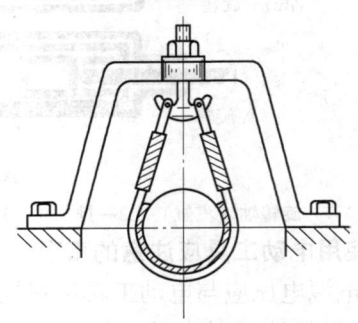
图 B-6　抬轴专用工具——铁马

四、量具

1. 钢直尺与卡钳

钢直尺是直接测量长度的最简单的量具，其长度有 150mm、300mm、500mm、1000mm 等几种。

测量精度为 1mm、长 150mm 的钢直尺如图 B-7 所示。钢直尺上有间距为 1mm 的刻线，常用来测量毛坯和要求精度不高的零件。

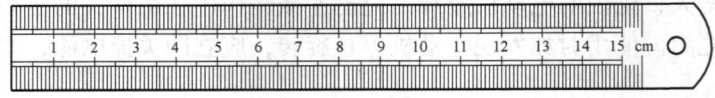
图 B-7　钢直尺

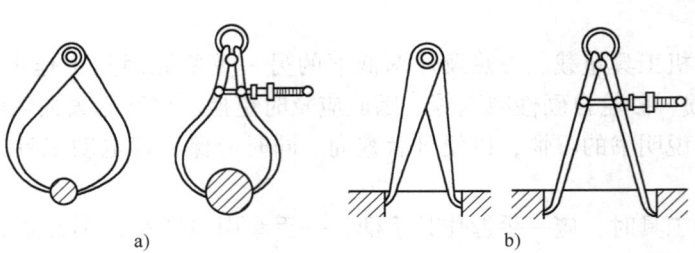
图 B-8　卡钳
a）外卡钳　b）内卡钳

卡钳分内、外卡钳两种，如图 B-8 所示。它是一种间接量具，测量时必须与钢直尺配合使用才能量得具体数据。

2. 游标卡尺

游标卡尺是一种常用的中等精度的量具,可分为游标卡尺、深度游标卡尺和高度游标卡尺等几种。

游标卡尺应用最普遍,它可以直接测量工件的内表面、外表面和深度(带深度尺时),如图 B-9 所示。它由尺身和游标组成。尺身刻度线格距为 1mm,其刻线全长称为卡尺的规格,如 125mm、200mm 和 300mm 等。游标连同活动卡脚能在尺身上滑动。读数时,由尺身读出整数,借助游标读出小数。游标卡尺的分度值(刻度值)由 0.1mm、0.05mm 和 0.02mm 等三种。

游标卡尺的刻线原理及读数方法见表 B-2。

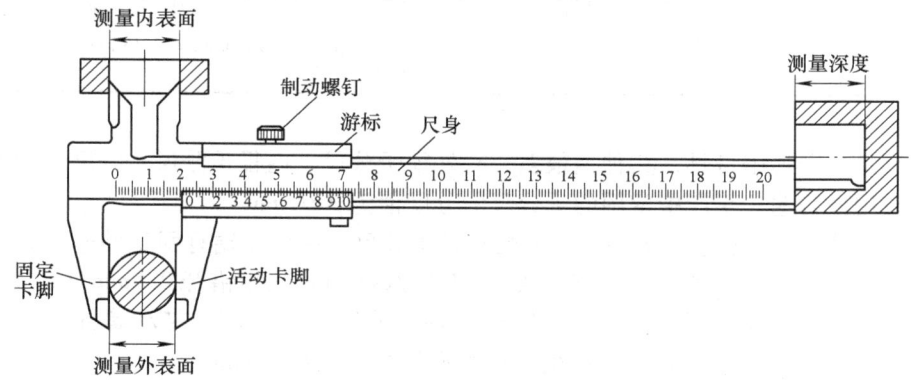

图 B-9 游标卡尺

表 B-2 游标卡尺的刻线原理及读数方法

分度值 /mm	刻 线 原 理	读数方法及示例
0.1	尺身 1 格 = 1mm 游标 10 格 = 主尺 9 格 游标 1 格 = 0.9mm 尺身、游标每格之差 = 1 - 0.9 = 0.1mm	读数 = 游标 0 线指示的主尺整数 + 游标上与尺身重合线数 × 0.1 示例: 读数 = 20 + 4 × 0.1 = 20.4mm
0.05	尺身 1 格 = 1mm 游标 20 格 = 主尺 19 格 游标 1 格 = 0.95mm 尺身、游标每格之差 = 1 - 0.95 = 0.05mm	读数 = 游标 0 线指示的尺身整数 + 游标上与尺身重合线数 × 0.05(可直接在游标上读出) 示例: 读数 = 20 + 11 × 0.05 = 20.55mm

分度值 /mm	刻 线 原 理	读数方法及示例
0.02	尺身 1 格 = 1mm 游标 50 格 = 主尺 49 格 游标 1 格 = 0.98mm 尺身、游标每格之差 = 1 − 0.98 = 0.02mm 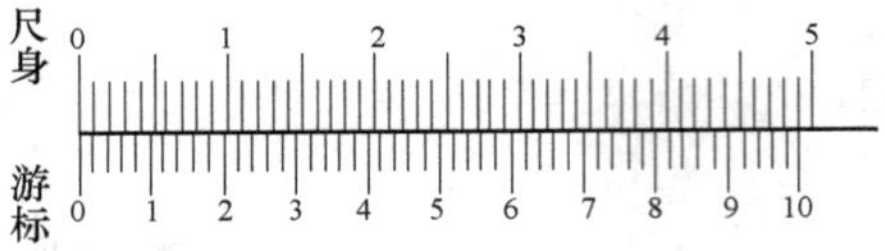	读数 = 游标 0 线指示的尺身整数 　　　 + 游标上与尺身重合线数 × 0.02 示例： 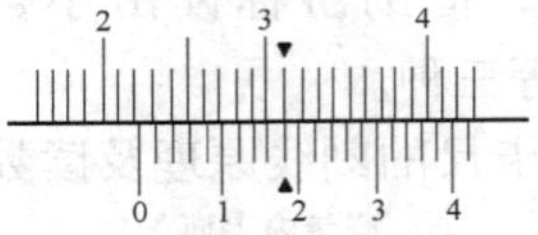 读数 = 22 + 9 × 0.02 = 22.18mm

3. 千分尺

千分尺是一种精密量具，其种类很多，有外径千分尺、内径千分尺、深度千分尺等，外径千分尺使用最普遍。生产中常用的千分尺的分度值为 0.01mm。

如图 B-10 所示为测量范围 0~25mm 的外径千分尺。弓架左端有固定砧座，右端的固定套筒在轴线方向上刻有一条中线（基准线），上下两排刻线互相错开 0.5mm（尺身）。活动套筒左端圆周上刻有 50 等分的刻线（游标）。活动套筒转动一圈，带动螺杆一同沿轴向移动 0.5mm。因此，活动套筒每转动一格，螺杆沿轴向移动 0.01mm。

外径千分尺读数方法如下：

被测工件尺寸 = 游标所指的尺身上的整数（0.5mm 的整数倍）+ 尺身中线所指的格数 × 0.01。如图 B-11 所示为千分尺的几种读数方法。读取测量数值时，要防止读错 0.5mm，也就是要防止在尺身上多读或少读半格（0.5mm）。

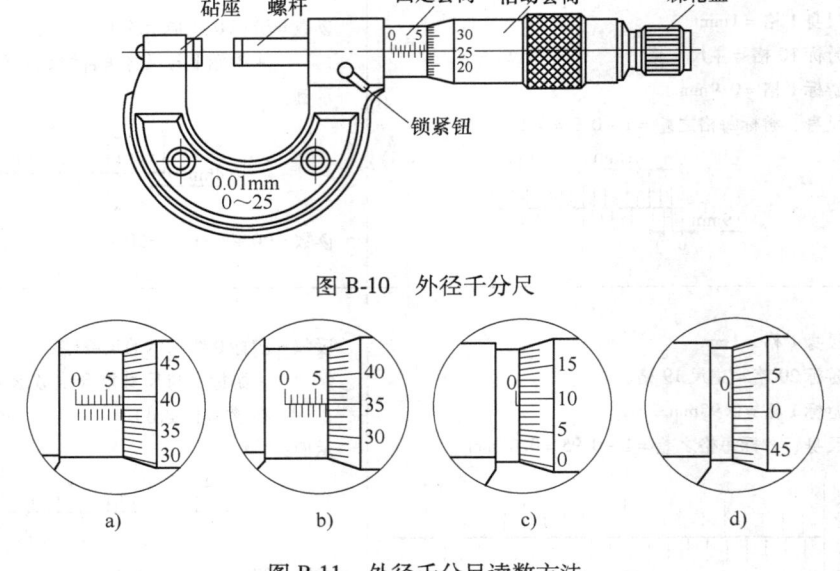

图 B-10　外径千分尺

图 B-11　外径千分尺读数方法
a) 读 7.89　b) 读 7.35　c) 读 0.59　d) 读 0.01

4. 百分表与千分表

百分表与千分表是测量工件表面形状误差和相互位置的一种量具。它们的动作原理均为使测量杆的直线位移，通过齿条和齿轮传动，带动表盘上的指针作旋转运动。百分表结构如图 B-12 所示。

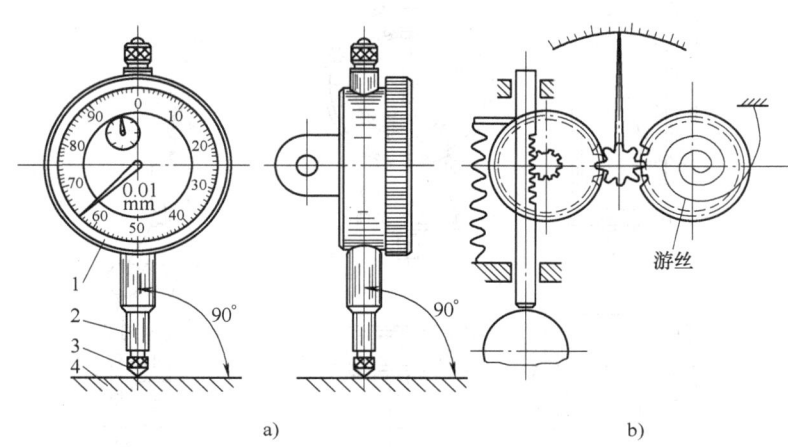

图 B-12　百分表
a）外形　b）动作原理
1—表圈　2—测量杆　3—测头　4—工件

百分表的刻线原理：测量杆移动 1mm，表盘上的指针旋转一周（也就是小齿轮旋转一周），将表盘圆周等分 100 格，则每格为（1/100）mm。千分表的刻线原理：测量杆移动 0.1mm，表盘上指针旋转一周，将圆周等分 100 格，则每格为（1/1000）mm。表盘上的小指针用于指示大针的旋转圈数。如百分表表盘上小指针移动一格，就是表示大针旋转一圈，即测量杆移动了 1mm。

在热力设备检修中，常用的表有每格为（1/100）mm 的百分表和每格为（1/1000）mm、（2/1000）mm 或（5/1000）mm 的千分表。这两种表都配有专用表架和磁性表座。磁性表座内装有合金永久磁钢，扳动表座上的旋钮，即可将磁钢吸附于导磁金属的表面。

使用百分表或千分表时应注意以下几点：

1）使用前把表杆推动或拉动两三次，看指针是否能回到原位置，不能复位的表不许使用。

2）在测量时，先将表夹持在表架上，表架要稳。若表架不稳，则应将表架用压板固定在机体上。在测量过程中，必须保持表架始终不产生位移。

3）测量杆的中心应垂直于测点平面，若测量轴类，则测量杆中心应通过轴心。

4）测量杆接触测点时，应使测量杆压入表内一小段行程，以保证测量杆的测头始终与测点接触。

5）在测量中应注意大针的旋转方向和小针走动的格数。当测量杆向表内进入时，指针顺时针旋转，表示被测点高出原位；反之则表示被测点低于原位。

5. 转速表

（1）机械式转速表

机械式转速表的结构及动作原理如图 B-13 所示。

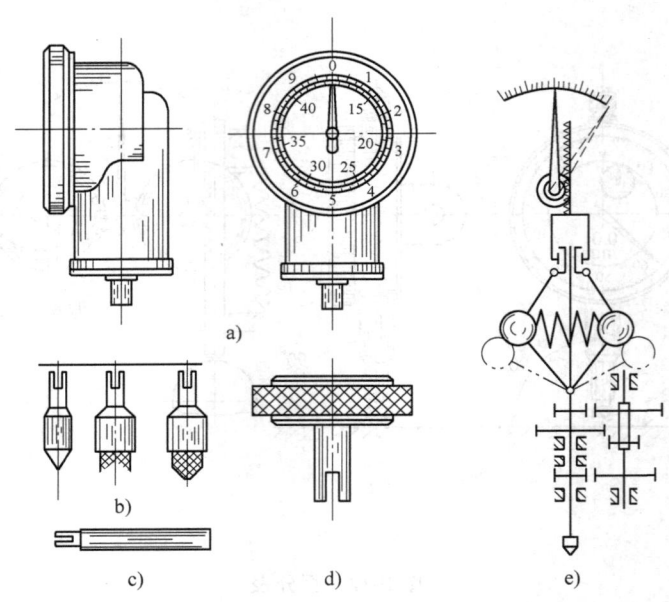

图 B-13　机械式转速表结构及动作原理
a）转速表外形　b）测速头　c）加长杆　d）测线速度滚轮　e）转速表动作原理

机械式转速表的使用方法及注意事项：

1）使用前应熟悉转速表的调速盘档位与指针盘指示值之间的关系。

2）如果转速表有较长时间未使用或使用了较长时间，则在使用前应向表壳上的各注油孔点注入钟表油，注油量不宜过多。注油时，将调速盘拨到最低档，用手扭转表轴，以利油进入转动部位，同时也可观察表针的指示情况是否正常。

3）根据被测轴头中心形状，选择测速头装配于表的测轴上。

4）当被测转子的转速不明时，应先把调速盘调到最高档位，进行试测后再确定调速盘的档位。

5）测量时双手握住转速表外壳，使测头很缓慢地与旋转轴中心孔接触，并使两轴保持在同一旋转中心。测速头顶在被测物上的力不要过大，用力的大小以不产生相对滑动即可。当转速表指针稳定后，其指示值就是被测物的转速。一般测速时间不要超过 1min。

（2）数显式手持转速表

如图 B-14 所示为 HT-466 型数显式手持转速表的外形。数显式手持转速表的使用方法如下：

1）按箭头方向打开电池盖，按极性指示标志装入电池。

2）将一块反射片贴在被测转体上，非反射部位的面积应为反射面积的 2 倍以上。如果转体表面为镀铬或很光亮的表面，则应把转体测位涂黑或贴上黑胶布，同时要求被测段无油污。

3) 将转速表正对测位并保持适当的距离,然后按下电源开关,使发光器发出的光正对反射片,数秒钟后即可显示出转体转速。

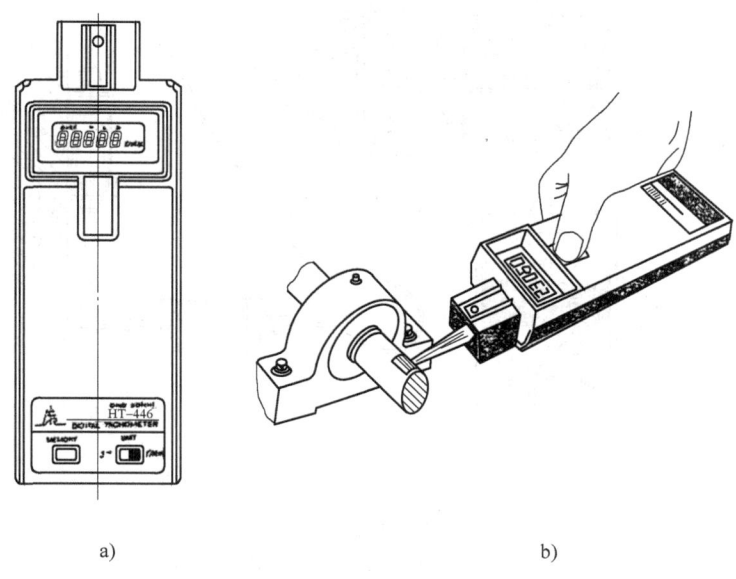

图 B-14　HT-466 型数显式手持转速表

6. 测振仪

(1) 弹簧式振动表

弹簧式振动表是按照地震仪的原理制造的,其外框的重量及支点的设计应使外框具有较低的自身振动频率(每分钟 300 次),因此每个振动表只能测量在一定转速范围内的振动。电厂所用的振动表多用百分表改装,其结构如图 B-15 所示。

在测振时,将振动表放在被测物的平面上,被测物的振动大小,可从百分表指针来回摆动的范围看出。因此在读表时要仔细。比较正确的读法是:指针来回摆动重复次数最多的较稳定的一段弧长,即为被测物的振动振幅。当表的指针无固定位置摆动时,则要检查振动表的零件是否松动及被测物是否紧固。

(2) 电磁式测振仪

电磁式测振仪是目前广泛采用的一种测振仪表。它由接收振动的拾振器与指示读数的测振表两部分组成。

1) 拾振器(电磁式传感器)　它利用电磁感应原理将振动转为电信号,其结构如图 B-16a 所示。圆柱形的永久磁铁 2 用铝架 4 固定在外壳 6 里,使外壳与永久磁铁之间形成两个弧形气隙。工作线圈 7 放在右边的气隙中,阻尼环 3 放在左边的气隙中,它们之间用芯杆 5 连接,并用弹簧片 1 和 8 支承在外壳上。测量时,将拾振器与被测物接触,使拾振器随被测物一起振动。由工作线圈、阻尼环和芯杆组成的可动部分,由于支承弹簧的减震作用,可近似地看作保持不动,这样可动部分即与外壳产生相对运动,使工作线圈在气隙中切

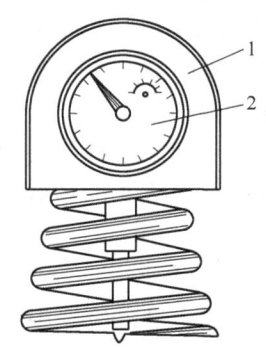

图 B-15　弹簧式振动表
1—外壳(配重)
2—百分表

割磁力线而产生感应电势。感应电讯号由接头9传出，输入到测量电路中去。

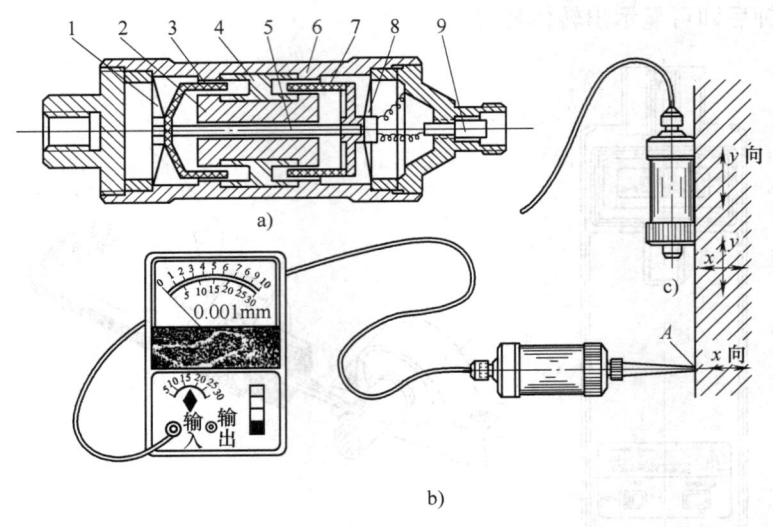

图 B-16 电磁式测振仪
a) 拾振器 b) 测 x 向振动 c) 测 y 向振动
1，8—弹簧片 2—永久磁铁 3—阻尼环 4—铝架 5—芯杆 6—外壳 7—工作线圈 9—接头

2）测振表 其作用是将拾振器送来的电信号进行阻抗交换、积分、微分、放大，最后通过表头读数取得被测物的振动振幅。

测振仪的使用方法是：手握拾振器筒形外壳，将顶杆压在被测物上，其压力大小只需保证顶杆尖与被测物间不出现脱离现象即可。但要注意拾振器的稳定，以免由于拾振器的摇晃而引起读数的偏差。拾振器所接收的振动是沿着拾振器的轴线方向的。比如被测物上 A 点（见图 B-16b），同时有 x 方向和 y 方向振动分量，当顶杆轴线沿 x 方向顶在 A 点时，所得的是 x 方向的振动分量，当要测 A 点 y 方向振动分量而又无处顶时，可采用如图 B-16c 所示方法进行接收。

用两端带有插头的线连接拾振仪与测振表上的输入端，按下"开关"键与"振幅"键，此时表头的读数即为被测物的振幅值。在读数时，应注意表头的振幅档位与振幅单位。

7. 天平

热力设备检修中常用的是一种普通天平，如图 B-17 所示。先将天平放平，使指针指在标尺的中间位置。然后用手指轻轻点动称盘，使指针左右摆动。动作灵活的天平，其左右摆动值应相等。在静止状态，若指针不在标尺中间（天平处于水平位置），可调整天平两端的螺母。

根据习惯，称重时左盘放重物，右盘放砝码。放砝码前应先重后轻，微量调整时可移动游码。取放砝码应

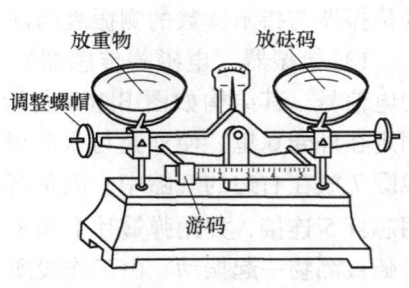

图 B-17 普通天平

用镊子夹取,不要直接用手拿取,并要轻拿轻放。被称物体的重量,不得超过该天平所配砝码的重量,以免天平超载而受损。

8. 塞尺

(1) 片状塞尺

塞尺又称厚薄规,如图 B-18 所示。它由一组不同厚度的钢片重叠,且把一端穿在一起而成。每片上都刻有自身的厚度值。在热力设备检修中常用来检查固定件与转动件之间的间隙,检查配合面之间的接触程度。

在测量间隙时,先将塞尺和测点表面擦干净,然后选用适当厚度的塞尺片插入测点,但用力不要过大,以免损坏。如果单片厚度不合适,可同时组合几片来测量,但不要超过四片。在组合使用时将薄的塞尺片夹在厚的中间,以保护薄片。

(2) 楔形塞尺

楔形塞尺常用来测量汽轮机动、静部分间隙,其形状如图 B-19 所示。

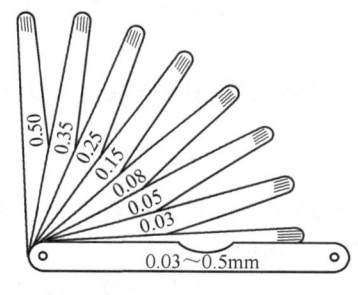

图 B-18 塞尺

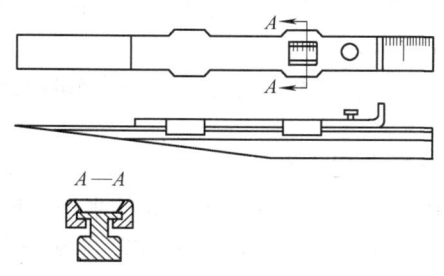

图 B-19 楔形塞尺

9. 普通水平仪

普通水平仪的有长条形和方框形两种(见图 B-20),它由框架和水准器组成。水准器为一弧形玻璃管,其上部表面刻有刻线,内装乙醚或酒精,但不装满,留有一个气泡,这气泡永远处于玻璃管内最高点,若水平仪倾斜一个角度,则气泡就偏离中心向高处移动,根据移动的格数,就可知道被测面的倾斜度。

(1) 水平仪格值的概念

水平仪的格值是以气泡偏移一格,被测物表面倾斜的角度 θ 表示,或以气泡偏移一格,被测物表面 1m 内倾斜的高度差 H 表示(见图 B-21a)。

在每台水平仪的铭牌上都标明了水平仪每格的格值,格值又称水准器格值或刻度分划值。例如:格值为 0.02mm/m 的水平仪,当气泡移动一格时,1m 处的高度差 H 为 0.02mm。如果移动两格,则 1m 处的高度差 $H = 0.02 \times 2 = 0.04$mm。

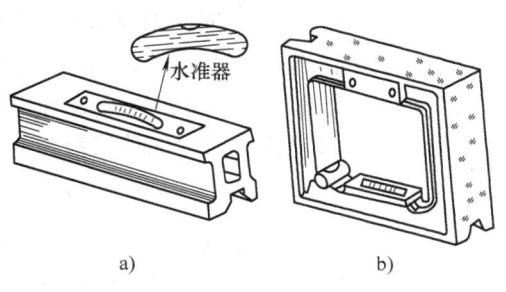

图 B-20 水平仪
a) 长条形水平仪 b) 方框形水平仪

常用的方框水平仪的边长为 200mm,其接触长度为 (1/5) m,如果气泡移动一格,则 200mm 长度两端高差 h 为 $0.02 \times 1/5 = 0.004$mm。

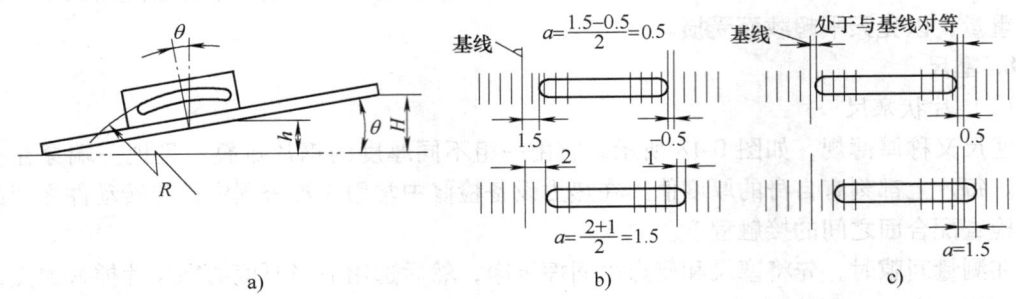

图 B-21 水平仪的格值及刻线的读法

（2）水平仪气泡偏移格数的读法

水平仪气泡偏移格数的读法有两种：

1）两头偏离刻线基准线的格数，计算出气泡的实际偏移量（格数），其计算方法如图 B-21b 所示。

2）先记住水平仪处于水平状态时气泡的位置，再看实际测量后的格数，其读法如图 B-21c 所示。

（3）普通水平仪的使用方法

在用水平仪测量物体平面的水平度或扬度时，为了消除水平仪自身的误差，应在第一次测量后，将水平仪原位调头 180°再测一次，取两次读数的平均值。

若用水平仪检测物体平面的平直度、平面度时，则不调头。水平仪自身的误差对检测平直度和平面度不产生影响，但在测量的全过程，水平仪必须始终保持一个方向不变。

用水平仪测量物体的水平度或扬度时，其格数的计算方法如下：

1）测量时，两次气泡的偏移方向相同，而偏移的格数不同，说明被测面水平有偏差，水平仪也有误差（水平仪误差小于被测面水平偏差）。

设 a_1 和 a_2 分别为两次测量气泡偏移格数，则被测面水平实际偏差格数：

$$a = (a_1 + a_2)/2$$

2）测量时，两次气泡的偏移方向不同，偏移的格数也不同，说明被测面水平有偏差，水平仪也有误差（水平仪误差大于被测面水平偏差）。

因气泡两次偏移的方向相反，故有正负之分，设偏移格数多的一次为正，以 a_1 表示，则 a_2 为负，故被测物水实际偏差格数为：

$$a = a_1 + (-a_2)/2 = (a_1 - a_2)/2$$

3）被测物水平实际偏差量 H（mm）应为：

$H = a \times$ 水平仪格值 $\times$ 被测物长度(m)

若被测物面水平偏差较大，水平仪的气泡偏移至刻线以外，无法读出气泡偏移格数，此时可在水平仪低的一端垫上适当厚度的塞尺（见图 B-22），所加塞尺厚度与水平仪的格数有如下关系：

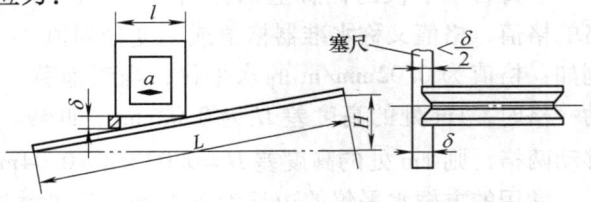

图 B-22 用塞尺（或块规）垫水平仪的方法

如水平仪的边长为 200mm，格值为 0.02mm/m，则水平仪偏移一格，其两端的高度差为 0.004mm。设垫片厚度为 0.01mm，即水平仪两端高度差为 0.01mm，此值相当于气泡偏移了 0.01/0.004 = 2.5（格）。

10. 合像水平仪

合像水平仪有不同的结构，现以国产合像水平仪为教具，概述其结构及使用方法。国产合像水平仪的结构原理如图 B-23 所示。

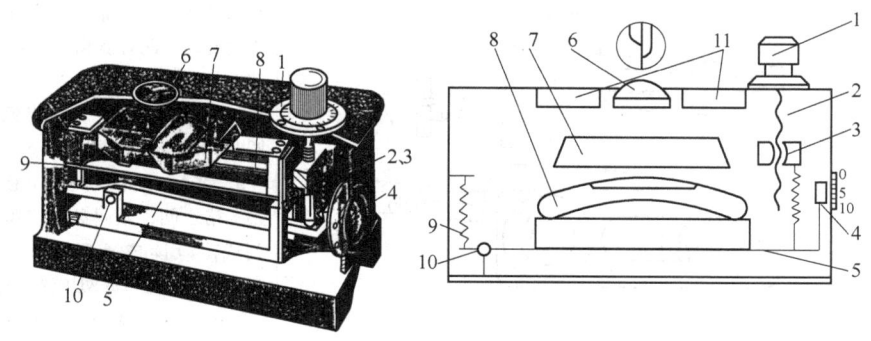

图 B-23　合像水平仪的结构及原理
1—钮（等分 100 格，每格 0.01mm）　2—调整丝杠　3—螺母　4—侧窗口滑块　5—杠杆机构
6—凸透镜　7—三棱片组合体　8—水准器　9—弹簧　10—杠杆支承　11—上窗口

（1）合像水平仪的使用方法见表 B-3。

（2）合像水平仪的使用时的注意事项　在用合像水平仪测量物体的水平度或扬度时，为了消除水平仪自身误差，应在第一次测量后，将水平仪原位调头 180 度再测一次，其扬度计算方法如下：

1）若两次读数盘旋转格数分别为 A 和 B 且旋转方向相同，A 和 B 应为同号，则实际扬度值为 $\delta = (A - B)/2$。

表 B-3　合像水平仪的使用方法

项目	示　意　图	使用方法
将水平仪自身调整到水平状态		1. 将侧窗口滑块 4 的刻线对准刻度 "5" 2. 将微调旋钮上的 "0" 对准起点线

（续）

项目	示意图	使用方法
气泡位置"左低右高"的调整与计算	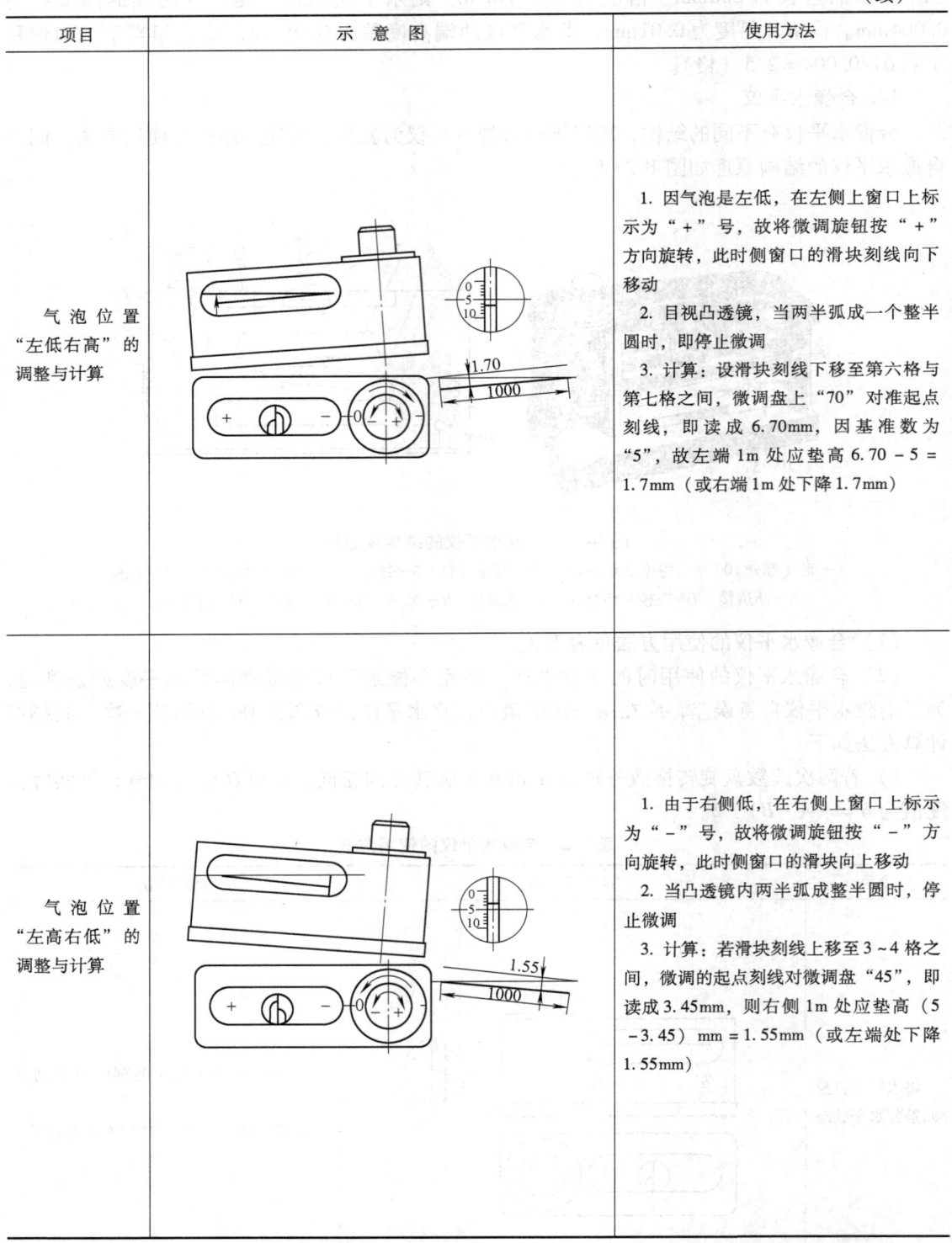	1. 因气泡是左低，在左侧上窗口上标示为"+"号，故将微调旋钮按"+"方向旋转，此时侧窗口的滑块刻线向下移动 2. 目视凸透镜，当两半弧成一个整半圆时，即停止微调 3. 计算：设滑块刻线下移至第六格与第七格之间，微调盘上"70"对准起点刻线，即读成 6.70mm，因基准数为"5"，故左端1m处应垫高 6.70－5 = 1.7mm（或右端1m处下降1.7mm）
气泡位置"左高右低"的调整与计算		1. 由于右侧低，在右侧上窗口上标示为"－"号，故将微调旋钮按"－"方向旋转，此时侧窗口的滑块向上移动 2. 当凸透镜内两半弧成整半圆时，停止微调 3. 计算：若滑块刻线上移至 3~4 格之间，微调的起点刻线对微调盘"45"，即读成3.45mm，则右侧1m处应垫高（5－3.45）mm = 1.55mm（或左端处下降1.55mm）

2）若两次读数盘旋转格数分别为 A 和 B 而旋转相反，A 和 B 应为异号，则实际扬度为 $\delta = A -（-B）/2 =（A + B）/2$。

附录 C 阀门检修项目、工艺要点、质量标准

设备名称	检修项目	工艺要点	质量要求
1. 闸阀	1.1 外部检查	(1) 清除脏物，拆除保温 (2) 检查阀体外部缺陷	阀体无砂眼、无裂纹
	1.2 阀门的解体	(1) 解体前做好配合记号 (2) 解体时阀门应处于开起状态 (3) 注意拆卸顺序 (4) 不要损伤零部件 (5) 清洗卸下的螺栓及零件 (6) 对合金钢阀门的内部零件应进行光谱复查	(1) 螺栓及零部件均应完好 (2) 合金钢阀门的内部零件经光谱检查合格
	1.3 阀杆检查修理	(1) 清理干净阀杆表面污垢，检查阀杆缺陷 (2) 必要时进行校直或更换 (3) 视情况进行表面氮化处理	(1) 阀杆弯曲度不大于阀杆全长的1‰，不圆度小于 0.05mm (2) 阀杆应光滑、无麻点、无划痕、无裂纹。阀杆与填料接触部位的均匀点蚀深度不大于 0.3mm，其他部位无缺陷 (3) 阀杆螺纹完好，当磨损超过原厚度 1/3 时应更换
	1.4 闸板、阀座和阀体的检查修理	(1) 检查闸板、阀座和阀体有无裂纹、沟槽等缺陷 (2) 用红丹粉检查密封面吻合度，根据检查情况，确定修复方式。研磨工艺参见附录 B (3) 打磨阀体与自密封垫圈的结合面 (4) 检查阀座与阀体结合是否牢固	(1) 闸板、阀座、阀体无裂纹和沟槽 (2) 密封面的粗糙度 Ra 应小于 0.10μm，密封面应平直，径向吻合度不低于 80%，且密封面周圈接触均匀，无断线现象 (3) 阀门内部无异物及其他缺陷 (4) 阀体与自密封垫圈结合面处光滑，无沟槽。阀座与阀体结合牢固，无松动现象
	1.5 阀盖检查修理	(1) 清理填料箱并打磨填料箱内壁、填料压盖及座圈 (2) 打磨阀盖与自密封垫圈结合面	(1) 填料箱内壁、填料压盖及座圈应保持光洁 (2) 阀盖与自密封垫圈结合面应平整、光洁
	1.6 支架的检查修理	(1) 清洗推力轴承并检查轴承有无磨损、锈蚀和破碎现象 (2) 检查支架上的阀杆螺母 (3) 检查支架有无损伤 (4) 打磨阀体结合面	(1) 轴承质量符合要求，否则必须更换 (2) 阀杆螺母完好 (3) 支架无损伤 (4) 阀体结合面光洁、平整

（续）

设备名称	检修项目	工艺要点	质量要求
1. 闸阀	1.7 四合环（六合环）垫圈等的修理	(1) 打磨四合环、垫圈 (2) 检查四合环材质、硬度	(1) 四合环、垫圈光滑、无锈蚀。四合环厚度均匀，无破损、无变形现象。垫圈无变形、裂纹等缺陷 (2) 四合环材质、硬度符合要求
	1.8 组装	(1) 阀门组装时，阀门应处于开起状态 (2) 按配合顺序组装 (3) 补充润滑剂 (4) 更换填料 (5) 调整闸板与阀座的接触面积 (6) 按顺序装入四合环 (7) 均匀紧固各部连接件 (8) 检查各部间隙	(1) 阀门在关闭状态下，闸板中心应比阀座中心高（单闸板为 2/3 密封面高度，双闸板为 1/2 密封面高度） (2) 闸杆与闸板连接牢靠，阀杆吻合良好 (3) 各部间隙如下： 1) 垫圈与阀体阀盖间隙为 0.10～0.30mm 2) 阀杆与压盖间隙为 0.10～0.30mm 3) 填料与压盖间隙为 0.10～0.15mm 4) 阀杆与座圈的间隙为 0.10～0.20mm 5) 座圈与填料箱的间隙为 0.10～0.15mm (4) 附件及标牌齐全 (5) 阀体保温良好
	1.9 开关试验	校对开关开度指示，检查开关情况	阀门在开关全行程无卡涩和虚行程
	1.10 更换新阀门	(1) 除生产厂家有特殊要求外，都要进行解体检查及光谱复查 (2) 对坡口进行 100% 探伤检查 (3) 必要时按规程要求做水压试验	(1) 各零部件完好，材质及闸门质量合乎要求 (2) 坡口质量合格 (3) 水压试验时各结合面、密封面无泄漏
2. 截止阀	2.1 阀体外观检查	(1) 清除脏物，拆除保温 (2) 检查阀体表面有无重皮、裂纹、砂眼	阀体表面无重皮、裂纹、砂眼
	2.2 阀门的解体	同 1.2	同 1.2
	2.3 阀杆的检查修理	同 1.3	同 1.3
	2.4 阀座、阀体与阀瓣的修理	(1) 检查阀座、阀体、阀瓣有无裂纹、沟槽 (2) 用红丹粉检查密封面的吻合度，根据检查情况确定修复工艺，研磨方法参见附录 B (3) 打磨阀体与自密封垫圈结合面，对无法修复的可卸式阀座应更换	(1) 阀座、阀体、阀瓣无裂纹、沟槽 (2) 密封面应平直，密封面的粗糙度 Ra 应小于 $0.20\mu m$，径向吻合度不低于 80%，且密封面周围接触均匀，无断线现象 (3) 阀体内部无异物及其他缺陷 (4) 阀体与自密封垫圈结合面处光滑，无沟槽 (5) 阀瓣与阀座密封面的补焊参见附录 A

（续）

设备名称	检修项目	工艺要点	质量要求
2. 截止阀	2.5 阀盖的检查修理	同1.5	同1.5
	2.6 支架的检查、修理	同1.6	同1.6
	2.7 四合环（六合环）、垫圈等的修理	同1.7	同1.7
	2.8 阀门的组装	同1.8	(1) 同1.8 (2) 填料及密封垫圈的质量符合要求 (3) 附件及标牌齐全，阀体保温良好
3. 回转式调节阀	3.1 阀体外部状况检查	清除脏物，拆除保温	阀体无砂眼、无裂纹
	3.2 阀门的解体	(1) 解体前做好配合记号 (2) 注意拆卸顺序 (3) 不要损伤部件 (4) 清洗卸下的零件	各零部件完好
	3.3 阀杆的检查修理	同1.3	同1.3
	3.4 阀座、阀体与阀瓣的检查修理	(1) 打磨阀座套筒内壁，检查内孔有无损坏、变形 (2) 检查阀瓣吹损情况及其不圆度 (3) 检查阀座与阀瓣磨损情况	(1) 阀座套筒内壁光洁、无毛刺 (2) 阀瓣汽蚀、冲刷深度小于0.01mm，表面光洁，不圆度$Ra<0.15$mm (3) 阀瓣在阀座套筒内转动灵活，间隙为$0.10\sim0.30$mm，间隙超过1mm时要更换新阀门
	3.5 阀盖的检查修理	(1) 清理填料箱，打磨填料箱内壁 (2) 打磨阀盖与自密封垫圈的结合面，必要时进行探伤	(1) 填料箱内壁光洁 (2) 阀盖结合面平整、光洁、无裂纹、无砂眼
	3.6 支架的检查修理	清理支架，检查有无损伤，打磨与阀体的结合面	支架无损伤，结合面光洁、平整
	3.7 四合环、垫圈的检查修理	将四合环、垫圈打磨	(1) 四合环光洁、无锈蚀，厚度均匀 (2) 垫圈无变形、断裂，内外径圆度$Ra<0.30$mm (3) 四合环的中心应对准阀体上的小孔
	3.8 组装	(1) 按配合顺序组装 (2) 补充润滑剂 (3) 更换填料 (4) 按顺序装入四合环 (5) 均匀紧固各连接件 (6) 调整好各部间隙 (7) 注意阀瓣与阀座套筒上的流量释放孔对齐	(1) 组装顺序正确 (2) 润滑剂质量合格，补充适量 (3) 填料质量符合要求 (4) 四合环中心应对准阀体上的小孔 (5) 各连接件紧固完好 (6) 阀杆与阀瓣连接处间隙符合要求 (7) 阀瓣与阀座导筒上的流量释放孔对齐

（续）

设备名称	检修项目	工艺要点	质量要求
3. 回转式调节阀	3.9 试验	（1）校对开关开度指示，检查开关情况 （2）阀门投运前，做好流量特性曲线试验	（1）开关位置指示正确。阀门在开关全行程无卡涩，无虚行程和松动现象 （2）流量特性曲线应符合要求
	3.10 更换新阀门	（1）除生产厂家有特殊要求外，都要进行解体检查及光谱复查 （2）对坡口进行100%探伤 （3）注意安装方向 （4）必要时按规程要求做水压试验	（1）新换阀门质量必须符合要求 （2）坡口探伤合格 （3）安装方向正确无误 （4）水压试验时，各结合面密封面无泄漏，漏流量及调节特性符合设计要求
4. 柱塞式调节阀	4.1 阀体外部检查	同1.1	同1.1
	4.2 阀门的解体	（1）解体前做好配合记号 （2）注意拆卸顺序 （3）注意不要损伤部件 （4）清洗卸下的零件 （5）对合金钢阀门的内部零件应进行光谱复查	同1.2
	4.3 检查、修理阀杆	同1.3	同1.3
	4.4 检查、修理阀座（套筒）、阀瓣与阀体	（1）检查阀座、阀瓣冲刷损坏情况 （2）检查阀座与阀瓣的间隙 （3）检查阀座与阀瓣有无裂纹，必要时进行探伤检查 （4）打磨阀体与阀盖的结合面 （5）对阀瓣与阀座的密封面进行研磨	（1）阀瓣与阀座的密封面应光洁、无伤痕。表面粗糙度 $Ra < 0.63\mu m$ （2）阀瓣与阀座的间隙在 0.10～0.30mm，大于 1.0mm 时换新阀门 （3）阀座与阀瓣无裂纹 （4）阀体与阀盖结合面光洁、平整 （5）阀体内部无异物
	4.5 阀盖的检查、修理	同1.5	同1.5
	4.6 四合环、垫圈等的修理	同1.7	同1.7
	4.7 阀门的组装	（1）阀门组装时，阀门应处于开起状态 （2）按配合顺序组装 （3）补充润滑剂 （4）更换填料 （5）按顺序装入四合环 （6）均匀紧固各部连接件 （7）各部间隙符合要求	（1）组装顺序正确 （2）润滑剂质量合格，补充适量 （3）填料质量符合要求 （4）附件及标牌齐全 （5）阀杆与阀瓣连接良好 （6）各部连接件紧固完好 （7）各部间隙要求同闸阀
	4.8 开关试验	同1.9	同1.9
	4.9 更换新阀门	同1.10	同1.10

(续)

设备名称	检修项目	工艺要点	质量要求
5. 止回阀	5.1 阀体外部状况检查	同1.1	同1.1
	5.2 阀门解体	同1.2	同1.2
	5.3 检查阀杆、弹簧	检查阀杆、弹簧有无裂纹、变形和腐蚀现象	阀杆、弹簧无裂纹、变形、腐蚀
	5.4 检查阀瓣与阀座密封面	密封面可用粗、中、细研磨膏、砂纸研磨。研磨时要用研磨胎或研磨棒分别研磨阀瓣与阀座,不可对研。也可用专用研磨工具研磨	密封面表面粗糙度 Ra 应小于 $0.20\mu m$
	5.5 检查阀体及其连接焊缝	检查阀体及其连接焊缝有无砂眼、裂纹	阀体及其连接焊缝无砂眼,无裂纹等缺陷
	5.6 检查翻板式止回阀旋转轴	(1) 检查旋转轴变形、裂纹、磨损和腐蚀情况 (2) 检查翻板开关情况	(1) 旋转轴无变形、裂纹、磨损和腐蚀等缺陷 (2) 翻板开关灵活
	5.7 阀盖的检查、修理	同1.5	同1.5
	5.8 检查导向轴、四合环	(1) 同1.7 (2) 检查导向轴变形、裂纹、磨损和腐蚀情况	(1) 同1.7 (2) 导向轴无变形、裂纹等缺陷
	5.9 阀门的组装	(1) 按配合顺序组装 (2) 按顺序装入四合环 (3) 均匀紧固各部连接件	(1) 组装顺序正确 (2) 各部连接件紧固完好
	5.10 开关试验	同1.9	同1.9
	5.11 更换新阀门	同1.10	同1.10
6. 弹簧式安全阀	6.1 检查弹簧	(1) 测量弹簧工作长度,做好标记和记录 (2) 标记和记录各定位尺寸和位置 (3) 检查弹簧有无裂纹、严重锈蚀和变形,弹簧性能是否良好	(1) 弹簧无裂纹、锈蚀和变形,弹性良好 (2) 弹簧与弹簧座吻合良好
	6.2 检查阀瓣、阀座	(1) 密封面如有表面损坏,深度不超过1.40mm,或有微小裂纹且深度不超过1.40mm,可先用车削办法修复后再研磨 (2) 微小缺陷或有必要时,可用着色等无损探伤方法进行确认 (3) 密封面深度小于0.4mm的微小缺陷可用研磨方法消除 (4) 阀门的研磨工艺参见附录B	(1) 密封面损坏深度超过1.4mm时应更换 (2) 密封面的粗糙度 Ra 应小于 $0.10\mu m$,密封面应平直,径向吻合度不低于80%,且密封面周围接触均匀,无断线现象

(续)

设备名称	检修项目	工艺要点	质量要求
6. 弹簧式安全阀	6.3 检查阀杆	同1.3	同1.3
	6.4 检查螺栓、螺母	检查螺栓、螺母的螺纹应装配灵活，无松动现象	螺栓、螺母完好，无裂纹、变形
	6.5 检查阀体及与阀门连接管座焊接	同5.5	同5.5
	6.6 检查弹簧提杆	检查弹簧提杆应完好	同5.5
	6.7 阀门组装	(1) 按配合顺序、解体的标记和定值尺寸进行装复 (2) 内轴承、螺栓顶端等活动部位应涂上润滑油 (3) 注意不要损伤密封面，不要将连接轴倒装 (4) 调整弹簧长度	(1) 组装顺序正确 (2) 密封面完好，连接轴安装方向正确 (3) 弹簧长度与检修前长度一致
	6.8 安全门动作试验		(1) 阀瓣起跳高度符合设计规定（全启式高度不小于喉径的1/4） (2) 安全门校验时起跳压力允许误差为±0.6%，回座压力为起座压力的93%～96%，最低不低于起跳压力的90%
7. 杠杆式安全阀	7.1 阀体外部检查	同1.1	同1.1
	7.2 阀门解体	(1) 应在杠杆上标记重锤拆下前的位置 (2) 注意别碰伤刃口销及顶针的刀刃部分 (3) 其余同回转式调节阀3.1～4.3条	各零部件完好
	7.3 检查杠杆	检查杠杆无磨损、变形和锈蚀	(1) 杠杆弯曲不大于1.0mm，支点、承重三个力点中心与基线偏差不大于0.50mm，销孔座的刃口和杠杆的上背部平行偏差不大于0.20mm (2) 杠杆刃口销的刃口 $R \leq 0.30$mm，硬度 $\geq$ 50HRC
	7.4 检查阀杆	打磨阀杆表面，检查阀杆有无磨损、变形和锈蚀	(1) 阀杆无严重变形、磨损和锈蚀 (2) 阀杆端部锥度 $\leq 60°$，尖端圆弧半径 ≤ 0.50mm，锥度处硬度 $\geq$ 50HRC
	7.5 检查阀芯、阀座密封面	(1) 密封面表面缺陷深度不超过0.40mm时，可用研磨方法消除；超过0.40mm时，若有加工余量，可先车削后再研磨 (2) 阀门研磨工艺参见附录B	同6.2

（续）

设备名称	检修项目	工艺要点	质量要求
7. 杠杆式安全阀	7.6 检查阀体与阀门相连接的管座焊缝	同5.5	同5.5
	7.7 阀门组装	（1）按配合顺序进行组装 （2）注意不要碰伤刃口销、顶针的刀刃及密封面 （3）重锤应调整到原标记位置	（1）组装顺序正确 （2）密封面、刃口销及顶针的刀刃完好
	7.8 安全阀动作试验		（1）单独做安全门水压试验时，密封面应严密不漏 （2）安全门校验时，起跳压力允许误差为±1.0%；回座压力为起跳压力的93%～96%，最低不低于起跳压力的90%
8. 活塞式安全阀	8.1 阀体外观检查	同1.1	同1.1
	8.2 阀门解体	（1）将阀体直立放置，压缩弹簧，测量并记录阀瓣的最大开度，测量并记录弹簧的长度值。必要时需进行弹簧性能试验 （2）压下阀杆，取出阀瓣、阀杆等部件 （3）取出活塞环时，应用专用工具（或去齿锯条）从开口处插入，均分三点逐个取出 （4）取出阀盖盘根时应记录盘根圈数	（1）弹簧性能应符合要求 （2）阀门解体时，切勿损伤阀瓣、阀杆、活塞环等零部件 （3）盘根质量应符合要求
	8.3 检查活塞环	（1）检查活塞环局部磨损深度，磨损超标时应更换 （2）检查活塞环疲劳程度	（1）活塞环局部磨损深度不大于0.10mm时，可用专用工具磨削 （2）活塞环应具有一定弹性，明显疲劳者应更换
	8.4 检查活塞缸内壁	清理活塞缸内壁，检查磨损、汽蚀、裂纹及划痕情况	活塞缸内壁应无裂纹、划痕，其表面粗糙度Ra应小于0.60μm，活塞与活塞缸总间隙为0.20mm～0.30mm
	8.5 检查导向块	检查导向块的磨损情况及其与轴中心线的平行度	导向块与阀座的滑动间隙0.23～0.35mm
	8.6 检查圆柱形弹簧	检查弹簧变形、裂纹、严重锈蚀等情况，以及弹簧弹性是否良好	弹簧应无变形、裂纹、严重锈蚀等情况，且弹簧弹性良好
	8.7 检查阀杆	检查阀杆有无冲刷、弯曲变形缺陷	阀杆弯曲不大于0.15mm，无裂纹和严重锈蚀
	8.8 检查焊缝	同5.5	同5.5

(续)

设备名称	检修项目	工艺要点	质量要求
8. 活塞式安全阀	8.9 检查密封面	检查阀座与阀瓣密封面，阀门的研磨工艺参见附录B	密封面上深度小于0.40mm的微小缺陷可用研磨方法消除；大于0.40mm的缺陷可先车削，再研磨；对深度大于1.40mm的缺陷应更换阀瓣或阀座
	8.10 阀门组装	(1) 按阀门配合顺序进行组装 (2) 不要碰伤零部件及密封面 (3) 相邻活塞环张口位置应错开180°	(1) 组装顺序正确 (2) 密封面完好 (3) 阀瓣落座后，活塞体上部空间高度不小于15mm (4) 活塞环与活塞配合间隙达到要求
	8.11 动作试验		(1) 单独做安全门水压试验时，密封面应严密不漏 (2) 安全阀定值要达到设计要求
9. 双调节圈弹簧安全阀	9.1 阀体外观检查	同1.1	同1.1
	9.2 阀门的解体	(1) 测量、调整螺钉高度并做好记录和标记 (2) 测量和记录上、下调整圈的位置并做好标记。导向套取出前应做位置标记 (3) 拆卸弹簧罩与冷却器的联接螺母时应先在对称位置拆下三个螺栓，并换上三个长螺杆后再拆其他螺栓 (4) 拆下的阀杆须用钢丝垂直吊起来	(1) 调整螺钉高度并做好记录和标记 (2) 上、下调整圈的位置、导向套的位置均做好标记 (3) 弹簧罩与冷却器的联接螺母的拆卸方法正确 (4) 阀杆拆下后已垂吊完善
	9.3 检查调节圈	打磨上、下调节圈，检查汽蚀、冲刷情况	上、下调节圈无严重汽蚀、冲刷
	9.4 检查	检查阀瓣套筒内壁、导向套内壁磨损、汽蚀情况	阀瓣套筒内壁、导向套内壁无严重汽蚀和磨损
	9.5 检查修理阀瓣和热阀瓣	(1) 密封面上深度小于0.40mm的微小缺陷可用研磨方法消除；大于0.40mm的缺陷一般先车削，再研磨，但须保证密封熔焊金属厚度0.40mm (2) 热阀瓣密封面到其端部距离小于0.40mm时可加工其端面 (3) 一般使用研磨胎模研磨阀门，具体工艺参见附录B	(1) 阀瓣密封面损坏深度超过1.4mm时应更换 (2) 热阀瓣密封面到其端部的距离0.40m，热阀瓣舌头最薄不小于0.40mm
	9.6 检查圆柱形弹簧	检查阀体圆柱形弹簧	圆柱形弹簧无裂纹、无严重锈蚀，弹性良好

（续）

设备名称	检修项目	工艺要点	质量要求
9. 双调节圈弹簧安全阀	9.7 检查焊缝	检查阀体、阀座及其连接焊缝有无裂纹和砂眼等超标缺陷	阀体、阀座及其连接焊缝无裂纹和砂眼等超标缺陷
	9.8 调节杆螺纹检查修理	检查调节杆螺纹是否损伤	调节杆螺纹应完好
	9.9 阀门的组装	（1）上、下调整圈的螺纹装复前应涂上润滑油，并和解体时位置相同 （2）阀杆上的横销要放在阀瓣背面，防止阀瓣转动的槽里 （3）导向套的装置位置必须与解体前的位置一样 （4）阀杆、阀瓣、弹簧罩、挡环等配合部位均须涂上润滑油 （5）安装弹簧座防转螺钉 （6）密封面应使用浸丙酮的脱脂棉擦干净，不允许用棉纱布或麻布（白布）擦抹密封面 （7）调整螺钉在密封面研磨量不大时可不做调整，研磨量大于1mm时（热阀瓣和阀座研磨量之和），应调整螺钉的相应研磨量	（1）上、下调整圈的螺纹安装位置正确 （2）阀杆上的横销安装就位后，能防止阀瓣转动 （3）导向套复位正确 （4）润滑油质量合格 （5）弹簧座防转螺钉安装正确 （6）密封面使用浸丙酮的脱脂棉已擦拭干净 （7）调整螺钉已按规定调整好
	9.10 安全阀动作试验	安全阀密封试验时应用试验阀瓣	（1）单独做安全门水压试验时，密封面应严密不漏 （2）安全门定位试验时，安全门起跳压力允许误差为0.5%，回座压力为起跳压力的93%～96%，最低不低于起跳压力的90%
10. 三通阀	10.1 阀体外观检查	同1.1	同1.1
	10.2 阀体的解体	（1）应将活塞及其阀瓣落至最低位置时，再拆阀杆与活塞杆卡箍 （2）填料室座吊出后，应使上阀座朝上垂直放置	（1）正确拆卸阀杆、活塞杆卡箍 （2）填料室座吊出后，上阀座朝上垂直放好
	10.3 检查	（1）清理干净阀杆、活塞杆，检查无锈蚀、弯曲、裂纹等缺陷 （2）检查活塞环、活塞及活塞缸的磨损、疲劳情况	阀杆质量要求同闸阀。活塞杆表面应无锈蚀、弯曲、裂纹等缺陷 （1）活塞环的质量要求同活塞式安全阀 （2）活塞缸不应有严重磨损及疲劳现象 （3）活塞及活塞缸表面粗糙度 Ra 应小于 $1.60\mu m$

(续)

设备名称	检修项目	工艺要点	质量要求
10. 三通阀	10.3 检查	(3) 检查阀瓣与阀座上、下密封面。密封面研磨工艺参见附录B	(1) 密封面上深度小于0.40mm的缺陷可用研磨方法消除；大于0.40mm的缺陷可先车削，再研磨 (2) 密封面研磨后表面粗糙度Ra应小于1.60μm，阀瓣与阀座接触面不低于80% (3) 当密封面合金层厚厚度小于1mm时应更换
	10.4 填料室解体检查更换填料	填料室座吊出后，应使上阀座朝上垂直放置	填料质量符合要求
	10.5 检查阀体及其连接焊缝	同5.5	同5.5
	10.6 阀门的组装	(1) 按阀门配合顺序进行组装 (2) 不要碰伤零部件及密封面 (3) 要注意填料室座的两个对称孔要对准阀体上的两个旁路孔 (4) 填料室的盘根接口相互错开180°	(1) 组装顺序正确 (2) 密封面完好 (3) 填料室座的对称孔与阀体的旁路孔对准 (4) 盘根质量符合要求
	10.7 活塞上下移动试验	检查活塞移动是否灵活，无卡涩、异音	活塞应移动灵活、无卡涩、异音

附录D 电厂常用英语对照表

英文全称	英文缩写	中文	中文首字母
boiler	BLR	锅炉	
turbine	TURB	汽轮机	
safety	SFT	安全	B
protection	PRCT	保护	B
alarm	ALM	报警	B
body	BODY	本体	B
PUMP	PMP（P）	泵	B
wall temperature	WALL TEM	壁温	B
Frequency converter	FRQC CNVR	变频器	B
transformer	XFMR	变压器	B
make-up water	MK UP WTR	补水	B

（续）

英文全称	英文缩写	中文	中文首字母
make-up oil	MK UP OIL	补油	B
Storehouse	SH	仓	C
differential	DIFF	差动	C
slag remover	SLGRMV	出渣机，除渣机	C
Precipitator	PREC	除尘器	C
Demineralized	DEMINE	除盐的	C
Demineralized device	DEMINR	除盐装置	C
deaerator	DEA	除氧器	C
Sensor	SSR	传感器	C
soot blow	SBW	吹灰	C
soot blower	SBWR	吹灰器	C
purge	PURGE	吹扫	C
purity	PURITY	纯度	C
classifier	CLFR	粗粉分离器	C
damper	DMPR	挡板	D
pilot bearing	PLT BEAR	导向轴承	D
guide bearing	GB	导向轴承	D
guide vane	GDVN	导叶	D
low pressure heater	LPH	低加	D
low speed	LOW SPD	低速	D
low temperature	LOW TEM	低温	D
low pressure cylinder	LPC	低压缸	D
Stage one	STG I	第一级	D
Ignition	IGNT	点火	D
Ignitor	IGNTR	点火器	D
motor operated	MO	电动	D
motor operated regulating valve	MOV	电动调节门	D
Motor drive speed governing oil pump	MDSGOP	电动调速油泵	D
motor drive feedwater pump	MDFP	电动给水泵	D
motor operated valve	MOV	电动门	D
regulating stage	RGL STG	调节级	D
governing valve	GVN V	调速汽门	D
speed governor	SPD GVNR	调速器	D
butterfly valve	BFV	蝶阀	D
intermittent	INTMT	定期（排污）	D
intermittent blow down flash tank	INTMT BLDN FLTK	定期排污扩容器	D

(续)

英文全称	英文缩写	中文	中文首字母
stator	STAT	定子	D
moving blade	M_BLD	动叶片	D
secondary air	SA	二次风	E
secondary air damper	SAD	二次风挡板	E
valve	V	阀门	F
flange	FLAN	法兰	F
Reversal washing	RWG	反冲洗	F
Separator	SEP	分离器	F
bin, pulverized coal bunker	BIN	粉仓	F
Windbox	WINDBOX	风箱	F
Load	LOAD	负荷	F
negative pressure	-P	负压	F
two-velocity stage	TVS	复速级	F
high pressure header	HPH	高压加热器	G
high pressure cylinder	HPC	高压缸	G
high intermediate pressure cylinder	HIPC	高中压缸	G
isolate	ISLT	隔离	G
pulverized coal feeder	PVL FDR	给粉机	G
(coal) feeder	COAL FDR	给煤机	G
feedwater	FEED WTR	给水	G
industrial water	IND WTR	工业水	G
Pipe	PIP	管,管道	G
Pipe wall	PIP WALL	管壁	G
filter	FLTR	过滤器	G
superheater	SHTR	过热器	G
superheated steam	SH STM	过热蒸汽	G
oxygen content	O2 CT	含氧量	H
Sliding stop pushing bearing	SSPB	滑动推力轴承	H
Pilot valve	PLT V	滑阀	H
ash hopper	ASH HOP	灰斗	H
flame	FLM	火焰	H
unit	UNIT	机组	J
Stage	STG	级	J
steam header	STM HDR	集汽联箱	J
water collector	WTR CLCT	集水箱	J
header	HDR	集箱	J

（续）

英文全称	英文缩写	中文	中文首字母
temperature and pressure reducer	PRS/TEM REDR	减温减压器	J
Desuperheater	DSHR	减温器	J
pressure reducer valve	PRS REDR V, PR V	减压阀	J
Cut-off value	COV	截止阀	J
Trip, Off-the-line	TRIP; OFF-THE-LINE	解列	
emergency relieve oil valve	EMG RLV OIL V	紧急放油阀	J
fine treatment	FINE TRMT	精处理	J
Purity oil chamber	PUR OC	净油室	J
Radial bearing	RBEAR	径向轴承	J
stationary blade	S_ BLD	静叶片	J
open circulating	OPN CIR	开式循环	K
open circulating water	OPN CIR WTR	开式循环水	K
open circulating cooling water pump	OCCW PMP	开式循环冷却水泵	K
open circulating industry water pump	OCIW PMP	开式循环工业水泵	K
governing	GVN	可调速的	K
flash tank	FLTK	扩容器	K
cooling air (blower) fan	CLG AIR FAN	冷却风机	L
oil cooler	OIL CLR	冷油器	L
continue blowdown	CTN BLDN FLTK	连排扩容器	L
flashtank	FLTK	扩容器	K
header	HDR	联箱	L
furnace	FNC	炉膛	L
Boiler water circulating pump	BWC PMP	炉水循环泵	L
filter	FLTR	滤网	L
oil filter	OIL FLTR	过滤器	L
Pulverized coal	PUL	煤粉	M
bin	BIN	煤粉仓	M
seal water	SEAL WTR	密封水	M
seal oil	SEAL OIL	密封油	M
coal mill	MILL	磨煤机	M
the last stage	L_ STG	末级	M
check valve, non-return valve	CHK V	逆止门	N
condensated water	CND WTR	凝结水	N
condensate pump	CND P	凝结水泵	N
condenser	CNSR	凝汽器	N
pulverized coal exhauster	PCE	排粉机	P

(续)

英文全称	英文缩写	中文	中文首字母
Exhauster	EXHR	排风机	P
exhaust gas fan	EGF	排烟风机	P
turning	TURN	盘车	P
platen superheat	P_SHTR	屏式过热器	P
Pneumatic regulating value	PRV	气动调节阀	Q
Drum	DRUM	汽包	Q
turbine-driven feedwater pump	TDFP	汽动给水泵	Q
steam-driven oil pump	SDOP	汽动油泵	Q
steam sealing, steam seal gland	GLD	汽封	Q
cylinder	CYL	汽缸	Q
booster pump	BP	前置泵	Q
wash	WASH	清洗	Q
Fuel	FUEL	燃料	R
Burner	BNR	燃烧器	R
lube oil	LUB OIL	润滑油	R
tertiary air	TA	三次风	S
T valve	T V	三通阀	S
drain water	DRN V	疏水阀	S
drain tank	DRN TK	疏水罐	S
coal conveyer	COAL CVR	输煤机	S
Water pump	WTR P	水泵	S
water treatment	WTR TRMT	水处理	S
water wall	WTR WALL	水冷壁	S
water box	WTR BOX	水箱	S
forced draft fan	FDF	送风机	S
Synchronizer	SCHN	同步器,同操器	T
thrust bearing	THST BEAR	推力轴承	T
pad	PAD	瓦（轴承）	W
Sump pump	SUMP PMP	污水泵	W
system	SYS	系统	X
cyclone separator	CSEP	细粉分离器	X
downcomer	DNCMR	下降管	X
boiler feeder water pump turbine	BFPT	小汽轮机	X
circulating water	CIR WTR	循环水	X
gas pass	GAS PASS	烟道	Y
gas	GAS	烟气	Y

（续）

英文全称	英文缩写	中文	中文首字母
gas temp	GAS TEM	烟温	Y
hydraulic oil	HYDL OIL	液压油	Y
primary air	PA	一次风	Y
primary air fan	PAF	一次风机	Y
1st extraction	1ST EXTR	一段抽汽	Y
induced draft fan	IDF	引风机	Y
customer valve	CV	用户阀	Y
preheat	PRHT	预热	Y
preheat pipe	PRHT PIP	预热管道	Y
reheater	RHTR	再热器	Z
reheated steam	RHT STM	再热蒸汽	Z
recirculating valve	RECIR V	再循环阀	Z
expansion difference	EXP DIFF	胀差	Z
vacuum pump	VACM P	真空泵	Z
vacuum breaking valve	VACM BRK V	真空破坏阀	Z
lift bearing	LIFT BEAR	支撑轴承	Z
Pulverized-coal system	PCS	制粉系统	Z
intermediate pressure cylinder	IPC	中压缸	Z
Shaft	SHFT	轴	Z
bearing	BEAR	轴承	Z
Bearing box	BB	轴承箱	Z
Gland	GLD	轴封	Z
Bush	BUSH	轴瓦	Z
axial displacement	AXI DISP	轴向位移	Z
main turbine	MAIN TURB	主机	Z
main steam stop valve	MAIN STM V	主汽门	Z
main steam	MAIN STM	主蒸汽	Z
rotating speed	ROT SPD	转速	Z
rotor	RTR	转子	Z
inflammation	INFLM	着火，燃烧	Z

附录 E 热力机械工作票

　　_____分部_____班组　编号_____
　1. 工作负责人_____　2. 参加工作人数_____人
　3. 工作内容_____
_____
_____
　4. 计划工作时间_____年_____月_____日_____时_____分开始
　　　　　　　　　_____年_____月_____日_____时_____分开始
_____

5. 必须采取的安全措施：	6. 措施执行情况：

工作票签发人：_____　接票人：_____
　　_____年_____月_____日　_____年_____月_____日_____时_____分

7. 运行值班人员补充的安全措施：	8. 补充措施执行情况：

　9. 批准工作结束时间_____年_____月_____日_____时_____分
　　值长_____　_____月_____日　值班负责人_____　_____月_____日
　10. 上述安全措施已全部执行，从_____年_____月_____日_____时_____分许可开始工作。
　　工作许可人_____　工作负责人_____

11. 工作负责人变更：自_____年_____月_____日_____时_____分原工作负责人离去，变更为_____担任工作负责人。工作票负责人_____工作许可人_____

12. 工作票延期：有效期延长到_____年_____月_____日_____时_____分。
值长_____工作许可人_____工作负责人_____

13. 工作终结：工作人员已全部离去，现场已清理完毕。全部工作于_____年_____月_____日_____时_____分结束。
工作负责人_____ 工作许可人_____

14. 备注：_____

参 考 文 献

[1] 盛伟,肖增弘,等. 电厂热力设备及运行[M]. 北京:中国电力出版社,2008.
[2] 王加璇,姚文达. 电厂热力设备及其运行[M]. 北京:中国电力出版社,2007.
[3] 樊泉桂. 锅炉原理[M]. 北京:中国电力出版社,2010.
[4] 郭延秋. 大型火电厂机组检修实用技术丛书·锅炉分册[M]. 北京:中国电力出版社,2004.
[5] 郭延秋. 大型火电厂机组检修实用技术丛书·汽轮机分册[M]. 北京:中国电力出版社,2005.
[6] 邵和春. 火电厂锅炉检修工艺[M]. 北京:中国电力出版社,2009.
[7] 华东六省一市电机工程电力学会. 汽轮机设备及其系统[M]. 北京:中国电力出版社,2006.
[8] 刘继申. 热力设备装配与检修[M]. 北京:中国电力出版社,2009.
[9] 梁立德. 火电厂热力设备检修工艺学[M]. 北京:中国水利电力出版社,1996.
[10] 电力行业职业技能鉴定指导中心. 管阀检修·试题库[M]. 北京:中国电力出版社,2002.
[11] 电力行业职业技能鉴定指导中心. 锅炉本体检修·试题库[M]. 北京:中国电力出版社,2002.
[12] 电力行业职业技能鉴定指导中心. 锅炉辅机检修·试题库[M]. 北京:中国电力出版社,2002.
[13] 电力行业职业技能鉴定指导中心. 汽轮机本体检修·试题库[M]. 北京:中国电力出版社,2002.
[14] 王殿武. 汽轮机设备检修[M]. 北京:中国电力出版社,2008.
[15] 郝晓东,郭福祯. 锅炉运行与检修1000问[M]. 北京:中国电力出版社,2004.
[16] 胡念苏. 汽轮机设备及系统[M]. 北京:中国电力出版社,2006.
[17] 曾纬西. 锅炉设备及运行[M]. 2版. 北京:中国电力出版社,1996.
[18] 西安电力学校汽轮机教研组. 小型火力发电厂·汽轮机设备及运行[M]. 2版. 北京:中国水利电力出版社,1996.
[19] 李润林. 热力设备安装与检修[M]. 北京:中国电力出版社,2006.
[20] 赵鸿邃. 热力设备检修工艺学[M]. 2版. 北京:中国电力出版社,2007.
[21] 常咸伍,霍如恒. 汽轮机本体检修实用技术[M]. 北京:中国电力出版社,2004.
[22] 中国电器工业协会电站辅机分会. 电站常用阀门手册[M]. 北京:中国电力出版社,2005.
[23] 《火力发电厂金属材料手册》编委会. 火力发电厂金属材料手册[M]. 北京:中国电力出版社,2001.
[24] 中华人民共和国水利电力部. 电业安全工作规程(热力和机械部分)[M]. 北京:中国电力出版社,2000.
[25] 程惠尔,孙歧昆,黄瑞生. 英汉能源工程技术词汇[M]. 北京:科学出版社,2000.